Die Haftung des Bausachverständigen – Tätigkeitsfeld und Haftungsausschluss

Schriften zum Deutschen und Internationalen Bau-, Umwelt- und Energierecht

Herausgegeben von Axel Wirth

Band 16

PL ACADEMIC RESEARCH

Julian Linz

Die Haftung des Bausachverständigen – Tätigkeitsfeld und Haftungsausschluss

PL ACADEMIC RESEARCH

Bibliografische Information der Deutschen Nationalbibliothek
Die Deutsche Nationalbibliothek verzeichnet diese Publikation in der Deutschen Nationalbibliografie; detaillierte bibliografische Daten sind im Internet über http://dnb.d-nb.de abrufbar.

Zugl.: Darmstadt, Techn. Univ., Diss., 2016

D 17
ISSN 2197-0556
ISBN 978-3-631-71453-9 (Print)
E-ISBN 978-3-631-71454-6 (E-PDF)
E-ISBN 978-3-631-71455-3 (EPUB)
E-ISBN 978-3-631-71456-0 (MOBI)
DOI 10.3726/b10583

PL Academic Research ist ein Imprint der Peter Lang GmbH.

Peter Lang – Frankfurt am Main · Bern · Bruxelles · New York · Oxford · Warszawa · Wien

Diese Publikation wurde begutachtet.

www.peterlang.com

Vorwort

Die vorliegende Doktorarbeit wurde im Juni 2016 vom Dekanat des Fachbereichs Rechts- und Wirtschaftswissenschaften der Technischen Universität Darmstadt angenommen. Die Disputation fand am 10. Oktober 2016 statt. Rechtsprechung und Literatur fanden bis April 2016 Berücksichtigung.

Das Anliegen dieser Arbeit ist es, die Rechte und Pflichten des Bausachverständigen und dessen Haftung bzw. die Möglichkeit der Vereinbarung einer Haftungsbeschränkung ausführlich darzustellen und systematisch zu erörtern. Hierbei werden der Privatsachverständige und der gerichtliche Sachverständige ins Verhältnis zueinander gesetzt.

Ich bedanke mich zu allererst bei Herrn Prof. Dr. Axel Wirth für die äußerst angenehme Betreuung meiner Promotion sowie bei Frau Jun.-Prof. Dr. Janine Wendt für die zeitnahe Gutachtenerstellung als Zweitkorrektorin.

Einen ganz herzlichen Dank geht an meine Familie, insbesondere an meine Eltern, die mich auch bei diesem Schritt begleitet haben. In diesem Zusammenhang geht auch ein liebevoller Dank an Katharina, die mich mit ihrer unverwechselbaren Art täglich unterstützt. An Carl Philipp: Jedes Leben braucht einen treuen Freund.

Besonders bedanken möchte ich mich nicht zuletzt noch bei Wolfgang Schäfer und nochmals ausdrücklich bei meinem Vater Prof. Dr. Wolfgang Linz, die meine Dissertation mit großem Engagement und Akkuranz Korrektur gelesen und hierdurch dafür gesorgt haben, dass auch die „Feinabstimmung“ ein Erfolg wurde.

Inhaltsverzeichnis

Abkürzungsverzeichnis

Anm.	Anmerkung
Alt.	Alternative
a.A.	andere Ansicht
a.E.	am Ende
Aufl.	Auflage
Abs.	Absatz
bspw.	beispielsweise
BT-Drs.	Bundesdrucksachen
BayLSG	Bayrisches Landessozialgericht
BSG	Bundessozialgericht
BGBI	Bundesgesetzblatt
BVerwG	Bundesverwaltungsgericht
BVerfGE	Bundesverfassungsgerichtsentscheidung
BAG	Bundesarbeitsgericht
BayObLG	Bayrisches Oberlandesgericht
BayVGH	Bayrischer Verwaltungsgerichtshof
bzw.	beziehungsweise
BVerwGE	Bundesverwaltungsgerichtsentscheidung
BrBp.	Baurecht und Baupraxis
BReg.	Bundesregierung
BB	Betriebs Berater
BauR	Baurecht
Bzgl.	Bezüglich
ca.	circa
DVBl.	Deutsches Verwaltungsblatt
DIN	Deutsches Institut für Normung
DB	Deutsche Bauzeitung
d.h.	das heißt
DriZ	Deutsche Richterzeitung
DS	Der Sachverständige
Einf	Einführung
e.V.	Eingetragener Verein
Einl	Einleitung
Erg.	Ergänzung
FuR	Familie und Recht
Fn.	Fussnote
FamRZ	Zeitschrift für das gesamte Familienrecht mit Betreuungsrecht, Erbrecht, Verfahrensrecht, Öffentlichem Recht
FPR	Familie Partnerschaft Recht
f./ff.	folgende, fort folgende

GbR	Gesellschaft bürgerlichen Rechts
GuG	Grundstücksmarkt und Grundstückswert
ggf.	gegebenenfalls
gem.	gemäß
GmbH	Gesellschaft mit beschränkter Haftung
GewA	Gewerbearchiv
Hs.	Halbsatz
Hdb.	Handbuch
i.S. d.	im Sinne des
i.d.R.	in der Regel
i.V. m.	in Verbindung mit
JurBüro	das jurisische Büro
JuS	Juristische Schulung
JZ	Juristen Zeitung
KG	Kammergericht
Ls.	Leitsatz
lit.	Litera
LG	Landgericht
MDR	Monatsschrift für deutsches Recht
m.w.N.	mit weiteren Nachweisen
MedR	Medizinrecht
Nr.	Nummer
NStZ	Neue Zeitschrift für Strafrecht
NVwZ-RR	Neue Zeitschrift für Verwaltungsrecht, Rechtsprechungsreport
NJOZ	Neue juristische Online-Zeitschrift
NZA	Neue Zeitschrift für Arbeitsrecht
NZBau	Neue Zeitschrift für Baurecht und Vergaberecht
NJW	Neue juristische Wochenschrift
NZV	Neue Zeitschrift für Verkehrsrecht
NJW-RR	Neue juristische Wochenschrift, Rechtsprechungsreport
ö.b.u.v.	öffentlich bestellter und vereidigter
OVG	Oberverwaltungsgericht
OLG	Oberlandesgericht
RL	Richtlinie
Rpfleger	der deutsche Rechtspfleger
RG	Reichsgericht
R+S	Recht und Schaden
Rdn	Randnummer
RdL	Richtlinie
StV	Strafverteidiger
Sog.	sogenannt
SchiedsVZ	Neue Zeitschrift für Schiedsverfahren
u.a.	unter anderem
u.U.	unter Umständen

Vgl.	vergleiche
Vorb	Vorbemerkung
VGH	Verwaltungsgerichtshof
VG	Verwaltungsgericht
VersV	Versicherungsvertrag
WRP	Wettbewerb in Recht und Praxis
WuM	Wohnungswirtschaft und Mietrecht
WM	Wertpapiermitteilungen
ZPO-E	ZPO-Entwurf
ZRP	Neue Zeitschrift für Recht des Bauwesens
ZZP	Zeitschrift für Zivilprozess
ZGS	Zeitschrift für Vertragsgestaltung, Schuld- und Haftungsrecht
Ziff.	Ziffer
ZfBR	Zeitschrift für deutsches und internationales Bau- und Vergabe-recht
z.B.	zum Beispiel
ZIS	Zeitschrift für internationale Strafrechtsdogmatik

A. Einleitung

Gerichte oder sonstige Auftraggeber beauftragen Sachverständige immer dann, wenn ihre **überdurchschnittliche Sachkunde** für die **Beantwortung technischer Fragen** vonnöten ist. Somit kommt dem Sachverständigen auch im Zivil- bzw. Zivilprozessrecht eine wesentliche Rolle zu. Da das private Baurecht wie kaum ein anderes Rechtsgebiet von technischen Fragestellungen beeinflusst ist, wird in nahezu jedem Streitfall ein Sachverständiger hinzugezogen. Hinzu kommt, dass neben technischen auch wirtschaftliche Fragen an Bedeutung gewinnen, da die Baukosten stetig steigen. Vielfach ist die Beauftragung eines Sachverständigen auch dem Prozessverhalten der Parteien geschuldet.[1] Um hier einen Konsens zwischen den Parteien finden zu können, bedarf es einer objektiven und kompetenten Instanz – **„Der Sachverständige"** –.

Das Recht einen Sachverständigen hinzuzuziehen, ist verfassungsrechtlich geschützt, da es eine Ausgestaltung des **Justizgewährungsanspruchs nach Art. 6 Abs. 1 MRK** (Europäische Menschenrechtskonvention) und des **Rechtsstaatsprinzips gemäß Art. 2 Abs. 1 GG i.V. m. Art. 20 GG** (Grundgesetz) ist, wonach jedem ein Anspruch gegenüber dem Staat auf Gewährung eines wirkungsvollen Rechtsschutzes in bürgerlich-rechtlichen Streitigkeiten zusteht.[2] Ist eine richtige Entscheidung ohne einen technischen Sachverstand nicht möglich, haben Gerichte einen Sachverständigen zu beauftragen. Er unterstützt dann den rechtsstaatlichen Prozess der Entscheidungsfindung.[3] Der Sachverständige wird hierdurch **mittelbarer Teil der Judikative**.[4] Nach empirischen Untersuchungen folgen dann bis zu 97 % der Richter bei ihrem Urteil dem Ergebnis des eingeholten Gutachtens.[5] Aufgrund dessen kann einerseits daran gezweifelt werden, dass die Gerichte ihre Entscheidungen noch

---

1 John Grisham, Bestseller Autor, schreibt in seinem Roman „Komplott" hierzu: „In einer anderen Epoche hat ein Prozess aus der Darlegung von Fakten, der Suche nach der Wahrheit und der Rechtsfindung bestanden. Heute ist ein Prozess ein Wettkampf, bei dem eine Seite gewinnt und die andere verliert. Jede Partei geht davon aus, dass die andere es mit den Regeln nicht so genau nimmt oder schwindelt, daher verhält sich keine ehrlich. Und die Wahrheit bleibt bei dieser Auseinandersetzung auf der Strecke."

2 BVerfGE 107, 395, 604; *Liebheit* IBR 2014, 1251, 44

3 Nach Statistiken werden im Jahr ca. 395.000 Gutachten in Auftrag gegeben, davon 30.000 in Zivil-, Arbeits-, Finanz- und Verwaltungsgerichtsverfahren, vgl.: Gesetzesentwurf der Bundesregierung „Entwurf eines Gesetzes zur Änderung des Sachverständigenrechts" v. 16.09.2015

4 *Kniffka* DS 2007, 125, 126; *Liebheit* IBR 2014, 1251, 44

5 Vgl. *Tödtmann / Schwab* DS 2012, 302; nach *Ulrich* IBR 2011, 1291, 5 folgen „nur" 90 % der Urteile dem Gutachten; *Lamprecht* DRiZ 1989, 4, 5; *Kilian* VersR 2003, 683 und *Sendler* NJW 1986, 2907, 2910 verweisen auf empirische Untersuchungen nach denen 95 % der Richter den Gutachten der Sachverständigen folgen, ohne sich sogar inhaltlich detailliert mit dem Gutachten auseinanderzusetzen

nach freier eigener Überzeugung treffen. Anderseits wird aber auch die herausragende Stellung des Bausachverständigen im Zivilverfahren deutlich. Nicht nur deshalb konstatierte Quack, dass **„verlorene Gutachten verlorene Prozesse"** sind.[6] Kniffka schließt sich dieser Meinung an und führt aus, dass die Sachverständigen in Bausachen häufig die wahren Richter des Prozesses sind[7], da sie ausschlaggebenden Einfluss auf die gerichtliche Entscheidung haben.[8] Bemerkenswerte Aussagen zweier ehemaliger Richter des VII. Zivilsenates.

Das Sachverständigengutachten ist somit der maßgebliche Faktor für den Ausgang eines Prozesses.[9] Da dessen Inhalt und wesentliche Befundtatsachen nahezu ausschließlich während der **Ortstermine** ermittelt werden, muss der Sachverständige hierbei eine besondere Sorgfalt walten lassen. Die Parteien beobachten den Sachverständigen in dieser Phase in besonderer Weise, um später keine Prozessnachteile zu erleiden. Denn der Ortstermin stellt neben den sachverständigen Erläuterungen des Gutachtens in der mündlichen Verhandlung die einzige Möglichkeit für die Parteien dar, den Sachverständigen zu „überwachen" und auf ihn „Zugriff"[10] zu nehmen. Nicht ohne Grund setzen eine Vielzahl der Befangenheitsanträge an das Verhalten des Sachverständigen während des Ortstermins an.

Aufgrund dieser **herausragenden Stellung des Sachverständigen** überrascht es, dass eine **Legaldefinition** für den Sachverständigen **nicht existiert**. Weder wird einheitlich bestimmt, wer sich als Sachverständiger bezeichnen darf, noch welche fachlichen Anforderungen an einen Sachverständigen gestellt werden. Auch sind die Rechtsverhältnisse, die einer Beauftragung eines Sachverständigen zugrunde liegen gesetzlich nicht geregelt,[11] obwohl dem Charakter des zugrundeliegenden Rechtsverhältnisses ein maßgeblicher Einfluss auf den **Pflichtenumfang und die Haftung des Sachverständigen** zukommt.

---

6 *Quack* BauR 1993, 161 (1. These), der Autor: ehemaliger Richter des VII. Zivilsenats des BGH

7 *Kniffka*/Koeble Kompendium des Baurechts 3. Aufl., 18. Teil Rdn. 25

8 *Kniffka* DS 2007, 125, 126

9 *Grossam* DS 2013, 214

10 *Grossam* DS 2013, 214

11 PraxisHdb. Sachverständigenrecht / *Heck* § 1 Rdn. 6–12

B. Aufbau der Arbeit

Diese Arbeit behandelt umfassend das Tätigkeitsfeld des Bausachverständigen und weist auf die jeweiligen Folgen von Pflichtverletzungen bis zum Schadensersatz hin. Da mit Letzterem das berechtigte Interesse einer Haftungsbeschränkung oder eines Haftungsausschlusses einhergeht, werden die zu beachtenden Voraussetzungen und Grenzen näher beleuchtet.

Im Einzelnen:

Zunächst wird der **Begriff des Sachverständigen** definiert und dargelegt, warum dem öffentlich bestellten und vereidigten Sachverständigen eine Sonderrolle unter den weiteren Sachverständigentypen zukommt.

Im Anschluss daran werden das **Tätigkeitsfeld** und die **Haftung des Gerichts- und Privatsachverständigen** unter Berücksichtigung der **„Kardinalspflichten des Sachverständigenwesens"** beleuchtet. Die **Trennung** zwischen dem **Gerichts-** und dem **Privatsachverständigen** zieht sich durch die ganze Arbeit, da sich die Haftungstatbestände maßgeblich danach unterscheiden, ob der Sachverständige in Folge eines gerichtlichen oder eines privatrechtlichen Auftrags tätig wird.

Im Rahmen der Haftungsprüfung des gerichtlichen Sachverständigen kommt es zu einer umfassenden Darlegung der allgemeinen Pflichten des Sachverständigen und deren Verletzungen sowie für die **Vergütung des Sachverständigen** unter Einbeziehung der einschlägigen Vorschriften des Justiz-Vergütungs- und Entschädigungsgesetzes (**JVEG**), wobei die Kürzung bzw. der Verlust des Vergütungsanspruches eine erste Möglichkeit der Ahndung von Pflichtverletzungen ist.

Nach einer Darstellung des **kontrovers diskutierten Streits**, ob Gerichte den Sachverständigen gegen seinen Willen zur Vornahme einer **Bauteilöffnung** anweisen können, werden in einer **Stellungnahme** die **haftungsrechtlichen Folgen eines solchen Substanzeingriffs** in den Mittelpunkt gerückt.

Schließlich wird geprüft, unter welchen Voraussetzungen ein Sachverständiger für seine gutachterliche Tätigkeit einen **Haftungsausschluss** vereinbaren kann, wobei hier ausnahmsweise im Sinne eines besseren Verständnisses, zunächst der Haftungsausschluss des Privatsachverständigen und im Anschluss erst der des gerichtlichen Sachverständigen erörtert wird.

C. Definition des Sachverständigen

Sowohl im materiellen Recht[12] als auch im Prozessrecht[13] findet sich der Begriff des „Sachverständigen“ an einer Vielzahl an Stellen. Fast wie selbstverständlich wird dabei vorausgesetzt, dass jedermann weiß, was ein Sachverständiger ist oder welcher Personenkreis hierunter fällt. Eine Legaldefinition des „Sachverständigen“ sieht keines der Gesetze vor.

§ 36 Abs. 1 GewO (Gewerbeordnung), eine Legitimationsgrundlage für die öffentliche Bestellung und Vereidigung des Sachverständigen, regelt lediglich, dass der Sachverständige vor der öffentlichen Bestellung eine besondere Sachkunde nachweisen muss und keine Bedenken dahingehend bestehen dürfen, dass er seinen Auftrag **unabhängig**, **weisungsfrei**, **persönlich**, **gewissenhaft** und **unparteiisch** erfüllen wird. Im Duden heißt es unter dem Begriff „Sachverständiger“, dass es sich um „jemanden handelt, der aufgrund seiner Sachkunde in einem gerichtlichen Verfahren als Sachverständiger auftritt“[14]. Auch sei er „jemand mit Sachverstand[15], ein Fachmann, ein Experte oder ein Spezialist“[16]. Wie fundiert der Sachverstand sein muss, wird hierbei nicht bestimmt. Das Bundesverwaltungsgericht (BVerwG) verlangt allerdings, dass ein Sachverständiger neben einem **überdurchschnittlichen Kenntnisstand**, den er im Rahmen einer **abgeschlossenen Berufsausbildung oder** eines **Studiums** erlangt hat[17], auch **überdurchschnittliche, fundierte berufliche Fähigkeiten** auf einem **bestimmten Sachgebiet** sowie **persönliche Erfahrung**[18] vorweisen muss, die ihn im Vergleich zu anderen Fachkundigen unterscheidet. Denn mit diesem Wissens- und Erfahrungsvorsprung und der überdurchschnittlichen Sach- und Menschenkunde erlangt der Sachverständige zwangsläufig einen Vertrauensvorschuss und damit eine höhere Akzeptanz seines Gutachtens.

Eine Definition des „Sachverständigen“ kann daher wie folgt lauten:

Der Sachverständige ist eine natürliche Person, die auf einem bestimmten abgrenzbaren Gebiet der Geistes- und Naturwissenschaften, der Wirtschaft, der Technik oder eines

---

12 Bspw.: § 839a BGB; § 36 GewO

13 Bspw.: §§ 402 ff. ZPO; §§ 72 ff. StPO

14 Duden online: http://www.duden.de/rechtschreibung/Sachverstaendiger

15 So auch *Bleutge* NJW 1985, 1185, 1187: Er versteht unter einem Sachverständigen „eine Person, die von einer bestimmten Sache etwas versteht.“

16 Duden online: http://www.duden.de/rechtschreibung/Sachverstaendiger; Der Duden führt darüber hinaus noch folgende Synonyme für den Sachverständigen: Autorität, Experte, Expertin, Fachgröße, Fachmann, Fachfrau, Frau vom Fach, Kapazität, Kenner, Kennerin, Könner, Könnerin, Mann v. Fach, Meister, Meisterin, Profi, Sachkenner, Sachkennerin, Sachkundiger, Sachkundige, Spezialist, Spezialistin, (bildungssprachlich) Koryphäe, (umgangssprachlich) Ass, Kanone

17 So auch OLG München Urteil v. 20.10.1994 – 29 U 6380/93

18 BVerwG Urteil v. 11.12.1972 – I C 5.71; vgl. auch *Bleutge* NJW 1985, 1186, 1187

anderen Bereichs überdurchschnittliche Fachkenntnisse und eine überdurchschnittliche fachliche Expertise, Fähigkeit und langjährige Erfahrung besitzt. Diese überdurchschnittlichen Kenntnisse erlangte er nachweisbar in einer abgeschlossenen Berufsausbildung oder Studium. Im Rahmen seiner freien oder gewerblichen Tätigkeit stellt er dem Gericht bzw. seinem Auftraggeber (Jedermann) subjektive, aber ***unabhängige***, ***unparteiische***, ***persönliche***, ***weisungsfreie*** *und* ***gewissenhafte*** *Sachverständigenleistungen zur Verfügung. Seinen Begutachtungen kommt ein besonderes Vertrauen zu.*[19]

Die Pflicht zur **unabhängigen, unparteiischen, persönlichen, weisungsfreien und gewissenhaften** Erbringung der Sachverständigenleistung stellen **Kardinalspflichten eines jeden Sachverständigen** dar und können daher als Mindestanforderungen an eine ordnungsgemäße Sachverständigenleistung angesehen werden. Dies macht auch § 36 GewO deutlich, der als Voraussetzung einer öffentlichen Bestellung vorsieht, dass **keine Bedenken** vorliegen dürfen, dass die Gutachten bis jetzt und in Zukunft unter Wahrung der (allgemeinen) Kardinalspflichten erstattet werden. Bezeichnenderweise umfasst sowohl der Eid des öffentlich bestellten Sachverständigen nach § 36 Abs. 1 Satz 2 GewO als auch der des gerichtlichen Sachverständigen nach § 410 Abs. 1 ZPO (Zivilprozessordnung) die Erfüllung dieses Mindeststandards.

19 Vgl.: Zöller / *Greger* ZPO 30. Aufl. § 402 Rdn. 6; BVerwG Urteil v. 11.12.1972 – I C 5.71; OLG München Urteil v. 20.10.1994 – 29 U 6380/93; LG Dortmund Urteil v. 07.07.1992 – 19 O 59/92; *Bleutge* NJW 1985, 1185, 1187; *Zimmermann* DS 2006, 304, 307; *Zimmermann* DS 2007, 328, 334; Duden online: http://www.duden.de/rechtschreibung/Sachverstaendiger

D. Verschiedene Typen von Sachverständigen

Es gibt verschiedene Sachverständigentypen, die unter die obige Definition gefasst werden können. Alle haben gemeinsam, dass sie haupt- wie nebenberuflich, gewerblich oder freiberuflich tätig werden können, ohne das sich hieraus wesentliche Unterschiede in Bezug auf den einzuhaltenden Pflichtenumfang oder die drohende Haftung ergeben. Ebenso kann jeder der folgenden Sachverständigentypen als **Gerichts-** oder als **Privatsachverständiger** beauftragt werden. Hierbei handelt es sich um **Oberbegriffe**, aus denen ersichtlich wird, ob der Sachverständige von einem Gericht oder einem sonstigen Auftraggeber beauftragt wurde.

I. Selbst ernannte bzw. freie Sachverständige

Die fehlende Legaldefinition des Sachverständigen hat zur Folge, dass sich Jeder als Sachverständiger bezeichnen und entsprechende Tätigkeiten auf dem Markt anbieten und ausführen kann, ohne dass hierfür eine vorherige behördliche Zulassung, Erlaubnis oder Ernennung vonnöten ist.[20] Denn der Gesetzgeber hat von Zugangs- oder Zulassungsvoraussetzungen für die Erbringung von Sachverständigenleistungen abgesehen, wodurch das Bild der höchstrichterlichen Rechtsprechung eines **freien Sachverständigen** begründet wurde.[21]

Unter der Rubrik der freien Sachverständigen werden daher diejenigen Sachverständigen gefasst, die sich nicht durch Qualifikationen wie der Anerkennung, Zertifizierung oder der öffentlichen Bestellung von der „breiten Masse" abgrenzen können.[22]

II. Anerkannte Sachverständige

1. Amtlich anerkannte Sachverständige

Die amtliche Anerkennung des Sachverständigen erfolgt, wenn er vor einer Institution, die zumindest teilweise staatliche Aufgaben wahrnimmt, wie bspw. dem TÜV, einen Nachweis der von ihr geforderten Sachkunde erbracht hat.[23] Welche Anforderungen daneben an die Anerkennung gestellt werden, **bestimmt ebenfalls allein die Institution**, bei der der Sachverständige zumeist auch angestellt ist. Sofern der Nachweis gelingt, wird ihm die amtliche Anerkennung aus- und eine sachlich begrenzte

20 *Bleutge* in Landmann / Rohmer GewO 70. Erg. Juni 2015, § 36 Rdn. 21

21 BGH Urteil v. 06.02.1997 – I ZR 234/94

22 Vgl.: OLG München Urteil v. 20.10.1994 – 29 U 6380/93; OLG Frankfurt Urteil v. 11.11.1988 – 24 U 218/88

23 BGH Urteil v. 26.06.2001 – X ZR 231/99; OLG Köln Urteil v. 16.12.1988 – 6 U 83/88; *Wagner* NJW 2002, 2049, 2061; *Kilian* VersR 2003, 683, 684

staatliche Prüfertätigkeit zugesprochen. Seinen Sachverständigenleistungen kommt nun ein **hoheitlicher Charakter** zu.[24] Dies stellt eine Besonderheit im Vergleich zu den sonstigen Sachverständigenleistungen dar.[25]

2. Verbandsanerkannte Sachverständige

Neben der amtlichen Anerkennung können Sachverständige auch durch einen Verband oder eine sonstige private Vereinigung anerkannt werden. Der ADAC ist für letztere ein prominentes Beispiel. Private Vereinigungen dürfen nach der Rechtsprechung des Bundesgerichtshofs (BGH) eine Anerkennung eines Sachverständigen jedoch nur dann aussprechen, wenn das einschlägige Anerkennungsverfahren mit dem der amtlichen Anerkennung zumindest vergleichbar ist. Der Sachverständige muss danach ein Gremium von seiner besonderen Sachkunde und seiner persönlichen und technischen Erfahrung überzeugen und entsprechende Nachweise vorlegen. Die zukünftigen Leistungen des Sachverständigen bedürfen dann einer stetigen Überprüfung, wofür die Verbände **selbst Sorge tragen müssen**.[26]

Mit der privatrechtlichen Anerkennung von Sachverständigen geht in der Praxis allerdings eine **Verwechselungsgefahr** einher, da der Rechtsverkehr bei einer „Anerkennung eines Sachverständigen" gewöhnlich von einem staatlichen Akt in Form einer behördlichen Prüfung, Zulassung und Überwachung, nicht aber von einem rein privatrechtlichen Verfahren ausgeht.[27] Hier muss der Sachverständige gegebenenfalls aufklärend tätig werden.

III. Angehörige des Öffentlichen Dienstes und Beamte als Sachverständige

Angehörige des öffentlichen Dienstes und Statusbeamte können ebenfalls als Sachverständige tätig sein, wie sich aus § 408 Abs. 2 Satz 1 ZPO ersehen lässt. Hierbei ist zu unterscheiden, ob der Sachverständige seine Tätigkeit im Rahmen einer **dienstlichen Tätigkeit** erbringen soll oder als **Nebentätigkeit** zu seinen hauptamtlichen Dienstgeschäften.

Wenn ein Amtsträger, der die Sachverständigenleistung als **Dienstverpflichtung** erbringt, zum gerichtlichen Sachverständigen bestellt wird, ist der Behördenleiter in die gerichtliche Auswahl des Sachverständigen einzubeziehen. Im Rahmen seines Organisationsrechtes soll dieser den Einsatz seiner Bediensteten regeln und

---

24 PraxisHdb. Sachverständigenrecht / *Heck* § 1 Rdn 18, 19; § 2 Rdn. 7

25 OLG Hamm Urteil v. 20.09.1993 – 13 U 40/92; OLG Nürnberg Urteil v. 02.03.1988 – 9 U 779/85; *Bleutge* in Landmann / Rohmer GewO 70. Erg. Juni 2015, § 36 Rdn. 34

26 BGH Urteil v. 23.05.1984 – I ZR 140/82; auch OLG Hamm Urteil v. 17.07.1986 – 4 U 231/84

27 Vgl.: BGH Urteil v. 23.05.1984 – I ZR 140/82; BGH Urteil v. 23.01.1978 – I ZR 104/76

hierdurch für eine gleichmäßige Belastung Sorge tragen.[28] Der Behördenleiter hat auch dem behördlichen Sachverständigen eine Freizeichnung nach §§ 69, 68 Abs. 3 Bundesbeamtengesetz (BBG) auszustellen, nach der er weisungsfrei die Sachverständigentätigkeit erbringen kann und keine Verschwiegenheitspflichten der Tätigkeit entgegenstehen. Andernfalls kann an seiner „Neutralität" gezweifelt werden.

Anders ist es, wenn der Beamte Sachverständigenleistungen als **genehmigungsbedürftige Nebentätigkeit** nach §§ 97, 99 BBG erbringt. Die Genehmigungserteilung des Behördenleiters stellt die Regel dar, solange keine berechtigten dienstlichen Interessen des Dienstherrn entgegenstehen, wie etwa die individuelle Belastung oder die Pflicht zur Amtsverschwiegenheit. Wird allerdings ein Gutachten ohne eine solche Genehmigung erstattet, ist es zwar gerichtlich verwertbar, der Bedienstete macht sich aber unter Umständen berufsrechtlich angreifbar.[29] **Genehmigungsfreie Nebentätigkeiten** nach § 100 BBG müssen dem Behördenleiter hingegen nur angezeigt werden, wenn ein Entgelt gezahlt wird, § 100 Abs. 2 BBG. Hierunter fallen insbesondere Lehr- und Forschungsaufgaben. Werden Amtspflichten durch sie beeinträchtigt, kann nach § 100 Abs. 4 BBG auch diese Tätigkeit untersagt werden.

IV. Öffentlich bestellter und vereidigter Sachverständiger

1. Rechtscharakter der öffentlichen Bestellung

Der öffentlich bestellte und vereidigte Sachverständige wird in einigen wenigen Vorschriften ausdrücklich genannt. So bspw. in § 404 Abs. 2 ZPO, § 407 Abs. 1 ZPO, aber auch in § 29a Abs. 1 BImSchG (Bundesimmisionsschutzgesetz). Die öffentliche Bestellung ist nach allgemeinem Verständnis eine **staatliche Anerkennung einer besonderen fachlichen und persönlichen Qualifikation auf einem konkreten und begrenzten Sachgebiet** innerhalb einer sonst genehmigungsfreien Sachverständigentätigkeit.[30] Sie ist ein Zeichen für persönlich besonders integre, unabhängige und unparteiische Sachverständige, die fachlich ein objektives und

28 BayVGH Beschluss v. 11.01.1996 – 24 C 95.3910; demnach kann es zu der Situation kommen, dass der Behördenleiter dem Gericht die Bestellung des gerichtlichen ausgewählten Bediensteten nach § 69 BBG verweigert und auf einen anderen Bediensteten verweist

29 Vgl. §§ 69, 68 Abs. 3 BBG; im Falle einer Zeugenaussage ohne Aussagegenehmigung des Dienstherrn führt dies auch nur zu einem Beweiserhebungs-, nicht zu einem Beweisverwertungsverbot, da die Aussagegenehmigung nur das öffentliche Geheimhaltungsinteresse oder das Organisationsinteresse schützt, BGH Urteil v. 12.10.1951 – 2 StR 393/51 (für die Zeugenaussage ohne Aussagegenehmigung, kein Revisionsgrund)

30 Vgl. *Bleutge* in Landmann / Rohmer GewO 70. Erg. Juni 2015, § 36 Rdn. 47, 48; die öffentliche Bestellung stellt ein Qualitätsmerkmal für alle Sachverständigentätigkeiten auf dem bestellten Sachgebiet dar, vgl. § 2 Ziff. 2.2.1 RL zur MSVO IHK

qualifiziertes Sachverständigenurteil garantieren,[31] auf das sich der Rechtsverkehr aufgrund dessen auch verlassen kann. Die öffentliche Bestellung erfolgt durch einen gebundenen[32] begünstigenden Verwaltungsakt der Bestellungskörperschaft nach § 35 VwVfG (Verwaltungsverfahrensgesetz). Da die öffentliche Bestellung „nur" eine Qualifikation darstellt, sieht die Rechtsprechung folgerichtig in ihr weder eine Berufsausübungsregelung oder eine Berufszulassung bzw. -einschränkung[33] noch eine hoheitliche Befugnis[34].

2. Voraussetzungen der öffentlichen Bestellung

Der öffentlichen Bestellung muss ein Antrag des Sachverständigen bei einer öffentlich-rechtlichen Bestellungskörperschaft vorausgehen.[35] Die einschlägigen staatlich legitimierten Körperschaften sind die Industrie- und Handelskammern (IHK), Handwerkskammern, Landwirtschaftskammern, Architektenkammern und Ingenieurkammern. Im Baurecht kommt insbesondere den ersten beiden eine wesentliche Bedeutung zu. Sie überprüfen das Vorliegen der geforderten besonderen persönlichen Eignung und fachlichen Sachkunde.

Unter einer **besonderen fachlichen Sachkunde** ist zu verstehen, dass der Sachverständige überdurchschnittliche aktuelle Fachkenntnisse sowie praktische und persönliche Erfahrungen und Fähigkeiten auf einem bestimmten, abgegrenzten Sachgebiet nachweisen kann, wodurch er in der Lage ist, einen konkreten Streitfall in Gutachtenform nachvollziehbar, überzeugend, nachprüfbar, verständlich und ergebnisorientiert zu erstatten und gegebenenfalls mündlich wie schriftlich zu erläutern. Derzeit werden rund 500 Sachgebiete bei den Bestellungskörperschaften geführt. In Bausachen sind dies bei der IHK bspw.: Akustik; Lärm- und Schallschutz; Altbausanierung; Baugrund- und Bodenmechanik; Baustoffe; Bautenschutz; Beton-, Stahlbeton- und Spannbetonbau; Brückenbau; Erd- und Grundbau; Fassaden und Außenwandkonstruktionen; konstruktiver Ingenieurbau (Statik); Mauerwerksbau; Schäden an Gebäuden; Schwimmbadbau, Schwimmbadtechnik; Sonderbauwerke und Wärme- und Feuchtigkeitsschutz.[36] Um auf einem dieser Sachgebiete öffentlich bestellt zu werden, muss der Sachverständige die einschlägigen Ermittlungsmethoden beherrschen, wobei es nicht genügt, wenn er von diesen lediglich Kenntnis aus

---

31 *Bleutge* in Landmann / Rohmer GewO 70. Erg. Juni 2015, § 36 Rdn. 46, 48; *Jacobs* DS 2009, 3; *Jacobs* 2009, 163; *Bleutge* GewA 2009, 275

32 § 1 Ziff. 1.1.2 RL zur MSVO IHK; BVerfG Beschluss v. 25.03.1992 – 1 BvR 298/86; VGH Mannheim Beschluss v. 09.01.2013 – 6 S 1630/12

33 Vgl. *Bleutge* in Landmann / Rohmer GewO 70. Erg. Juni 2015, § 36 Rdn. 47

34 § 2 Ziff. 2.1.1 RL der MSVO IHK

35 § 26 GewO; ähnlich dem Offizialprinzip der StPO

36 https://svv.ihk.de; erweiterte Suche, Sachgebiete

der Fachliteratur erlangt hat.[37] Die erstatteten Gutachten müssen derart begründet sein, dass sie für den Laien und den Fachmann verständlich und nachprüfbar sind.[38]

Bei der geforderten **besonderen persönlichen Eignung** geht es ausschließlich um Eigenschaften wie Selbstständigkeit, Unabhängigkeit, Eigenverantwortlichkeit, Gewissenhaftigkeit und Unparteilichkeit sowie die dadurch begründete Akzeptanz des Sachverständigenurteils bei potentiellen Auftraggebern wie Gerichten oder Privatpersonen.[39]

3. Sachverständigenordnungen

a) Rechtscharakter der Sachverständigenordnungen

Ein öffentlich bestellter Sachverständiger hat einen besonderen Pflichtenkatalog zu beachten, der sich wie die Verfahrensvorschriften der öffentlichen Bestellung in den Sachverständigenordnungen der Bestellungskörperschaften wiederfindet. Die Sachverständigenordnungen stellen **Satzungen** der jeweiligen Bestellungskörperschaften dar,[40] die im Wege der Selbstverwaltung erlassen werden.[41] Damit die jeweiligen Sachverständigenordnungen einheitliche Standards aufweisen, hat die IHK sich bspw. entschieden, im Vorfeld im Deutschen Industrie- und Handelskammertag in Berlin (DIHK) eine **Mustersachverständigenordnung** (MSVO IHK)[42] zu entwerfen, die dann als „Orientierungshilfe" für den Erlass der einzelnen Satzungen der örtlich zuständigen IHK dient.[43] Der DIHK ist ein Dachverband auf Bundesebene von eigenverantwortlichen örtlichen IHK, die das gesamte Bundesgebiet in 81 Bezirke unterteilt haben. Dem Ziel einer bundeseinheitlichen Bestellungspraxis dient auch die gemeinsam erlassene **normkonkretisierende und erläuternde Richtlinie zur**

37 Zu dem Vorstehenden: Fachliche Anforderungen an den öffentlich bestellten Sachverständigen: *Bleutge in* Landmann / Rohmer GewO 70. Erg. Juni 2015, § 36 Rdn. 61 f.; BVerwG Urteil v. 27.06.1974 – I C 10.73; BVerwG Urteil v. 11.12.1972 – I C 5.71; OLG München Urteil v. 20.10.1994 – 29 U 6380/93; so auch in Teilen: § 3 Ziff. 3.7.1 der RL zur MSVO IHK

38 Vgl. § 3 Ziff. 3.7.4 RL zur MSVO IHK

39 *Bleutge* GewA 1980, 313, 317; *Ecken* GewA 1985, 187, 189; *Bleutge* GewA 1986, 145, 147; *Bleutge* GewA 2008, 12; *Tettinger / Pielow* GewA 1992, 1, 7; *Bleutge* GewA 2011, 287, 291

40 VerfGH Bayern Urteil v. 28.07.1983 – Vf. 20-VII-81; BeckOK / *Rickert* GewO § 36 Rdn. 71 f.; *Zimmermann* DS 2006, 304, 305

41 Bei Selbstverwaltungsaufgaben besteht nur eine Rechtsaufsicht der Aufsichtsbehörde, d.h. eine Kontrolle, ob die Satzung und deren Inhalt im Einklang mit dem geltenden Recht stehen; *Bleutge* in Landmann / Rohmer GewO 70. Erg. Juni 2015 § 36 Rdn. 155

42 Die Mustersachverständigenordnung liegt derzeit in der Fassung v. 26.03.2012 vor, BeckOK / *Rickert* GewO § 36 Rdn. 71

43 So auch die Handwerkskammern

Mustersachverständigenordnung der IHK (RL der MSVO IHK)[44]. Die „Orientierung" an der MSVO geht soweit, dass das Regelungswerk der MSVO IHK nahezu wortgleich von den örtlichen IHK übernommen wird.[45] Aufgrund dessen wird im Sinne einer einheitlichen Darstellung im Folgenden ausschließlich auf die Regelungen der MSVO IHK Bezug genommen.

b) Inhalt, Sinn und Zweck der Sachverständigenordnungen

Die Sachverständigenordnungen und die dazugehörigen Richtlinien geben einen Überblick über sämtliche Rechte und Pflichten (§§ 8 ff. MSVO IHK)[46], die infolge der Bestellung einzuhalten sind.[47] § 10 MSVO IHK, wonach ein öffentlich bestellter Sachverständiger zur Gutachtenerstattung verpflichtet ist, macht deutlich, dass die öffentliche Bestellung ein **Akt gewährender Staatstätigkeit** ist, wonach der öffentlich bestellte Sachverständige jedem Bürger, jeder Behörde und jedem Gericht für Gutachtentätigkeiten zur Verfügung stehen muss.[48] Hierdurch sollen die Interessen von Justiz, Wirtschaft und Öffentlichkeit hinreichend Rechnung getragen werden[49], schnell und verlässlich einen gewissenhaften Sachverständigen mit einer überdurchschnittlichen Sachkunde beauftragen zu können.

c) Bindungswirkung der Sachverständigenordnungen

Den Pflichten der Sachverständigenordnungen kommt jedoch nicht nur eine verbindliche Wirkung für die öffentlich bestellten Sachverständigen zu, sondern es stellt den allgemein anerkannten Standard für das gesamte Sachverständigenwesen dar, sich so zu verhalten, wie es die Regeln der Sachverständigenordnungen

---

44 *Bleutge* in Landmann / Rohmer GewO 70. Erg. Juni 2015, § 36 Rdn. 157

45 Vgl.: *Zimmermann* DS 2006, 304, 305

46 § 8 MSVO Pflicht zur unabhängigen, weisungsfreien, gewissenhaften und unparteiischen Aufgabenerfüllung; § 9 MSVO Pflicht zur persönlichen Aufgabenerfüllung und Pflicht zur Beachtung der Beschränkung der Beschäftigung von Hilfskräften; § 10 MSVO Verpflichtung zur Gutachtenerstattung; § 11 MSVO Einhaltung der Formvorgaben der Gutachtenerstattung, Grenzen gemeinschaftliche Leistungserbringung beachten; § 12 MSVO Pflicht zur Bezeichnung als „öffentlich bestellter und vereidigter Sachverständiger; § 13 MSVO Aufzeichnungs- und Aufbewahrungspflichten von Unterlagen; § 14 MSVO Beschränkung der Möglichkeit eines Haftungsausschlusses und Abschluss einer Haftpflichtversicherung; § 15 MSVO Schweigepflicht; § 16 MSVO Fortbildungspflicht und Pflicht zum Erfahrungsaustausch; § 18 MSVO Beachtung der Grenzen kommerzieller Werbung; § 19 MSVO Anzeigepflichten; § 20 MSVO Auskunftspflichten und Aushändigungs- und begrenzte Überlassungspflichten von aufbewahrungspflichtigen Unterlagen an die zuständige IHK

47 § 2 Ziff. 2.5.2 der RL zur MSVO IHK

48 *Bleutge* in Landmann / Rohmer GewO, 70. Erg. Juni 2015, § 36 Rdn. 61

49 *Tettinger / Pielow* GewA 1992, 1, 5 ff.

vorsehen.[50] Sie werden somit als **allgemein gültiger Standard des Sachverständigenwesens angesehen**. Diese allgemeine Geltung ist notwendig, da für das Sachverständigenwesen kein allgemein gültiges Berufsrecht existiert.

4. Der Eid des öffentlich bestellten Sachverständigen

Der Sachverständige, der sich öffentlich bestellen lassen will, ist nach § 36 Abs. 1 Satz 2 GewO i.V. m. § 5 MSVO IHK auf die *unabhängige, weisungsfreie, persönliche, gewissenhafte und unparteiische* Erfüllung der Sachverständigenleistungen zu vereidigen. Die öffentliche Bestellung und die Vereidigung stellen dabei einen **einheitlich rechtlichen Vorgang** dar.[51]

5. Aufsicht der Bestellungskörperschaft

Der öffentlich bestellte und vereidigte Sachverständige unterliegt ab seiner Bestellung der Aufsicht der Bestellungskörperschaft. In dem Zusammenhang kann die öffentliche Bestellung (Verwaltungsakt) sowohl zurückgenommen als auch widerrufen werden. Hierbei finden die §§ 48 ff. VwVfG i.V. m § 23 MSVO IHK Anwendung.[52] Kommt es zu solchen Maßnahmen, darf der Sachverständige nicht mehr als „öffentlich bestellter und vereidigter Sachverständiger“ auftreten.

6. Besonderheit der öffentlichen Bestellung und Vereidigung

Mit den Bestellungsvoraussetzungen, der Vereidigung und der Kontrolle der Bestellungskörperschaften, die teilweise im § 36 GewO geregelt sind, gehen nicht nur erhebliche rechtliche wie wirtschaftliche Folgen für den Sachverständigen einher, sondern sie stellen einen wesentlichen Vorteil zu anderen Qualifikationsmerkmalen des Sachverständigenwesens dar. Denn aufgrund der strengen Voraussetzungen und der strikten Kontrolle spricht der Rechtsverkehr dem öffentlich bestellten Sachverständigen eine gesteigerte Glaub- und Vertrauenswürdigkeit zu[53], welche im Rahmen der gerichtlichen Beweiswürdigung ebenfalls Berücksichtigung finden muss.

V. Allgemein vereidigte Sachverständige und Ärzte

Dem öffentlich bestellten Sachverständigen werden die allgemein vereidigten Sachverständigen und Ärzte gleichgestellt, sofern es um deren gerichtliche Bestellung als Sachverständige geht. Denn allgemein vereidigte Sachverständige bzw. Ärzte weisen auf Sachgebieten ebenfalls eine besondere Sachkunde auf, nach denen eine

---

50 *Zimmermann* DS 2006, 304, 308, 309

51 *Bleutge* in Landmann / Rohmer GewO 70. Erg. Juni 2015, § 36 Rdn. 97

52 Die Regelungen der Satzung sind diesbezüglich nur deklaratorischer Natur, *Bleutge* in Landmann / Rohmer GewO 70. Erg. Juni 2015 § 36 Rdn. 82

53 BVerwG Urteil v. 26.06.1990 – 1 C 10/88; § 2 Ziff. 2.1.2 RL der MSVO IHK

öffentliche Bestellung nicht vorgesehen ist. Daneben haben auch diese einen ähnlichen Eid wie der des § 36 Abs. 1 Satz 2 GewO geleistet.

VI. Zertifizierte Sachverständige

Daneben gibt es noch den zertifizierten Sachverständigen. Die Zertifizierung tritt an die Stelle der nationalen öffentlichen Bestellung nach § 36 Abs. 1 GewO, die im Ausland keine Geltung erlangt.[54] In Europa hat sich stattdessen ein Akkreditierungs- und Zertifizierungssystem durchgesetzt. Für die Zertifizierung von Sachverständigen ist in Deutschland das sog. **Institut für Sachverständigenwesen** – IfS – in Köln zuständig. Dies ist eine unabhängige, wissenschaftliche und privatrechtliche Einrichtung, die von den Bestellungskörperschaften, Sachverständigenverbänden und Einzelmitgliedern getragen wird.[55] Die Zertifizierung folgt dabei einem einheitlichen europäischen Standard und dient als Kompetenzbestätigung und Qualitätsmerkmal in ganz Europa.

54 Im Falle des Wegzugs ins Ausland erlischt die öffentliche Bestellung, § 22 MSVO IHK
55 PraxisHdb. Sachverständigenrecht / *Heck* § 5 Rdn. 18

E. Die Haftung des gerichtlichen Bausachverständigen

I. Einleitung

Die Haftung des gerichtlichen Sachverständigen setzt immer einen Beweisantritt einer Partei voraus. Der Sachverständigenbeweis (§§ 402 ff. ZPO) ist einer der **allgemeinen Beweismittel der ZPO**. Daneben gibt es die amtliche Auskunft (§ 273 Abs. 2 Nr. 2 ZPO)[56], die gerichtliche Inaugenscheinnahme (§§ 371 ff. ZPO), den Zeugenbeweis (§§ 373 ff. ZPO), den Urkundsbeweis (§§ 415 ff. ZPO) und die Parteivernehmung (§§ 445 ff. ZPO).

In **§§ 402 ff. ZPO** stellt das Gesetz ein Regelungs- und Pflichtenwerk für den Sachverständigenbeweis auf. Die eigentliche Rechtsgrundlage zur Bestellung eines Sachverständigen findet sich wiederum in § 144 Abs. 1 Satz 1 ZPO. Hiernach **kann** das Gericht neben der Einnahme der gerichtlichen Inaugenscheinnahme die Begutachtung durch einen oder mehrere Sachverständige anordnen. Schon der Wortlaut des § 144 Abs. 1 Satz 1 ZPO macht deutlich, dass es im **freien Ermessen**[57] des Gerichts liegt, ob ein Sachverständigenbeweis auch tatsächlich eingeholt wird.[58] Hierbei ist allerdings der **Beibringungsgrundsatz** als wesentlicher Verfahrensgrundsatz der ZPO zu beachten. Das Gericht muss hierbei prüfen, ob der Anwendungsbereich des Sachverständigenbeweises eröffnet ist.

Bei der Tätigkeit des Sachverständigen können Schäden verursacht werden, wenn nicht die **gebotene Sorgfalt eines ordentlichen Sachverständigen** bei seiner Leistungserbringung angewandt wird. Doch selbst bei Einhaltung des Sorgfaltsmaßstabes ist der Sachverständige nicht vor einem Schadenseintritt gefeit. Daher soll nicht nur der öffentlich bestellte Sachverständige nach § 14 Abs. 2 MSVO IHK eine **angemessene Haftpflichtversicherung** abschließen, um das einhergehende Schadensrisiko zu minimieren.

Schäden können sowohl unmittelbar im Rahmen einer Begutachtung, als auch durch ein falsches bzw. mangelhaftes Gutachten entstehen. Allerdings treten letztere erst zeitlich versetzt ein, denn es bedarf gewöhnlich erst einer Handlung eines anderen, damit es zum Schadenseintritt kommt. Diese Handlung des Dritten zeichnet sich dadurch aus, dass der Handelnde sich auf die Richtigkeit des Gutachtens verlässt. Der eintretende Folgeschaden kann dann sowohl beim Handelnden als auch bei einem

56 Hierzu BGH BB 1976, 480; BGH MDR 1964, 223: die Amtsauskunft kann auch einen Sachverständigenbeweis ersetzen

57 Nur vereinzelt ist die Beauftragung eines Sachverständigen zwingend vorgeschrieben, bspw.: bei Streit über Rahmengebühren nach § 14 Abs. 2 RVG; Thomas / Putzo / *Reichold* ZPO § 402 Rdn. 4

58 BGH Urteil v. 06.11.1958 – III ZR 147/57

Dritten eintreten. Ob der Sachverständige auch für solche Dritt-Schäden haften muss, hängt von einer Vielzahl von Punkten ab, insbesondere von der **Verkehrsfähigkeit und der Zweckbestimmung des Gutachtens**.

II. Rechtsbeziehung zwischen dem Gericht bzw. Parteien zum Sachverständigen

Von erheblicher Bedeutung für die Haftung des Sachverständigen ist, welche Rechtsbeziehung zwischen dem Gericht und dem Sachverständigen in Folge der gerichtlichen Bestellung entsteht. Denn der Rechtscharakter der Beziehung bestimmt nicht nur den Pflichtenumfang des Sachverständigen, sondern auch die einschlägigen Anspruchsgrundlagen.

1. Rechtsbeziehungen zwischen dem Gericht und dem Sachverständigen

Ist im § 407a ZPO die Rede von **Auftrag**, kann hieraus nicht der Schluss gezogen werden, dass ein Dienst- oder Werkvertrag oder ein anderes vertragliches Verhältnis der gerichtlichen Bestellung zugrunde liegt.[59] Unstrittig ist mittlerweile, dass zwischen dem Gericht und dem Sachverständigen infolge der **Bestellung kein Vertragsverhältnis oder ein vertragsähnliches Verhältnis** begründet wird[60], da es bereits an einem vertraglichen Gleichordnungsverhältnis fehlt[61]. Denn die Bestellung des Sachverständigen erfolgt durch einen **förmlichen Beweisbeschluss**, §§ 358, 358a Satz 2, 359 ZPO, also ein einseitiger, nichtmitwirkungsbedürftiger hoheitlicher Akt[62] in Form einer öffentlich-rechtlichen, hoheitlich-einseitigen Indienstnahme des Gerichts[63] (Ernennung). Da es keiner Annahme der Bestellung bedarf, wird zwischen dem Gericht und dem Sachverständigen eine **öffentlich-rechtliche Sonderbeziehung**

59 so aber *Jankowski* NZBau 2006, 96

60 z.B.: BGH Urteil v. 20.05.2003 – VI ZR 312/02; BGH Urteil v. 18.12.1973 – VI ZR 113/71; BGH Urteil v. 05.10.1972 – III ZR 168/70; MüKo / *Zimmermann* ZPO § 404a Rdn. 2 m.w.N.; *Fischer* DS 2010, 49

61 *Wasner* NJW 1986, 119 und *Heumann* FuR 2002, 483 versuchen über einen öffentlich-rechtlichen Vertrag zwischen dem Staat und dem Sachverständigen und über den Vertrag mit Schutzwirkung zugunsten Dritter Vertragsverhältnisse zu begründen. Diese Ansicht hat sich richtigerweise nicht durchgesetzt, da im Falle einer Pflicht nach § 407 BGB allzu oft einer rechtsgeschäftliche Annahme des Sachverständigen gemäß § 145 BGB fehlt, einer solchen bedarf es aber gemäß § 62 S. 2 VwVfG i.V. m. §§ 145 ff. BGB

62 „Hoheitsakt" auch OLG Hamm Beschluss v. 14.01.2014 – I-9 U 231/13

63 Vgl.: *Ulrich* DS 2011, 15, 16; *Jankowski* NZBAU 2006, 96

eigener Art[64] begründet[65], mit der sowohl seine Vergütung nach dem JVEG (§ 413 ZPO) als auch prozessuale Pflichten nach §§ 407, 407a ZPO und eine Wahrheitspflicht einhergehen. Die Kardinalspflichten werden hierdurch nicht verdrängt, sondern bestätigt, ergänzt oder sogar konkretisiert. In dem Zusammenhang ist auch die prozessuale Pflicht der Gutachtenerstattung des gerichtlich bestellten Sachverständigen nach § 407 Abs. 1, 2 ZPO zu beachten, von der sich der Sachverständige aufgrund eines **fehlenden Rechts zur Selbstablehnung** kaum entziehen kann.[66] Hieraus wird deutlich, dass die Ausgestaltung des gerichtlichen Gutachtenauftrags der **Privatautonomie gänzlich entzogen** ist.[67] Trotz des zugrundeliegenden öffentlich-rechtlichen Sonderverhältnisses, stellt das Handeln des gerichtlichen Sachverständigen in der Regel **kein öffentliches Handeln** dar. Die Amtshaftung des Sachverständigen ist somit die Ausnahme.[68]

2. Rechtsbeziehung zwischen den Parteien und dem Sachverständigen

Zwischen dem gerichtlichen Sachverständigen und den Parteien besteht ebenfalls **keine vertragliche Beziehung**. Dies wird damit begründet, dass die Parteien „reflexartig“[69] von der gerichtlichen Bestellung des Sachverständigen gemäß § 404 Abs. 1 ZPO betroffen sind.[70] Hieraus erwachsen der Partei keine direkten Ansprüche gegen den Sachverständigen.[71] Dies gilt selbst dann, wenn die Parteien sich nach § 404 Abs. 3, 4 ZPO auf einen Sachverständigen einvernehmlich geeinigt haben. Denn auch in diesem Fall wird der Sachverständige ausschließlich durch das Gericht bestellt. Nur die vorherige Auswahl erfolgt durch die Parteien. Somit ist auch diese Beziehung der **Privatautonomie gänzlich entzogen.** Dies hat einen wesentlichen Einfluss auf die Möglichkeit des Abschlusses einer Haftungsbeschränkung oder eines Haftungsausschlusses.[72]

---

64 BGH Urteil v. 19.11.1964 – VII ZR 8/63; OLG Oldenburg VersR 1989, 108; OLG Frankfurt a.M. Urteil v. 26.05.2003 – 17 U 227/01; *Ulrich* Selbstständiges Beweisverfahren mit Sachverständigen Kap. 8 Rdn. 1

65 BGH Urteil v. 20.05.2003 – VI ZR 312/02; *Wagner/Thole* FPR 2003, 521; *Damm* JuS 1976, 359

66 *Ulrich* IBR 2011, 1291, 10

67 MüKo / *Wagner* BGB § 839a Rdn. 4

68 BGH Urteil v. 20.05.2003 – VI ZR 312/02; BGH Urteil v. 05.10.1972 – III ZR 168/70; BGH Urteil v. 30.01.1968 – VI ZR 153/66; OLG Düsseldorf Urteil v. 06.08.1986 – 4 U 41/86; OLG Nürnberg Urteil v. 02.03.1988 – 9 U 779/85; OLG Hamm Beschluss v. 17.07.1997 – 13 W 1–96

69 *Jankowski* NZBau 2006, 96

70 BGH Urteil v. 18.12.1973 – VI ZR 113/71

71 BGH Urteil v. 05.10.1972 – III ZR 168/70; *Gerber* NZV 1991, 295, 298

72 Vgl. hierzu unten: **K. II**

3. Ergebnis

Mangels vertraglicher Beziehungen zwischen dem gerichtlichen Sachverständigen und den Parteien bzw. dem Gericht, scheiden vertragliche und quasivertragliche Ansprüche aus[73], sodass lediglich eine deliktische Haftung mit all ihren Schwächen in Betracht kommt[74]. Unter **IV. Besonderer Schadensersatzanspruch – § 839a BGB** wird sich zeigen, dass hieran die Einführung des § 839a BGB nichts geändert hat.[75]

III. Vergütungssystem des Sachverständigenwesens und die Folgen von Pflichtverletzungen

1. Die Vergütung des gerichtlichen Sachverständigen – das Justizvergütungs- und entschädigungsgesetz

Wie im vorherigen Absatz bereits ausgeführt, geht mit der gerichtlichen Bestellung des Sachverständigen eine Bindung an das **JVEG** einher, das **„Gesetz über die Vergütung von gerichtlichen Sachverständigen, Dolmetscher, Übersetzer sowie die Entschädigung von ehrenamtlichen Richtern, Zeugen und Dritten“**.

Das Gesetz zeichnet sich durch zwei Prinzipien aus, einerseits das **Vergütungsprinzip** und andererseits das **Entschädigungsprinzip**. Während ersteres die Vergütung des **gerichtlichen Sachverständigen** zum Gegenstand hat, regelt letzteres u.a. die Entschädigung der Aufwendungen hinzugezogener **Hilfskräfte**, die über einen Werkvertrag mit dem Sachverständigen verbunden sind. Die anfallenden Kosten der Hilfskräfte werden vom Justizfiskus nach § 12 Abs. 1 Satz 2 Nr. 1 JVEG dem Sachverständigen vollständig entschädigt, zuzüglich eines 15 % igen Aufschlags nach § 12 Abs. 2 JVEG, damit der Sachverständige auch die Gewissheit einer vollständige Kostendeckung hat[76] und ohne ein Insolvenzrisiko seinem Vertragspartner (Hilfskraft[77]) den geschuldeten Werklohn zahlen kann. Zahlt der Justizfiskus den Werklohn der Hilfskräfte unmittelbar an diese, ändert sich am Vertragsverhältnis zwischen dem Sachverständigen und der Hilfskraft nichts. Denn die Gerichtskasse tritt nun als Dritter nach § 267 BGB auf, mit der Folge, dass nicht nur der Anspruch nach § 631 Abs. 1 BGB der Hilfskraft gegen den Sachverständigen, sondern auch der

---

73 Allgemein: BGH Urteil v. 20.05.2003 – VI ZR 312/02 (für den Vertrag mit Schutzwirkung zugunsten Dritter); *Gerber* NZV 1991, 295

74 Im Ergebnis: *Nittner* BauR 1998, 1053, 1054; *Jagenburg/Baldringer* ZfBR 2009, 413, 416

75 So auch: BGH Urteil v. 20.05.2003 – VI ZR 312/02

76 Auch *Ulrich* DS 2007, 371, 372

77 Vgl. Ziff. 11.2.3 der RL zur MSVO des Zentralverbandes des Deutschen Handwerks; so auch *Bleutge* DS 2010, 92: ***Hilfskraft*** ist derjenige, der Weisungen des Sachverständigen entgegennimmt, auf demselben Arbeitsgebiet wie der Sachverständige tätig ist und diesen unterstützt bzw. zuarbeitet

Entschädigungsanspruch nach § 12 Abs. 1 Satz 2 Nr. 1 JVEG erlischt. Der Hilfskraft steht zu keiner Zeit ein eigener Anspruch gegenüber dem Justizfiskus zu.[78]

Das JVEG regelt aber nicht nur die Vergütung des Sachverständigen bzw. die Entschädigung von Aufwendungen hinzugezogener Hilfskräfte, sondern es stellt in §§ 8, 8a JVEG auch Regeln der **Kürzung bzw. des Verlustes der Vergütung** infolge von Pflichtverletzungen des Sachverständigen auf. Hierdurch können unmittelbar im Anschluss an ein gerichtliches Verfahren **Pflichtverletzungen des Sachverständigen sanktioniert werden**.

Allerdings wird dem JVEG und seinen Maßnahmen in der Praxis allzu oft nicht hinreichend Berücksichtigung geschenkt. Während bei der anwaltlichen Einschätzung des Prozessrisikos die außergerichtlichen und gerichtlichen Anwaltskosten und die Gerichtskosten wie selbstverständlich beachtet werden, werden die Sachverständigenkosten oft unterschätzt. Dies verwundert, da mit der Bestellung eines Sachverständigen erhebliche Kosten verbunden sein können, welche häufig die Anwalts- und die Gerichtskosten deutlich übersteigen.[79] Nicht ohne Grund werden die Sachverständigenkosten auch als **„drittes Verfahrensgeld“**[80] bezeichnet, da in einem baurechtlichen Verfahren durchschnittliche Sachverständigenkosten in Höhe von 3.000,00 €[81] anfallen können. Dies hat zur Folge, dass auch die Sachverständigenkosten einer stetigen kritischen anwaltlichen Kontrolle unterzogen werden müssen. Es ist immer zu prüfen, ob nicht Gründe für eine Kürzung oder einen Verlust des Vergütungsanspruchs des Sachverständigen vorliegen.

2. Bindung an die gesetzliche Vergütung

Der gerichtliche Sachverständige ist nach §§ 407, 413 ZPO verpflichtet im Rahmen des gesetzlichen Stundenlohns des JVEG den gerichtlichen Auftrag zu erfüllen.[82] Die Vergütung des Sachverständigen wird nach **Stundensätzen** bemessen und folgt somit kaufmännischen Regeln.[83] Das JVEG umfasst in seiner aktuellen Fassung 24 Paragraphen und drei Anlagen. Zwar wurden durch die letzte Novellierung des Gesetzes aus dem Jahr 2013 die Vergütung und die Auslagenpauschalen des gerichtlichen Sachverständigen angehoben. Zu einer 1:1 Anpassung der Vergütung bzw. der Auslagenpauschalen des Privatsachverständigen und zu einer Einführung des „Prinzips der echten Leistungsvergütung“ kam es allerdings nicht, auch wenn dies das Ziel war.[84] Denn der Gesetzgeber orientierte sich bei der Novellierung im Jahr 2013 an ermittelten Honoraren der öffentlich bestellten Sachverständigen aus

78 So auch OLG Bremen Beschluss v. 10.02.2010 – 2 W 3/10 für die Hinzuziehung eines Subgutachters durch den gerichtlichen Sachverständigen

79 *Ulrich* IBR 2014, 1260 (Praxishinweis nur online)

80 *Ulrich* DS 2011, 15; auch *Ulrich* IBR 2014, 1260 (Praxishinweis nur online)

81 *Ulrich* DS 2011, 15: Ergebnis einer Studie des Bauherren-Schutzbundes e.V. aus 2010

82 OLG Karlsruhe Beschluss v. 18.08.2014 – 7 W 44/14

83 *Jankowski* NZBau 2006, 96, 97

84 *Bleutge* DS 2013, 256, 263

dem Jahr 2009, Stundensätze der Zeitvergütung wurden auf 125,00 € begrenzt und es wurde weiterhin ein „Justizrabatt“ von nunmehr 10 % eingeräumt. Die Berechtigung dieses Rabattes, nachdem von jeder Rechnung 10 Prozent pauschal in Abzug gebracht werden, wird damit begründet, dass der Staat ein **Großauftraggeber mit Insolvenzsicherheit** ist und die **Länderhaushalte eine höhere Sachverständigenvergütung nicht verkraften würden**.[85] Daher wird die Meinung vertreten, dass der gerichtliche Sachverständige im Rahmen seiner gerichtlichen Bestellung finanzielle Vermögensopfer zu Gunsten der Allgemeinheit erbringe und einer staatsbürgerlichen Ehrenpflicht nachkomme.[86]

3. Ermittlung des Honorars des gerichtlichen Sachverständigen nach dem JVEG

Der Sachverständige hat im Vorfeld seiner gerichtlichen Tätigkeit sein **mutmaßliches Honorar zu ermitteln**. Hiermit gehen **wesentliche Pflichten** einher, deren Verletzung ebenfalls geahndet werden können.

a) Honorargruppen und Sachgebiete des JVEG

Bei der Ermittlung hat der Sachverständige seine Tätigkeit in eine der dreizehn **Honorargruppen** des § 9 Abs. 1 Satz 1 JVEG einzuordnen. Einer jeden Honorargruppe ist ein fester Stundensatz zugewiesen, von 65,00 € in Honorargruppe 1 bis zu 125,00 € in der Honorargruppe 13. Die Einordnung der Tätigkeit in eine Honorargruppe orientiert sich nach § 9 Abs. 1 Satz 2 JVEG an 40 „viel zu weit gefassten“[87] **Sachgebieten** (Anlage 1 zu § 9 Abs. 1 JVEG). Diese Einordnung ist mit erheblichen Problemen verbunden, da bedauerlicherweise wenig Gemeinsamkeiten oder Überschneidungen mit den praxisbezogenen Sachgebieten der Bestellungskörperschaften vorliegen. Von Kritikern wird die Bestimmung der Sachgebiete des JVEG daher als willkürlich angesehen.[88]

Für den Bausachverständigen kommt u.a. das „Sachgebiet 4“ (Bauwesen) in Betracht. Es ist in vier weitere Untersachgebiete aufgeteilt: Planung (4.1), handwerklich-technische Ausführung (4.2), Schadensfeststellung, -Ursachenermittlung und -bewertung (4.3) und Baustoffe (4.4). Daneben sind noch das „Sachgebiet 7“ (Bewertung von Immobilien), „Sachgebiet 13“ (Garten und Landschaftsbau) und das „Sachgebiet 17“ (Honorarberechnung von Architekten und Ingenieuren) für den Bausachverständigen einschlägig. Da die Tätigkeit oft mehreren Sachgebieten gleichzeitig zugewiesen werden kann, sehen sich die Bausachverständigen oft „veranlasst“, ihre Tätigkeit dem Sachgebiet mit der höchsten Honorargruppe und dem höheren

---

85 BT-Drs. 17/11471, Seite 145

86 *Bleutge* DS 2013, 256, 257

87 *Bleutge* DS 2013, 256, 258

88 *Bleutge* GewA 2012, 294, 296

Stundensatz zuzuordnen, § 9 Abs. 1 Satz 4 JVEG, wobei der **Schwerpunkt der Tätigkeit** in der jeweiligen Honorargruppe liegen muss.

Ist eine **Zuordnung** in eine Honorargruppe und ein Sachgebiet **ausnahmsweise nicht möglich**, hat der Sachverständige gemäß **§ 9 Abs. 1 Satz 3 JVEG** zunächst einen üblichen Stundensatz anzusetzen, den er bei einer außergerichtlichen Beauftragung hätte verlangen können, wobei dieser zwangsweise unter dem Höchststundensatz von 125,00 € liegen muss. In einem zweiten Schritt ordnet er diesen ermittelten Stundensatz nach billigem Ermessen einer Honorargruppe zu und kann die konkrete Vergütung berechnen. Da hierbei Streitigkeiten vorprogrammiert sind, steht dem Sachverständigen nach § 9 Abs. 1 Satz 5 JVEG die Möglichkeit offen, den Stundensatz bereits *vor Beginn seiner Tätigkeit* gerichtlich festsetzten zu lassen. Gegen eine aus seiner Sicht unbilligen Festsetzung kann der Sachverständige nach § 9 Abs. 1 Satz 5 i.V. m. § 4 Abs. 3 JVEG Beschwerde einlegen, ohne dabei an einen Beschwerdewert von 200,00 € gebunden zu sein.

b) Möglichkeit der Erhöhung der Vergütung / Auslagenvorschuss

Des Weiteren kommt **§ 13 JVEG** bei der Ermittlung der Vergütung des gerichtlichen Sachverständigen eine besondere Bedeutung zu. Hiernach besteht die Möglichkeit der **Vereinbarung einer Erhöhung des nach JVEG rechnerisch vorgesehen Honorars**.

Nach **§ 13 Abs. 1 JVEG** kann auch der Auslagenvorschuss sowie die Stundensätze für Hilfskräfte erhöht werden. Eine besondere Vergütung und ein höherer Auslagenvorschuss kommen jedoch nur dann in Betracht, wenn die Parteien gegenüber dem Gericht sich damit **einverstanden erklärt haben** *und* ein **ausreichender Betrag für die gesamte Vergütung an die Staatskasse gezahlt** wurde. Ohne das Vorliegen dieser **kumulativen Voraussetzung** ist die Vereinbarung unwirksam[89] und es bleibt bei der „gewöhnlichen Vergütung" des Sachverständigen. Mit der Vereinbarung nach § 13 JVEG hat der Sachverständige weiter zu prüfen, ob die Vorschüsse in entsprechender Höhe auch geleistet wurden, § 407a ZPO. Kommt er dieser Kontrollpflicht nicht nach oder verkennt der Sachverständige, dass eine Zustimmung beider Parteien nicht vorliegt, hat er das Gutachten nach dem Honorar des JVEG zu erstatten. Nachlässigkeiten des Sachverständigen führen somit zu einem finanziellen Verlust.

Neben § 13 Abs. 1 JVEG kann eine besondere Vergütung auch nach **§ 13 Abs. 2 JVEG** vereinbart werden. Hierbei bedarf es **sowohl der Zustimmung der Parteien als auch des Gerichts**. Allerdings soll das Doppelte der „gewöhnlichen Vergütung" nicht überschritten werden. Der Auslagenvorschuss kann nach § 13 Abs. 2 JVEG **nicht** erhöht werden. Vor der Zustimmung ist das Gericht angehalten zu prüfen, ob kein anderer geeigneter Sachverständiger für den „gewöhnlichen" Stundensatz das Gutachten erstatten würde. Die nicht zustimmende Partei ist anzuhören. Die

89 Vgl. OLG Karlsruhe Beschluss v. 18.08.2014 – 7 W 44/14

vorherige gerichtliche Recherchepflicht ist jedoch der wesentliche Schwachpunkt der Vereinbarungsmöglichkeit nach § 13 Abs. 2 JVEG. Damit entsteht ein erheblicher Mehraufwand für die Gerichte. Verweigert eine Partei oder das Gericht die notwendige Zustimmung, kann der Sachverständige dagegen **nicht** vorgehen.[90] Er kann im Folgenden lediglich die „gewöhnliche Vergütung" verlangen.

4. Kürzung des Vergütungsanspruchs als Folge einer Verletzung der Pflicht zur stetigen Überprüfung des Kostenvorschusses des Sachverständigen

Neben der Erstattung des Gutachtens als Hauptpflicht muss der gerichtliche Sachverständige auch **Überprüfungs- und Hinweispflichten** nachkommen, damit er seine Vergütung am Ende des Prozesses vollständig erhält und behalten darf.

a) Überprüfungs- und Hinweispflichten – von Beginn seiner Tätigkeit an

In dem Zusammenhang kommt den Überprüfungs- und Hinweispflichten aus § 407a Abs. 3 Satz 2 ZPO eine besondere Bedeutung zu. Hiernach trifft den Sachverständigen **von Beginn seiner Tätigkeit an** die Pflicht zur sorgfältigen Ermittlung und Kontrolle der Vergütung bzw. des Vorschusses[91], der die voraussichtlich anfallenden Kosten, also Vergütung, Auslagen und Umsatzsteuer, vollständig zu decken vermag. Es bedarf hierfür einer **Kostenschätzung bzw. Überschlagsberechnung** des Sachverständigen nach der bereits dargestellten Kostenermittlung des JVEG. Der hierbei anfallende Aufwand der Kostenschätzung kann sich der Sachverständige wiederum nach § 12 Abs. 1 Nr. 1 JVEG ersetzen lassen, selbst dann, wenn er den gerichtlichen Auftrag im Anschluss nicht erhält. Die Höhe des Stundensatzes der Kostenschätzung richtet sich nach § 9 JVEG, also nach dem Stundensatz, den der Sachverständige für das Gutachten hätte geltend machen können.[92]

Nach der Schätzung der voraussichtlichen Vergütung, kann der Sachverständige nach § 3 JVEG die Zahlung des Vorschusses abwarten, bevor er mit der eigentlichen Begutachtung beginnt. Dem Gericht steht es frei, ob die Zahlung der Vorschussleistung nach § 379 ZPO durch **Beschluss** von der beweisbelasteten Partei verlangt wird oder der Sachverständige zur **formlosen Beantragung** der Vorschusszahlung unter Benennung der kostenauslösenden Maßnahmen angehalten wird. Dem gerichtlichen Beschluss liegt eine vorläufige Vorschussberechnung bzw. -schätzung des Gerichts zugrunde, auf deren Richtigkeit weder die Parteien noch der Sachverständige vertrauen können.[93] Vielmehr bedarf es auch hier der Kontrolle des Sachverständigen, ob der veranschlagte Kostenvorschuss nach § 379 Satz 1

90 Vgl. § 13 Abs. 2 aE JVEG
91 OLG Karlsruhe Beschluss v. 18.08.2014 – 7 W 44/14
92 OLG Stuttgart Beschluss v. 20.12.1984 – 8 W 575/84
93 Vgl.: OLG Brandenburg Beschluss v. 04.03.2010 – 6 W 168/09 (Anmerkung)

ZPO auskömmlich sein wird. Sofern der Sachverständige auf einen höheren Wert kommt, hat er das Gericht hierauf **unverzüglich** nach § 407a Abs. 3 Satz 2 ZPO **hinzuweisen** und eine gerichtliche Entscheidung abzuwarten, bevor er mit der Sachverständigenleistung beginnt.[94]

b) Überprüfungs- und Hinweispflichten – während der Gutachtenerstattung

Um einen ausreichenden Kostenvorschuss auch **während der Gutachtenerstattung** gewährleisten zu können, bedarf es einer stetigen Kontrolle der tatsächlich entstehenden Kosten. Wird erkennbar, dass diese den veranschlagten Kostenvorschuss **erheblich übersteigen**, muss der Sachverständige das Gericht nach § 407a Abs. 3 Satz 2 ZPO erneut unverzüglich darauf hinweisen. Dies gilt selbst dann, wenn der Sachverständige keine tatsächliche Kenntnis von diesem Umstand hat, aber hätte haben können. Insbesondere bedarf es eines Hinweises auch dann, wenn sich erst während der Begutachtung ergibt, dass der Sachverständige eine fachkundige Hilfskraft hinzuziehen muss und der Kostenvorschuss nun nicht mehr ausreichend ist.[95]

Der Sachverständige hat während der Begutachtung auch darauf hinzuweisen, wenn ersichtlich wird, dass die endgültige Vergütung **erheblich außer Verhältnis** zum Wert des Streitgegenstandes[96] steht. Hierbei handelt es sich um einen **Auffangtatbestand**, wenn im Beweisbeschluss keine Vorschusszahlung vom Gericht gefordert wird, bspw. bei bewilligter Prozesskostenhilfe der beweisbelasteten Partei. Der Sachverständige soll auch nun die anfallenden Kosten im Blick behalten.

c) Folgen der Verletzung der Überprüfungs- und Hinweispflichten

Eine **Verletzung dieser beiden Überprüfungs- bzw. Hinweispflichten nach § 407a Abs. 3 Satz 2 ZPO** kann zur **Kürzung der Vergütung** des Sachverständigen führen. Denn mit der Novellierung des JVEG aus 2013 wurde der **§ 8a Abs. 3 und 4 JVEG** eingeführt.

> *§ 8a Wegfall oder Beschränkung des Vergütungsanspruchs*
>
> *(3) Steht die geltend gemachte Vergütung erheblich außer Verhältnis zum Wert des Streitgegenstands und hat der Berechtigte nicht rechtzeitig nach § 407a AbSatz 3 Satz 2 der Zivilprozessordnung auf diesen Umstand hingewiesen, bestimmt das Gericht nach Anhörung der Beteiligten nach billigem Ermessen eine Vergütung, die in einem angemessenen Verhältnis zum Wert des Streitgegenstands steht.*

---

94 Vgl. auch Ziff. 9.4 der RL zur MSVO des Zentralverbandes des Deutschen Handwerls

95 BayObLG Beschluss v. 08.05.2002 – 3Z BR 303/01

96 Der Streitgegenstand wird nach herrschender Meinung zweigliedrig bestimmt aus Klageantrag und dem zugrundeliegenden Lebenssachverhalt, § 261 ZPO; vgl.: u.a. BGH Urteil v. 08.06.2000 – I ZR 269/97

(4) Übersteigt die Vergütung den angeforderten Auslagenvorschuss erheblich und hat der Berechtigte nicht rechtzeitig nach § 407a AbSatz 3 Satz 2 der Zivilprozessordnung auf diesen Umstand hingewiesen, erhält er die Vergütung nur in Höhe des Auslagenvorschusses.

(5) Die Absätze 3 und 4 sind nicht anzuwenden, wenn der Berechtigte die Verletzung der ihm obliegenden Hinweispflicht nicht zu vertreten hat.

(Unterstreichung durch den Verfasser)

Eine Kürzung kommt in Betracht, wenn im Moment der Einreichung der Endabrechnung und der Festsetzung der Vergütung die Höhe der geltend gemachten Kosten den zuvor veranschlagten Vorschuss **erheblich übersteigt** (§ 8a Abs. 4 JVEG) oder der Wert des Streitgegenstandes **erheblich außer Verhältnis** zur geltend gemachten Vergütung steht (§ 8a Abs. 3 JVEG)[97], **ohne** dass hierauf **rechtzeitig** i.S. d § 407a Abs. 3 Satz 2 ZPO **hingewiesen** wurde und der Sachverständige diese Säumnis **zu vertreten hat**.[98]

aa) Erhebliche Überschreitung oder Unverhältnismäßigkeit

Da von Gesetzes wegen eine **erhebliche Überschreitung oder Unverhältnismäßigkeit** verlangt wird, zeigt, dass nicht jede Überschreitung des Kostenvorschusses hinweispflichtig ist. Trotz der Einführung des § 8a Abs. 3 und 4 JVEG bleibt allerdings, wie schon vor der Novellierung aus 2013 unklar, wann genau eine „erhebliche Überschreitung" oder eine „erhebliche Unverhältnismäßigkeit" vorliegt. Es bedarf weiterhin eines Rückgriffs auf die einschlägige, allerdings nicht immer einheitliche Rechtsprechung. Teilweise wird eine **„erhebliche Überschreitung"** des Kostenvorschusses angenommen, wenn die veranschlagten Bruttokosten des Sachverständigenbeweises den Auslagenvorschuss um mehr als 20 % bis 25 % überschreiten.[99] Bei den Prozentwerten handelt es sich um einen Toleranzbereich[100] aufgrund gewöhnlicher Ungenauigkeiten einer Schätzung, um den die Vergütung den Vorschuss sanktionslos übersteigen darf. Wird diese Grenze überschritten, kommt es zu einer Kürzung der Vergütung auf den veranschlagten Vorschuss. Eine **„erheblich unverhältnismäßige"** Vergütung

97 Beispielhaft hierfür OLG Koblenz Beschluss v. 29.06.2009 – 14 W 407/09 (auch wenn die Entscheidung zur Rechtslage vor der Einführung des § 8a Abs. 3 und 4 JVEG ergangen ist)

98 Exemplarisch: LG Heidelberg Beschluss v. 05.02.2015, der Sachverständige verlangte eine 34 % ige Steigerung, da er die Mehrwertsteuer nicht bei Vorschuss berücksichtigte

99 Exemplarisch: OLG Dresden Beschluss v. 26.09.2014 – 3 W 980/14; OLG Hamburg Beschluss v. 20.11.1980 – 8 W 190/80; OLG Koblenz Beschluss v. 07.07.1995 – 14 W 336/95; OLG Zweibrücken JurBüro 1997, 96, 97; OLG Düsseldorf Beschluss v. 03.02.2005 – 10 W 98/04; LG Heidelberg Beschluss v. 05.02.2015 – 3 T 4/15, das hingegen eine starre Grenze von 20 % ansetzt; genauso das AG Ludwigslust IfS-Information 3/2009, 29

100 Bspw.: OLG Hamburg Beschluss v. 20.11.1980 – 8 W 190/80

im Vergleich zum Wert des Streitgegenstandes liegt dann vor, wenn die Vergütung den Wert des Streitgegenstandes erreicht oder sogar übersteigt.[101] Teilweise wird bereits für ausreichend erachtet, dass die Sachverständigenkosten 50 % des Wertes des Streitgegenstandes erreichen.[102] Bei Überschreitung dieser Grenze wird auch hier die Vergütung auf einen „angemessen" Betrag gekürzt, der in einem angemessenen Verhältnis zum Wert des Streitgegenstandes steht, § 8a Abs. 3 JVEG.

bb) Pflicht zum rechtzeitigen Hinweis – Vertretenmüssen

Mit der Pflicht zum **rechtzeitigen** Hinweis auf eine Kostensteigerung soll erreicht werden, dass die beweisbelastete Partei unter Berücksichtigung finanzieller Aspekte entscheiden kann, ob sie den Sachverständigenbeweis weiterhin betreiben, ein anderes Beweismittel heranziehen oder den Abschluss eines Vergleichs anstrebt. Der beweisbelastenden Partei soll so nochmals (teilweise auch erstmals) das tatsächliche Kostenrisiko des Sachverständigenbeweises verdeutlicht werden. Der Sachverständige hat dementsprechend die Arbeit einzustellen und eine gerichtliche Entscheidung abzuwarten, bevor er seine Tätigkeit wieder aufnimmt. Denn eine Entscheidung der beweisbelasteten Partei über die weitere Strategie, macht nur dann Sinn, wenn die Kosten noch nicht angefallen sind und man von einer kostspieligen Beweisaufnahme noch Abstand nehmen kann.[103]

Kommt der Sachverständige seinen gesetzlichen Hinweispflichten **schuldhaft** nicht rechtzeitig nach, droht ihm eine Kürzung seiner Vergütung auf den veranschlagten Kostenvorschuss. Der Anknüpfungspunkt für ein Verschulden ist in beiden Fällen allein die Hinweispflicht des § 407a Abs. 3 Alt. 1 und Alt. 2 ZPO. Da nach § 8a Abs. 5 JVEG lediglich ein Vertretenmüssen verlangt wird, genügt der **Vorwurf der einfachen Fahrlässigkeit**. Wird der Sachverständige hinsichtlich der einhergehenden Hinweispflichten nach § 407a Abs. 5 ZPO nicht belehrt, wird **vermutet**, dass er das Unterlassen des Hinweises nicht zu vertreten hat.[104] Eine Kürzung ist nicht möglich. Der Hinweis nach § 407a Abs. 3 ZPO kann seitens des Sachverständigen grundsätzlich formlos erteilt werden. Aus Gründen der Nachweisbarkeit empfiehlt sich jedoch, dies schriftlich zu tun.[105]

cc) Kausalitätsnachweis

Die Kürzung der Vergütung auf den Wert des Vorschusses oder auf einen „angemessen" Wert, bedarf zusätzlich eines **Kausalitätsnachweises**. Eine Verletzung der Hinweispflicht nach § 407a Abs. 3 Satz 2 ZPO hat keine Kürzung zur Folge, wenn feststeht, dass die beweisbelastete Partei den Sachverständigenbeweis auch im Falle eines rechtzeitigen Hinweises seitens des Sachverständigen fortbetrieben

---

101 LG Osnabrück Beschluss v. 27.09.1995 – 8 T 61/95
102 hierzu *Bleutge* DS 2010, 92, 97
103 *Bleutge* DS 2007, 59
104 *Bleutge* DS 2010, 92, 98
105 Vgl.: *Bleutge* DS 2007, 59

hätte.[106] Denn nun ist die beweisbelastende Partei nicht mehr schutzbedürftig. Hierbei bedarf es einer Prognoseentscheidung des Gerichts auf der Grundlage eines fiktiven Geschehensablaufs unter Würdigung aller Umstände.[107] Allerdings kommt dem Sachverständigen diesbezüglich die Beweislast zu.[108] Liegen diese kumulativen Voraussetzungen jedoch nicht vor, kommt es zu einer Kürzung der Vergütung. Im Übrigen kann der Sachverständige eine höhere Vergütung geltend machen. Das Risiko, dass die erhöhten Kosten nun nicht mehr seitens der Parteien getragen werden können, trägt nicht der Sachverständige, sondern der Staat.[109]

5. Endabrechnung des Sachverständigen

a) Fristgerechte Rechnungsstellung

Der Sachverständige hat innerhalb einer **Drei-Monats-Frist** seinen Vergütungsanspruch geltend zu machen, indem er seine Rechnung stellt und diese fristgerecht an die Stelle schickt, die ihn beauftragt hat (Gericht), § 2 Abs. 1 Satz 1 JVEG. Wie die Rechnung auszugestalten ist, ist gesetzlich nicht geregelt. Vielmehr muss sie **nachprüfbar** und **nachvollziehbar** sein, indem jeder Rechnungsposition eine „kurze" Tätigkeitsbeschreibung zugordnet wird. Die Prüffähigkeit der Rechnung ist aber keine Voraussetzung für die fristgerechte Geltendmachung des Vergütungsanspruches. Die Situation ist somit vergleichbar mit der der Prüffähigkeit einer Schlussrechnung im BGB-Werkvertrag. Denn auch hier ist mangels einer entsprechenden Regelung die Prüffähigkeit der Schlussrechnung keine Fälligkeitsvoraussetzung.

Die Drei-Monats-Frist stellt eine **Ausschlussfrist** dar, die zwar bis zur Grenze ausgenutzt werden darf[110], deren Säumnis jedoch dazu führt, dass der Anspruch auf Vergütung erlischt, egal ob das Gutachten inhaltlich „richtig" ist oder das Gericht das Gutachten seiner Entscheidung zugrunde gelegt hat. Auf diese Ausschlusswirkung ist der Sachverständige hinzuweisen, § 2 Abs. 1 Satz 1 JVEG. Des Weiteren kann der Sachverständige bei Gericht, die **Verlängerung der Drei-Monats-Frist** beantragen, § 2 Abs. 1 Satz 4 JVEG. Allerdings muss der Fristverlängerungsantrag innerhalb der Drei-Monats-Frist zugehen. Im Falle der Ablehnung des Antrages und

---

106 OLG München Beschluss v. 20.03.2008 – 11 WF 1195/07; OLG Celle Beschluss v. 02.10.2007 – 2 W 85/07; *Bleutge* DS 2007, 59; *Bleutge* DS 2010, 92, 97, *Bleutge* verneint in einem solchen Fall das Verschulden

107 OLG München Beschluss v. 20.03.2008 – 11 WF 1195/07; OLG Celle Beschluss v. 02.10.2007 – 2 W 85/07

108 OLG Nürnberg Beschluss v. 02.10.2007 – 2 W 85/07

109 OLG Düsseldorf Beschluss v. 26.05.1988 – 10 W 48/88

110 BGH Beschluss v. 09.05.2006 – XI ZB 45/04: Das „Ausnutzen" von Fristen bis zur Grenze ist zwar zulässig, erhöht aber die Sorgfaltspflicht und das Risiko (des Sachverständigen); Vgl. BVerfG Beschluss v. 20.01.2006 – 1 BvR 2683/05: (der Sachverständige) kann um 23.46 Uhr die Rechnung per Fax übermitteln, muss aber damit rechnen, dass das Empfangsgerät besetzt ist. Entsprechende zusätzliche Vorkehrungen müssen getroffen werden

des Ablaufs der Drei-Monats-Frist kann der Sachverständige innerhalb von zwei Wochen nach Bekanntgabe des Ablehnungsbeschlusses Beschwerde bei dem nach § 4 Abs. 1 JVEG für die Festsetzung der Rechnung zuständigen Gericht einreichen und so zumindest eine Zwei-Wochen-Fristverlängerung erreichen.

Der **Fristbeginn** ist in § 2 Abs. 1 Satz 2 JVEG enumerativ geregelt. Nach § 2 Abs. 1 Satz 2 Nr. 1 JVEG beginnt die Frist in der Regel mit Eingang des schriftlichen Gutachtens bei Gericht, es sei denn, der Sachverständige wird in demselben Verfahren zusätzlich zur mündlichen Erläuterung herangezogen, § 2 Abs. 1 Satz 2 Nr. 2 JVEG. Bei mehreren mündlichen Erläuterungen beginnt die Frist mit der letzten Heranziehung. Bei mehreren beauftragten (Ergänzungs-)gutachten beginnt die Frist ebenfalls erst mit dem Eingang des letzten (Ergänzungs-)gutachtens.[111] Erledigt sich der gerichtliche Auftrag für den Sachverständigen anderweitig, beginnt die Frist mit der gerichtlichen Bekanntgabe der Erledigung gegenüber dem Sachverständigen, § 2 Abs. 1 Satz 2 Nr. 3 JVEG.

Im Falle der **unverschuldeten Säumnis der Drei-Monats-Frist** bleibt dem Sachverständigen lediglich die Möglichkeit nach § 2 Abs. 2 JVEG der **Wiedereinsetzung in den vorherigen Stand**, wobei hiervon nur restriktiv Gebrauch gemacht wird.[112] Wie im Prozessrecht üblich, muss dieser Wiedereinsetzungsantrag zulässig und begründet sein.

Er ist **zulässig**, wenn er innerhalb von zwei Wochen[113] nach Beseitigung des Hindernisses beim zuständigen Gericht gestellt wird. Fristbeginn ist der Moment des Entfallens der Unkenntnis, auf der die Säumnis beruht. Dies ist zumeist der Zeitpunkt, indem dem Sachverständigen, unter den gegebenen Umständen und unter Anwendung der von ihm zu erwartenden Sorgfalt[114] begründete Zweifel hätten kommen müssen, ob die Prozesshandlung fristgemäß erfolgt ist, also dann, wenn die eingetretene Säumnis der Rechnungsstellung hätte erkannt werden können oder müssen.[115] Die säumige Handlung, als die Rechnungsstellung, muss dann innerhalb dieser Zwei-Wochen-Frist nachgeholt werden. Der Antrag muss zusätzlich die Glaubhaftmachung der Umstände beinhalten, die zur Säumnis führten. Entfällt die Unkenntnis erst ein Jahr nach dem eigentlichen Fristende, kann ein Antrag auf Wiedereinsetzung nicht mehr gestellt werden, § 2 Abs. 2 Satz 3 JVEG.

Begründet ist der Antrag auf Wiedereinsetzung, wenn die Säumnis unverschuldet erfolgte. Aufgabe des Sachverständigen ist, sich selbst zu entlasten oder ein nicht zurechenbares Verschulden eines Dritten darzulegen. Der Sachverständige muss aufgrund dessen sein Büro so organisieren, dass ihm ein mögliches Fristversäumnis

---

111 *Bleutge* DS 2010, 92, 100

112 Vgl.: OLG Koblenz Beschluss v. 21.11.2007 – 14 W 798/07

113 Diese Frist muss zwingend eingehalten werden

114 BGH Beschluss v. 06.07.2011 – XII ZB 88/11; Thomas / Putzo / *Hüßtege* ZPO § 234 Rdn. 5

115 Vgl.: BGH Beschluss v. 28.10.2009 – IV ZB 10/09 (Situation der Säumnis im Zivilprozess)

nicht anzulasten ist. Hierunter fällt z.B. das Führen eines Fristenkalenders[116] mit einer funktionierenden Fristenkontrolle, wobei Stichproben allein nicht genügen[117] sowie das Beschäftigen von geschultem, zuverlässig erprobtem und sorgfältig überwachtem Personal[118].

Unabhängig davon kann eine Säumnis der Drei-Monats-Frist auch dem Umstand geschuldet sein, dass der Sachverständige seine Rechnung zwar an das Gericht geschickt hat, diese dort aber nicht mehr auffindbar ist. Auch beim **Abhandenkommen von Schreiben / Schriftsätzen** ist seitens des Sachverständigen darzulegen, dass der Verlust nicht in seinem Verantwortungsbereich fällt, er also den Schriftsatz abgesendet hat und unter normalen Umständen auch bei Gericht hätte eintreffen müssen.[119] Um hier einen Verschuldensvorwurf zu verhindern, hat sich folgendes Vorgehen als geeignet bewährt: Die Rechnung sollte im Vorfeld per Fax an das Gericht geschickt werden. Unmittelbar im Anschluss daran sollte sich der Sachverständige telefonisch bei Gericht nach dem Zugang erkundigen, sich den Namen des Gesprächspartners mitteilen lassen und diesen im Anschluss auf dem Sendebericht des Faxes vermerken. Zusätzlich sollte die Rechnung postalisch an das Gericht versendet werden.

Ein fehlendes Verschulden liegt nach § 2 Abs. 2 Satz 2 JVEG auch dann vor, wenn der Sachverständige nicht oder nicht richtig über die Rechtsfolgen der Säumnis der Drei-Monats-Frist belehrt wurde.[120]

Wird der **Antrag auf Wiedereinsetzung abgelehnt**, kann der Sachverständige Beschwerde einlegen, § 2 Abs. 2 Satz 4 JVEG. Die Partei hingegen, die die Kosten zu tragen hat, kann ihrerseits Antrag auf Niederschlagung der Sachverständigenkosten nach § 21 GKG (Gerichtskostengesetz) stellen, wenn die Wiedereinsetzung zu Unrecht erfolgte und der Vergütungsanspruch nach ihrer Ansicht nach § 2 Abs. 1 JVEG erloschen ist.[121]

b) Verjährung

Die Verjährung des fristgerecht geltend gemachten Vergütungsanspruchs richtet sich nach der **allgemeinen Verjährungsregel** des § 195, 199 BGB und beträgt drei Jahre. Sie beginnt mit Ablauf des Jahres, in dem der Vergütungsanspruch fristgerecht geltend gemacht wurde.

---

116 BGH Beschluss v. 10.03.2011 – VII ZB 37/10

117 BGH Beschluss v. 11.09.2007 – XII ZB 109/04

118 BGH Beschluss v. 10.03.2011 – VII ZB 37/10

119 BGH Beschluss v. 11.02.1957 – VII ZB 3/57; Thomas / Putzo / *Hüßtege* ZPO § 233 Rdn. 23f.

120 Die Regelung entspricht dem § 233 Satz 2 ZPO, der durch Art. 1 Nr. 5 des Gesetzes zur Einführung einer Rechtsbehelfsbelehrung im Zivilprozess eingeführt wurde

121 Beispielhaft hierfür: OLG Koblenz Beschluss v. 25.06.2009 – 14 W 413/09 (nicht veröffentlicht)

6. Festsetzungsverfahren nach dem JVEG

Zusammen mit der rechtzeitigen Rechnungsstellung hat der Sachverständige die **Festsetzung seiner Vergütung** durch Beschluss beim Prozessgericht, das ihn beauftragt hat, **zu beantragen**, § 4 Abs. 1 Nr. 1 JVEG. Der Sachverständige sollte sich hierbei bewusst sein, dass ihm ein erheblicher Vertrauensvorschuss entgegengebracht wird, wenn das Gutachten als Beweis herangezogen und nicht beanstandet wurde. Denn die Gerichte nehmen im Festsetzungsverfahren dann nur noch eine „grobe Plausibilitätskontrolle" vor und schauen, ob die Sachverständigenkosten **„erforderlich"** waren.[122] Die Gerichte gehen dabei gewöhnlich davon aus, dass die angegebenen Stunden auch benötigt wurden, um den Auftrag zu erfüllen und akzeptieren die Rechnung zumeist. Bei einem öffentlich bestellten Sachverständigen gilt sogar die Vermutung der Richtigkeit der Rechnung.[123] Erachten die Gerichte die Rechnung des Sachverständigen ausnahmsweise für „ungewöhnlich" hoch, dürfen sie die angegebenen Stundenzahlen nicht anhand einer Schätzung kürzen. Vielmehr haben sie sich mit der Rechnung detailliert auseinanderzusetzen und zu prüfen, welche Kosten **nicht erforderlich** waren.[124] Bei der **Prüfung der Erforderlichkeit** muss die bewältigte Schwierigkeit des konkret zu begutachtenden Falls, der Umfang der zu beantwortenden Fragen und die Aktenlage berücksichtigt werden. Der Umfang des Gutachtens und die zur Erstattung veranschlagte Zeit müssen dabei in vertretbarer Relation zueinander stehen.[125] Das Gericht soll dieser Entscheidung einen großzügigen Maßstab zugrunde legen.[126] Neben der Erforderlichkeitsprüfung haben die Prozessgerichte aber auch die **Kürzungs- und Verlusttatbestände des § 8a JVEG von Amts wegen** zu berücksichtigen.

Fällt der Festsetzungsbeschluss für den Sachverständigen negativ aus, da die veranschlagte Vergütung gekürzt oder gezahlte Vorschüsse zurückgefordert werden, kann der Sachverständige gemäß § 4 Abs. 3 JVEG hiergegen **Beschwerde** einlegen,[127] wenn der Beschwerdewert von 200,00 € erreicht wird. Entweder hilft das Prozessgericht selbst der Beschwerde ab und spricht dem Sachverständigen eine höhere Vergütung zu oder es weist die Beschwerde zurück und gibt das Verfahren an das Beschwerdegericht ab, § 4 Abs. 4 JVEG. Nach § 4 Abs. 6 JVEG kann der Sachverständige die Erklärungen und Anträge selbst einreichen, der Beauftragung eines Prozessvertreters bedarf es nicht. Auch die Staatskasse ist nach § 4 Abs. 3 JVEG beschwerdeberechtigt, jedoch nur mit dem Ziel, die gerichtliche Festsetzung zu Lasten des Sachverständigen abzuändern, sofern dieser schon seine Vergütung erhalten hat. Ein Rückforderungsanspruch des Fiskus gegen den Sachverständigen wäre die Folge. Diese verjähren

---

122 Vgl.: OLG Brandenburg Beschluss v. 04.03.2010 – 6 W 168/09
123 Vgl.: OLG Brandenburg Beschluss v. 14.12.2006 – 12 W 37/06
124 Vgl.: BVerfG Beschluss v. 26.07.2007 – 1 BvR 55/07; aber auch *Ulrich* DS 2011, 15, 21
125 Vgl. BGH Beschluss v. 22.09.2009 – Xa ZR 69/06
126 *Ulrich* DS 2011, 15, 21
127 U.a. OLG Karlsruhe Beschluss v.18.08.2014 – 7 W 44/14

drei Jahre nach Ablauf des Kalenderjahres, in dem die Auszahlung der Vergütung erfolgte, § 2 Abs. 4 JVEG.[128]

Bei der **Entschädigung der Kosten von Hilfskräften** sind einige wenige Besonderheiten im Kostenfestsetzungsverfahren zu beachten. Gerichtlich darf **nur überprüft werden, ob** bei der Hinzuziehung von Hilfskräften dem Sachverständigen ein **Ermessensfehler** unterlaufen ist.[129] Denn nach § 12 Abs. 1 Satz 2 Nr. 1 JVEG werden die notwendigen Aufwendungen des Sachverständigen für Hilfskräfte **vollständig** ersetzt, sofern die Hinzuziehung für die Erstellung des Gutachtens erforderlich war und zusätzliche Kosten angefallen sind.[130] Auch wenn grundsätzlich das **Prinzip des vollen Aufwendungsersatzes** gilt, muss der Sachverständige auch auf die Kosten achten, ohne jedoch verpflichtet zu sein, die günstigste Hilfskraft zu beauftragen.[131] Übersteigt die Entschädigung die Sachverständigenvergütung um das **Doppelte**, ist eine **Grenze der Unbilligkeit** erreicht. Die Kosten sind nunmehr höher, als im Falle einer zusätzlichen Hinzuziehung eines Sachverständigen, der nach den Grundsätzen des JVEG vergütet würde.[132] Die Entschädigung ist daher entsprechend zu limitieren.

a) Folgen des Kostenfestsetzungsverfahrens der ZPO auf die Vergütung des Sachverständigen

Selbst wenn der Sachverständige das Geld in Folge des Kostenfestsetzungsbeschlusses nach dem JVEG oder nach einer Beschwerde ausgezahlt bekommen hat, kann er sich noch nicht sicher sein, dass er die Vergütung auch behalten darf. Es besteht weiterhin die Möglichkeit der Rückforderung der (Teil)-Vergütung durch den Justizfiskus im Kostenfestsetzungsverfahren der ZPO. Denn nach der Beendigung des Rechtsstreits, also nach der Urteilsfindung und dem Festsetzungsverfahren nach dem JVEG, entscheidet das Prozessgericht im Kostenfestsetzungsverfahren nach § 104 Abs. 1 ZPO über die gesamte Kostentragungslast des Verfahrens, welches mit dem Erlass eines Kostenfestsetzungsbeschlusses endet.

b) Erinnerungsverfahren nach dem GKG

Gegen den zugrundeliegenden Kostenansatz (Kostenberechnung) des Kostenfestsetzungsbeschlusses kann der Erstattungsschuldner die Erinnerung nach § 66 Abs. 1 GKG einlegen und rügen, dass im Kostenfestsetzungsverfahren der Kostenansatz unrichtig

128 Hierzu: OLG Hamm Beschluss v. 02.12.2011 – I – 25 W 200/11, durch das Festsetzungsverfahren wird die hiesige Verjährung nicht gehemmt, da das Verfahren nicht den Hemmungstatbeständen des § 204 BGB gleichzustellen ist

129 OLG Hamm Beschluss v. 20.11.1989 – 23 W 363/89

130 OLG Hamm Beschluss v. 02.12.2011 – I – 25 W 200/11

131 *Ulrich* DS 2011, 15, 19

132 OLG Jena Beschluss v. 20.01.2012 – 9 W 580/11; OLG Düsseldorf Beschluss v. 03.10.1989 – 10 W 72/89; OLG Brandenburg Beschluss v. 14.12.2006 – 12 W 37/06

war, da er zu Unrecht in der Höhe zur Bezahlung von Sachverständigenkosten herangezogen worden sei.[133] Ebenfalls können die Höhe und die Anzahl der Stunden nach dem JVEG, der Stundensatz der Hilfskraft sowie die übrigen Rechnungsposten des Sachverständigen der Höhe nach beanstandet werden. Daneben können die Parteien sich auch auf § 21 GKG berufen. Mit Letzterem können u.a. die Sachverständigenkosten niedergeschlagen werden, sofern deren Entstehen auf einem Gerichts- oder Behördenfehler beruht. Dies ist z.B. dann der Fall, wenn das Gericht den Sachverständigen Rechtsfragen beantworten lässt und somit eine ureigenste Aufgabe des Gerichts überträgt. Ob dem Sachverständigen Fehler bei seiner Leistungserbringung unterlaufen sind, ist bei der Niederschlagung nach § 21 GKG ohne Belang.[134] Obwohl § 21 GKG von Amts wegen zu beachten ist, bedarf es gegebenenfalls eines anwaltlichen Hinweises.[135]

Daneben können die Parteien auch die **Einwände des § 8a JVEG** erheben. Hierbei ist jedoch darauf zu achten, dass im Erinnerungsverfahren nicht erstmalig der Einwand erhoben wird, dass das Gutachten *mangelhaft* und daher gar keine Vergütung zu zahlen sei. Solche Einwände sind bereits im Rahmen der Stellungnahme zum Gutachten oder bei der mündlichen Erläuterung des Sachverständigen zu erheben. Andernfalls ist der Einwand verwirkt und vom Gericht zurückzuweisen. Das Kostenerinnerungsverfahren gibt somit der unterlegenen, kostentragenden Partei, die bei dem Festsetzungsverfahren nach dem JVEG nicht beteiligt ist, eine **Überprüfungsmöglichkeit** hinsichtlich **der Vergütung des Sachverständigen**. Das zu dieser Zeit bereits beendete Festsetzungsverfahren nach dem JVEG hat hierauf **grundsätzlich keinerlei präjudizielle Wirkung**.[136] Die Verfahren stehen vielmehr selbstständig neben- und sind getrennt voneinander zu führen.[137] Dies wird

133 OLG Dresden Beschluss v. 08.10.2009 – 3 W 1016/09; *Ulrich* DS 2011, 15, 17, 18

134 OLG Koblenz Beschluss v. 18.06.2014 – 14 W 334/14

135 *Ulrich* IBR 2014, 1260 (Kommentierung zu LG Halle Beschluss v. 04.05.2014 – 4 T 26/14)

136 OLG Dresden Beschluss v. 15.06.2010 – 3 W 549/10

137 OLG Dresden Beschluss v. 08.10.2009 – 3 W 1016/09; Begründet wird dies damit, dass das Festsetzungsverfahren sowohl zeitlich vor dem Kostenfestsetzungsverfahren stattfindet, welches erst nach Beendigung des Rechtsstreits über alle Verfahrenskosten einschließlich der Sachverständigenkosten abschließend entscheidet. Es unterscheiden sich auch die Beteiligten entscheidend voneinander. An dem Festsetzungsverfahren sind die Parteien des Rechtsstreits in keiner Weise involviert, sodass dem Verfahren auch keine Bindungswirkung für sie zukommen kann (§ 2 Abs. 9 JVEG) und auch nicht angehört werden müssen (§ 4 JVEG), da ihrerseits ohnehin keinerlei Einwände erhoben werden können (*Ulrich* DS 2011, 15, 16). Beteiligt am Festsetzungsverfahren sind lediglich der Sachverständige und der Justizfiskus. An dem Kostenfestsetzungsverfahren hingegen ist der Sachverständige formal nicht beteiligt. Dieses wird zwischen den Parteien des Rechtsstreits, insbesondere der unterlegenen Partei (Erstattungsschuldner) und dem Gericht / Justizfiskus (auch Erstattungsgläubiger) geführt. Aufgrund dessen kommt weder dem Festsetzungsverfahren noch dem Kostenfestsetzungsverfahren

gerade bei den Einwänden des § 8a JVEG deutlich, denn die Parteien können auch solche Einwände erheben, die im Festsetzungsverfahren des JVEG nicht berücksichtigt wurden.

Von der Selbstständigkeit der beiden Verfahren wird jedoch eine **Ausnahme** gemacht. Es ist zu berücksichtigen, dass bei Einwänden nach § 8a JVEG die Verwertbarkeit des Gutachtens im Kostenverfahren nicht eigenständig geprüft werden darf. Denn wenn das Prozessgericht im Rechtsstreit das Gutachten als verwertbar erachtet und das Urteil darauf stützt, was die absolute Regel darstellt[138], besteht kein Raum mehr für eine eigenständige Prüfung der Verwertbarkeit des Gutachtens im Kostenfestsetzungsverfahren, so geregelt in § 8a Abs. 1 a.E. JVEG. Denn ein Gutachten wird immer nur für den erkennenden Tatrichter erstattet und soll dessen fehlende Sachkunde ausgleichen. Allein dieser muss von dem Gutachten überzeugt werden, um im Anschluss eine freie Entscheidung treffen zu können. Ob das Gutachten verwertbar ist, kann zwischen Richtern, je nach Fachkenntnisstand, unterschiedlich bewertet werden. Da die Frage der Verwertbarkeit des Gutachtens tatrichterlich beantwortet wird, über die im Kostenverfahren kein erneuter Streit entstehen soll[139], sind die Gerichte diesbezüglich an die Entscheidung des Tatrichters gebunden.[140]

c) Rückforderungsansprüche nach § 1 Abs. 1 JBeitrO

Stellt sich im Kostenfestsetzungsverfahren heraus, dass der Sachverständige eine zu hohe Vergütung erhalten hat, entsteht ein **Rückforderungsanspruch der Staatskasse** gemäß § 1 Abs. 1 Nr. 8 Justizbeitreibungsordnung (JBeitrO) **gegenüber dem Sachverständigen**, der auch ratenweise beglichen werden kann. Dieser Anspruch kann auch im Wege des Verwaltungszwangsverfahrens nach § 1 Abs. 1 Nr. 8 und Abs. 2 JBeitrO vollstreckt werden. Wenn der Sachverständige einem solchen Rückforderungsanspruch ausgesetzt ist, kann er einen Antrag auf Festsetzung nach § 8 Abs. 1 Satz 1 JBeitrO i.V. m. § 4 JVEG stellen und anschließend Beschwerde erheben[141], um den Einwänden der Parteien oder der Staatskasse entgegenzutreten.[142] Dieses

---

eine Bindungswirkung zu, So auch OLG Koblenz Beschluss v. 16.11.2005 – 14 W 713/05

138 Nochmals wird auf die empirische Untersuchung verwiesen, nach der bis zu 97 % der Richter in ihrem Urteil dem Ergebnis der Gutachten Folge leisten, (vgl. oben **Fn. 5**)

139 BT.-Drs. 17/11471 Seite 260

140 So auch LG Halle Beschluss v. 04.05.2014 – 4 T 26/14

141 Das Festsetzungsverfahren des JVEG beginnt also wieder von neuem

142 Der Sachverständige kann die Einrede der Verjährung erheben, da der Rückforderungsanspruch nach § 2 Abs. 4 JVEG verjährt sein kann, da sowohl das Festsetzungsverfahren als auch das Kostenfestsetzungsverfahren keine Hemmungswirkung zukommt. Ebenfalls kann der Sachverständige sich auf § 21 GKG berufen, wenn das Gericht seiner Pflicht zur Leitung des Verfahrens nicht hinreichend nachkam und somit unnötige Kosten entstanden sind, die die Partei nicht zu tragen

„Konstrukt" ist nötig, da der Sachverständige zuvor kein Beteiligter des Kostenfestsetzungsverfahrens der ZPO war, obwohl es bei dem Verfahren maßgeblich um seine finanziellen Interessen ging. Teilweise wird daher auch vertreten, dass das Gericht auch während des Kostenfestsetzungsverfahrens seiner Fürsorgepflicht gegenüber dem Sachverständigen nachkommen und ihm von Beginn an zumindest die Möglichkeit der Stellungnahme geben sollte. Der hierbei anfallende Aufwand würde dem Sachverständigen zwar nicht ersetzt werden, die Einbeziehung wäre aber eine Möglichkeit, die anschließende Beschwerde des Sachverständigen zu verhindern.

7. Verlust des Vergütungsanspruchs als Folge von Pflichtverletzungen bei der Erstattung des Gutachtens

a) Einleitung

Neben der Kürzung der Vergütung nach § 8a Abs. 3, 4 und 5 JVEG kann es nach **§ 8a Abs. 1 und 2 JVEG** auch zu einem **kompletten Verlust oder Teilverlust des Vergütungsanspruchs** kommen. Die Pflichtverstöße, die zum Verlust des Vergütungsanspruchs des gerichtlichen Sachverständigen führen, orientieren sich sowohl an den Hinweispflichten des § 407a ZPO[143] als auch den bereits erwähnten Kardinalspflichten des Sachverständigen, deren Verletzung auf diese Weise empfindlich sanktioniert werden können.[144]

Der **Verlust des Vergütungsanspruchs** setzt, wie ein Schadensersatzanspruch, ein **vorwerfbares Verhalten** des Sachverständigen voraus, wobei sich der erforderliche Verschuldensgrad zwischen den einzelnen Tatbeständen des **§ 8a Abs. 1 und 2 JVEG** unterscheiden kann. Der Vorwurf, der dem Sachverständigen bei allen Verlusttatbeständen gemacht wird, lautet, dass die Sachverständigenleistung bzw. das Gutachten aufgrund seiner Pflichtverletzung gerichtlich nicht oder nur in Teilen verwertbar ist, sodass die Vergütung entsprechend der **Nichtverwertbarkeit** verloren geht. Sofern den Parteien hierbei ebenfalls ein Vorwurf gemacht werden kann, bleibt dieser unberücksichtigt, denn ein **Mitverschulden** ist nicht vorgesehen.[145]

---

hat. Allerdings darf dies auch nicht dazu führen, dass diese Kosten nunmehr dem Sachverständigen zur Last fallen. Vielmehr müssen diese die Staatskasse tragen

143 Vgl. § 8a Abs. 2 Nr. 1 JVEG

144 Vgl. *Bleutge* DS 2013, 256, 261; *Bleutge* DS 2010, 92, 93; Schon vor Einführung des § 8a Abs. 2 Nr. 3 JVEG durch die Novelle 2013 des JVEG sah die Rechtsprechung auch schon drei Verlusttatbestände vor, wenn 1. der Sachverständige als Befangen abgelehnt wurde, 2. gegen die Pflicht zur höchstpersönlichen Erstattung der wesentlichen Teile des Gutachtens verstieß oder 3. ein mangelhaftes Gutachten erstellte. Die Rechtsprechung verlangte dabei entweder den Vorwurf der einfachen oder der groben Fahrlässigkeit, ohne einer festen Regel zu folgen Nunmehr wird von Gesetzes wegen nur noch bei einem Verstoß gegen die Neutralitätspflicht der Vorwurf der groben Fahrlässigkeit zur Verlustvoraussetzung gemacht

145 Vgl.: OLG Düsseldorf Beschluss 18.11.2008 – 10 W 196/07: Ein Sachverständiger weigerte sich nach einem unberechtigten und zurückgewiesenen Befangenheitsantrag

Dem Sachverständigen bleibt im Falle einer Pflichtverletzung daher ausschließlich die Möglichkeit der Darlegung, dass zumindest Teile des Gutachtens verwertbar sind, damit der Vergütungsanspruch entsprechend erhalten bleibt. Daher ist von Bedeutung, wann eine **Nichtverwertbarkeit eines Gutachtens** gegeben ist. Eine solche liegt vor, wenn es weder bei der Entscheidungsfindung noch sonst prozessfördernd (bestimmungsgemäß) verwendet werden kann[146], da das Gericht aus der Sachverständigenleistung keine verwertbare Erkenntnis ableiten konnte, sondern es vielmehr der Beauftragung eines weiteren Gutachtens bedurfte. Eine **bestimmungsgemäße Verwertbarkeit** liegt allerdings bereits dann vor, wenn das Gutachten bei der gerichtlichen Entscheidung *nicht völlig untergeordnet mitberücksichtigt* wurde.[147] Nach § 8a Abs. 2 Satz 2 JVEG steht dem Sachverständigen seine Vergütung zu. Ob der Sachverständige gegen die Pflichten, die in § 8a JVEG aufgeführt sind verstoßen hat, ist nunmehr nicht von Bedeutung, denn der Anwendungsbereich der § 8a Abs. 2 Nr. 1 bis 4 JVEG ist nach § 8a Abs. 2 Satz 2 JVEG **nicht** mehr eröffnet.[148] Hierdurch wird erreicht, dass Streitigkeiten über die Verwertbarkeit des Gutachtens im Rahmen der Entscheidung der Kostentragungslast nicht erneut aufkommen.[149]. **Prozessfördernd** ist ein Gutachten bereits dann, wenn es zur Vergleichsgrundlage herangezogen wurde oder es durch den gerichtlichen Folgesachverständigen in Kosten einsparender Weise verwertet werden konnte.[150] Eine formalisierte und maßgeblich nur auf die Seitenzahl abstellende Bewertung der Verwertbarkeit des Gutachtens, verbietet sich,[151] auch wenn dies in der Praxis immer wieder versucht wird.

Die **Höhe der verbleibenden JVEG-Vergütung** für den verwertbaren Teil der Sachverständigenleistung wird richterlich geschätzt.[152] Wurde an den Sachverständigen bereits die vollständige Vergütung ausgezahlt, bedarf es einer Rückforderung. Berechtigter Anspruchsinhaber des Rückforderungsanspruchs ist der Justizfiskus.[153]

b) Pflichtverstöße des § 8a Abs. 1 und 2 JVEG

§ 8a Abs. 1 und 2 JVEG führt folgende Pflichtverstöße auf:

Abs. 1: Verstoß gegen die **Neutralitätspflicht** des Sachverständigen **bei der Bestellung**

---

seine Arbeit wieder aufzunehmen. Die bis dahin erbrachten Leistungen waren für sich unverwertbar

146 Vgl. exemplarisch: OLG Nürnberg Beschluss v. 06.02.2007 – 2 W 192/07

147 OVG Sachsen-Anhalt Beschluss v. 08.06.2015 – 2 O 138/14; Hartmann, Kostengesetze, 43. Aufl. 2013, JVEG, § 8a Rdn. 34

148 OVG Sachsen-Anhalt Beschluss v. 08.06.2015 – 2 O 138/14

149 BT-Drs 17/471 Seite 260

150 OLG Koblenz Beschluss v. 08.12.2009 – 14 W 769/09

151 *Ulrich* DS 2011, 15, 22

152 OLG Nürnberg Beschluss v. 06.02.2007 – 2 W 192/07

153 OLG Koblenz Beschluss v. 01.12.2009 – 14 W 788/09

Abs. 2 Nr. 1: **Verstoß gegen § 407a Abs. 1 ZPO** (fehlende fachliche Kompetenz)
Verstoß gegen § 407a Abs. 2 Satz 1 ZPO i.V. m. i § 407 Abs. 1, 2 ZPO (Höchstpersönlichkeit)
Verstoß gegen § 407a Abs. 2 Satz 2 ZPO (fehlender Hinweis auf hinzugezogene Dritte)
Verstoß gegen § 407a Abs. 3 Satz 1 ZPO (fehlende Rückfrage bei Zweifeln am Inhalt und Umfang des Auftrages)

Abs. 2 Nr. 2: Verstoß gegen die Pflicht ein „mangelfreies" Gutachten zu erstatten

Abs. 2 Nr. 3: Verstoß gegen die **Neutralitätspflicht** des Sachverständigen **während der Leistungserbringung**

Abs. 2 Nr. 4: Verstoß gegen die Pflicht zur vollständigen und zügigen Erbringung der Sachverständigenleistung

Auch wenn die Verlusttatbestände für alle Sachverständigenleistungen Geltung erlangen, wird bei der folgenden Darstellung der Pflichtverstöße maßgeblich auf die Erstattung eines Gutachtens Bezug genommen.

aa) § 8a Abs. 1 und § 8a Abs. 2 Nr. 3 JVEG – Befangenheit des Sachverständigen

aaa) Einleitung

Nach § 8a Abs. 1 JVEG und § 8a Abs. 2 Nr. 3 JVEG entfällt die Vergütung, wenn der Sachverständige gegen die **Neutralitätspflicht** verstößt.

Der gerichtliche Sachverständige wird von Gesetzes wegen nach §§ 406, 42 Abs. 2 ZPO von der Gutachtenerstattung oder der Erbringung sonstiger Sachverständigentätigkeiten ausgeschlossen, wenn Gründe der Befangenheit vorliegen und er seine Leistung nicht unparteiisch und neutral erbringen kann. Somit ist er aus denselben Gründen, die auch zur Ablehnung eines Richters berechtigen, als befangen abzulehnen, da § 406 ZPO eine Verweisung auf § 42 Abs. 2 ZPO nimmt. Eine Befangenheit wird danach bejaht, wenn Gründe vorliegen, die geeignet sind, Misstrauen gegen die Unparteilichkeit (des Richters) zu rechtfertigen. Hierunter werden **objektive Gründe** gebündelt, die aus Sicht einer besonnen und vernünftig denkenden Partei Anlass geben, an der Neutralität und Objektivität des Sachverständigen zumindest zu zweifeln. Diese Gründe können sich aus der **Person des Sachverständigen** ergeben, auf tatsächlichen Umständen im Vorfeld bzw. während der Begutachtung oder auf dem **Inhalt des Gutachtens** beruhen. Da der Sachverständige ein **ersetzbares Beweismittel**[154] ist, bedarf es hier einer vergleichenden Betrachtung. Es müssen Gründe vorliegen, die im Vergleich zu anderen Sachverständigen des

---

154 Dies bedeutet, dass der Sachverständige während des Verfahrens ausgetauscht werden kann. Dies stellt einen wesentlichen Unterschied zu den anderen Beweismitteln, insbesondere den Zeugenbeweis, dar

gleichen Sachgebiets nach einer Parallelwertung in der Laiensphäre[155] an der Neutralität zweifeln lassen.[156]

Zieht der Sachverständige Hilfskräfte bei der Begutachtung hinzu, fallen Umstände der Befangenheit, die in der **Person der Hilfskraft** liegen, grundsätzlich nicht auf den Sachverständigen zurück.[157] Die Hilfskraft selbst kann auch nicht als befangen abgelehnt werden, da diese seitens des Gerichts nicht beauftragt wurde.[158] Allerdings kann die Auswahl einer befangenen Hilfskraft den Anschein der Befangenheit des Sachverständigen begründen, wenn er es unterlässt, die Hilfskraft zu möglichen Befangenheitsgründen zu befragen.[159]

Der Sachverständige muss daher von der Bestellung an unabhängig von jeglicher inneren und äußeren Einflussnahme, **ohne einseitige Begünstigungs- oder Belastungstendenz**, seine Sachverständigenleistungen erbringen und somit weder auf eigene noch auf sonstige einseitige Vor- oder Nachteile Dritter Rücksicht nehmen.[160] Als Vorteil und Nachteil gelten neben materiellen auch immaterielle, insbesondere ideelle persönliche Interessen.[161] Hinzu kommt, dass allein der **Anschein einer einseitigen Begünstigungs- oder Belastungstendenz** genügt, um eine Befangenheit bejahen zu können. Es bedarf somit keiner tatsächlichen Voreingenommenheit des Sachverständigen,[162] sondern es genügen schon äußere und innere Umstände, die bei vernünftiger Würdigung den Anschein für eine Voreingenommenheit begründen. Hierdurch soll das Vertrauen des Rechtsverkehrs in die „Sauberkeit der Sachverständigen" erhalten bleiben. Bereits der „böse Schein" soll vermieden werden, dass der Sachverständige sich von eigennützigen und / oder sachfremden Motiven leiten lässt,[163] wodurch das **Gebot der Chancengleichheit** verletzt werden könnte. Somit ist die **Einseitigkeit** der Belastungen und Begünstigungen des Sachverständigen ein weiteres entscheidendes Merkmal bei der Bestimmung der Befangenheit.

Die **Kardinalspflicht der Unparteilichkeit** stellt daher eine der herausragenden Pflichten eines jeden Sachverständigen dar,[164] die darüber hinaus in § 8 Abs. 4 MSVO IHK geregelt ist:

155 VGH München Urteil v. 23.02.2009 – 1 B 07.30511
156 VGH München, Urteil v. 23.02.2009 – 11 B 07.30511; *Ulrich* IBR 2011, 1291, (155)
157 OLG Zweibrücken Beschluss v. 30.01.1986 – 2 WF 179/85; OLG Jena Beschluss v. 14.12.2005 – 4 W 399/05
158 OLG Bremen OLG Bremen, Beschluss v. 10.02.2010 – 2 W 3/10; OLG Düsseldorf IfS-Information 4/2007, 25
159 OLG Celle Beschluss v. 08.03.2007 – 6 W 1/07
160 Vgl.: *Bleutge* in Landmann / Rohmer GewO 70. Erg. Juni 2015 § 36 Rdn. 107
161 OVG Rheinland-Pfalz Urteil v. 23.04.1998 – 1 C 10789/97 (Gemeinderatsmitglied)
162 OLG Celle Urteil v. 25.5.2010, IBR 2010, 527
163 Vgl. VG Koblenz Urteil v. 26.01.2006 – 6 K 1589/05. KO (Ratsmitglieder eines Gemeinderats)
164 *Bleutge* in Landmann / Rohmer GewO 70. Erg. Juni 2015 § 36 Rdn. 107

„Der Sachverständige hat bei der Erbringung seiner Leistung stets darauf zu achten, dass er sich nicht der Besorgnis der Befangenheit aussetzt. Er hat bei der Vorbereitung und Erarbeitung seines Gutachtens strikte Neutralität zu wahren, muss die gestellten Fragen objektiv und unvoreingenommen beantworten (Unparteilichkeit)"

(Unterstreichung durch den Verfasser)

Die Wahrung der Unparteilichkeit ist **kein Selbstzweck**, sondern beruht maßgeblich auf der Stellung des Sachverständigen, die er im Verfahren einnimmt. Jeder Auftraggeber schenkt dem Sachverständigen aufgrund seiner überdurchschnittlichen Sachkenntnis ein **besonderes Vertrauen** und nimmt dessen Votum als Grundlage für zukünftige Entscheidungen. Dies gilt auch für die Rechtsprechung als eine der drei Staatsgewalten, da bekannterweise bis zu 97 % der Richter dem Ergebnis des Gutachtens des gerichtlich beauftragten Sachverständigen Folge leisten.[165]

bbb) § 8a Abs. 1 JVEG – Befangenheit im Moment der Bestellung

Der Sachverständige hat bereits **im Moment der Bestellung zu prüfen**, ob mögliche Befangenheitsgründe vorliegen, die zur **Ablehnung berechtigen würden**,[166] wie bspw. eine ständige Geschäftsbeziehung zu einer Partei[167] oder verwandtschaftliche, freundschaftliche bzw. anderweitige private oder berufliche Beziehungen, die unweigerlich den Anschein der Befangenheit begründen können. Andernfalls entfällt die Vergütung nach **§ 8a Abs. 1 JVEG**. Daher soll der Sachverständige über die Erstattung eines Privatgutachtens im Vorfeld der gerichtlichen Beauftragung aufklären[168], auch wenn dies nicht der Neutralität entgegensteht.[169] Über die vorstehenden Punkte muss der Sachverständige das Gericht aufklären, selbst über jahrelang zurückliegende Beziehungen.[170] Andernfalls geht er nicht nur die Gefahr eines begründeten Befangenheitsantrags ein, sondern auch das Risiko der Kürzung bzw. des Verlustes seines Vergütungsanspruchs, **§ 8a Abs. 1 JVEG**. Weist der Sachverständige das Gericht **vorwerfbar** nicht darauf hin, dass Gründe bereits im Moment der Bestellung vorliegen, die zur Ablehnung berechtigen und zu einer Unverwertbarkeit des Gutachtens bzw. der Sachverständigenleistung führen können,[171] kann der Anspruch entfallen:

---

165 Vgl. nochmals: *Ulrich* IBR 2011, 1291, 5 und **A. Einleitung**

166 Vgl.: Ziff. 9.4 der RL zur MSVO des Zentralverbandes des Deutschen Handwerks

167 OLG Frankfurt a.M. Beschluss v. 28.04.2005 – 1 U 104/96

168 So auch: Ziff. 9.5.1 der RL zur MSVO des Zentralverbandes des Deutschen Handwerks

169 BGH Urteil v. 13.02.1962 – VI ZR 110/61; Völlig klar dürfte jedoch sein, dass der Sachverständige während des gerichtlichen Verfahrens nicht für eine Partei „privat" tätig werden darf, OLG Düsseldorf Beschluss v. 03.12.2002 – 10 W 102/02

170 Nach § 121 BGB „ohne schuldhaftes Zögern", „so schnell wie *subjektiv* möglich"

171 Zum Umfang der Prüfungspflicht siehe: **E III 3, 4**

„(1) Der Anspruch auf Vergütung entfällt, wenn der Berechtigte es unterlässt, der heranziehenden Stelle unverzüglich solche Umstände anzuzeigen, die zu seiner Ablehnung durch einen Beteiligten berechtigten, es sei denn, er hat die Unterlassung nicht zu vertreten.“

(Unterstreichung durch den Verfasser)

Der Sachverständige hat zu beachten, dass er auf Befangenheitsgründe hinweisen muss, die zu einer Ablehnung **berechtigen würden**. So kann es auch dann zu einem Verlust oder Teilverlust des Vergütungsanspruchs kommen, wenn kein zulässiger oder begründeter Befangenheitsantrag gegen den Sachverständigen gestellt wurde, das Gutachten aber aufgrund der Befangenheit nicht oder nur in Teilen verwertbar ist. Denn auch Befangenheitsgründe, die in einem Befangenheitsantrag nicht mehr angebracht werden konnten, können zur Beeinträchtigung des Beweiswertes und so zu einer (teilweisen) Unverwertbarkeit der Sachverständigenleistung führen.[172]

Von Gesetzes wegen wird lediglich ein **Vertretenmüssen** des unterlassenen Hinweises gefordert, es genügt der Vorwurf der einfachen Fahrlässigkeit.[173] Diese ist in § 276 Abs. 2 BGB definiert und verlangt, dass die im Verkehr erforderliche Sorgfalt außer Acht gelassen wird. Es muss somit ein Verstoß gegen die Hinweispflicht vorliegen, *„der mal passieren kann“*.

Daneben ist der weitere Wortlaut der Norm zu beachten: **es sei denn, er hat die Unterlassung nicht zu vertreten.** Die Formulierung gleicht der des § 280 Abs. 1 Satz 2 BGB. Der Gesetzgeber hat auch hier von einer die **Beweislastverteilung** regelnden Norm Gebrauch gemacht, sodass das Vertretenmüssen des Sachverständigen vermutet wird.[174]

Am **16.09.2015** wurde ein **Entwurf der Bundesregierung „eines Gesetzes zur Änderung des Sachverständigenrechts“** beschlossen. Durch diesen soll u.a. neben der **Prozessökonomie** auch die **Unabhängigkeit und die Neutralität des Sachverständigen** gestärkt werden, da letztere von Bürgerinnen und Bürgern sowie der öffentlichen Berichterstattung wiederholt in Frage gestellt wurde. Um die Anzahl von Befangenheitsanträgen, die immer mit einem Ansehensverlust des Sachverständigen einhergehen, zu reduzieren, soll in § 407a Abs. 2 ZPO-E eine **neue Hinweispflicht** eingeführt werden, nach der der Sachverständige im Moment der Bestellung unverzüglich zu prüfen und darauf hinzuweisen hat, ob ein Grund vorliegt, der geeignet ist, Misstrauen gegen seine Unparteilichkeit zu begründen. Bis jetzt wird eine solche Überprüfungs- und Hinweispflicht in § 408 Abs. 1 Satz 2 ZPO lediglich stillschweigend vorausgesetzt, wobei deren Verletzung in § 8a Abs. 1 JVEG schon sanktioniert wird. Es ist zu erwarten, dass die Aufnahme der Hinweispflicht auch Auswirkungen auf den Gesetzestext des § 8a JVEG hat. Denn alle übrigen

172 *Ulrich* IBR 2011, 1291, 286

173 So auch schon vor der Novelle 2013: OLG Rostock Beschluss v. 16.07.2008 – 2 W 31/08

174 BGH Urteil v. 12.05.2009 – XI ZR 586/07 (zu der Regelung des § 280 Abs. 1 Satz 2 BGB)

Hinweispflichten des § 407a ZPO werden unter § 8a Abs. 2 Nr. 2 JVEG behandelt. Im Sinne der Übersichtlichkeit und Rechtssicherheit wäre es sinnvoll, wenn auch die vorbezeichnete Hinweispflicht unter den § 8a Abs. 2 Nr. 2 JVEG gefasst würde. Der Entwurf sieht dies bis jetzt allerdings noch nicht vor.

ccc) § 8a Abs. 2 Nr. 3 JVEG – Befangenheit während der Leistungserbringung

(a) Unterschiede zu § 8a Abs. 1 JVEG

Nach **§ 8a Abs. 2 Nr. 3 JVEG** entfällt der Vergütungsanspruch insoweit, wenn der Sachverständige **während der Leistungserbringung** (Ortstermin, Erstattung des Gutachtens und Erläuterung des Gutachtens) grob fahrlässig oder vorsätzlich die Besorgnis der Befangenheit begründet.[175]

> *(2) Der Berechtigte erhält eine Vergütung nur insoweit, als seine Leistung bestimmungsgemäß verwertbar ist, wenn er [...] 3. im Rahmen der Leistungserbringung grob fahrlässig oder vorsätzlich Gründe geschaffen hat, die einen Beteiligten zur Ablehnung wegen der Besorgnis der Befangenheit berechtigen; oder [...]. Soweit das Gericht die Leistung berücksichtigt, gilt sie als verwertbar.*
>
> *(Unterstreichung durch den Verfasser)*

Umstände, die erst **nach Abschluss der Tätigkeit des Sachverständigen** entstehen, sind jedoch nicht nur bei einem Befangenheitsantrag, sondern auch hier nicht berücksichtigungsfähig.[176] Dem Sachverständigen muss, im Gegensatz zu § 8a Abs. 1 JVEG, zumindest ein **grob fahrlässiger Verstoß** gegen seine Neutralitätspflicht vorgeworfen werden können. Vorsätzliche Pflichtverstöße scheitern auch in der Regel an der Beweisbarkeit.

Bei der Beurteilung, ob eine **grob fahrlässige oder vorsätzliche Pflichtverletzung** vorliegt, ist entsprechend der Regelung des § 839a BGB eine hohe Hürde zu setzen.[177] **Grobe Fahrlässigkeit** wird nur dann bejaht, wenn der Sachverständige einen Ablehnungsgrund in besonders ausgeprägter Weise verursacht oder durch sein Prozessverhalten die Neutralitätspflicht in ungewöhnlich hohem Maße gravierend verletzt hat.[178] Er muss **elementare Grundsätze der Berufsausbildung** eines Sachverständigen[179] außer Acht lassen, was jedem ordentlichen Sachverständigen hätte einleuchten müssen.[180]

---

175 Exemplarisch: OLG Nürnberg Beschluss v. 06.02.2007 – 2 W 192/07

176 OLG München Urteil v. 12.02.2007 – 1 W 818/07

177 OLG Köln Urteil v. 08.09.2011 – 5 W 34/11 (in Bezug auf § 839a BGB); Vgl. auch: **E. IV.2**

178 Vgl.: LG Wuppertal Beschluss v. 21.11.2006 – 6 T 650/06

179 Vgl.: LG Wuppertal Beschluss v. 21.11.2006 – 6 T 650/06

180 Vgl. u.a.: OLG Nürnberg Beschluss v. 24.11.2008 – 2 W 2246/08; OLG Stuttgart Beschluss v. 08.07.2009 – 8 W 279/09

Kurzum: Es bedarf einer eklatanten, für sich ohne weiteres augenfälligen Pflichtverletzung, wodurch beim Gegenüber der Eindruck erweckt wird: *„das ist ja unglaublich, das darf einem ordentlichen Sachverständigen einfach nicht passieren"*.[181] Eine „einfache" Ablehnung wegen Befangenheit reicht **nicht** aus,[182] wodurch der Ausnahmecharakter der § 8a Abs. 1 und 2 JVEG gewahrt bleiben soll.[183] Nach der Rechtsprechung liegt ein solch eklatanter Verstoß gegen die Neutralitätspflicht *bspw.* dann vor, wenn der Sachverständige in seinem Gutachten Quellen bewusst verschweigt und dadurch suggeriert, dass es sich hierbei um eigene Feststellungen handelt[184] *oder* wenn der Sachverständige den unstrittigen Sachverhalt anzweifelt bzw. den strittigen als bewiesen ansieht[185] *oder* ungefragt rechtliche Bewertungen vornimmt, obwohl diese nicht einmal essentiell sind, um die technischen Beweisfragen beantworten zu können.[186]

(b) Die Neutralitätspflicht während der Erbringung der Sachverständigenleistung

Die Neutralität muss während der **gesamten Auftragsdurchführung** das leitende Motiv sein, da jeder noch so banale Fehler den Anschein der Befangenheit begründen kann.[187] Auch wenn diese nicht zwingend zu einer Ablehnung wegen Befangenheit führen oder einen eklatanten Pflichtenverstoß begründen muss, geht mit einem solchen Vorwurf zumindest eine Verfahrensverzögerung und die Gefahr des Verlustes der Stellung des Sachverständigen als neutrale Institution[188] und die des Vergütungsanspruches einher. Der Sachverständige hat daher mit der **Vorbereitung der Beweisaufnahme, also dem Ortstermin,** eine besondere Sorgfalt walten zu lassen, da hier die Befundtatsachen für das spätere Gutachten ermittelt werden. Bereits banale Fehler können einen Befangenheitsantrag zur Folge haben. **Der Sachverständige hat daher folgende Punkte bei seiner Sachverständigenleistung zu beachten, um nicht den Anschein der Befangenheit zu begründen, der zu einem Verlust des Vergütungsanspruchs führen kann:**

---

181 So *Bleutge* DS 2010, 92, 96

182 OLG Koblenz Beschluss v. 18.06.2014 – 14 W 334/14

183 OLG Koblenz Beschluss v. 18.06.2014 – 14 W 334/14

184 KG Beschluss v. 21.09.2007 – 4 W 35/07

185 OLG Naumburg Beschluss v. 25.06.2009 – 12 W 50/09

186 OLG Naumburg Beschluss v. 07.10.2010 – 5 W 1/10; OLG München Beschuss v. 13.04.2007 – 1 W 1194/07: Die Frage, inwieweit ein Sachverhalt strittig ist oder ob es sich um eine Rechtsfrage handelt, ist allerdings oft mit erheblichen Problemen verbunden, selbst für Juristen. Hierbei unterlaufene Missverständnisse oder Fehler des Sachverständigen begründen daher nur bei Hinzukommen besonderer Umstände einen eklatanten Verstoß gegen die Neutralitätspflicht

187 *Grossam* DS 2013, 214

188 Vgl.: *Grossam* DS 2013, 214

➢ Ortstermin – Ladungspflicht und Anforderungen an eine ordnungsgemäße Ladung

Im **Vorfeld eines Ortstermins**, hat der gerichtliche Sachverständige die ihm nach derzeitiger Aktenlage **bekannten Beteiligten des Verfahrens zu laden.**[189] Ist ein **Streitverkündeter** dem Verfahren noch nicht beigetreten, bedarf es nicht seiner Ladung. Kam es zu einem Beitritt, von dem der Sachverständige aber keine Kenntnis erlangt hat, ist ihm dies mangels einseitiger Benachteiligungsabsicht ebenfalls nicht zum Vorwurf zu machen. Der Sachverständige ist nicht verpflichtet, bei Gericht nach „neuen Beteiligten" nachzufragen. Allerdings kann eine solche Nachfrage unmittelbar vor der Ladung zumindest dafür sorgen, dass eine Verzögerung durch einen unbegründeten Befangenheitsantrag vermieden werden kann. Die gilt gerade dann, wenn nach Aktenlage des Sachverständigen eine Streitverkündigung, aber noch kein Beitritt erfolgte.[190]

Ist eine **Partei / Beteiligter rechtsanwaltlich vertreten**, hat der Sachverständige die Ladung entsprechend den prozessualen Gepflogenheiten an den Prozessvertreter zu **adressieren**, § 176 ZPO analog. Eine Kommunikation zwischen Partei und Sachverständigen ist tunlichst zu vermeiden. Die Ladung hat auch **rechtzeitig** zu erfolgen. Hierbei gilt die grobe Regel, dass ein Zugang zehn Tage vor dem Ortstermin ausreichend ist.[191] Wird eine zu kurze Frist gesetzt, ist dies allein noch kein Zeichen für eine Befangenheit.[192] Vielmehr bedarf es nunmehr einer weiteren Ladung unter Setzung einer neuen angemessenen Frist, es sei denn die Parteien rügen diesen Umstand nicht. Sollte eine Partei auf die Ladung hin angeben, dass sie am Ortstermin zeitlich verhindert ist, kann dieser nur aus wichtigem Grund nach § 227 ZPO verlegt werden oder wenn der Rechtsstreit hierdurch nicht nennenswert verzögert wird. Dem Teilnahmerecht der Parteien ist gegenüber dem Interesse, den zunächst vorgesehenen Termin durchzuführen, in Zweifelsfällen Vorrang einzuräumen.[193] Des Weiteren sollte die Ladung mit einem **Empfangsbekenntnis** verbunden sein, sodass der Sachverständige Gewissheit hat, dass die Ladung rechtzeitig bei allen Beteiligten zugegangen ist. Ob alle Parteien in Folge einer ordnungsgemäßen Ladung teilnehmen ist nicht von Belang.

---

189 Vgl. auch Ziff. 9.5.5 der RL zur MSVO des Zentralverbandes des Deutschen Handwerks

190 So auch: *Grossam* DS 2013, 214

191 OLG Köln Urteil v. 30.10.1992 – 19 U 67/92

192 Vgl.: LG Erfurt Beschluss v. 08.06.1999 – 2 T 60/99

193 *Ulrich / Zielbauer* DS 2008, 12, 16

➢ Ortstermin ohne ordnungsgemäße Ladung

Führt der Sachverständige einen **Ortstermin ohne eine ordnungsgemäße Ladung** durch, ist eine Befangenheit begründet,[194] da hierin ein grob fahrlässiger Verstoß gegen die elementaren Pflichten des Sachverständigen zu sehen ist.[195] Selbst wenn kein Befangenheitsantrag gestellt wird, muss der Sachverständige den Ortstermin zwingend wiederholen. Denn andernfalls ist das erstattete Gutachten unverwertbar.[196] Allerdings könnte der Sachverständige, trotz eines gerügten Ladungsfehlers, auf Antrag einer Partei als sachverständiger Zeuge vernommen und das Gutachten als einfache Urkunde in den Prozess eingeführt werden.[197] Denn ein Zeuge kann nie als befangen abgelehnt werden.

➢ Ortstermin – Ausnahmen der Ladungspflicht

Es wird deutlich, dass **ein Ortstermin mit vorheriger Ladung die Regel darstellt**, von dem nur wenige Ausnahmen gemacht werden dürfen:

Ein **erster Ausnahmefall der Ladungspflicht** ist nach **§ 404a Abs. 5 ZPO** gegeben, wenn ein konkreter Verdacht dahingehend besteht, dass der zu begutachtende Gegenstand im Falle einer ordnungsgemäßen Ladung manipuliert wird.[198] Dem Interesse an einer effektiven Beweisaufnahme kann gegenüber dem Recht auf rechtliches Gehör nur dann Vorrang eingeräumt werden, wenn **konkrete tatsächliche Anhaltspunkte** für eine Manipulation vorliegen. Dies ist auch angezeigt, da durch den gezielten Ausschluss vom Ortstermin das Recht auf effektiven Rechtsschutz beschnitten wird, denn gerade beim Ortstermin kommt den Parteien einer der wenigen Möglichkeiten der effektiven Kontrolle des Sachverständigen zu. Das Gericht ist ebenfalls zwingend in das Vorgehen einzubeziehen. Nimmt der Sachverständige **irrtümlicherweise, aber vorwerfbar** einen Manipulationsverdacht i.S. d. § 404a Abs. 5 ZPO an, soll nicht nur der Ortstermin wiederholt werden, sondern auch ein Befangenheitsgrund vorliegen.[199] Vereinzelt wird das Gegenteil vertreten, da beide Parteien gleichermaßen vom Ausschluss betroffen seien.[200] Hierbei wird jedoch verkannt, dass der Sachverständige zu Unrecht einer Partei unterstellt, Beweismittel manipulieren zu wollen, was durchaus für eine Voreingenommenheit sprechen kann. Falls die Parteien zu Recht von der Teilnahme ausgeschlossen wurden, sind

---

194 OLG Saarbrücken Beschluss v. 16.08.2011 – 5 W 189/11; OLG Bremen Beschluss v. 06.07.2009 – 3 U 6/07; OLG Koblenz Beschluss v. 08.12.2009 – 14 W 769/09; OLG Saarbrücken Beschluss v. 7.04.2007 – 5 W 104/07

195 OLG Oldenburg Beschluss v. 10.12.2003 – 9 W 53/03

196 Kniffka / *Koeble* Kompendium des Baurechts, 4. Aufl. 2. Teil Rdn. 128

197 OLG Frankfurt a.M. Beschluss v. 08.10.1984 – 1 W 20/84

198 *Grossam* DS 2013, 214, 215; a.A.: OVG Lüneburg Beschluss v. 29.12.1989 – 9 O 37/89, da es sich hierbei um eine unrichtige Sachbehandlung handeln soll

199 *Ulrich / Zielbauer* DS 2008, 12, 16

200 Im Ergebnis auch *Walterspiel* DS 1974, 117, (Verweis aus *Ulrich / Zielbauer* DS 2008, 12)

sie unmittelbar im Anschluss an den Ortstermin über diesen Umstand in Kenntnis zu setzen und ihnen die Möglichkeit der Stellungnahme einzuräumen[201], damit ihr Recht auf rechtliches Gehör gewahrt bleibt.

Die Rechtsprechung hält einen **zweiten Ausnahmefall** für gegeben, wenn der Sachverständige auf die allgemeine Ladungspflicht gerichtlich nicht hingewiesen wurde, er die Beteiligten nicht vollständig und rechtzeitig einlud **und** er erstmals als gerichtlicher Sachverständiger bestellt wurde.[202] Diese Rechtsprechung, die als Einzelfallentscheidung angesehen werden muss, ist eine Ausgestaltung der gerichtlichen Führsorgepflicht nach § 404a ZPO gegenüber dem gerichtlichen Sachverständigen.

Ein **dritter Ausnahmefall** stellt die **bloße Ortsbesichtigung** dar, zu der nicht geladen werden muss.[203] Eine solche liegt bspw. dann vor, wenn der Sachverständige sich im Vorfeld eines Ortstermins ein Bild von den örtlichen Begebenheiten und dem Begutachtungsobjekt machen will, um bspw. zu eruieren, welche Materiealien für die Begutachtung benötigt werden.

➢ **Durchführung des Ortstermins – Prinzip der Parteiöffentlichkeit**

Bei der **Durchführung des Ortstermins** herrscht **in der Regel** das **Prinzip der Parteiöffentlichkeit,** es sei denn, es stehen höherrangige schützenswerte Rechte Dritter entgegen.[204] Im Rahmen einer Abwägung soll dem Teilnahmerecht in der Regel jedoch der Vorrang eingeräumt werden. Das heißt, der Verfügungsberechtigte des Begutachtungsobjektes muss den teilnahmeberechtigten Beteiligten, den Parteien, etwaigen Streithelfern und den jeweiligen Prozessvertretern den Zutritt gewähren. Dies gilt auch für Privatsachverständige, da es sich hierbei um *sachkundige Berater* der teilnahmeberechtigten Parteien handelt.[205] Um die Parteiöffentlichkeit gewährleisten zu können, muss sich der Sachverständige vor jedem Ortstermin Klarheit verschaffen, ob allen Anwesenden auch der Zugang zum Beweisgegenstand gewährt wird. Sollte dies nicht der Fall sein oder die Teilnahme Einzelner am Ortstermin strittig sein, darf der Sachverständige Einzelne nicht vom Ortstermin ausschließen oder fragen, ob sie „freiwillig“ auf ihr Teilnahmerecht verzichten. Letzteres könnte als Zwang oder Anweisung aufgefasst werden, da dem Sachverständigen die **Leitung des Ortstermins** zukommt (Herr des Ortstermins).[206] Ein solches eigenmächtiges Vorgehen hätte zur Folge, dass die im anschließenden Ortstermin ermittelten Befundtatsachen

---

201 OLG Koblenz Beschluss v. 15.03.2011 – 5 W 145/11

202 BGH Urteil v. 27.01.2004 – VI ZR 150/02

203 OLG Düsseldorf Beschluss v. 20.03.2006 – 5 U 151/04

204 Bspw.: OLG München Beschluss v. 04.07.2005 – 1 W 1010/05: ein gerichtlicher Gutachter musste hier eine ärztliche Untersuchung vornehmen. Das allgemeine Persönlichkeitsrecht stand der Parteiöffentlichkeit als höherrangiges Recht entgegen

205 *Grossam* DS 2013, 214, 215

206 Die Situation ist vergleichbar mit der Frage des Vorsitzenden eines Spruchkörpers, ob ein Besucher eine öffentliche Sitzung „freiwillig“ verlassen will. Hierin liegt

vollständig **unverwertbar** wären[207] und der Sachverständige durch die einseitige Benachteiligung eine **Befangenheit begründen würde**[208]. Die Unverwertbarkeit ist dadurch gegeben, dass hierdurch gegen das Teilnahmerecht am Ortstermin und somit gegen das Recht auf rechtliches Gehör[209] verstoßen wird. Der Sachverständige hat in einer solchen Situation, sollte vor Ort keine Lösung zu finden sein, das Gericht zu kontaktieren und weitere gerichtliche Instruktionen nach § 404a Abs. 1 ZPO abzuwarten. Die Parteien sind über den Inhalt des Gespräches in Kenntnis zu setzen und nochmals darauf hinzuweisen, dass eine unberechtigte Zutrittsverweigerung zu einer **Beweislastentscheidung** oder zu einer Beweisvereitelung führen kann, wenn *schuldhaft* die Beweisführung des Gegners erschwert oder unmöglich gemacht wird.[210] Wird weiterhin an der Verweigerung festgehalten, muss der Ortstermin durch den Sachverständigen abgebrochen und für beendet erklärt werden, wobei es hierfür der erneuten Rücksprache mit dem Gericht bedarf.[211] Alternativ kann der Sachverständige im Einverständnis aller den Termin alleine durchführen[212] oder eine ausschließliche Begleitung durch die Prozessvertreter anregen,[213] denn hierdurch würde keiner einseitig begünstigt oder belastet werden.

➢ **Neutralität bei der Erstattung des Gutachtens – Einholung fehlender Unterlagen**

Auch bei der **Erstattung des Gutachtens** muss der Sachverständige seine Neutralität wahren: **Fehlen** dem Sachverständigen hierzu wichtige **Unterlagen**, hat er bei der Besitzverschaffung § 404a Abs. 4 ZPO zu beachten. Dieser regelt in welchem Umfang der Sachverständige zur Aufklärung der Beweisfrage befugt ist und inwiefern er die Parteien zur **Informationsverschaffung** kontaktieren darf. Auch wenn das genaue Vorgehen gesetzlich nicht vorgegeben wird, hat der Sachverständige das Gericht zunächst auf das Fehlen notwendiger Unterlagen aufmerksam zu machen und nach dem weiteren Vorgehen zu fragen. Infolgedessen fordert das Gericht unter Bezugnahme auf das Schreiben des Sachverständigen die Unterlagen an und leitet diese an den Sachverständigen weiter. Somit ist gewährleistet, dass das Gericht

---

ein Verstoß gegen die Sitzungsöffentlichkeit, da die Frage als Zwang aufgefasst werden kann

207 BVerwG Beschluss v. 12.04.2006 – 8 B 91/05 (für das Verwaltungsrecht, aber übertragbar); OLG Frankfurt a.M. Beschluss v. 10.01.2011 – 22 U 174/07; *Ulrich/Zielbauer* DS 2008, 12, 17

208 OLG Saarbrücken Beschluss v. 08.07.2013 – 5 W 64/13

209 *Grossam* DS 2013, 214, 215; a.A.: OLG Saarbrücken Beschluss v. 08.07.2013 – 5 W 64/13: Recht auf Teilnahme stamme aus § 357 Abs. 1 ZPO

210 OLG Braunschweig Urteil v. 29.01.2004 – 8 U 173/99

211 OLG Koblenz Beschluss v. 18.02.2013 – 3 U 775/12

212 So z.B. bei OLG Stuttgart Beschluss v. 12.06.2012 – 10 W 19/12

213 OLG Karlsruhe Beschluss v. 16.12.2008 – 8 W 57/08

weiterhin **Herr des Verfahrens**[214] bleibt, beim Nachfordern der Unterlagen die Beweislast berücksichtigen und eine Frist nach § 142 Abs. 1 Satz 2 ZPO setzen kann. Ebenfalls ist sichergestellt, dass alle Beteiligten hiervon Kenntnis erlangen. Jedoch wird dieses Vorgehen nicht immer eingehalten, da Sachverständige Unterlagen unmittelbar von einer Partei anfordern bzw. Auskünfte einholen, ohne die anderen Beteiligten hierüber zu informieren. Begründete Befangenheitsanträge sind die Folge. Ebenso problematisch ist, wenn Parteien dem Sachverständigen Unterlagen unmittelbar zukommen lassen. Über die Herkunft der Unterlagen ist spätestens im Gutachten ungefragt Mitteilung zu machen[215] und müssen dem Gutachten beigefügt werden. Erfolgt dies nicht oder erst auf Nachfrage, kann hierdurch die Befangenheit begründet werden.[216] Eine **Ausnahme** hiervon soll allerdings gemacht werden, wenn der Sachverständige hierüber nicht gerichtlich belehrt wurde.[217] Auf eine solche Einzelfallentscheidung sollte sich der Sachverständige im eigenen Interesse jedoch nicht verlassen.

➢ **Neutralität bei der Beantwortung der Beweisfragen**

Die **Beweisfragen** sind mit der gebotenen Zurückhaltung zu **beantworten**.[218] Die Nichtbeantwortung einzelner Fragen oder die fehlerhafte bzw. ungenügende Beantwortung oder Begründung können für sich **nicht** den Vorwurf der Befangenheit begründen, da hiervon alle Beteiligten zunächst einmal gleichermaßen betroffen sind.[219] Anders ist dies nur, wenn nach Art und Häufung der Fehler ein Eindruck der (einseitigen) Voreingenommenheit erweckt wird.[220] Hierbei kommt es auf eine objektive Betrachtung an.[221]

➢ **Neutralität bei Auswahl der Ermittlungsmethoden**

Daneben muss die Auswahl der Ermittlungsmethoden objektiv erfolgen. Der Sachverständige darf somit **nicht** eigenmächtig anerkannte Untersuchungsmethoden ablehnen bzw. keine Methoden anwenden, die nicht praxiserprobt sind,[222] es sei denn, er hat hierfür stichhaltige Gründe. Andernfalls wird der Anschein erweckt, dass aufgrund einer wirtschaftlichen oder institutionellen Abhängigkeit von Anerkanntem und Bewährtem abgewichen wird.[223] Das Gutachten muss einzig und allein auf fachlich

---

214 BGH Urteil v. 26.06.2007 – XI ZR 277/05, dem Gericht kommt ein Ermessen zu, ob Unterlagen nachgefordert werden oder nicht

215 OLG Naumburg Beschluss v. 17.02.2010 – 10 W 13/10

216 BGH Urteil v. 12.11.1991 – KZR 18/90; OLG Stuttgart Beschluss v. 04.08.2010 – 13 W 33/10; OLG Saarbrücken Beschluss v. 28.07.2004 – 5 W 88/04

217 OLG Zweibrücken Beschluss v. 11.04.2007 – 6 W 34/06

218 Vgl. BayVGH Beschluss v. 15.06.2009 – 22 C 09.1146

219 BGH Beschluss v. 06.04.2011 – 2 StR 73/11

220 OLG München Beschluss v. 16.09.2010 – 1 W 2046/10

221 OLG Karlsruhe Beschluss v. 09.11.2009 – 14 W 43/09

222 PraxisHdb. Sachverständigenrecht / Bock § 3 Rdn. 19

223 Vgl. PraxisHdb. Sachverständigenrecht / *Heck* § 2 Rdn. 27

begründeten Maßstäben basieren und nicht von subjektiven oder wirtschaftlichen Motiven geleitet sein.

➢ **Neutralität in der mündlichen Verhandlung**

In der **Gerichtsverhandlung** und der mündlichen Erläuterung seines Gutachtens darf sich der Sachverständige **nicht** zu einer verbal unüberlegten Reaktion verleiten oder provozieren lassen. Er sollte stets neutral und sachlich auf Nachfragen oder Kommentare reagieren, auch wenn dies nicht immer leicht sein mag.[224] Der **Führsorgepflicht des Gerichts** gegenüber dem gerichtlichen Sachverständigen nach § 404a ZPO kommt hier eine besondere Bedeutung zu, indem der Sachverständige zur Besonnenheit angehalten werden soll.[225]

Aus dem Vorstehenden wird deutlich, dass insbesondere bei der Beweisaufnahme stets die Gefahr besteht, dass Gründe der Befangenheit eintreten. Da insbesondere in dieser Phase des Gerichtsverfahrens die Parteien den Sachverständigen beobachten können, muss er besonders sorgsam handeln, um das Risiko von Befangenheitsanträgen und des Verlustes seines Vergütungsanspruches zu begrenzen.

bb) § 8a Abs. 2 Nr. 1 JVEG – Kein Hinweis auf fehlende fachliche Kompetenz nach § 407a Abs. 1 ZPO

Nach § 8a Abs. 2 Nr. 1 JVEG entfällt die Vergütung, wenn der Sachverständige gegen die Hinweispflicht nach § 407a Abs. 1 ZPO zumindest fahrlässig verstößt.

> *(2) Der Berechtigte erhält eine Vergütung nur insoweit, als seine Leistung bestimmungsgemäß verwertbar ist, wenn er 1. gegen die Verpflichtung aus § 407a Absatz 1 bis 3 Satz 1 der Zivilprozessordnung verstoßen hat, es sei denn, er hat den Verstoß nicht zu vertreten; […]. Soweit das Gericht die Leistung berücksichtigt, gilt sie als verwertbar.*
>
> *(Unterstreichung durch den Verfasser)*

Der Sachverständige hat nach **§ 407a Abs. 1 ZPO** im Moment der Bestellung zu überprüfen, ob der **Auftrag bzw. das Beweisthema innerhalb des Sachgebietes liegt**, für das er eine überdurchschnittliche Sachkunde zu haben vorgibt bzw. für das er öffentlich bestellt ist. Ebenfalls muss er fachlich in der Lage sein, den Auftrag **allein oder nur unter Hinzuziehung Dritter ohne eine erhebliche Kostensteigerung** zu erfüllen, wobei der Dritte sowohl eine Hilfskraft als auch ein weiterer Sachverständiger sein kann[226]. Fällt diese Prüfung negativ aus, hat der

224 OLG Dresden Beschluss v. 10.05.2010 – 9 U 2258/05: verbale Angriffe des Sachverständigen, die zu einer Ablehnung wegen Befangenheit führen, indizieren in der Regel das Vorliegen eines grobfahrlässigen Pflichtenverstoßes, der den Wegfall des Vergütungsanspruchs bewirkt.

225 teilweise: *Ulrich* IBR 2011, 1291, (304)

226 Vgl. Ziff. 9.4 der RL zur MSVO des Zentralverbandes des Deutschen Handwerks

Sachverständige das Gericht hierauf **unverzüglich** hinzuweisen.[227] Denn diesem fehlt zumeist das notwendige Fachwissen, um beurteilen zu können, ob der Sachverständige fachlich qualifiziert ist, den Auftrag zufriedenstellend und vor allem richtig zu erfüllen.[228] Des Weiteren soll durch den Hinweis gewährleistet werden, dass ohne Zeitverlust ein neuer Sachverständiger ausgesucht und bestellt werden kann.[229] Kommt er der Hinweispflicht nicht nach und beantwortet ohne die nötige Fachkenntnis die Beweisfragen, geht damit die Unverwertbarkeit des Gutachtens einher.[230] Solche fachlichen Mängel können auch nicht im Rahmen eines Ergänzungsgutachtens oder einer mündlichen Erörterung behoben werden, da der Sachverständige auch hierfür nicht qualifiziert sein wird.

Weiterhin muss der Sachverständige die Hinweispflicht zumindest **fahrlässig** im Sinne des § 276 Abs. 2 BGB verletzt haben. Aufgrund der Formulierung ***„es sei denn, er hat den Verstoß nicht zu vertreten“***, so wie bei § 8 Abs. 1 JVEG, liegt auch bei § 8a Abs. 2 Nr. 1 JVEG eine **Beweislastumkehr** vor. Das Vertretenmüssen wird vermutet.

cc) § 8a Abs. 2 Nr. 1 JVEG – Verstoß gegen die Pflicht zur höchstpersönlichen und unabhängigen Gutachtenerstattung nach § 407a Abs. 2 Satz 1 ZPO i.V. m. § 407 Abs. 1, 2 ZPO und § 410 ZPO

aaa) Einleitung

Der Vergütungsanspruch geht nach § 8a Abs. 2 Nr. 1 JVEG auch dann verloren, wenn der Sachverständige gegen die Pflicht, **die wesentlichen Teile des Gutachtens höchstpersönlich** und **eigenverantwortlich** zu erstatten verstößt, **indem er den Auftrag auf einen anderen überträgt** und die Überprüfung hinzugezogener Dritter nicht immer in der Hand behält.[231] Denn nach dem Vergütungsprinzip des JVEG werden dem Sachverständigen nur **eigene Leistungen** honoriert. Ob das Gutachten inhaltlich „mangelfrei“ ist, ist bei diesem Tatbestand belanglos. Nach § 8a Abs. 2 Nr. 1 JVEG muss der Sachverständige die Pflichtverletzung **zu vertreten haben** (einfache Fahrlässigkeit), wobei auch dies im Rahmen der **Beweislastumkehr** zu dessen Lasten vermutet wird.

bbb) Die Pflicht zur Gutachtenerstattung

Nach **§ 407a Abs. 2 Satz 1 ZPO** darf der bestellte Sachverständige, den Auftrag nicht auf einen anderen übertragen. Dieses Verbot geht mit der prozessualen Pflicht zur Gutachtenerstattung gemäß **§ 407 Abs. 1, 2 ZPO** einher. Hiernach verpflichtet sich ein **öffentlich bestellter und vereidigter Sachverständiger**

---

227 BayOLG Beschluss v. 13.11.1996 – 3Z BR 278/96 (Schriftgutachten)
228 *Zimmermann* DS 2006, 304, 307
229 Stein / Jonas / *Berger* § 407a Rdn. 2
230 *Zimmermann* DS 2006, 304
231 Vgl.: LG Karlsruhe Beschluss v. 29.07.2008 – 3 OH 15/05

(§ 407 Abs. 1 Alt. 1 ZPO) oder ein Sachverständiger, der die Wissenschaft und die Kunst, deren Kenntnisse Voraussetzung für die Erstattung des Gutachtens sind, **gewerblich ausübt** (§ 407 Abs. 1 Alt. 2 ZPO) oder sich zur Gutachtenerstattung **bereit erklärt** hat (§ 407 Abs. 2 ZPO) zur Gutachtenerstattung.

Unter eine *gewerbliche Ausübung* i.S. d. § 407 Abs. 1 Alt. 2 ZPO fällt jede Art von Erwerbstätigkeit in Industrie, Handel, Gewerbe oder einem freien Beruf, die gegenüber einem zahlenmäßig unbestimmten Personenkreis in der Absicht ausgeübt wird, eine laufende Einnahmequelle zu erschließen.[232] Nach § 407 Abs. 2 ZPO *erklärt sich jemand bereit*, wenn er die Erklärung abgibt, in einer bestimmten Angelegenheit ein Gutachten zu erstatten.

Die Pflicht wurde eingeführt, weil der Gesetzgeber befürchtete, dass Gerichte andernfalls keine qualifizierten Sachverständigen mehr beauftragen könnten.[233] Davon wird nur dann eine Ausnahme gemacht, wenn der Beauftragte wegen Arbeitsüberlastung oder Urlaub tatsächlich verhindert ist oder er sich auf ein Gutachtenverweigerungsrecht gemäß § 408 Abs. 1 Satz 1 ZPO berufen kann. Die Ernsthaftigkeit des Gesetzgebers bei der Einführung zeigt sich darin, dass die Pflicht durch die Verhängung eines Ordnungsgeldes nach §§ 409, 411 ZPO durchgesetzt werden kann. Allerdings macht die Praxis hiervon nur selten Gebrauch.

ccc) Pflicht der Höchstpersönlichkeit und Eigenverantwortlichkeit

In dem Zusammenhang ist auch **§ 410 Satz 2 ZPO** zu beachten, wonach die Sachverständigenleistung zwingend von ***ihm***, also von dem gerichtlich bestellten Sachverständigen zu erbringen ist. Begründet wird dies damit, dass die Tätigkeit des gerichtlichen Sachverständigen ein hoheitlich veranlasster, unvertretbarer Erkenntnis- und Bewertungsakt ist, der höchstpersönlich[234] durch eine **natürliche Person** erbracht werden muss[235]. Es gilt das **Prinzip der eigenen Leistung,**[236] sodass die Sachverständigenleistung **höchstpersönlich und eigenverantwortlich**, also unabhängig von Weisungen Dritter, zu erbringen ist. Nach § 411 Abs. 3 ZPO umfasst die Sachverständigenleistung neben der **Erstattung** (Begutachtung und Erstellung des Gutachtens), auch die nicht delegierbare[237] **Erläuterung des Gutachtens** in der mündlichen Verhandlung oder sofern sachdienlich, in einem Schriftsatz[238]. Die Erläuterung, die eine Einheit mit dem Gutachten darstellt, dient dazu, Widersprüche oder

232 M-G StPO § 75 Rdn. 1

233 MüKo / *Zimmermann* ZPO § 407 Rdn. 2

234 *Stober* NJW 1989, 562, 569

235 PraxisHdb. Sachverständigenrecht / *Heck* § 2 Rdn. 36

236 BVerwG Urteil v. 26.04.1985 – 8 C 74/83; *Ulrich* DS 2007, 371

237 *Ulrich* DS 2007, 371, 373

238 Das wird nunmehr auch § 411 Abs. 3 Satz 2 ZPO-E des **Entwurfs der Bundesregierung des „Gesetzes zur Änderung des Sachverständigenrechtes" v. 16.09.2015** vorsehen

Unklarheiten im Gutachten auszuräumen.[239] Sie kann daher sowohl von Amts wegen angeordnet als auch von einer Partei beantragt werden. Kommt der Sachverständige dem nicht nach, ist das Gutachten nicht mehr als Sachverständigenbeweis,[240] sondern lediglich als Urkundenbeweis verwertbar.[241]

Die Pflicht zur höchstpersönlichen Erbringung der Sachverständigenleistung geht mit dem **Vertrauensvorschuss** einher, der allein dem beauftragten Sachverständigen entgegengebracht wird. Er soll den Ablauf der Begutachtung bestimmen, diese dann selbst vornehmen und das Gutachten im eigenen Namen anschließend erstatten. Durch letzteres wird gewährleistet, dass der Sachverständige mit dem Inhalt des Gutachtens sachlich einverstanden ist und für dessen inhaltliche Richtigkeit die Haftungsverantwortung übernimmt.[242] Von dieser Verantwortung kann er sich auch nicht entlasten. Der Sachverständige ist daher auch nicht befugt, die **wesentlichen Teile eines Gutachtens** auf einen anderen Sachverständigen zu delegieren, die die Anwendung seiner Sachkunde verlangen[243] (Delegationsverbot des § 407a Abs. 2 Satz 1 ZPO). Hierbei handelt es sich um diejenigen Teile eines Gutachtens, welche zwingend vom Sachverständigen erbracht werden müssen, damit diesem erst der **Charakter einer persönlichen Stellungnahme** zukommt.[244] Bis heute ist jedoch nicht abschließend geklärt, welche die wesentlichen Teile eines Gutachtens sind. Zusammenfassend kann jedoch festgehalten werden, dass zumindest die

- Tatsachenermittlung im Rahmen von Orts- und Objektbesichtigung oder ähnliche Inaugenscheinnahmen des Beweisgegenstandes,
- die hierbei gezogenen fachlichen Schlussfolgerungen,
- das Ausfüllen der fachlichen Beurteilungsspielräume und
- das zusammenfassende abschließende Ergebnis eines Gutachtens

persönlich zu erbringen sind. Andernfalls kann das Gutachten nicht durch *ihn*, den Sachverständigen erstattet worden sein.[245] Der Sachverständige darf daher nicht einen Dritten zu einem Ortstermin schicken und die hierbei ermittelten Ergebnisse

239 OLG Frankfurt, Beschluss v. 15.12.2014 – 3 W 50/14, auch IBR 2015, 175

240 BGH Urteil v. 02.05.1978 – VI ZR 94/77 (Ls.), in dem Fall war eine Erläuterung des Gutachtens aufgrund des zwischenzeitlichen Todes des Sachverständigen nicht möglich

241 *Ulrich* DS 2007, 371, 373 mit Verweis auf: OLG Düsseldorf Beschluss v. 30.08.2001 – 10 W 88/01

242 OLG Koblenz Urteil v. 22.02.2002 – 10 U 1213/01; OLG Koblenz Urteil v. 05.02.1999 – 10 U 518/98

243 *Bleutge* in Landmann / Rohmer GewO 70. Erg. Juni 2015 § 36 Rdn. 103

244 BSG Beschluss v. 05.05.2009 – B 13 R 535/08; KG Beschluss v. 06.08.2004 – 6 W 135/04; *Müller* DB 1972, 1809, 1811; *Bleutge* NJW 1985, 1185; *Bleutge* DS 2008, 127, 128

245 LG Bochum Urteil v. 13.10.1989 – 14 O 85/89; so auch u.a. Ziff. 9.3 der RL zur MSVO des Zentralverbandes des deutschen Handwerks

im Anschluss lediglich einer Plausibilitätskontrolle unterziehen und sich diese dann zu Eigen machen (Stuhlgutachten).[246]

Das Vorstehende hat auch auf die **Hinzuziehung von Hilfskräften** Einfluss, welche von Gerichts wegen oder vom Sachverständigen persönlich erfolgen kann.[247] Eine solche darf nur insoweit erfolgen, als dadurch das Gutachten nicht den Charakter der persönlichen Stellungnahme verliert.[248] Hilfskräfte sind daher nur berechtigt, Vorbereitungsarbeiten bzw. untergeordnete Nebentätigkeiten[249], mit klaren Vorgaben zu erbringen[250], die rechnerischer, technischer, mechanischer oder vergleichbarer Natur sind,[251] ohne dass diesen ein Beurteilungs- oder Bewertungsspielraum zukommt. Sie dürfen nur Einzeluntersuchungen vornehmen, die lediglich Vorfragen oder Teilaspekte des Gutachtenauftrags zum Gegenstand haben,[252] wie ein Aufmaß nehmen, Gerätschaften bedienen, wobei hierbei Vorgaben des Sachverständigen zu beachten und deren Ausführung zu kontrollieren sind.[253] Andernfalls kann der Sachverständige nicht mehr die Verantwortung für **Inhalt und Ergebnis** der gesamten Sachverständigenleistungen uneingeschränkt übernehmen[254] und garantieren. Er muss stets in der Lage sein, den Inhalt des Gutachtens zu erläutern oder zu abweichenden Meinungen Stellung zu nehmen.[255] Dies gelingt nur, solange er die ausgeführten Zuarbeiten, die er in sein Gutachten einbauen will, **„immer in der Hand**

---

246 *Bleutge* DS 2010, 92, 94

247 OLG Frankfurt Beschluss v. 13.01.2003 – 3 WF 226/02; OLG Brandenburg Beschluss v. 14.12.2006 – 12 W 37/06: Die Hinzuziehung von Hilfskräften steht im pflichtgemäßen Ermessen des gerichtlichen Sachverständigen. Sie muss erforderlich sein und der Verbesserung der Qualität des Gutachtens dienen, damit das Gutachten dadurch in kürzerer Zeit erstellt werden kann.

248 *Müller* DB 1972, 1809, 1811; *Bleutge* NJW 1985, 1185; *Bleutge* DS 2008, 127, 128

249 *Bleutge* NJW 1985, 1185, 1189; Thomas / Putzo / *Reichold* ZPO § 407a Rdn. 3

250 *Tettinger / Pielow* GewA 1992, 1, 10, 11

251 Thomas / Putzo / *Reichold* ZPO § 407a Rdn. 3

252 *Ulrich* DS 2007, 371, 372

253 Vgl. Ziff. 11.2.4.2 und Ziff. 11.2.5 der RL zur MSVO des Zentralverbandes des Deutschen Handwerks: **Art und Umfang der Überwachung** und Anweisung bestimmt sich nach dem **Maß der Sachkunde und Zuverlässigkeit der Hilfskraft** sowie den **Gegebenheiten des einzelnen Auftrags**, vor allem der Schwierigkeit des zu erstellenden Gutachtens. **Problematisch** sind daher nicht solche Hilfspersonen, die lediglich untergeordnete vorbereitende Tätigkeiten, wie das Aufbauen eines Gerüsts vornehmen, sondern vielmehr **solche Hilfskräfte**, die fachliche Leistungen zur Erstattung des Gutachtens für den Sachverständigen erbringen.

254 BSG Urteil v. 28.03.1984 – 9 a RV 29/83; BGH Urteil v. 28.06.1972 – IV ZR 51/71; OLG Frankfurt a.M. Urteil v. 16.12.1992 – 13 U 223/89; Thomas / Putzo / *Reichold* ZPO § 407a Rdn. 4; Vgl. Ziff. 11.2.4.2 der RL zur MSVO des Zentralverbandes des Deutschen Handwerks

255 *Bleutge* in Landmann / Rohmer GewO, 70. Erg. Juni 2015 § 36 Rdn. 105

behält“[256] und diese überprüfen kann[257]. Daher können streng genommen nur solche Aufgaben übertragen werden, die der Sachverständige **auch selbst hätte erledigen können**[258], da er diese kontrollieren und für deren Ordnungsmäßigkeit die geforderte Verantwortung übernehmen kann.[259]

Ob diese Vorgaben eingehalten werden oder bereits eine unzulässige Delegation vorliegt, stellt eine **Abgrenzungsfrage** dar, die mit erheblichen Schwierigkeiten einhergeht. Hierbei ist auf **Art und Umfang der Zuarbeit** zu achten.[260] Wird gegen das Delegationsverbot des § 407a Abs. 2 ZPO verstoßen, ist das Gutachten **unverwertbar**[261] und keiner der Beteiligten erhält eine Vergütung nach dem JVEG.[262] Für einen öffentlich bestellten Sachverständigen drohen darüber hinaus auch Sanktionen durch die Bestellungskörperschaft bis hin zum Widerruf seiner Bestellung, da gegen die Pflichten der Sachverständigenordnungen verstoßen wurde.

Von der Pflicht zur höchstpersönlichen Erstattung des Gutachtens, kann das Gericht nach § 360 Satz 2 ZPO eine **Ausnahme** machen und ein Gutachten, das maßgeblich durch einen Dritten erstattet wurde, nachträglich legitimieren. Voraussetzung hierfür ist, dass der Dritte eine hinreichende Sachkenntnis vorweisen kann. Nunmehr kann der Dritte eine Vergütung nach dem JVEG verlangen und das Gutachten ist als Beweismittel verwertbar. Im Gegenzug entfällt die Vergütung des gerichtlich beauftragten Sachverständigen.[263]

ddd) Pflicht zur Unabhängigkeit

Mit der Pflicht zur eigenverantwortlichen Erbringung der Sachverständigentätigkeit geht eine weitere Kardinalspflicht des Sachverständigen, die der **Unabhängigkeit** gegenüber dem Gericht oder dem Auftraggeber als bestellende Institution[264] einher, ohne deren Einhaltung eine Verantwortung für das Gutachten von ihm nicht uneingeschränkt garantiert werden kann.[265] Geregelt ist sie u.a. in § 8 Abs. 1 MSVO IHK:

---

256 VGH Mannheim Beschluss v. 11.08.1986 – 6 S 958/86; *Zimmermann* DS 2006, 304, 310

257 *Bleutge* DS 2010, 92, 95

258 Vgl. Ziff. 11.2.3 der RL zur MSVO des Zentralverbandes des Deutschen Handwerks

259 Ziff. 11.2.3 der RL zur MSVO des Zentralverbandes des Deutschen Handwerks; auch *Bleutge* DS 2010, 92, 95

260 Vgl.: BSG Beschluss v. 05.05.2009 – B 13 R 535/08; KG Beschluss v. 06.08.2004 – 6 W 135/04

261 Im Ergebnis: OLG Koblenz Beschluss v. 14.11.2012 – 14 W 621/12; KG Beschluss v. 06.08.2004 – 6 W 135/04; Thomas / Putzo / *Reichold* ZPO § 407a Rdn. 3

262 Vgl. *Ulrich* DS 2007, 371

263 Thomas / Putzo / *Reichold* ZPO § 407a Rdn. 3

264 Die Pflicht zur Objektivität bezieht sich auf die Beziehung zur „gegnerischen Partei“ und zu dem Rechtsverkehr

265 BSG Urteil v. 28.03.1984 – 9 a RV 29/83; BGH Urteil v. 28.06.1972 – IV ZR 51/71; OLG Frankfurt a.M. Urteil v. 16.12.1992 – 13 U 223/89; Thomas / Putzo / *Reichold* ZPO § 407a Rdn. 4

*„Der Sachverständige darf sich bei der Erbringung seiner Leistungen keine **persönliche, wirtschaftliche oder berufliche Einflussnahme** bewusst oder unbewusst von außen aussetzen, die geeignet ist seine Vertrauenswürdigkeit und die Glaubhaftigkeit seiner Aussagen zu gefährden **(Unabhängigkeit)**"*

Hiernach muss der Sachverständige in dreifacher Hinsicht unabhängig sein: **beruflich**, **persönlich** und **wirtschaftlich**.

(a) Berufliche Unabhängigkeit

Auch wenn der Sachverständige eine Vielzahl an berufsrechtlichen Reglementierungen zu beachten hat, kommen ihm bei seiner Tätigkeit eine **berufliche Unabhängigkeit** und ein **erheblicher Gestaltungsspielraum** zu. So kann er sich grundsätzlich mit anderen zu einer Bürogemeinschaft, GbR, GmbH oder einer anderen gesellschaftlichen Form zusammenschließen.[266] Allerdings dürfen hierdurch nicht die Regeln der ZPO und die der Sachverständigenordnungen unterlaufen werden, da erstere bspw. unter § 410 S. 2 ZPO nur natürliche Personen als gerichtliche Sachverständige vorsieht. Ein gesellschaftlicher Zusammenschluss kann demnach keine gerichtliche Sachverständigenleistung erbringen.

(b) Persönliche Unabhängigkeit- Weisungsfreiheit

Der Sachverständige muss daneben eine **persönliche Unabhängigkeit** wahren, wonach er weder gesetzlich noch vertraglich dazu verpflichtet sein darf, bei der Erbringung seiner Sachverständigenleistung Vorgaben einzuhalten, die die tatsächlichen Ermittlungen, Bewertungen oder Schlussfolgerungen derart beeinflussen, dass die Sachverständigentätigkeit nicht mehr als „eigene" gelten kann.[267] Dies trifft insbesondere dann zu, wenn der Sachverständige in einem **Arbeitsverhältnis** steht, da hiermit eine Gebundenheit an Weisungen des Arbeitgebers begründet wird, sodass der Arbeitnehmer gewöhnlich eine „fremdbestimmte", „abhängige" oder „unselbstständige" Arbeit erbringt.[268]

Ein solches Direktionsrecht des Arbeitgebers steht der persönlichen Unabhängigkeit entgegen und ist sowohl mit dem Eid des öffentlich bestellten Sachverständigen nach § 36 Abs. 1 Satz 2 GewO als auch mit § 8 Abs. 2 MSVO IHK, wonach der Sachverständige keine Verpflichtungen eingehen darf, die geeignet sind, seine tatsächlichen Feststellungen und Beurteilungen zu verfälschen **(Weisungsfreiheit)**, nicht vereinbar. Jedoch stehen nicht alle Weisungen einer persönlichen Unabhängigkeit entgegen. Das Beispiel des angestellten Rechtsanwalts als Organ der Rechtspflege zeigt, dass ein Direktionsrecht des Arbeitgebers der Ausübung einer

---

266 Vgl.: § 21 MSVO IHK

267 Vereinzelt: *Bleutge* GewA 1994, 447, 449

268 Vgl. MüKo / *Müller-Glöge* BGB § 611 Rdn. 154; BAG Urteil v. 10.11.1955 – 2 AZR 591/54; BAG Urteil v. 10.04.1991 – 4 AZR 467/90; BAG Beschluss v. 16.02.2000 – 5 AZB 71/99; BAG Urteil v. 14.03.2001 – 4 AZR 152/00

unabhängigen Tätigkeit nach § 3 Abs. 1 BRAO (Bundesrechtsanwaltsordnung) nicht entgegenstehen muss. Vielmehr muss auch zwischen **Weisungen zum Gutachtengegenstand, Beweisthema bzw. Umfang des Gutachtens** auf der einen Seite und **ergebnisbezogenen Weisungen des Arbeitgebers** auf der anderen Seite **unterschieden** werden.[269]

Ersteren kann bedenkenlos gefolgt werden, denn nur die beauftragende Institution kann den Sachverständigenzweck bestimmen. So auch § 404a Abs. 1 ZPO, wonach das Gericht die Tätigkeit des Sachverständigen leiten und ihm für Art und Umfang seiner Tätigkeit Weisungen erteilen kann.[270] Im Gegensatz dazu sind die ergebnisbezogenen Weisungen mit der persönlichen Unabhängigkeit nicht vereinbar,[271] denn sie haben zur Folge, dass das Gutachten mangelhaft und nicht verwertbar ist. Generell kommt sowohl dem Gericht[272] als auch dem Arbeitgeber[273] keine Befugnis für ergebnisbezogene bzw. ergebnisorientierte Weisungen zu. Es gilt somit das **Prinzip der partiellen Weisungsfreiheit**.

Aufgrund dessen ist, wie bei einem angestellten Rechtsanwalt, **im Rahmen des Arbeitsvertrages sicherzustellen**, dass die Sachverständigenleistungen ohne fachliche Weisung des Arbeitgebers erbracht werden dürfen.[274] Hierfür bedarf es einer **schriftlichen Freistellungserklärung** des Arbeitgebers.[275] Widerlaufende Weisungen des Arbeitgebers müssen nunmehr nicht befolgt werden ohne dass arbeitsrechtliche Sanktionen drohen. In dem Zusammenhang muss dem Sachverständigen auch das Recht eingeräumt werden, das Gutachten im eigenen Namen zu unterschreiben.

---

269 *So auch Bleutge* in Landmann / Rohmer GewO 70. Erg. Juni 2015 § 36 Rdn. 102

270 Exemplarisch: OLG Düsseldorf Beschluss v. 16.01.1997 – 23 W 47/96

271 Vgl. auch Ziff. 9.2 der RL zur MSVO des Zentralverbandes des Deutschen Handwerks

272 Thomas / Putzo / *Reichold* ZPO § 404a Rdn. 2

273 *Bleutge* in Landmann / Rohmer GewO 70. Erg. Juni 2015 § 36 Rdn. 102

274 *Nicklisch* BB 1981, 1653, 1663

275 Nach § 3 Ziff. 3.6.3 der RL der MSVO IHK muss diese Freistellungserklärung im Arbeitsvertrag zumindest folgenden Inhalt haben: „Herr / Frau ... ist befugt, als öffentlich bestellte(r) Sachverständiger(r) auf dem Sachgebiet ... tätig zu werden und wird hierfür in dem erforderlichen Umfang freigestellt. Ich / Wir bestätige(n) als Arbeitgeber, dass Herr / Frau die Tätigkeit als öffentlich bestellter(r) Sachverständiger(r) unter Einhaltung der Pflichten aus der Sachverständigenordnung der IHK ... also insbesondere unabhängig, frei von fachlichen Weisungen und persönlich ausüben kann. Er / Sie kann schriftliche Leistungen selbst unterschreiben und mit dem Sachverständigenrundstempel versehen. Der Widerruf dieser Freistellung kann nur gegenüber der IHK erklärt werden."

(c) Wirtschaftliche Unabhängigkeit

Der Sachverständige muss auch **wirtschaftlich unabhängig** sein. Er darf sich nicht in eine derart missliche **finanzielle Abhängigkeit**[276] manövrieren, die die unabhängige Berufsausübung beeinträchtigen könnte. Eine solche Abhängigkeit kann aber auch dann entstehen, wenn seine Einnahmen lediglich von einem oder nur von wenigen Auftraggebern stammen. Durch den finanziellen Druck, seine Haupteinnahmequelle zu verlieren, könnte der Sachverständige ergebnisorientierten Weisungen folgen. Daher muss er darauf achten, dass er nicht nur oder zu einem hohen Prozentsatz vom selben Auftraggeber beauftragt wird[277] oder von Auftraggebern aus dem gleichen Geschäftszweig[278]. Der Sachverständige muss somit auf eine **gewisse Fluktuation bei seinen Auftraggebern** achten.

dd) § 8a Abs. 2 Nr. 1 JVEG – Fehlende Information zum Namen und Umfang der Tätigkeit von Hilfskräften § 407a Abs. 2 Satz 2 ZPO

Nach § 8a Abs. 2 Nr. 1 JVEG entfällt die Vergütung, wenn der Sachverständige gegen die Hinweispflicht nach § 407a Abs. 2 Satz 2 ZPO verstößt.

Nach **§ 407a Abs. 2 Satz 2 ZPO** muss der Sachverständige im Falle der Hinzuziehung eines Dritten (Hilfspersonen oder Subsachverständige) den **Namen des Dritten und den Umfang seiner Tätigkeit** sowohl im Moment der Hinzuziehung als auch im Gutachten offenbaren, sofern es sich nicht um untergeordnete Hilfsdienste handelt.[279] Begründet wird dies damit, dass der Sachverständige durch ein Verschweigen den Anschein erweckt, dass er das Gutachten allein erstattet hat, sodass diese Pflicht eng mit der Pflicht zur höchstpersönlichen Erstattung des Gutachtens einhergeht.

Darüber muss dem Sachverständigen der Vorwurf der **einfachen Fahrlässigkeit** gemacht werden müssen, wobei es auch hier zur **Beweislastumkehr** kommt, indem das Vertretenmüssen vermutet wird.

---

276 Hierunter fällt auch das Anhäufen unkontrollierter Schulden. Aufgrund dessen schließen die Bestellungskörperschaften sogar aus einer Insolvenzanmeldung, dass dem Sachverständigen die persönliche Eignung zur Sachverständigentätigkeit fehlt und widerrufen die öffentliche Bestellung. Daher dürfen auch keine eidesstattlichen Versicherungen nach § 807 ZPO für sich oder einen Dritten abgegeben oder im Schuldnerverzeichnis nach § 915 ZPO eingetragen sein, Vgl. Ziff. 2.2.6 der RL zur MSVO des Zentralverbandes des deutschen Handwerks

277 OLG Karlsruhe Beschluss v. 22.05.1986 – 7 W 8/86; *Bleutge* in Landmann / Rohmer GewO 70. Erg. Juni 2015 § 36 Rdn. 101; LG Köln Beschluss v. 15.01.2004 – 23 T 1/04

278 OLG München Beschluss v. 24.03.2005 – 29 W 2908/04

279 Thomas / Putzo / *Reichold* ZPO § 407a Rdn. 3

ee) § 8a Abs. 2 Nr. 1 JVEG – Fehlende Rückfragen bei Zweifel am Inhalt und Umfang des gerichtlichen Auftrages § 407a Abs. 3 Satz 1 ZPO

Nach § 8a Abs. 2 Nr. 1 JVEG entfällt die Vergütung, wenn der Sachverständige gegen die Hinweispflicht nach § 407a Abs. 3 Satz 1 ZPO verstößt.

Nach **§ 407a Abs. 3 Satz 1 ZPO** hat der Sachverständige das Gericht **unverzüglich** zu kontaktieren, wenn **Zweifel am Inhalt oder am Umfang des gerichtlichen Gutachtenauftrages** und somit auch an den gestellten Beweisfragen **aufkommen** oder **bestehen**. Eine Klärung durch Anweisungen oder Erläuterungen nach § 404a Abs. 2 ZPO oder nach § 404a Abs. 3 ZPO des strittigen Sachverhalts ist zu erwirken. Denn er hat das Gericht bei dessen Urteilsfindung zu unterstützen, indem er in Bezug auf streitentscheidende technische Fragen entweder fundiertes Erfahrungswissen vermittelt oder technische Fragen beantwortet.[280]

Auch bei diesem Verlusttatbestand muss dem Sachverständigen zumindest der Vorwurf der **einfachen Fahrlässigkeit** gemacht werden können, wobei erneut eine entsprechende **Beweislastumkehr** vorgesehen ist.

ff) § 8a Abs. 2 Nr. 2 JVEG – Erbringung eines „mangelhaften" Gutachtens

aaa) Einleitung

Ist das Gutachten mit Mängeln behaftet und daher nicht oder nur in Teilen als Beweismittel verwertbar, verliert der Sachverständige nach § 8a Abs. 2 Nr. 2 JVEG insoweit seinen Vergütungsanspruch:

> *(2) Der Berechtigte erhält eine Vergütung nur insoweit, als seine Leistung bestimmungsgemäß verwertbar ist, wenn er [...] 2. eine mangelhafte Leistung erbracht hat; [...].*
>
> *Soweit das Gericht die Leistung berücksichtigt, gilt sie als verwertbar.*
>
> *(Unterstreichung durch den Verfasser)*

Wann Mängel an einem Gutachten vorliegen, wird vom Gesetzgeber jedoch nicht bestimmt. Vielmehr setzt § 8a Abs. 2 Nr. 2 JVEG voraus, dass dies allgemein bekannt ist.

Nach § 8a Abs. 2 Nr. 2 JVEG entfällt der Vergütungsanspruch des Sachverständigen bei der Erbringung einer mangelhaften Leistung auch **ohne Nachweis eines Verschuldens**[281], soweit das Gutachten nicht verwertbar ist. Dies überrascht, da die anderen Tatbestände zumindest den Vorwurf der einfachen Fahrlässigkeit verlangen und

280 Vgl.: BGH Urteil v. 12.04.1951 – 3 StR 28/51; OLG Hamm Urteil v. 03.05.1954 – (3) 2 a Ss 55/54, 1821; M-G StPO vor § 72 Rdn. 6, 7; MüKo / *Wagner* BGB § 839a Rdn 6 m.w.N.

281 So auch *Bleutge* DS 2013, 256, 262

die Rechtsprechung vor der Novelle 2013 des JVEG „grob[282] bzw. einfach fahrlässig[283] vorwerfbare Mängel“ des Sachverständigen verlangte. Hinzu kommt, dass die Rechtsprechung bei Prüfung des Verschuldens des Sachverständigen zu seinen Gunsten berücksichtigte, ob eine Nachbesserung noch möglich ist oder eine mündliche Erörterung Klarheit schaffen könnte und verneinten sogar ein Verschulden, solange von diesen beiden Möglichkeiten kein Gebrauch gemacht wurde.[284]

Trotz des klaren Wortlautes führt jedoch auch jetzt ein „mangelhaftes“ Gutachten nicht ohne weiteres zu einem Verlust des Vergütungsanspruches. Denn ein Gutachten soll nur dann unverwertbar sein, wenn es trotz Bemühungen des Sachverständigen um Nachbesserung im Rahmen eines Ergänzungsgutachtens oder einer Erläuterung, weiterhin selbst von einem bemühten Leser, nicht verstanden wird[285] oder weiterhin nicht einmal ansatzweise den vorbezeichneten Vorgaben entspricht. Somit ist **dem Sachverständigen** weiterhin das **Recht zur „Mängelbeseitigung“ einzuräumen**. Weist hingegen das Gutachten von Anfang an mehrere schwerwiegende Mängel auf, soll dem Sachverständigen die Möglichkeit zur Nachbesserung nicht mehr eingeräumt werden.[286]

bbb) Der Mangelbegriff des JVEG

Bei der Bestimmung eines Mangels kommt dem **Zweck eines Gutachtens** eine wesentliche Bedeutung zu, denn nicht jeder Fehler begründet automatisch einen Mangel. So wird dem Sachverständigen bspw. bei einem Verkehrswertgutachten eines (bebauten) Grundstücks i.S. d. § 74a Abs. 5 Satz 1 ZVG nach der Rechtsprechung ein Toleranzbereich für Fehleinschätzungen eingeräumt,[287] ohne dass es fehlerhaft ist. Unabhängig solcher Besonderheiten wird einheitlich verlangt, dass ein Gutachten in der Lage ist, die erforderliche Sachkunde für die Entscheidung des Rechtsstreits verständlich und überzeugend zu vermitteln[288] und darf somit weder an fachlichen noch Darstellungsmängeln leiden.[289] Darüber hinaus muss es immer den tatsächlichen Gegebenheiten entsprechen.[290] Dieser Zweck wird verfehlt, wenn nach Studium

282 OLG Brandenburg Beschluss v. 19.02.2008 – 6 W 154/07; OLG Düsseldorf Beschluss v. 31.05.2001 – 10 WF 10/01; OLG Brandenburg Urteil v. 31.08.2005 – 3 U 8/05; *Bleutge* DS 2013, 256, 261

283 LG Karlsruhe Beschluss v. 29.07.2008 – 3 OH 15/05

284 OLG Koblenz Beschluss v. 03.11.2003 – 21 W 56/03

285 LSG Schleswig-Holstein Beschluss v. 22.04.2008 – L 1 B 89/08

286 LG Marburg Beschluss v. 01.12.2005 – 7 StVK 245/05, Beispiele werden jedoch nicht genannt

287 von ungefähr 15 % (BGH Urteil v. 26.04.1991 – V ZR 61/90) bis 20 bis 25 % (OLG München VersR 1959, 1017; OLG Braunschweig VersR 1976, 329)

288 M-G StPO § 83 Rdn. 2

289 Hartmann KostG 43. Aufl. § 8a Rdn. 53, 54; OLG Hamm Beschluss v. 14.10.2014 – 10 U 104/11

290 OLG Celle Beschluss v. 07.07.2015 – 4 U 71/15

des Gutachtens an einer hinreichenden Sachkunde des Sachverständigen[291] und an der Richtigkeit der zugrunde liegenden Tatsachenfeststellungen gezweifelt werden kann, da das Gutachten unklar oder widersprüchlich formuliert und aufgebaut ist[292] und so nicht als überzeugendes Beweismittel herangezogen werden kann. Um dies zu vermeiden, hat der Sachverständige das Gutachten, entsprechend seiner Kardinalspflicht, Aufträge **gewissenhaft (Sorgfaltsmaßstab)** zu erfüllen, zu erstatten.

§ 8 Abs. 3 MSVO IHK versteht darunter folgendes:

> *Der Sachverständige hat seine Aufträge unter Berücksichtigung des **aktuellen Standes von Wissenschaft, Technik und Erfahrungen** mit der **Sorgfalt eines ordentlichen Sachverständigen** zu erledigen. Die tatsächlichen **Grundlagen seiner fachlichen Beurteilungen sind sorgfältig zu ermitteln** und die Ergebnisse **nachvollziehbar zu begründen.** Er hat in der Regel die von der Industrie- und Handelskammer herausgegebenen **Mindestanforderungen** an Gutachten oder sonstigen von der Industrie- und Handelskammer herausgegebenen Richtlinien zu beachten (**Gewissenhaftigkeit**)*
>
> *(Bearbeitungen durch Verfasser)*

(a) Beurteilungs- und Sorgfaltsmaßstab des Sachverständigen

Ein mangelfreies Gutachten verlangt als primäres Beschaffenheitsmerkmal die Einhaltung des **aktuellen Standes der Wissenschaft, Technik und Erfahrung** unter Beachtung der **Sorgfalt eines ordentlichen Sachverständigen**. Er hat danach seinen Auftrag zielgerichtet und sachbezogen nach bestem Wissen und Gewissen zu erbringen.[293] Während die geforderte Erfahrung maßgeblich von einer einschlägigen Berufspraxis beeinflusst wird, bedarf der Begriff des **„aktuellen Standes der Wissenschaft und Technik“** einer Spezifizierung.

Wie in vielen anderen Regelungswerken macht die MSVO IHK von einem unbestimmten Rechtsbegriff mit Beurteilungsspielraum[294], anstelle einer konkreten Beschaffenheitsangabe Gebrauch. Solche **unbestimmte Rechtsbegriffe** dienen zwar der flexiblen Anwendung der zugrundeliegenden Norm, sind aber auch mit erheblichen Auslegungsunsicherheiten für den Rechtsanwender verbunden.[295] Während der Begriff **„Stand der Wissenschaft und Technik“** bspw. in § 7 Abs. 2 Nr. 3 AtomG (Atomgesetz) geführt wird, ist der Begriff **„Stand der Technik“** u.a. aus § 3 Abs. 6 BImSchG (Bundes-Immissions-Schutzgesetz) geläufig. Daneben sind beide Begriffe

---

291 Es genügt aber nicht, wenn das Gericht von dem Gutachten nicht voll überzeugt ist, denn dies ist im Prozess der freien Beweiswürdigung bei dem Beweismittel möglich

292 BeckOK / *Ritzert* StPO § 83 Rdn. 2, 3

293 *Müller* DB 1972, 1809, 1811

294 Allgemein zu Beschaffenheitsangaben in unbestimmten Rechtsbegriffen, *Nicklisch* NJW 1982, 2633

295 *Nicklass* BB 1983, 261

zugleich in der DIN 820[296] enthalten. Beide umschreiben Standards, die in einem Stufenverhältnis, sowohl zueinander[297] als auch zum Begriff der **„anerkannten Regeln der Technik“** stehen, der wiederum u.a. aus § 13 Abs. 1 VOB / B (Vergabe-und Vertragsordnung für Bauleistungen Teil B) bekannt ist. Im Einzelnen:

Auf **erster Stufe** stehen die **„anerkannten Regeln der Technik“**. Hierunter sind allgemeine Anleitungen zur Herstellung oder Verwendung von Werken zu verstehen,[298] die sich u.a. in DIN-Normen wiederfinden,[299] welche üblicherweise den jeweiligen Stand der anerkannten Regeln der Technik im Moment ihrer Herausgabe angeben.[300] Daneben können entsprechende Anleitungen auch von anderen privatrechtlichen oder öffentlich-rechtlichen Organisationen herausgegeben werden,[301] wie bspw. die IHK. Diese hat Richtlinien zu den Sachverständigenordnungen erlassen, welche Mindestanforderungen an ein mangelfreies Gutachten stellen. Die Rechtsprechung neigt daher dazu, dass ein Gutachten, das sich nicht an diese Richtlinien hält, unbrauchbar ist und nicht vergütet werden muss.[302] Anerkannte Regeln der Technik müssen nicht nur **theoretisch richtig** sein, sondern auch von der Mehrheit der Fachleute des jeweiligen Sachgebietes für richtig befunden und akzeptiert werden.[303] Sie müssen daher allgemein gebräuchlich und sich in der Praxis als richtig bewährt haben.

Auf **zweiter Stufe** steht der **„Stand der Technik“**. Im Unterschied zu den „anerkannten Regeln der Technik“ bedarf es hier keiner Akzeptanz oder Erprobung der Regeln durch die Mehrheit der Fachleute des einschlägigen Sachgebiets.[304] Vielmehr werden auch diejenigen technischen Regeln hierunter gefasst, die von der Mehrheit der Fachleute zwar für richtig befunden, jedoch aufgrund ihrer Aktualität sich noch nicht in der täglichen Praxis über einen längeren Zeitraum bewähren konnten.[305]

---

296 Hierbei handelt es sich um das „Grundgesetz“ der DIN-Normen

297 BVerfG Beschluss v. 08.08.1978 – 2 BvL 8/77; BVerfG Beschluss v. 20.12.1979 – 1 BvR 385/77; Siegburg BauR 1985, 367, 372; *Backherms* JuS 1980, 9, 10

298 Auch ein Gutachten ist ein „Werk“

299 Dies sind überbetriebliche technische Normen des Deutschen Instituts für Normung e.V.; allgemein: *Marburger* VersR 1983, 597, 598

300 Dies hat zur Folge, dass die DIN nicht immer die allgemein angerkannten Regeln der Technik darstellt. Auch wenn DIN-Normen alle 5 Jahre aktualisiert werden, können sie überholt sein. Daher besteht nur die *widerlegbare Vermutung*, dass DIN-Normen den allgemein anerkannten Regeln der Technik entsprechen; BGH Urteil v. 30.06.1983 – I ZR 129/81

301 Im Bauwesen bspw. Vorgaben von Vereinen wie dem Verband Deutscher Elektroniker e.V. oder die öffentlich-rechtliche TA-Luft und TA-Lärm oder Vorgaben von Berufsgenossenschaften, allgemein hierzu *Siegburg* BauR 1985, 368 ff.

302 LG München Urteil v. 24.10.1979 – 14 S 8152/77

303 *Siegburg* BauR 1985, 368, 372, 373 m.w.N.

304 *Siegburg* BauR 1985, 368, 375

305 BVerfG Beschluss vom 08.08.1978 – 2 BvL 8/77; *Siegburg* BauR 1985, 368, 374

Es werden somit auch allgemein noch unbeachtete Erkenntnisse und Verfahren mit eingebunden.[306]

Der **„Stand der Wissenschaft und Technik"** hingegen ist sogar noch weiter gefasst und stellt die **dritte Stufe** dar. Hierbei handelt es sich um diejenigen technischen Regeln, die nach den neuesten wissenschaftlichen Erkenntnissen für erforderlich gehalten werden, wobei neueste Forschungsergebnisse ebenfalls Berücksichtigung finden müssen, selbst wenn diese noch rein theoretischer Natur sind,[307] wie aufkommende (Minder-)Meinungen und Untersuchungsmethoden, die trotz beachtlicher Gegenargumente noch berücksichtigungsfähig sind. Diesen letzten Standard muss der Sachverständige im Moment der Erbringung der Sachverständigenleistung erfüllen. Da die Anforderungen aufgrund der Aktualität sich täglich ändern können, sollte der Sachverständige stets das Datum der Ortsbesichtigung und der Erstattung des Gutachtens kenntlich machen, damit nachvollzogen werden kann, zu welcher Zeit welcher Stand der Wissenschaft und Technik verlangt bzw. konkret geschuldet war.

(b) Fortbildungspflicht des Sachverständigen

Um den jeweiligen „Stand der Wissenschaft und Technik" zu kennen, kommt der allgemeinen **Fortbildungspflicht** des Sachverständigen eine wesentliche Bedeutung zu. So ist es auch konsequent, dass § 16 MSVO IHK eine **Pflicht zur Fortbildung** und zum Erfahrungsaustausch unter Sachverständigen vorsieht und entsprechende Nachweise verlangt. Eine Ähnlichkeit zum System des Fachanwalts ist unverkennbar. Welche Bedeutung gerade der Pflicht zur Fortbildung zukommt, wird darin deutlich, dass im Falle eines Wegfalls der gebotenen Sachkunde, die Bestellungskörperschaft ohne weiteres die Bestellung widerrufen kann.[308] Mit scharfen Sanktionen wird hier ein hoher und aktueller Wissenstand versucht zu erhalten. Insgesamt kann der Sachverständige durch Fortbildungen garantieren, dass sein Gutachten nach gewissenhafter Prüfung und Ausschöpfung aller Erkenntnisse, des Standes der Wissenschaft und Technik, als ordnungsgemäß angesehen werden kann[309] und verliert somit nicht den Anschluss, sodass er maßgebliche Bestimmungen und einschlägige Meinungen

---

306 Seibel BauR 2004, 266 ff.

307 BVerfG Beschluss vom 08.08.1978 – 2 BvL 8/77; *Siegburg* BauR 1985, 368, 375, 376 m.w.N.

308 VG Gelsenkirchen Beschluss v. 07.08.2009 – 7 L 571/09, Hierbei ist der Beschluss des VG Gelsenkirchen exemplarisch. In diesem Fall erstattete der Sachverständige zwei mangelhafte Gutachten. In Folge dessen ließ die Bestellungskörperschaft die Gutachten nochmals von internen Gremien überprüfen. Da auch diese dem Sachverständigen eine hinreichende Sachkunde absprachen, folgte der Widerruf

309 *Bleutge* in Landmann / Rohmer GewO 70. Erg. Juni 2015 MSVO § 15.1

bzw. Methoden kennt.[310] Anderseits kann er sich auch nicht auf eine fehlende Fachkenntnis entlastend berufen.[311]

(c) Inhalt des Gutachtens entsprechend der objektiven Sachlage (tatsächlichen Gegebenheiten)

Das Gutachten muss als zweites Beschaffenheitsmerkmal der **objektiv tatsächlichen Sachlage** entsprechen, welche sich maßgeblich an dem **gerichtlichen Auftrag**, den **gestellten Beweisfragen** und dem **unstrittigen Sachverhalt**, der dem Sachverständigen nach § 404a Abs. 3 ZPO gerichtlich vorzugeben ist, orientiert.[312] Problematisch wird es, wenn die Parteien kumulativ oder einseitig einen falschen unstrittigen Tatbestand vortragen. Die Ausführungen des Sachverständigen können nunmehr nicht den objektiven Gegebenheiten entsprechen. Allerdings kann dies nicht dem Sachverständigen vorgeworfen werden, außer er hat Zweifel an den zugrundeliegenden Tatsachen, auf die er dann nach § 407a Abs. 3 ZPO hinweisen muss. Unterlässt er dies, wird er über den Verlust des Vergütungsanspruchs nach § 8a Abs. 2 Nr. 1 JVEG gemaßregelt.

(d) Sorgfältige Ermittlung der tatsächlichen Grundlagen des Gutachtens – Befundsachverhalt

Das Gutachten muss auf einem richtigen und vollständig ermittelten **Befundsachverhalt**[313] beruhen, der sich aus der **Gesamtheit der Befundtatsachen** zusammensetzt.[314] Bei Letzterem handelt es sich um die tatsächlichen Erkenntnisse, die der Sachverständige aus eigenen Wahrnehmungen[315] des Beweisgegenstandes beim Ortstermin erlangt und unter Beachtung des vorbezeichneten Beurteilungsmaßstabs[316] ermittelt hat. Welche Begutachtungen er im Detail anzustellen hat, ergibt sich einerseits aus dem Auftrag und andererseits aus den normativen Vorgaben für Begutachtungen auf dem jeweiligen Sachgebiet,[317] wobei ihm eine Methodenfreiheit und eine Wahlmöglichkeit zwischen verschiedenen anerkannten Untersuchungsmethoden zukommt.[318] Der Sachverständige kann grundsätzlich alle begründbare

---

310 BGH Urteil v. 19.05.1987 – VI ZR 147/86; PraxisHdb. Sachverständigenrecht / *Heck* § 2 Rdn. 24

311 Vgl.: Palandt / *Grüneberg* BGB 75. Aufl. § 276 Rdn. 15; Allein fehlendes Fachwissen des Sachverständigen und bloßes ungeschicktes Verhalten begründen jedoch nicht den Anschein einer Befangenheit, so auch: OLG Köln Beschluss v. 11.01.2008 – 4 WF 228/07, OLG Celle Beschluss v. 25.02.2004 – 16 W 16/04

312 *Zimmermann* DS 2007, 367, 369

313 *Zimmermann* DS 2006, 304, 311

314 Vgl. BGH Urteil v. 26.10.1962 – 4 StR 318/62

315 BGH Urteil v. 26.10.1962 – 4 StR 318/62

316 *Leitner* FUR 2000, 57, 59

317 *Zimmermann* DS 2006, 304, 311

318 Vgl.: *Zimmermann* DS 2006, 304, 310, 311

Meinungen vertreten, selbst wenn es sich um eine Einzelmeinung handelt[319] und er sich gegen die herrschende Meinung oder eine Mehrheitsmeinung auflehnt.[320] Auch diese Meinungen beanspruchen, mit Ausnahme zwingender denkgesetzlicher oder naturgesetzlicher Tatsachen, keine absolute Richtigkeit.[321] Eine solche Bindung würde auch dem Charakter eines Gutachtens als persönliche Stellungnahme widersprechen, da sie faktisch einer zielorientierten Weisung gleichstehen würde, die gegen die Kardinalspflicht der Unabhängigkeit verstieße. Würde man dies verbieten, wäre eine Fortentwicklung der herrschenden Methoden und Ansichten ausgeschlossen. Die Methodenfreiheit darf allerdings nicht so weit gehen, dass eine unvollständige Befundfeststellung das Ergebnis ist[322] oder die Ermittlung der Befundtatsachen einem Experiment gleicht.[323] Ist dies der Fall, beruht das Gutachten auf keiner tragfähigen Beurteilungsgrundlage, wodurch auch die anschließende technische Begutachtung fehlerhaft wird. Um dies überprüfen zu können, muss der Sachverständige auf eine Abkehr von der herrschenden Meinung **hinweisen**[324] und die eigene Meinung transparent **begründen**.[325] Dies gilt besonders dann, wenn einer Mindermeinung gefolgt wird[326] und die herrschende Meinung zu einem anderen Ergebnis käme[327].

(e) Systematischer Aufbau – Nachvollziehbare Begründung des Gutachtens

Die Darstellung der ermittelten Befundtatsachen und die hierauf basierenden Schlussfolgerungen müssen **systematischen und verkehrsüblichen Form- und Aufbauvorschriften** folgen. Die wesentlichen Anknüpfungspunkte der Begutachtung müssen erkennbar[328] und das fehlende Fachwissen **nachprüfbar**,

---

319 BayLSG Beschluss v. 05.06.2011 – L 2 SF 307/10 B

320 a.A.: *Franzki* DRiZ 1991, 314, 317

321 Zu dem Begriff der herrschenden Meinung und deren Anspruch auf Richtigkeit z.B.: BGH Urteil v. 28.05.1974 – 4 StR 37/74

322 Vgl.: BayObLG Urteil v. 15.01.1988 – 14 U 572/87

323 *Vgl.:* OLG Celle Urteil v. 04.10.2012 – 13 U 234/11; *Zimmermann* DS 2006, 304, 312

324 OLG Koblenz Beschluss v. 03.10.1974 – 10 W (WG) 11/74

325 Der Sachverständige kann seine persönliche Meinung, die von der herrschenden Meinung abweicht, auch in Fachzeitschriften publizieren. Die Neutralität des Sachverständigen leidet darunter nicht, sofern die Darstellung sachlich erfolgt (Vgl. BayVGH Beschluss v. 22.06.2010 – 3 C 10.1227), denn hierin zeigt sich die Bereitschaft des Sachverständigen, sich einer kritischen Diskussion auszusetzen (OLG München Urteil v. 11.08.2011 – 31 Wx 294/11). Allerdings ist im konkreten Fall an der Neutralität des Bausachverständigen zu zweifeln, wenn er im Rahmen eines Artikels in einer Fachzeitschrift bereits im Vorfeld über Bauprodukte einer Partei sich eine gefestigte Meinung gebildet hat (So z.B.: OLG Frankfurt a.M. Beschluss v. 16.09.1980 – 17 W 22/80).

326 *Kilian* VersR 2003, 683

327 *Krauß* StV 1985, 512, 516

328 OLG Düsseldorf Beschluss v. 21.08.1995 – 10 W 66/95

überzeugend,[329] **klar formuliert und begründet, auf das Wesentliche konzentriert vermittelt werden,**[330] sodass zumindest eine Schlüssigkeitsprüfung möglich ist.[331] Der Ablauf der Ermittlung der einzelnen Befundtatsachen muss dokumentiert und belegt[332] und die entscheidenden Kriterien der hierauf beruhenden Schlussfolgerungen begründend dargelegt werden[333]. Fachbegriffe sollen entsprechend des Adressatenkreises verwendet werden, ohne dass dieser bei der Lektüre des Gutachtens ein Wörterbuch zur Hand nehmen muss,[334] wobei sich auch der Adressat bemühen sollte, die Denk- und Ausdruckweise des Sachverständigen zu erlernen.[335]

Das Gutachten soll mit einem **Ergebnis** enden, das keine neuen Aspekte beinhaltet, sondern lediglich den Inhalt der vorhergehenden Ausführungen kurz wiedergibt.[336] Hierbei ist nicht von Bedeutung zu welchem Ergebnis das Gutachten kommt, auch wenn es einem anderen widerspricht,[337] denn nicht das Ergebnis der sachverständigen Feststellungen ist entscheidend, sondern vielmehr das Aufzeigen der zugrundeliegenden Kriterien und eine eingehende Begründung.[338] Ein Gutachten ist daher unbrauchbar und **„wertlos“**[339], wenn es lediglich das Ergebnis mitteilt ohne den Weg dahin darzulegen, egal ob sich dieser später als richtig herausstellt.[340]

ccc) Verwendung eines „mangelhaften“ Gutachtens im gerichtlichen Verfahren

Welche Folge es hat, wenn ein solches Gutachten von einem **Gericht** trotzdem zum Beweismittel gemacht wird, zeigt sich in einem Beschluss des BVerfG

329 OLG Celle Urteil v. 04.10.2012 – 13 U 234/11; BayObLG Beschluss v. 14.01.1986 – BReg. 1 Z 92/85

330 OLG Düsseldorf Beschluss v. 12.06.1995 – 3 Ws 293/95; BGH Urteil v. 18.05.1951 – 1 StR 149/51; OLG Hamm Urteil v. 03.05.1954 – (3) 2 a Ss 55/54; M-G StPO vor § 72 Rdn. 6, 7; MüKo / *Wagner* BGB § 839a Rdn 6 m.w.N.; PraxisHdb. Sachverständigenrecht / *Bayerlein* § 12 Rdn. 13; So auch § 11 MSVO IHK

331 Ähnlich: *Ulrich* IBR 2011, 1291, 5

332 OLG Celle Urteil v. 29.05.2000 – 4 U 45/00

333 VG München Urteil v. 28.05.1991 – M 16 K 90.790

334 Vgl.: PraxisHdb. Sachverständigenrecht / *Franzki* § 52 Rdn. 86, mit Bezug auf ein medizinisches Gutachten

335 Im Ergebnis auch: *Erdlenbruch* DRiZ 1973, 77

336 Vgl. auch Bleutge DS 2010, 92, 95

337 OLG Dresden Urteil v. 14.01.2010 – 4 W 20/10: Eine Ausnahme hiervon muss allerdings dann gemacht werden, wenn beide Gutachten auf dem gleichen Sachverhalt beruhen und von übereinstimmenden wissenschaftlichen Auffassungen ausgehen. Denn dann muss ein Gutachten zwangsweise falsch sein

338 VG München Urteil v. 28.05.1991 – M 16 K 90.790

339 VG Augsburg Urteil v. 10.02.1982 – Au 4 K 80 A 914

340 OLG Düsseldorf Beschluss v. 21.08.1995 – 10 W 66/95

(Bundesverfassungsgerichts).[341] Es entschied, dass es nach § 93a Abs. 2 lit. b BVerfGG (Bundesverfassungsgerichtsgesetz) einer dem Grundrecht aus Art. 2 Abs. 1 GG i.V. m. dem Rechtsstaatsprinzip genügenden Urteilsgrundlage fehle, wenn das Gericht einem nicht fundierten Gutachten folgt. Das Gericht könne sich nicht darauf verlassen, dass die getroffenen sachverständigen Feststellungen richtig seien. Denn andernfalls würde nicht das Gericht, sondern der Sachverständige die tatsächlichen Urteilsgrundlagen feststellen.

Das Problem des „mangelhaften" Gutachtens und des Wegfalls des Vergütungsanspruchs kann auch Auswirkungen auf einen **Vergleichsschluss** haben. Bei einem Vergleich wird in der Regel das Gutachten als Beweismittel nicht verwertet, sodass der Frage der Mangelhaftigkeit keine Bedeutung zukommt. Problematisch ist jedoch, wenn im Rahmen des Festsetzungsverfahrens der Einwand der Mangelhaftigkeit des Gutachtens erhoben wird.[342] Es muss zunächst geschaut werden, ob das Prozessgericht bereits das Gutachten bindend für verwertbar erachtet hat. Ist dies der Fall, muss für den Kostenansatz nach dem LG Halle[343] eine **Befragung des Tatrichters** erfolgen, bei der die Verwertbarkeit des Gutachtens geklärt wird. Dieses Ergebnis verwundert, da es nunmehr, trotz eines Vergleichs, einer vollständigen gerichtlichen Beweiswürdigung bedarf, die auf Aufforderung sogar schriftlich erfolgen muss. Prozessökonomisch ist dieses Vorgehen nicht. Daher wird auch, nicht ganz unbegründet vertreten, dass die Parteien sich im Falle eines Vergleiches nicht auf eine fehlende Verwertbarkeit des Gutachtens berufen können, sofern sie die fehlende Verwertung des Gutachtens durch ihren Vergleich selbst herbeigeführt haben.[344] Diese Ansicht steht auch im Einklang mit Teilen der OLG-Rechtsprechung, nach der die Vergütung dem Sachverständigen bei Verwertung seines Gutachtens zusteht, bspw. wenn das Gutachten zumindest auch Einfluss auf einen Vergleich hatte.[345] Hiervon ist in der Regel auszugehen.

gg) § 8a Abs. 2 Nr. 4 JVEG – Keine vollständige und zügige Erbringung der Sachverständigenleistung

aaa) Einleitung

(2) Der Berechtigte erhält eine Vergütung nur insoweit, als seine Leistung bestimmungsgemäß verwertbar ist, wenn er [...] 4. trotz Festsetzung eines weiteren Ordnungsgeldes seine Leistung nicht vollständig erbracht hat. Soweit das Gericht die Leistung berücksichtigt, gilt sie als verwertbar.

(Hervorhebungen durch den Verfasser)

---

341 BVerfG Beschluss v. 11.10.1994 – 1 BvR 1398/93; BVerfG Beschluss v. 07.04.1997 – 1 BvR 587/95

342 So in einem Fall des LG Halle Beschluss v. 04.05.2014 – 4 T 26/14

343 LG Halle Beschluss v. 04.05.2014 – 4 T 26/14

344 *Ulrich* IBR 2014, 1260, begründet wird dies mit einem Umkehrschluss aus § 8a Abs. 2 Satz 2 JVEG

345 Vgl.: OLG Koblenz Beschluss v. 08.12.2009 – 14 W 769/09

Der Sachverständige ist in Folge des Beweisbeschlusses zur **vollständigen Erstattung** des Gutachtens **in angemessener Zeit** verpflichtet[346], wobei ihm immer die Möglichkeit der mündlichen Erläuterung bzw. der Erstattung eines Ergänzungsgutachtens eingeräumt werden muss[347]. Kommt er dem nicht nach und das Gutachten ist deshalb nicht verwertbar, droht dem Sachverständigen der Verlust seines Vergütungsanspruches nach § 8a Abs. 2 Nr. 4 JVEG. Da nach dem Gesetzeswortlaut dies jedoch nur dann eintritt, wenn im Vorfeld ein Ordnungsgeld nach § 409 ZPO festgesetzt wurde, hat er die Unvollständigkeit des Gutachtens **zu vertreten**. Ein Ordnungsgeld wird dann verhängt, wenn der Sachverständige eine Frist nicht eingehalten hat und sich nach §§ 402, 381 ZPO **nicht genügend entschuldigen kann** und nach § 409 Abs. 1 Satz 2 ZPO die Verhängung im Vorhinein **angedroht** wurde. Nach § 409 Abs. 1 Satz 3 ZPO ist dem Sachverständigen eine Nachfrist zu setzen, wobei deren Säumnis erneut mit der Festsetzung eines Ordnungsgeldes geahndet werden kann. Daher sieht § 8a Abs. 2 Nr. 4 JVEG auch der Verhängung zweier Ordnungsgelder vor, um den Vergütungsanspruch kürzen zu können.[348]

Widerholende Fristsäumnisse können bis zur Entpflichtung des Sachverständigen führen, da ein solches Verhalten als Weigerung aufgefasst werden kann.[349] Dem öffentlich bestellten Sachverständigen drohen weitergehende Sanktionen. Denn das VG Lüneburg hat entschieden, dass Bedenken gegen die Eignung als öffentlicher Sachverständiger in der Regel bereits dann bestehen, wenn der Sachverständige wiederholt gerichtliche Gutachtenaufträge zeitlich erheblich verzögert bearbeitet hat und gegen ihn deshalb in mehreren Fällen Ordnungsgelder angedroht und verhängt worden sind.[350]

bbb) Pflicht zur vollständigen Beantwortung aller Beweisfragen und Erstattung des Gutachtens

(a) Beweisfragen im selbstständigen Beweisverfahren

Zunächst können dem gerichtlichen Sachverständigen in einem **selbstständigen Beweisverfahren** gemäß §§ 485 ff. ZPO **Beweisfragen** gestellt werden. Da diese **ausschließlich von den Parteien gestellt werden**, sind sie vereinzelt ungenau formuliert, was zumeist auf die fehlende Sachkunde des Fragestellers zurückzuführen ist. Aus den Fragen muss jedoch nur ersichtlich sein, inwieweit eine weitere Aufklärung durch den Sachverständigen für erforderlich erachtet wird.[351] Alles Weitere muss der gerichtliche Sachverständige unter Zuhilfenahme des § 407a Abs. 3 ZPO klären, wonach das Gericht auf Unklarheiten des Auftragsumfangs hinzuweisen

346 Vgl. VG Lüneburg Urteil v. 31.08.2011 – 5 A 51/10
347 BGH Beschluss v. 02.12.2008 – X ZR 159/05
348 Vgl. Wortlaut des § 8a Abs. 2 Nr. 4 JVEG
349 Thomas / Putzo / *Reichold* ZPO § 411 Rdn. 4
350 VG Lüneburg Urteil v. 31.08.2011 – 5 A 51/10
351 BGH Beschluss v. 08.11.2005 – VI ZR 121/05; BGH Beschluss v. 22.05.2007 – VI ZR 233/06; BVerfG Beschluss v. 29.05.2013 – 1 BvR 1522/12; *Volze* DS 2014, 83, 86

ist. **Eigenmächtiges Nichtbeantworten unklarer Fragen** würde nicht nur die Befangenheit des Sachverständigen begründen, sondern auch dazu führen, dass der Gerichtsauftrag nicht vollständig erfüllt wird.[352] Weiterhin ist zu beachten, dass eine Nichtbeantwortung von Beweisfragen, egal aus welchem Grund, die Verjährung der zugrundeliegenden Ansprüche nach sich zieht.[353]

(b) Beweisfragen im Hauptverfahren

Erst im **Hauptsacheverfahren** kommt dem Sachverständigen dann die Aufgabe zu, die streitentscheidenden technischen **Beweisfragen des Gerichts** zu beantworten. Unklare Fragen stellen hier die Ausnahme dar, da nach § 404a Abs. 2 ZPO der Sachverständige bei der Formulierung der Beweisfragen beratend hinzugezogen werden kann, sofern die Besonderheit des Falls dies erfordert. Daneben kann der Sachverständige von § 407a Abs. 3 ZPO Gebrauch machen. Hier muss er auch bei gestellten **rechtlichen Beweisfragen** darauf hinweisen, dass er diese nicht beantworten wird.[354]

Die **gerichtlichen Beweisfragen** können auch **durch die Parteien indirekt erweitert werden**, z.B. wenn die Beweisfrage ausschließlich „Planungsfehler des Architekten" zum Gegenstand hat, der Vortrag einer Partei sich dann aber auch auf „Ausführungsfehler des ausführenden Unternehmens" stützt. Nunmehr kann sich der Sachverständige zu diesen äußern, ohne dass es einer Beweisfrage bedarf.[355] Wichtig ist allein, dass die Erweiterung des Prozessstoffes durch die Parteien erfolgte.[356]

Daneben muss der Sachverständige auch **Ergänzungsfragen** beantworten. Das Fragerecht der Parteien nach §§ 402, 397 ZPO findet seine Legitimation in dem Prinzip des rechtlichen Gehörs nach Art. 103 Abs. 1 GG. Die Ergänzungsfragen sind nicht zwingend mündlich zu beantworten, sondern der Sachverständige kann darauf verweisen, dass er diese in seinem Gutachten beantwortet,[357] sodass erst die spätere Anhörung des Sachverständigen[358] mündlich erfolgt. Hierdurch soll u.a. verhindert werden, dass der Sachverständige unter Druck seine getroffenen Feststellungen im

352 *Liebheit* IBR 2014, 1251, 45

353 OLG Hamm Urteil v. 16.12.2008 – 21 U 117/08

354 OLG Rostock Beschluss v. 05.10.2010 – 3 W 153/10

355 Vgl.: OLG Dresden Beschluss v. 18.12.2009 – 4 W 1282/09: Hier äußerte sich ein gerichtlicher Sachverständiger in einem Arzthaftungsprozess zu einer Aufklärungspflichtverletzung, die nur Gegenstand der Klage, nicht aber des Beweisbeschlusses war

356 Vgl.: OLG Oldenburg Urteil v. 13.11.2007 – 5 W 133/07: ein gerichtlicher Sachverständiger machte eine Aufklärungspflichtverletzung zum Gegenstand seines Gutachtens, obwohl eine solche Pflichtverletzung bis dahin nicht Gegenstand des Verfahrens war

357 Vgl. BVerfG Beschluss v. 29.05.2013 – 1 BvR 1522/12

358 Auch die mündliche Anhörung ist unter Berücksichtigung der Kardinalspflichten zu erstatten, wobei kleinere Mängel und einmalige verbale Entgleisungen hierbei unschädlich sind (OLG Schleswig Beschluss v. 06.09.2007 – 16 W 80/07)

Hauptgutachten relativiert. Der Sachverständige sieht sich, gerade in Bauprozessen, immer wieder **hypothetischen Ergänzungsfragen** der Parteien ausgesetzt, so auch in einem Fall vor dem OLG Brandenburg.[359] Der Sachverständige gab an, dass eine Beantwortung nicht angezeigt sei, da allein die **objektive Sachlage Gegenstand seiner Begutachtung** sei. Der anschließende Befangenheitsantrag wurde abgelehnt, da der Sachverständige unter Offenlegung seines Beurteilungsmaßstabs lediglich seine Meinung zu der hypothetischen Frage kundgetan habe.[360]

Ein **allgemeines Fragerecht** gegenüber den Parteien, kommt dem Sachverständigen allerdings nicht zu. Es soll verhindert werden, dass der Sachverständige beim Ortstermin eine Zeugenvernehmung vornimmt.[361] oder hierdurch den unstrittigen Sachverhalt erweitert.[362] Andernfalls würde er entscheidend in das Gefüge des Rechtsstreits eingreifen[363] und einen Befangenheitsvorwurf begründen[364]. Anders ist es jedoch, wenn das Gericht es dem Sachverständigen erlaubt und es für sachdienlich hält, Fragen in der mündlichen Verhandlung oder in einem Schriftsatz an die Parteien zu stellen.[365]

(c) Vollständige Erstattung des Gutachtens

Neben der vollständigen Beantwortung der Fragen muss der Sachverständige auch inhaltlich das **Gutachten vollständig erstatten**. Insbesondere dürfen keine Seiten oder Anlagen im Gutachten fehlen.[366] Ebenso muss er Ladungen des Gerichts folgen und Ortstermine wahrnehmen sowie rechtmäßige Weisungen des Gerichts Folge leisten.

ccc) Pflicht zur zügigen Erstattung des Gutachtens

(a) Einleitung

Dem Sachverständigen steht keine unbeschränkte Zeit für die vollständige Erstattung des Gutachtens zu. Das Gericht hat unter Beachtung des Beibringungsgrundsatzes schnell, zielführend und sachgerecht, also prozessökonomisch zur Urteilsfindung zu kommen. Dies gebietet der Grundsatz des effektiven Rechtsschutzes, dem nur gerecht werden kann, wenn die Verfahrensdauer nach den Umständen des Einzelfalls angemessen lang ist. Daher hat das Gericht nach § 139 Abs. 1 ZPO darauf hinzuwirken, dass sachdienliche Anträge gestellt werden.[367] Bei der schnellen

---

359 OLG Brandenburg Urteil v. 20.03.2013 – 12 W 1/13

360 Vgl.: *Volze* DS 2014, 83, 85

361 *Grossam* DS 2013, 214, 216; *Ulrich / Zielbauer* DS 2008, 12, 14

362 OLG Celle Beschluss v. 29.11.2007 – 5 W 103/07; OLG Saarbrücken Urteil v. 30.01.2008 – 5 W 318/07

363 Vgl.: *Kramarz* DS 2014, 170, 174

364 OLG Saarbrücken Beschluss v. 18.04.2007 – 5 W 90/07-29

365 BGH Urteil v. 30.01.1957 – V ZR 186/55

366 *Vgl.: Kilian* NZV 2004, 489, 492

367 So auch: *Liebheit* IBR 2014, 1251, 82

und sachgerechten Entscheidungsfindung soll auch der Sachverständige durch die Erstattung des Gutachtens in einer angemessenen Zeit beitragen. So hat er bspw. nach einer Aufforderung gemäß § 407a Abs. 4 ZPO, eine mit der Bestellung verbundene Nebenpflicht zu beachten[368], nach der die überlassene Gerichtsakte zusammen mit eigenen erstellten Unterlagen[369] **zügig** zurückgegeben werden soll.

(b) Zeitdauer der Erstattung eines Gutachtens

Welche Zeit dem Sachverständigen für die Gutachtenerstattung eingeräumt wird, kann nicht pauschal bestimmt werden, da er in seiner Arbeitsweise grundsätzlich frei ist. Nach § 411 Abs. 1 ZPO ist der gerichtliche Sachverständige allerdings verpflichtet, innerhalb einer angemessenen gerichtlich gesetzten Frist das Gutachten zu erstatten. Welcher Zeitraum hierunter zu verstehen ist, stellt wiederum eine Einzelfallentscheidung dar, wobei der voraussichtliche Zeitaufwand für die Gutachtenerstattung und das Gebot des effektiven Rechtsschutzes zu berücksichtigen ist.

Durch die Pflicht des zügigen Erstattens des Gutachtens soll gewährleistet werden, dass die Feststellungen des Sachverständigen auf den zuvor in zeitnahen Ortsterminen erlangten Befundtatsachen beruhen. Dies gebietet der **„Grundsatz der Konzentration des Sachverständigenbeweises“**[370] und der allgemeine **„Grundsatz der Beschleunigung des gerichtlichen Verfahrens“** nach Artt. 5 Abs. 3 Satz 2, 6 Abs. 1 Satz 1 MRK. Der lebendige Eindruck des Ortstermins soll nicht abgeschwächt und die Zuverlässigkeit der Erinnerung nicht beeinträchtigt werden.[371] Eine erhebliche Verspätung kann auch die Richtigkeit und Vollständigkeit des Gutachtens beeinflussen, sofern sich in der Zwischenzeit der Sachverhalt oder technische Vorgaben wesentlich verändert haben. In diesem Fall kann ein Vergleich zur Urteilsfindung dienen.[372] Nach der StPO und der Verwaltungsgerichtsordnung (VwGO) sollen Urteile zeitnah nach der Verhandlung abgefasst werden.[373] Erfolgt dies nicht und das Urteil wurde nicht binnen ***fünf Monaten*** nach Verkündung schriftlich niedergelegt, unterschrieben und ausgefertigt,[374] liegt nach § 138 Nr. 6 VwGO[375] ein absoluter Revisionsgrund vor. Auf den Sachverständigen bezogen bedeutet dies, dass innerhalb von fünf Monaten das Gutachten erstattet werden soll, damit die Eindrücke und Erinnerungen des Ortstermins noch präsent sind. Unvorhersehbare

368 Vgl. VG Lüneburg Urteil v. 31.08.2011 – 5 A 51/10

369 BT-Drs. 11/3621 Seite 40

370 In Anlehnung an: M-G StPO § 229 Rdn. 1 (Bezug auf mündliche Verhandlung)

371 BGH Urteil v. 25.07.1996 – 4 StR 172/96; OLG Karlsruhe Beschluss v. 13.07.1987 – 12 W 27/87; M-G StPO § 229 Rdn. 1 (Höchstdauer der Unterbrechung der mündlichen Verhandlung, vergleichbare Sachlage)

372 So auch *Zimmermann* DS 2006, 304, 313, 314

373 Vgl. **§ 275 StPO** und **§ 116 VwGO**

374 BVerwG Beschluss v. 23.04.1992 – Gr. Sen. 1/91

375 So auch § 338 Nr. 7 StPO

und unabwendbare Umstände[376] führen zu einer Verlängerung der Frist nach § 224 Abs. 2 ZPO. Bei einfachen Fällen sollte das Gutachten aber auch in einer deutlich kürzeren Zeit erstattet werden können.

Allerdings zeigen **aktuelle Untersuchungen des BGH und verschiedener OLG**, dass in jedem zweiten, der untersuchten lang andauernden Zivilprozesse eine Beweiserhebung mittels Sachverständiger erfolgte und der Sachverständigenbeweis durchschnittlich etwa 40 Prozent der gesamten Verfahrensdauer ausmachte.[377] Wird nun noch berücksichtigt, dass bei drei Vierteln der überprüften Verfahren es zu einer Fristüberschreitung der Sachverständigen von durchschnittlich 4, 9 Monaten kam[378], benötigten diese durchschnittlich die **doppelte Zeit**, die zur Erstattung des Gutachtens vorgesehen ist. Hinzu kommt, dass in vielen Fällen der Fristüberschreitung entweder keine Reaktion des Gerichts oder lediglich eine Sachstandsanfrage erfolgte.[379] Zwischen Theorie und Wirklichkeit bestehen somit erhebliche Unterschiede. Daher ist zwingend eine Beschleunigung des Sachverständigenbeweises angezeigt.

Hier will ebenfalls der **Entwurf der Bundesregierung vom 16.09.2015** ansetzen. Dieser sieht u.a. vor, dass dem Sachverständigen nach § 411 Abs. 1 ZPO-E **stets eine Frist** zur Erstattung des Gutachtens zu **setzen** ist. Momentan *„soll"* dies nur nach § 411 Abs. 1 ZPO erfolgen.[380] Daneben soll § 407a Abs. 1 ZPO-E eingeführt werden, wonach der Sachverständige zur Anzeige verpflichtet ist, wenn er innerhalb der vom Gericht gesetzten Frist das Gutachten nicht erstatten kann. Im Falle einer Überlastungsanzeige soll der Richter mit den Parteien entscheiden, ob eine Fristverlängerung oder eine Entpflichtung nach § 408 Abs. 1 Satz 2 ZPO in Betracht kommt. Daneben sieht der Entwurf eine Veränderung der Praxis der inkonsequenten Festsetzung von Ordnungsgeldern vor. Liegen die Voraussetzungen der Verhängung eines Ordnungsgeldes vor, ist ein solches auch festzusetzten.[381] Auch die Höhe des Ordnungsgeldes wird von derzeit maximal 1.000,00 € auf beachtliche 5.000,00 € erhöht. Hier zeigt sich, dass der Gesetzgeber es mit dem Streben nach Beschleunigung eines Verfahrens ernst meint.

---

376 Wie die Erkrankung des Sachverständigen (OLG Koblenz Beschluss v. 10.02.1976 – 2 Ss 8/76: Bezug auf Richter); Versterben des Sachverständigen (BGH Beschluss v. 24.11.2006 – 1 StR 558/06: Bezug auf Richter); wohl aber nicht der schlechte Gesundheitszustand des Sachverständigen wegen Arbeitsüberlastung (OLG Hamm Urteil v. 29.06.1977 – 4 Ss 57/77 Bezug auf Richter)

377 *Keders / Walter* NJW 2013, 1697, 1700

378 *Keders / Walter* NJW 2013, 1697, 1700

379 *Keders / Walter* NJW 2013, 1697, 1701 f.

380 Eine Pflicht zur Fristsetzung ist angezeigt, da derzeit lediglich 55 % der Amtsgerichte, 65,5 % der Zivilkammern der Landgerichte von der Möglichkeit der Fristsetzung Gebrauch machen, *Keders / Walter* NJW 2013 1697, 1701

381 vgl.: Gesetzesentwurf der Bundesregierung „Entwurf eines Gesetzes zur Änderung des Sachverständigenrechts" v. 16.09.2015

8. Zwischenergebnis

§ 8a Abs. 3–5 JVEG (Kürzungstatbestände) und **§ 8a Abs. 1–2 JVEG** (Verlusttatbestände) sorgen für eine effektive Ahndung von Kardinalspflichtverletzungen und prozessualen Hinweispflichten des § 407a ZPO JVEG, da § 8a JVEG **von Amts wegen** berücksichtigt werden muss. Neben den einschlägigen Pflichten muss der Sachverständige auch **formelle Pflichten**, wie die rechtzeitige Rechnungsstellung, beachten, um sich seiner Vergütung sicher sein.

IV. Besonderer Schadensersatzanspruch – § 839a BGB

1. Einleitung

Die Haftung des gerichtlichen Sachverständigen ist eng mit dem § 839a BGB verbunden. Die deliktische Sonderanspruchsgrundlage sieht eine Haftung des gerichtlichen Sachverständigen vor, wenn eine **gerichtliche Entscheidung** auf einem **zumindest grob fahrlässig, objektiv falschen Gutachten beruht** und **hierdurch ein Schaden entsteht**. Der Haftungstatbestand des § 839a BGB ist somit zweiaktig aufgebaut, wobei zunächst ein inhaltlich falsches Gutachten als Grundlage vorliegen muss und die Gerichtsentscheidung aufgrund dessen zu einem Schaden führt.[382]

Mit der Einführung[383] des § 839a BGB wurde erstmals die zivilrechtliche Haftung des gerichtlichen Sachverständigen gesetzlich geregelt. Die Norm trat an die Stelle einer BGH-Rechtsprechung, nach der der gerichtliche Sachverständige mangels einer vertraglichen Beziehung gegenüber den anderen Beteiligten des Verfahrens und mangels Ausübung einer hoheitlichen Gewalt, nur dann haften musste, wenn er zumindest grob fahrlässig ein unrichtiges Gutachten erstattete und das darauf beruhende Urteil zu einem Schaden führte. Damit ein Vermögensschaden ersetzt verlangt werden konnte, mussten zusätzlich die Voraussetzungen des § 826 BGB gegeben sein oder die des § 823 Abs. 2 BGB i.V. m. §§§ 154, 163 StGB, wonach der Sachverständige vereidigt sein und das Gutachten mündlich erläutert werden muss.[384] Eine Haftung für einfache Fahrlässigkeit nach § 823 Abs. 1 BGB kam nur dann in Betracht, wenn subjektive Rechte Dritter durch das Gutachten verletzt

---

382 *Wagner/Thole* FPR 2003, 521

383 Die Norm wurde im Zuge des zweiten Gesetzes zur Änderung schadensersatzrechtlicher Vorschriften vom 19.07.2002 (BGBI 2002, 2674) mit Wirkung ab dem 01.08.2002 eingeführt. Mit der Einführung des § 839a BGB wurde erstmals die zivilrechtliche Haftung des gerichtlichen Sachverständigen gesetzlich geregelt. Zeitlich fand § 839a BGB nach Art. 229 § 8 EGBGB Anwendung auf Gutachten die ab dem 19.07.2002 erstellt wurden. Zu dem Begriff des „schädigenden Ereignisses" LG Köln Urteil v. 28.01.2004 – 28 O 330/03

384 Die Vereidigung wurde als ungeeignetes, da zufälliges Abgrenzungskriterium angesehen, z.B. OLG Düsseldorf Urteil v. 06.08.1986 – 4 U 41/86; *Karczewski* VersR 2001, 1070; einer mündlichen Erörterung bedurfte es, da andernfalls der Anwendungsbereich der Aussagedelikte nicht eröffnet war

wurden, bspw. im Rahmen einer unberechtigten Zwangseinweisung in eine psychiatrische Anstalt infolge eines fehlerhaften Gutachtens.[385]

Die maßgebliche höchstrichterliche Entscheidung, aufgrund dessen es zur Einführung des § 839a BGB kam, ist die **Entscheidung** des **BGH**[386], die der **Weigand-Entscheidung des BVerfG** vorausging. Folgender Sachverhalt liegt diesen zugrunde:

Ohne eine Untersuchung attestierte ein gerichtlicher Sachverständiger in einem strafrechtlichen Ermittlungsverfahren einem Beschuldigten die vollständige Unzurechnungsfähigkeit und empfahl deshalb gutachterlich die Unterbringung in ein psychiatrisches Krankenhaus. Das Gericht kam dem nach. Im Hauptverfahren, mehrere Monate nach der Einweisung, stellte sich jedoch heraus, dass die Zurechnungsfähigkeit lediglich eingeschränkt war. Dies hätte der Sachverständige erkennen können, wenn er den Beschuldigten untersucht hätte. Nach damaliger ständiger Rechtsprechung hätte der Sachverständige nach § 823 Abs. 1 BGB für die fahrlässige Falschbekundung haften müssen, da subjektive Rechte des Beschuldigten durch die fehlerhafte Einweisung verletzt wurden. Der BGH entschied jedoch zur Verwunderung vieler, dass der gerichtliche Sachverständige *nur* noch nach § 826 BGB für eine fehlerhafte Begutachtung haften sollte[387] und begründete dies unter anderem mit der Stellung des Sachverständigen als Gehilfe des Richters und seiner zu wahrenden Unabhängigkeit. Dem trat das **BVerfG**[388] entschieden entgegen, hob die Entscheidung des BGH auf und führte als Begründung an, dass die BGH-Entscheidung *über das übliche Maß einer Gesetzesauslegung hinausgehe*, denn der eindeutige und insoweit nicht auslegungsfähige Wortlaut des § 823 Abs. 1 BGB ordne grundsätzlich eine Haftung für jede fahrlässige Verletzung der aufgeführten Rechte an und könne nicht vollständig ausgeschlossen werden, *erst recht* nicht im Falle einer grob fahrlässigen Rechtsverletzung. Zwar sei eine richterliche Rechtsfortbildung nicht grundsätzlich ausgeschlossen, müsse aber gewisse Grenzen einhalten. Diese seien überschritten. Der Ausschluss der Haftung des gerichtlich bestellten Sachverständigen nach § 823 Abs. 1 BGB für grob fahrlässiges Verhalten sei verfassungswidrig, insbesondere dann, wenn wie vorliegend das Grundrecht der persönlichen Freiheit verletzt wird.[389] In Folge dessen hafte der gerichtliche Sachverständige *zumindest* für grob fahrlässig

385 MüKo / *Wagner* BGB § 839a Rdn 1; die Rechtsprechung hielt an diesem unbefriedigenden Ergebnis fest und wollte hiermit die Ausuferung von Wiederaufrollungsprozessen vermeiden

386 BGH Urteil v. 18.12.1973 – VI ZR 113/71

387 Der BGH entschied, dass der gerichtliche Sachverständige in der Regel nicht von den Verfahrensbeteiligten, zu dessen Nachteil sich das Gutachten ausgewirkt hat, mit der Behauptung, er habe sein Gutachten fahrlässig unrichtig erstattet, auf Ersatz in Anspruch nehmen.

388 BVerfG Beschluss v. 11.10.1978 – 1 BvR 84/74

389 Vier von acht Richtern äußerten sogar Zweifel an der Rechtmäßigkeit der Haftungsprivilegierung des Sachverständigen generell

erstattete inhaltlich falsche Gutachten, sofern ein Urteil auf ihm beruhte und einen Schaden herbeiführte.

§ 839a BGB knüpfte an diese Rechtsprechung an.[390] Die deliktische Haftung wurde hierdurch neben § 823 Abs. 2 und § 826 BGB auf Vermögensschäden erweitert *(Erweiterungsfunktion des § 839a BGB)*[391] und zugleich dadurch beschränkt, dass eine grobfahrlässige bzw. vorsätzliche Pflichtverletzung verlangt wurde[392] *(Beschränkungsfunktion des § 839a BGB).*[393] Die **haftungsrechtliche Sonderstellung** des gerichtlichen Sachverständigen, dass er nicht für jeden Fehler einstehen soll, war damals wie heute Mittel zum Zweck. Zweck der Sonderstellung ist, dass die *innere Unabhängigkeit* des Sachverständigen als *Gehilfe des Gerichts* im Interesse einer *funktionierenden Rechtspflege* geschützt wird, ohne dies durch eine Fahrlässigkeitshaftung zu gefährden. Außerdem ist aus Gründen der *Rechtssicherheit* nicht hinzunehmen, dass rechtskräftige, von einem Sachverständigen beeinflusste gerichtliche Verfahren, in anschließenden Regressprozessen immer wieder mit der alleinigen Begründung eines fahrlässig falschen Gutachtens aufgerollt werden, ohne an gesetzliche Rechtsmittelfristen gebunden zu sein.[394]

2. Tatbestandsvoraussetzungen

a) Subsidiarität des § 839a BGB

Die persönliche Haftung des Sachverständigen nach § 839a BGB kann durch den spezielleren Amtshaftungsanspruch nach **§ 839 BGB i.V. m. Art 34 Satz 1 GG** verdrängt werden, der zu einer befreienden Haftungsübernahme des Staates bzw. der Anstellungskörperschaft führt, für die der Sachverständige in Ausübung eines ihm anvertrauten öffentlichen Amtes handelt.[395] Der § 839 BGB verdrängt nicht nur deliktische Ansprüche nach §§ 823 ff. BGB, einschließlich § 839a BGB,[396] sondern auch vertragliche Ansprüche, da nach Art 34 GG eine **jedwede Eigenhaftung entfällt**.[397]

---

390 BT-Drs. 13/10435; BT-Drs. 14/7752 Seite 28

391 Sonst nur nach § 826 Abs. 1 BGB und § 823 Abs. 2 BGB

392 Zum Schutz der inneren Freiheit des Sachverständigen und der gerichtliche Sachverständige nach § 407 ZPO zur Erstattung in der Regel verpflichtet ist, BT-Drs 14/7752 Seite 28

393 MüKo / *Wagner* BGB 6. Aufl. § 839a Rdn. 3

394 Vgl.: BGH Urteil v. 18.12.1973 – VI ZR 113/71; *Gerber* NZV 1991, 295, 298, 299; *Tödtmann / Schwab* DS 2012, 302; mit den gleichen Argumenten, mit denen die richterliche Rechtsfortbildung vom BGH begründet wurde

395 BGH Urteil v. 06.07.1989 – III ZR 79/88

396 BGH Urteil v. 20.03.1961 – III ZR 9/60; BGH Urteil v. 18.12.1972 – III ZR 121/70; BGH Beschluss v. 01.08.2002 – III ZR 277/01; BGH Urteil v. 09.03.2006 – III ZR 143/05

397 OLG Koblenz Beschluss v. 06.06.2005 – 5 U 687/05; Palandt / *Sprau* BGB 75. Aufl. § 839 Rdn. 16

b) Ausschluss der allgemeinen Anspruchsgrundlagen durch § 839a BGB

Viel relevanter ist jedoch, dass **§ 839a BGB selbst eine abschließende Norm** darstellt,[398] die einen Rückgriff auf die allgemeinen Vorschriften der §§ 823 ff. BGB ausschließt. Andernfalls würde die gesetzliche Haftungsprivilegierung (Haftung nur für grobe Fahrlässigkeit und Vorsatz) und der Haftungsausschluss (§ 839a Abs. 2 BGB i.V. m. § 839 Abs. 3 BGB) ins Leere laufen. Auch § 826 BGB wird durch § 839a BGB verdrängt, sodass selbst der Vorsatztäter in den Genuss der gesetzlichen Haftungsprivilegierung und des Haftungsausschlusses kommt. Denn die Haftungsprivilegierung wirkt reflexartig und dient einem höheren Regelungszweck.[399]

Allerdings ist der Anwendungsbereich des § 839a BGB nur bei sog. **mittelbaren Schäden** eröffnet: Schäden, die erst in Folge eines Urteils eintreten, das auf einem fehlerhaften Gutachten beruht. Hiervon sind die weit häufigeren **unmittelbaren Begleitschäden der Begutachtung** streng zu unterscheiden, die bereits bei der Ermittlung bzw. der Erstattung des Gutachtens eintreten, wie Substanzeingriffe in das Beweisobjekt oder Sachbeschädigungen im Rahmen des Ortstermins. Diese Schäden, die im Rahmen der eigentlichen Beweiserhebung eintreten, können nach §§ 823 ff. BGB regressiert werden[400] und fallen nicht unter den Anwendungsbereich des § 839a BGB. Dem Sachverständigen kommt diesbezüglich auch nicht der Schutz des § 839a Abs. 2 BGB zugute.[401]

c) Aktivlegitimation

Den Schadensersatzanspruch kann jede Partei aber auch sonst jeder an dem Rechtsstreit „Beteiligte", wie bspw. ein Streitverkündeter / Streithelfer geltend machen[402] und auch diejenigen, die an die falsche Entscheidung gebunden sind, wie z.B. Rechtsnachfolger[403].

aa) Anspruchsgegner – Gerichtlich bestellter Sachverständiger

Der Anspruchsgegner muss von einem **ordentlichen Zivil-, Straf-, Arbeits-, Verwaltungs-, Finanz-, oder Sozialgericht** beauftragt worden sein, um Tatsachen

---

398 BT-Drs. 14/7752 Seite 28; MüKo / *Wagner* BGB § 839a Rdn. 5; zu § 839: BGH Urteil v. 12.07.1951 – III ZR 168/50; BGH Beschluss v. 19.12.1960 – GSZ 1/60

399 Vgl.: Staudinger / *Oechsler* BGB § 826 Rdn. 134; vgl. **E. IV.1.** und die Gründe für die Einführung des § 839a BGB

400 BGHZ 59, 310, 316; MüKo / *Wagner* BGB § 839a Rdn. 25; *Damm* JuS 1976, 359; *Schreiber* ZZP 1992, 129, 135; *Kilian* VersR 2003, 683; *Liebheit* BauR 2008, 1510

401 MüKo / *Wagner* BGB § 839a Rdn. 25, für den Fall, dass aufgrund des Inhalts eines Gutachtens eines gerichtlichen Sachverständigen die Persönlichkeit eines Dritten / Partei verletzt wird oder der Dritte bereits aufgrund des Inhalts des Gutachtens Vermögensdispositionen trifft

402 *Zimmermann* DS 2007, 367, 369

403 MüKo / *Wagner* BGB § 839a Rdn. 28

festzustellen, Erfahrungssätze zu vermitteln und / oder aus dem Tatsachenstoff mit Hilfe von Erfahrungssätzen Schlussfolgerungen zu ziehen.[404] Ob der Sachverständige in der Hauptsache oder in einem selbstständigen Beweisverfahren, Kostenfestsetzungsverfahren, einem Ablehnungsverfahren wegen Befangenheit[405] oder in einem strafrechtlichen Ermittlungsverfahren[406] beauftragt wurde, ist dabei nicht von Belang.[407] Selbst wenn der Sachverständige zunächst als Zeuge geladen und dann auf Veranlassung des Gerichts zum Sachverständigen bestellt wird, ist der Anwendungsbereich des § 839a BGB eröffnet.

Der Sachverständige des **Schiedsverfahrens** fällt hingegen nicht unter den hiesigen Begriff des „Sachverständigen", da der Sachverständige im Schiedsverfahren durch ein „privates Gericht"[408] beauftragt wird und es daher an einer vergleichbaren Interessenlage fehlt.

bb) Unrichtiges Gutachten

Weiterhin bedarf es eines „unrichtigen", objektiv fehlerhaften Gutachtens, was aus Sicht eines objektiven sachkundigen Dritten bewertet wird.[409] Da dem **Anspruchsteller** auch die **Beweislast** für die Unrichtigkeit des Gutachtens zukommt, bedarf es in der Regel der Bestellung eines weiteren Sachverständigen. Wichtig ist dabei, dass der neu beauftragte Sachverständige aus dem gleichen Sachbereich wie der nunmehr Beklagte stammt[410], damit dieser den gleichen Sorgfaltsmaßstab seinen Begutachtungen zugrunde legt. Unter Berufung auf das sog. **„Krähenprinzip"**[411] (eine Krähe hackt der anderen kein Auge aus) wird jedoch angezweifelt, dass die Unrichtigkeit auf diesem

404 BSG Urteil v. 01.12.1964 – 11 RA 146/64 (muss aber bestellt werden); in Teilen auch: RG JW 02, 531; OLG Hamm Beschluss v. 26.04.1972 – 23 W 2/72; OLG Celle Urteil v. 26.10.1998 – 1 U 40/97;

405 Hierbei handest es sich um ein eigenes Verfahren, das *in der Regel* mit einem Beschluss endet

406 § 839a BGB ist über den Wortlaut hinaus analog auf einen Sachverständigen anzuwenden, der im Ermittlungsverfahren durch die Staatsanwaltschaft beauftragt wurde. Begründet wird dies im Wesentlichen mit der „organisatorischen und institutionellen Nähe" der Staatsanwaltschaft zum Gericht und der gesetzlichen Gleichstellung der Gutachten in § 411a ZPO.; vgl. bspw.: BGH Urteil v. 06.03.2014 – III ZR 320/12; MüKo / *Wagner* BGB 6. Aufl. § 839a Rdn. 7; Palandt / *Sprau* BGB 75. Aufl. § 839a Rdn. 2; *Kilian* ZGS 2004, 220; *Lesting* R&P 2002, 224, 226; a.A.: *Bleutge* in Landmann / Rohmer GewO 70. Erg. Juni 2015 § 36 Rdn. 34a (§ 823 BGB anwendbar)

407 BGH Urteil v. 20.05.2003 – VI ZR 312/02; MüKo / *Wagner* BGB § 839 Rdn. 7; *Brücker / Neumann* MDR 2003, 906

408 *Zimmermann* DS 2007, 367, 369

409 BGH Beschluss v. 13.08.2013 – 5 U 2181/12; OLG Nürnberg Urteil v. 02.03.1988 – 9 U 779/85; OLG Hamm Beschluss v. 17.07.1997 – 13 W 1–96; *Kilian* VersR 2003, 683; *Lesting* R&P 2002, 224, 226

410 BGH Urteil v. 10.10.2013 – III ZR 345/12; auch *Volze* DS 2014, 83

411 *Lesting* R&P 2002, 224; Schwab DS 2006, 20, 21

Weg festgestellt werden könnte. Die Bestellung eines neuen Sachverständigen ist aber trotz dieser Bedenken angezeigt, da das Gericht zumeist fachlich nicht im Stande sein dürfte, das Gutachten auf seine Richtigkeit hin zu überprüfen. Daneben würde § 839a BGB weitestgehend wirkungslos bleiben, wenn die Sicht des berufenen Gerichts maßgeblich wäre, denn dieses muss das Gutachten als ordnungsgemäß billigen, damit die gerichtliche Entscheidung überhaupt auf ihm „beruhen" kann.[412]

aaa) Gutachtenbezogene und personenbezogene Komponenten

Wann ein unrichtiges Gutachten vorliegt, wird von der Literatur sowie der Rechtsprechung anhand von Beispielen versucht zu definieren. Hieraus ergibt sich, dass sich die Unrichtigkeit aus einer **gutachtenbezogenen Komponente,**[413] aber auch aus einer **personenbezogenen Komponente** ergeben kann.

Gutachtenbezogene Komponenten sind gegeben, wenn das Gutachten auf falschen bzw. unvollständig ermittelten Tatsachenfeststellungen, auf falschen, widersprüchlichen[414] oder täuschenden[415] Schlussfolgerungen beruht und daher nicht der objektiven Sachlage entspricht. Dies ist der Fall, wenn der Sachverständige nicht stringent zwischen dem strittigen und unstrittigen Sachverhalt trennt, nicht alle ihm zugänglichen Befundtatsachen nutzt, eingeholte Informationen nicht auf ihre Richtigkeit überprüft,[416] oder Meinungsstände nicht vollständig darstellt[417]. Dies kann daraus resultieren, dass dem Sachverständigen entweder die nötige Sachkunde fehlt[418], veraltete technische Standards seinem Gutachten zugrunde liegen[419] oder die Befundtatsachen unter Missachtung der Kardinalspflichten eines Sachverständigen zustande gekommen sind,[420] aufgrund deren Regeln die Richtigkeit des Gutachtens basiert.[421] Aufgrund dessen führen auch Verletzungen von prozessualen oder Sachverständigenpflichten, also **personenbezogene Komponenten** zu einer Unrichtigkeit des Gutachtens. Jedoch muss auch dem Sachverständigen im Rahmen von Ergänzungsgutachten und mündlichen Erörterungen die Möglichkeit eingeräumt werden, die Unrichtigkeit zu beheben.

---

412 BGH Beschluss v. 24.07.2014 – III ZR 412/13
413 *Schwab* DS 2005, 132
414 OLG Celle Urteil v. 04.10.2012 – 13 U 234/11
415 Da bspw. das Gutachten auf Mutmaßungen gestützt wird, ohne dies anzugeben und dadurch eine Sicherheit vorgespiegelt wird, obwohl nur ein Wahrscheinlichkeitsurteil möglich ist (MüKo / *Wagner* BGB § 839a Rdn. 17; Palandt / *Sprau* BGB 75. Aufl. § 839a Rdn. 3; *Kilian* VersR 2003, 683)
416 BGH Urteil v. 02.11.1983 – IV a ZR 20/82
417 *Kilian* VersR 2003, 683; *Krauß* StV 1985, 512, 516
418 OLG Celle Urteil v. 04.10.2012 – 13 U 234/11
419 PraxisHdb. Sachverständigenrecht / *Bayerlein* § 22 Rdn. 7
420 Im Ergebnis auch: *Leitner* FUR 2000, 57, 59
421 *Wagner / Thole* FPR 2003, 521 (fehlende Sachkunde)

bbb) Unterschied zwischen mangelhaftem und unrichtigem Gutachten

Aus dem Vorstehenden wird aber auch ersichtlich, dass **Parallelen** zwischen einem **„mangelhaften" Gutachten i.S. d. § 8a JVEG** und einem **„unrichtigen" Gutachten** bestehen. Deckungsgleichheit zwischen den beiden unbestimmten Rechtsbegriffen besteht hingegen **nicht**. Vielmehr liegen inhaltliche Unterschiede vor. Denn während ein „mangelhaftes" Gutachten allein fachliche und Darstellungsmängel umfasst, werden Verletzungen der persönlichen Sachverständigenpflichten im JVEG separat sanktioniert und nicht allgemein unter den Begriff des „mangelhaften" Gutachtens gefasst. Somit ist ein mangelhaftes Gutachten ein unrichtiges, ohne dass der Umkehrschluss gelingt.

ccc) Unterschied zwischen unrichtigem und unverwertbaren Gutachten

Auch wenn die **„Unrichtigkeit"** zur **„Unverwertbarkeit"** des Gutachtens führt, bedarf es einer differenzierenden Betrachtung.[422] Der Unterschied zeigt sich bspw. dann, wenn der Sachverständige in seinem Gutachten Ausführungen macht, die zwar nicht vom Beweisbeschluss gedeckt sind, er also eigenmächtig seinen Gutachterauftrag erweitert, aber inhaltlich richtig und ordnungsgemäß ermittelt. Das Gutachten ist nunmehr nicht verwertbar, da der Sachverständige durch die Eigenmächtigkeit den Vorwurf der Befangenheit begründet hat, die inhaltliche Richtigkeit wird hierdurch nicht zwingend beeinträchtigt. Vielmehr wird das Verhalten im Falle eines Verschuldens durch den Verlust des Vergütungsanspruches nach § 8a Abs. 3 Nr. 3 JVEG geahndet. Nach § 839a BGB soll nicht jedes Fehlverhalten des Sachverständigen haftungsrechtliche Folgen haben.[423] Daher ist § 839a BGB auch nicht analog auf ein unverwertbares Gutachten anwendbar.[424]

d) Verschulden – Grobe Fahrlässigkeit oder Vorsatz i.S. d. § 839 a BGB

aa) Einleitung

Im deutschen Recht gilt das **Verschuldensprinzip**. Für die Geltendmachung eines Schadensersatzanspruches muss dem Geschädigten daher der Beweis des Verschuldens des Schädigers gelingen,[425] es sei denn, es liegt eine Gefährdungshaftung (bspw. § 7 StVG oder § 833 BGB) oder eine Haftung für vermutetes Verschulden (bspw. § 18 StVG oder § 834 BGB) vor. Daneben gilt im Deliktsrecht nicht die Besonderheit des § 280 Abs. 1 Satz 2 BGB, wonach das Verschulden des Schädigers widerlegbar vermutet wird (beweislastverteilende Norm). Gleiches gilt für den § 278 BGB, nach dem der Schädiger auch für vorwerfbares Verhalten Dritter eintreten muss, falls dieser sein Erfüllungsgehilfe ist.

---

422 So auch: OLG Hamm Beschluss v. 14.01.2014 – I-9 U 231/13

423 Vgl. hierzu insbesondere OLG Hamm Beschluss v. 14.01.2014 – I-9 U 231/13

424 OLG Hamm Beschluss v. 14.01.2014 – I-9 U 231/13

425 Palandt / *Grüneberg* BGB 75. Aufl. § 276 Rdn. 3

Der **Begriff des Verschuldens** ist nicht legal definiert.[426] Er umfasst neben dem **Vorwurf des Vorsatzes und der Fahrlässigkeit,** die **Einstandspflicht des Vertretenmüssens** für Fahrlässigkeit und Vorsatz oder für eine strengere oder mildere Haftung, sofern eine solche geregelt oder vereinbart ist. Eine mildere bzw. strengere Haftung kann u.a. durch gesetzliche oder vertragliche Haftungsmilderungen[427] bzw. Haftungsverschärfungen[428] eintreten. Aufgrund dessen ist auch die Einstandspflicht der wesentliche Anknüpfungspunkt für vertragliche Haftungsbeschränkungen.[429]

aaa) Fahrlässigkeit

Fahrlässig handelt, wer die im Verkehr erforderliche Sorgfalt außer Acht lässt, § 276 Abs. 2 BGB. Die Legaldefinition gilt auch für das Deliktsrecht und außerhalb des BGB, mit Ausnahme des Strafrechts.[430] Denn im Zivilrecht wird kein individueller Maßstab der erforderlichen Sorgfalt verlangt, sondern vielmehr ein **objektiver-abstrakter Sorgfaltsmaßstab**, der auf die allgemeinen Verkehrsbedürfnisse eines gewissenhaften Angehörigen des betreffenden Verkehrskreises[431] ausgerichtet ist.[432] Im Sinne des Grundsatzes des vertraglichen Vertrauensschutzes muss sich im Rechtsverkehr jeder darauf verlassen dürfen und können, dass der Vertragspartner die für die Erfüllung seiner zugesagten Pflicht die erforderliche Fähigkeit und Kenntnis besitzt,[433] um eine Pflichtverletzung verhindern bzw. einen **Schaden vorauszusehen** und **vermeiden** zu können.[434]

Bei der Festlegung des einzuhaltenden **Sorgfaltsmaßstabes eines Sachverständigen** ist ein strenger Maßstab anzulegen. Es kommt neben sachgebietsspeziellen Pflichten, maßgeblich auf die allgemeinen Sachverständigenpflichten an.[435] Daher muss jeder Sachverständige entsprechend der Kardinalspflichten des

---

426 Palandt / *Grüneberg* BGB 75. Aufl. § 276 Rdn. 5

427 Eine gesetzliche Haftungsmilderung stellt bspw. § 277 BGB dar, nach dem nur für die eigenübliche Sorgfalt an den Tag gelegt werden muss

428 Eine Haftungsverschärfung stellt beispielsweise eine Garantie dar, da verschuldensunabhängig, also auch für leichte Fahrlässigkeit gehaftet wird

429 Vgl. unten: **K. I.**

430 Palandt / *Grüneberg* BGB 75. Aufl. § 276 Rdn. 12

431 Vgl.: BGH Urteil v. 10.10.2013 – III ZR 345/12; *Volze* DS 2014, 83, 84 (Urteils-Besprechung): Bei einem Verkehrswertgutachten ist daher nicht der Sorgfaltsmaßstab eines Bauschadenssachverständigen, sondern eines Verkehrswertgutachters maßgeblich.

432 BGH Urteil v. 27.11.1952 – VI ZR 25/52; BGH Urteil v. 09.02.1965 – VI ZR 253/63; BGH Urteil v. 20.10.1987 – VI ZR 280/86; BGH Urteil v. 11.04.2000 – X ZR 19/98; BGH Urteil v. 27.03.2003 – IX ZR 399/99; Palandt / *Grüneberg* BGB 75. Aufl. § 276 Rdn. 15; MüKo / *Grundmann* BGB § 276 Rdn. 55; Staudinger / *Caspers* BGB § 276 Rdn. 2

433 Palandt / *Grüneberg* BGB 75. Aufl. § 276 Rdn. 15

434 BGH Urteil v. 21.05.1963 – VI ZR 254/62; Palandt / *Grüneberg* BGB 75. Aufl. § 276 Rdn. 12, 20, 21

435 Vgl.: *Zimmermann* DS 2007, 286, 292

Sachverständigenwesens seinen Auftrag erfüllen. Die Sachverständigenordnungen und die normkonkretisierenden Richtlinien stellen als allgemeine, eindeutig formulierte Verhaltensregeln eine Hilfe dar[436], da sich in der Praxis ein diesbezüglich ausgerichtetes Verhalten bewährt hat und von Fachleuten empfohlen wird.[437] Ein Verstoß zieht daher in der Regel einen Fahrlässigkeitsvorwurf nach sich, da Verhaltensregeln allgemein vor potentiellen Gefahrenquellen warnen und folglich gezeigt wird (**Vorhersehbarkeit**), wie man sich zu verhalten hat, um den Eintritt der Gefahr zu verhindern[438] (**Vermeidbarkeit**). Verhaltensregeln sind jedoch Segen und Fluch zugleich. Zwar stellen sie eine Hilfe dar, einen Verschuldensvorwurf zu umgehen, zugleich müssen ihre Vorgaben aber beachtet werden, da andernfalls ein bewusster Verstoß vorliegt. Sie konkretisieren und verschärfen damit den maßgeblichen Sorgfaltsmaßstab.[439]

bbb) Weitere Fahrlässigkeitsformen

Als Steigerung der einfachen Fahrlässigkeit gilt die **grobe Fahrlässigkeit**. Sie erfordert, dass der Sachverständige **objektiv** in besonderem Maße[440] unbeachtet lässt, was jedem Sachkundigen des gleichen Sachgebiets hätte einleuchten müssen[441], da er einfachste und naheliegende Überlegungen nicht angestellt oder das Gutachten unter Verstoß gegen die Sachverständigenpflichten erstattet hat. Konkret, wenn der Sachverständige sein Gutachten nur nach Aktenlage ohne vorherigen Ortstermin[442] oder umgekehrt ohne jegliche Aktenkunde[443] erstattet hat, ein bekanntes Privatgutachten ignoriert[444], Ergebnisse Dritter ungeprüft übernimmt[445] oder zugunsten eines klaren Ergebnisses Fakten unterschlägt[446]. Daneben kann dem Sachverständigen auch ein grobes Übernahmeverschulden vorgeworfen werden, wenn er nicht die Sachkunde vorweisen kann, die er vorgibt zu haben, um das Gutachten zu erstatten.

---

436 MüKo / *Grundmann* BGB § 276 Rdn. 99

437 BGH Urteil v. 08.07.1971 – III ZR 67/68; Palandt / *Grüneberg* BGB 75. Aufl. § 276 Rdn. 16

438 Vgl.: MüKo / *Grundmann* BGB § 276 Rdn. 95, 97

439 Vgl. Ziff. 15.1 der RL zur MSVO des Zentralverbandes des Deutschen Handwerks

440 BGH Urteil v. 11.05.1953 – IV ZR 170/52; BGH Urteil v. 11.07.1967 – VI ZR 14/66; BGH Urteil v. 08.07.1992 – IV ZR 223/91; BGH Urteil v. 29.09.1992 – XI ZR 265/91; BGH Beschluss v. 24.07.2014 – III ZR 412/13; OLG Celle Beschluss v. 05.05.2009 – 4 U 26/09

441 BGH Urteil v. 11.05.1953 – IV ZR 170/52; BGH Urteil v. 29.09.1992 – XI ZR 265/91; BGH Urteil v. 28.06.1994 – X ZR 95/92

442 BGH Beschluss v. 15.12.1975 – X ZR 52/73; OLG Hamburg Beschluss v. 14.05.1965 – 8 W 56/65; OLG Düsseldorf Beschluss v. 09.03.1989 – 11 WF 3/89; OLG Köln Urteil v. 05.02.1993 – 19 U 104/92; LG Bielefeld Urteil v. 19.09.1974 – 7 O 200/71

443 *Fischer / Lorenz / Biederbeck* Rpfleger 2002, 337–340

444 *Wagner / Thole* FPR 2003, 521 m.w.N.

445 *Wagner / Thole* FPR 2003, 521 m.w.N.

446 BGH Urteil v. 01.10.1962 – III ZR 115/61

Die Pflichtverletzung muss darüber hinaus **subjektiv** schlechthin unentschuldbar sein.[447] Maßstab der groben Fahrlässigkeit ist, wie schon bei der einfachen Fahrlässigkeit, ein ordentlicher Sachverständiger desselben Sachgebietes.[448]

Zuletzt ist zwischen der **bewussten und unbewussten Fahrlässigkeit zu unterscheiden**.

Bewusste Fahrlässigkeit zeichnet sich dadurch aus, dass der Handelnde mit dem möglichen Eintritt des schädlichen Erfolges rechnet, aber vorwerfbar darauf vertraut, dass der Schaden nicht eintreten wird.[449] Der Handelnde meint demnach, „es wird schon gutgehen". Hiervon abzugrenzen ist der **bedingte Vorsatz** (dolus eventualis), bei dem der Schädiger den Schadenserfolg als solchen nicht will, aber trotzdem „billigend in Kauf nimmt". Bei der **unbewussten Fahrlässigkeit** erkennt der Handelnde den möglichen Eintritt des schädigenden Erfolges zwar nicht, hätte den Schaden aber bei Anwendung der üblichen Sorgfalt *voraussehen* und durch Gegenmaßnahmen *verhindern* können.[450] Hierunter fallen auch die einfache Fahrlässigkeit und die grobe Fahrlässigkeit als Unterpunkte.

ccc) Vorsatz

Eine **vorsätzliche Falschbegutachtung** stellt in der Praxis die Ausnahme dar, da dem Vorwurf des Vorsatzes auch hier Beweisprobleme einhergehen.[451] Vorsatz bedeutet, dass der Sachverständige mit Wissen und Wollen den rechtswidrigen Erfolg herbeiführt, wobei es genügt, dass er gegen die einschlägigen Pflichten mit Wissen und Wollen verstößt und den Schadenseintritt „billigend in Kauf nimmt"[452].[453]

Um den Vorwurf des vorsätzlichen Handelns gegen sich gelten zu lassen, muss der Sachverständige gegen die grundlegenden Sachverständigenpflichten verstoßen[454]. Beispiele hierfür sind, wenn er in seinem Gutachten Angaben ins **„Blaue hinein"** macht, ohne eine eigene vorherige Ermittlung der Befundtatsachen[455] oder

447 Palandt / *Grüneberg* BGB 75. Aufl. § 276 Rdn. 14; vgl. in welchen Sachverhalten die Rechtsprechung bspw. von einer grob fahrlässigen Pflichtverletzung ausgehen: OLG Frankfurt a.M. Beschluss v. 13.11.1997 – 18 W 288/97; OLG Hamburg Beschluss v. 04.04.2002 – 8 W 82/00; OLG Düsseldorf Beschluss v. 08.05.2001 – 10 W 337/01; OLG Naumburg Beschluss v. 21.11.2001 – 13 W 604/01

448 *Wagner / Thole* FPR 2003, 521, 523, 524

449 Palandt / *Grüneberg* BGB 75. Aufl. § 276 Rdn. 13

450 Palandt / *Grüneberg* BGB 75 Aufl. § 276 Rdn. 13

451 *Wagner / Thole* FPR 2003, 521, 523

452 BGH Urteil v. 18.03.1955 – I ZR 52/53; BGH Urteil v. 20.03.1961 – III ZR 9/60; BGH Urteil v. 30.05.1972 – VI ZR 6/71; BGH Urteil v. 28.07.1966 – VI ZR 287/64

453 BGH Urteil v. 27.04.1995 – X ZR 60/93; Palandt / *Grüneberg* BGB 75. Aufl. § 276 Rdn. 10; MüKo / *Grundmann* BGB § 276 Rdn. 161

454 BGH Urteil v. 18.12.1973 – VI ZR 113/71; OLG Köln Urteil v. 05.02.1993 – 19 U 104/92; OLG München Urteil v. 19.10.1973 – 8 U 4203/72; auch: *Zimmermann* DS 2007, 286, 291

455 Z.B.: OLG Köln Urteil v. 05.02.1993 – 19 U 104/92

fremde ungeprüft übernimmt[456] und im Gutachten den Eindruck erweckt, dass seine Schlussfolgerungen auf eigenen Begutachtungen beruhen. Daneben liegt eine vorsätzliche Falschbegutachtung auch dann vor, wenn der Sachverständige mit seinem Auftraggeber kollusiv zusammenwirkt, indem er ein falsches Gutachten erstattet, damit der Auftraggeber dieses für eine Täuschungshandlung gegen einen Dritten verwenden kann. Der Sachverständige macht sich hiermit auch der Beihilfe eines Betruges strafbar.[457]

bb) Verschulden nach § 839a BGB

aaa) Verschulden des Sachverständigen

Der Sachverständige muss nach § 839a BGB die Unrichtigkeit des Gutachtens **grob fahrlässig bzw. vorsätzlich** zu vertreten haben. Maßgebend ist die Sicht eines objektiven sachkundigen Dritten des gleichen Sachgebiets.[458]

bbb) Verschulden von Hilfskräften

Unterstützt eine Hilfskraft den Sachverständigen bei der Begutachtung und das Gutachten wird unrichtig, haftet der Sachverständige für die entstehenden Schäden nach § 839a BGB allein. Er hat für die **Fehler seiner Hilfskräfte einzutreten**, da er mit der Unterschrift die **„Gesamtverantwortung für die inhaltliche Richtigkeit“** des Gutachtens übernimmt und er muss dafür einstehen, dass seine Feststellungen vollständig, seine Bewertungen richtig und seine Schlussfolgerungen nachvollziehbar sind.[459] Fehler Dritter exkulpieren nicht.[460] Vielmehr muss er eine ordnungsgemäße Auswahl, Überwachung und Instruktion sowie Organisation darlegen können, die geeignet ist Fehler der mitwirkenden Hilfskraft nahezu auszuschließen.[461] Gelingt ihm das nicht, haftet er nach § 839a BGB aufgrund des **Organisationsverschuldens**, als hätte er den Fehler selbst verursacht.[462] Eines Rückgriffs auf § 831 BGB bedarf es nicht[463], da § 839a BGB eine abschließende Sonderregelung darstellt. Deshalb können gegen mitwirkende Hilfskräfte auch keine persönlichen Ansprüche bezüglich der Unrichtigkeit des Gutachtens geltend gemacht werden.[464] Andererseits muss der Sachverständige nicht für alle Fehler

---

456 Z.B.: BGH Urteil v. 13.02.1992 – III ZR 28/90

457 Vgl. hierzu: z.B. BGH Urteil v. 18.04.1996 – 1 StR 14/96

458 BGH Beschluss v. 24.07.2014 – III ZR 412/13

459 *Bleutge* in Landmann / Rohmer GewO 70. Erg. Juni 2015 MSVO § 15.1

460 *Bleutge* NJW 1985, 1185, 1190; *Kilian* VersR 2003, 683, 685; MüKo / *Wagner* BGB § 839a Rdn. 15

461 *Bleutge* NJW 1985, 1185, 1190

462 Vgl.: OLG Zweibrücken Urteil v. 22.06.1999 – 5 U 32/98; *Bleutge* in Landmann / Rohmer GewO 70. Erg. Juni 2015 § 36 Rdn. 34a

463 MüKo / *Wagner* BGB § 839a Rdn. 15; *Bleutge* NJW 1985, 1185, 1190; MüKo / *Wagner* BGB 4. Aufl. § 839a Rdn. 15

464 MüKo / *Wagner* BGB § 839a Rdn. 16

seiner Hilfskräfte einstehen, denn er übernimmt die Gesamtverantwortung nur in Bezug auf die *inhaltliche Richtigkeit des Gutachtens.* D.h., die Fehler der Hilfskräfte müssen auf den Inhalt durchschlagen.

e) Beruhen der Entscheidung auf unrichtigen Gutachten

aa) Entscheidung

Unter § 839a BGB fallen **alle Arten von gerichtlichen Entscheidungen**, also Urteile, Beschlüsse und Verfügungen, egal ob diese verfahrensbeendend oder vorläufiger Natur sind.[465]

Wird der Rechtsstreit in Folge eines **Vergleichs**, einer **Klagerücknahme** oder einer **Erledigung** beendet, ist § 839a BGB allerdings nicht anwendbar, denn die gerichtliche Entscheidung ist in diesen Fällen rein **deklaratorischer Natur**.[466] Dies gilt selbst dann, wenn die prozessuale Erklärung durch das Gutachten veranlasst wurde. Parteien, die Bedenken gegen die inhaltliche Richtigkeit des Gutachtens haben, sollten daher zurückhaltend mit dem Abschluss eines Vergleichs sein, da nun nur der Anwendungsbereich des §§ 823 ff. BGB eröffnet ist[467] und nicht mehr der des spezielleren § 839a BGB.[468]

bb) Beruhen (Kausalitätsnachweis)

Die Entscheidung muss auf dem falschen Gutachten beruhen, es muss demnach entscheidungserheblich sein[469]. Hierbei handelt es sich um eine **Kausalitätsprüfung** i.S. d. sine-qua-non-Formel und der Adäquanztheorie.[470] Der Kausalzusammenhang fehlt, wenn die Entscheidung bei einem richtigen Gutachten ebenso ausgefallen wäre.[471]

aaa) Anforderungen an das Beruhen

Ein Beruhen der Entscheidung auf dem Gutachten wird aus den Urteilsgründen ersichtlich.[472] Aus diesen ergibt sich, ob das Gericht im Rahmen seiner freien

---

465 *Wagner* NJW 2002, 2049, 2062; *Wagner / Thole* FPR 2003, 521; *Kilian* VersR 2003, 683

466 BT-Drs. 14/7752 Seite 28, Erledigungs-, Rücknahmeerklärungen und ein Vergleich soll auch deshalb nicht unter § 839a BGB fallen, da der Beweis des Beruhens der Beendigung auf dem Gutachten in den Fällen für die Parteien nahezu unmöglich ist.

467 *Bleutge* in Landmann / Rohmer GewO 70. Erg. Juni 2015, § 36 Rdn. 34a

468 So auch *Ulrich* IBR 2003, 585 (Urteilskommentierung)

469 OLG München Beschluss v. 19.07.2011 – 1 W 999/11

470 RG Urteil v. 05.02.1912 – IV 229/11; BGH Urteil v. 11.05.1951 – I ZR 106/50

471 *Deutsch* VersR 1987, 113, 115; *Wagner / Thole* FPR 2003, 521

472 Ein Beruhen ist bei einem Anerkenntnisurteil daher in der Regel zu verneinen, da der Tatbestand und die Gründe weggelassen werden können. Die Darlegung des Beruhens ist somit mit erheblichen Problemen verbunden, wenn nicht sogar unmöglich.

Beweiswürdigung nach § 286 ZPO das Gutachten als Beweismittel herangezogen und zum Gegenstand des Urteils gemacht hat. Hierfür muss das Gutachten gerichtlich vollständig inhaltlich erfasst und für richtig gebilligt worden sein. Das ist der Fall, wenn im Rahmen einer Schlüssigkeitsprüfung bzw. Plausibilitätskontrolle ermittelt wurde,[473] ob die wesentlichen Gesichtspunkte des Gutachtens vollständig, widerspruchsfrei und überzeugend dargestellt[474] und entsprechend in den Urteilsgründen wiedergegeben sind.[475] Das Gericht hat nun detailliert darzulegen, warum es den gutachterlichen Schlussfolgerungen folgt. Gängige Floskeln wie, „Die Kammer folgt den überzeugenden Ausführungen des Sachverständigen" genügen hierfür nicht, solange keine weiterengehenden Gründe angegeben werden.[476]

bbb) Keine Unterbrechung der Kausalitätskette

Auch die Verwendung eines offensichtlich unrichtigen Gutachtens unterbricht die Kausalitätskette nicht.[477] Denn jedes Gutachten ist dazu bestimmt, dass es im Rechtsverkehr als Beweismittel verwendet wird.[478] Hierbei unterlaufende Fehler können dem Sachverständigen nicht zu Gute kommen. Die gerichtliche Billigung des Gutachtens schließt daher eine Haftung des Sachverständigen nach § 839a BGB nicht aus, sondern ist Tatbestandsvoraussetzung.[479]

f) Schaden

aa) Schadensbegriff des § 839a BGB

Letztendlich muss ein Schaden eintreten. Da der Wortlaut des § 839a BGB keine Eingrenzung vornimmt, umfasst der Schadensbegriff nach §§ 249 ff BGB sowohl **materielle als auch immaterielle Schäden**.[480] Da auch **Vermögensschäden**[481] unter den Anwendungsbereich gefasst werden, ist gewährleistet, dass auch **Urteilsschäden**[482] ersetzt verlangt werden können. Hierbei handelt es sich um den Vermögenswert, der in Folge eines falschen Urteils zu Unrecht aberkannt oder zuerkannt wurde.[483] Da der Sachverständige nicht im Stande ist, das Urteil aufzuheben,

473 *Ulrich* IBR 2011, 1291, 5

474 OLG München Beschluss v. 24.10.2005 – 34 Wx 82/05

475 BGH Urteil v. 22.01.1991 – VI ZR 97/90; BGH Urteil v. 03.02.1998 – VI ZR 356–96

476 Vgl.: *Zimmermann* DS 2007, 367, 370

477 MüKo / *Wagner* BGB § 839a Rdn. 22 m.w.N.

478 Vgl.: *Zimmermann* DS 2007, 286, 290 und 294 zu der Haftung des Privatsachverständigen

479 BGH Beschluss v. 24.07.2014 – III ZR 412/13

480 LG Bonn Beschluss v. 19.09.2006 – 10 O 77/06; Palandt / *Grüneberg* BGB 75. Aufl. Vorb v § 249 Rdn. 15

481 OLG Hamm Beschluss v. 14.01.2014 – I-9 U 231/13; einer Vereidigung und eines Rückgriffs auf § 826 BGB bedarf es nunmehr nicht mehr, BT-Drs. 14/7752 Seite 28

482 *Jacops* ZRP 2001, 489

483 *Wagner / Thole* FPR 2003, 521

haftet er nicht nach § 249 Abs. 1 BGB (Naturalrestitution), sondern allein nach **§ 251 Abs. 1 BGB** (Geldzahlung).

Ein Schaden kann auch dadurch eintreten, dass nicht das Vermögen, sondern Rechte oder Rechtsgüter des § 823 Abs. 1 BGB durch eine falsche Entscheidung verletzt werden, für diese der Sachverständige über § 839a BGB ebenfalls eintreten muss. Vereinzelt muss der Sachverständige auch **Schmerzensgeld** nach § 253 Abs. 2 BGB zahlen.[484]

Daneben fallen unter den zu ersetzenden Schaden die erforderlichen und notwendigen **Kosten zur Darlegung der Unrichtigkeit des Gutachtens** (oft Kosten eines Privatsachverständigen), sowie die **Kosten des Vorprozesses**, welcher aufgrund des unrichtigen Gutachtens zumeist verloren ging.[485]

bb) Vorteilsanrechnung

Sind dem Geschädigten aufgrund des unrichtigen Gutachtens auch Vorteile entstanden, müssen diese **im Wege der Vorteilsanrechnung** ausgeglichen werden.[486]

g) Anspruchsausschluss nach § 839a Abs. 2, § 839 Abs. 3 BGB

Gegen die Haftung nach § 839a BGB kann sich der Sachverständige mit dem Einwand des **Verstoßes gegen den Vorrang des Primär- und Sekundärrechtsschutzes**[487] nach § 839a Abs. 2, § 839 Abs. 3 BGB wehren, wodurch die Haftung ausgeschlossen wird. Hierdurch wird erreicht, dass zunächst alle Rechtsmittel eingelegt werden, die geeignet sind, eine Korrektur des inhaltlich falschen Gutachtens oder der gerichtlichen Entscheidung zu erreichen, bevor Schadensersatz verlangt werden kann. Daher führt die schuldhafte Nichteinlegung von **Rechtsmitteln** auch zum Verlust des Regressanspruches, wenn zeitlich überhaupt die Möglichkeit bestand, das Gutachten auf Fehler hin zu überprüfen und Stellung zu nehmen.[488] Es gilt somit das aus § 839 Abs. 3 BGB bekannte Verbot von **„Dulde und Liquidiere"**.[489]

---

484 Z.B.: OLG Nürnberg Urteil v. 02.03.1988 – 9 U 779/85, wegen einer unberechtigten Zwangseinweisung in Folge eines falschen Urteils; *Wagner/Thole* FPR 2003, 521 m.w.N.

485 *Kilian* VersR 2003, 683

486 OLG Jena Urteil v. 24.11.1998 – 3 U 294/98 (mit Bezug auf § 839 BGB)

487 BGH Urteil v. 29.03.1971 – III ZR 98/69; BGH Urteil v. 15.11.1990 – III ZR 302/89; BGH Urteil v. 13.05.1997 – IX ZR 123/96; BGH Beschluss v. 28.07.2006 – III ZB 14/06; MüKo/Wagner BGB § 839a Rdn. 31, der Vorrang des Primär- und Sekundärrechtsschutzes ist eine Ausprägung des Mitverschuldenseinwandes

488 So auch BGH Urteil v. 18.12.2008 – VII ZR 200/06 (zur Frage der Verletzung des rechtlichen Gehörs)

489 Z.B.: BGH Urteil v. 29.03.1971 – III ZR 98/69; BGH Urteil v. 15.11.1990 – III ZR 302/89; BGH Urteil v. 27.02.1992 – III ZR 199/89; BGH Urteil v. 13.05.1997 – IX ZR 123/96

aa) Rechtsmittel gegen das Gutachten

Einschlägige **Rechtsmittel nach § 839a Abs. 2 BGB** sind zunächst die, in der jeweiligen Instanz vorgesehenen förmlichen und nichtförmlichen Behelfe, die sich unmittelbar **gegen das falsche Gutachten** als Grundlage der Haftung nach § 839a BGB richten[490], wie der

- Einwand nach § 411 Abs. 4 ZPO,
- das Stellen von Ergänzungsfragen,
- das Beantragen eines Ergänzungsgutachtens oder eines Obergutachtens nach § 412 ZPO[491] sowie
- die Beantragung der mündlichen Erläuterung des Gutachtens durch den Sachverständigen in der mündlichen Verhandlung[492].

Dies ändert jedoch nichts daran, dass die Parteien und die Prozessvertreter **auf die Richtigkeit des Gutachtens generell vertrauen können**, da den Parteien in der Regel auch die fachlichen Kenntnisse für eine umfassende Überprüfung des Gutachtens fehlen. Ausgenommen hiervon sind grobe Fehler und Verstöße gegen die allgemeinen Regeln der Begutachtung.[493] Daher genügt es, dass die Parteien nach ihrem Wissensstand das Gutachten überprüfen.[494] Es kann nicht die Aufgabe der Parteien sein eine Qualitätskontrolle des Sachverständigen vorzunehmen. Aus diesem Grund muss auch nicht vorsorglich ein Befangenheitsantrag gestellt werden, um die Fehlerhaftigkeit eines Gutachtens zu belegen[495] oder ein Privatgutachten

---

490 Vgl. BGH Beschluss v. 28.07.2006 – III ZB 14/06; BGH Urteil v. 05.07.2007 – III ZR 240/06

491 Vgl. u.a.: BGH Beschluss v. 28.07.2006 – III ZB 14/06; MüKo / *Wagner* BGB § 839 Rdn. 31; BGH Urteil v. 09.10.1997 – III ZR 4/97; BGH Urteil v. 05.07.2007 – III ZR 240/06; Das Gericht kann nach § 412 Abs. 1 ZPO auch einen weiteren Sachverständigen beauftragen und zwar dann, wenn das erste Gutachten „mangelhaft" war, also unvollständig, widersprüchlich und nicht überzeugend bzw. von falschen tatsächlichen Voraussetzungen ausgeht oder der Sachverständige erkennbar nicht über die notwendige Sachkunde verfügt. Vor dieser „Sanktion" muss dem bisherigen Sachverständigen allerdings die Möglichkeit eingeräumt werden, die Mängel in einem Ergänzungsgutachten oder in einer mündlichen Erläuterung zu beheben. Ihm kommt somit wie im allgemeinen Mangelrecht ein **„Recht zur zweiten Andienung"** zu, OLG Celle Urteil v. 04.10.2012 – 13 U 234/11; *Volze* DS 2014, 83, 85.

492 BGH Urteil v. 05.07.2007 – III ZR 240/06

493 BGH Urteil v. 09.10.1997 – III ZR 4/97 (zur Amtshaftung): Hierunter fallen: Verstöße gegen die Pflicht zur höchstpersönlichen Stellungnahme; Beteiligung Dritter angezeigt, Beachtung des unstrittigen Tatbestands; Beachtung von rechtlichen Hinweisen und Anleitungen des Gerichts; alle verfügbaren Unterlagen verwendet und bekannt sind und nicht einseitig hinzugezogen

494 BGH Urteil v. 15.11.1990 – III ZR 302/89 (zur Amtshaftung)

495 Vgl.: OLG Celle Urteil v. 10.11.2011 – 13 U 84/11; a.A.: BGH Urteil v. 19.02.2003 – IV ZR 321/02

einzuholen, auch wenn dies vereinzelt verlangt wird[496]. Nach dem Prinzip der „anwaltlichen Vorsicht" hätte dies eine Vielzahl unbegründeter Befangenheitsanträge zur Folge.[497] Auch würden die Verfahren hierdurch unnötig in die Länge gezogen.[498]

bb) Rechtsmittel gegen die Entscheidung

Ist es bereits zu einer gerichtlichen Entscheidung gekommen, müssen **alle Rechtsmittel gegen die gerichtliche Entscheidung** eingelegt werden.[499] Hierunter fallen u.a. die Berufung, die Revision, die (sofortige) Beschwerde, eine formlose Gegenvorstellung sowie eine Dienst- und Fachaufsichtsbeschwerde.[500] Der Begriff „Rechtsmittel" wird somit weit ausgelegt.

cc) Kennen und Kennenmüssen

Legt der Anspruchsteller die vorbezeichneten Rechtsmittel trotz Kenntnis oder vorwerfbarer Unkenntnis nicht ein, kommt es zu einem **gesetzlichen Haftungsausschluss**. Das gilt auch dann, wenn die Rechtsschutzversicherung eine Deckungszusage für das Einlegen der Rechtsmittel nicht erteilt hat.[501] Unterlaufen dem **Prozessvertreter** hierbei Fehler, wird dessen Verschulden über § 278 BGB dem Anspruchsteller zugerechnet,[502] auch wenn § 85 Abs. 2 ZPO (analog) sachnäher wäre, da § 278 BGB bei deliktischen Ansprüchen keine Anwendung findet. Nunmehr kann der Anspruchsteller seinen Prozessvertreter in Regress nehmen. Ein Risiko, das vielen Rechtsanwälten nicht bewusst ist.

dd) Hypothetische Kausalität

Daneben ist zu prüfen, welchen Ausgang das Verfahren im Falle der Einlegung der Rechtsmittel genommen hätte, insbesondere ob das Gutachten bzw. das Urteil anders ausgefallen und der Schaden dadurch abwendbar gewesen wäre **(hypothetische Kausalitätsprüfung)**.[503] Hierbei kommt es auf die **Rechtsansicht des Gerichts** an, das über den Regressanspruch nach § 839a BGB entscheidet.[504] Hätte

496 *Bleutge* in Landmann / Rohmer GewO, 70. Erg. Juni 2015 § 36 Rdn. 34a; *Kilian* VersR 2003, 685; *Däubler* JuS 2002, 625

497 Vgl.: MüKo / *Wagner* BGB § 839a Rdn. 30

498 Im Ergebnis auch MüKo / *Wagner* BGB § 839a Rdn. 30

499 BGH Beschluss v. 28.07.2006 – III ZB 14/06; BGH Urteil v. 05.07.2007 – III ZR 240/06; Däubler JuS 2002, 625

500 BGH Urteil v. 03.06.1993 – III ZR 104/92; BGH Urteil v. 05.02.1974 – VI ZR 71/72; BGH Urteil v. 13.05.1997 – IX ZR 123/96; BGH Urteil v. 09.10.1997 – III ZR4/97; BGH Urteil v. 16.11.2000 – III ZR 1/00

501 OLG Köln Hinweisbeschluss v. 30.01.2012 – 5 U 222/11

502 BGH Urteil v. 13.01.1984 – V ZR 205/82; Palandt / *Sprau* BGB 75. Aufl. § 839 Rdn. 71

503 BGH Urteil v. 05.07.2007 – III ZR 240/06; MüKo / *Wagner* BGB § 839a Rdn. 34

504 BGH Urteil v. 16.01.1986 – III ZR 77/84; Palandt / *Sprau* BGB 75. Aufl. § 839 Rdn. 77

das Rechtsmittel dazu geführt, dass das Urteil aufgehoben oder teilweise abgeändert worden wäre, ist der Schadensersatzanspruch abzusprechen.

h) Selbstständiges Beweisverfahren gegen den gerichtlichen Sachverständigen zur Vorbereitung des Regressanspruchs

Dem Anspruchsteller kommt die **vollständige Beweislast** zu,[505] sodass dieser mit Ausnahme des gesetzlichen Haftungsausschlusses die Tatbestandsvoraussetzungen beweisen muss. Die Darlegung der Unrichtigkeit des Gutachtens geht jedoch mit erheblichen **Beweisproblemen** einher (Schlagwort „Krähenprinzip“[506]). Hinzu kommt, dass eine **Streitverkündung** gegen den Sachverständigen **unzulässig** ist.[507]

Auch ein **selbstständiges Beweisverfahren** kann nicht gegen den gerichtlichen Sachverständigen eingeleitet werden, da dem Antrag das **rechtliche Interesse abgesprochen** und als „derzeit unzulässig“ abgewiesen wird, solange der Rechtsstreit, in dem der Sachverständige gerichtlich bestellt ist noch läuft und die Einlegung von Rechtsmitteln i.S. d. §§ 839a Abs. 2 i.V. m. § 839 Abs. 3 BGB noch möglich ist.[508]

Dies überzeugt nicht, denn ein rechtliches Interesse zur Einleitung eines selbstständigen Beweisverfahrens zu Fragen, die bereits Gegenstand eines gerichtlichen Gutachtens waren, liegt bereits vor, wenn keine Parteiidentität zwischen den Prozessparteien und den Antragsgegnern besteht.[509] Obwohl dies hier der Fall wäre, wird ein rechtliches Interesse aufgrund des „Vorrangs des Primärrechtsschutzes“ verneint.[510] Im Sinne der Prozessökonomie sollen vielmehr Rechtsmittel i.S. d. § 839a Abs. 2, § 839 Abs. 3 BGB eingelegt[511] und die Beendigung des Hauptprozesses abgewartet werden, bevor § 839a BGB geltend gemacht werden kann. Hierbei wird aber verkannt, dass der Anwendungsbereich des selbstständigen Beweisverfahrens auch dann eröffnet ist, wenn eine Beweisaufnahme zu einem späteren Zeitpunkt nicht mehr möglich ist, da das Beweismittel bspw. verloren zu gehen droht, § 485

---

505 Thomas / Putzo / *Reichold* ZPO vor § 284 Rdn. 23

506 *Lesting* R&P 2002, 224; Schwab DS 2006, 20, 21

507 Nach § 72 Abs. 2 Satz 1 ZPO ist die Streitverkündung gegenüber dem gerichtlichen Sachverständigen kraft Gesetz unzulässig; BGH Beschluss v. 19.12.2006 – VIII ZB 49/06; OLG Celle Beschluss v. 14.11.2005 – 7 W 117/05; OLG Brandenburg Beschluss v. 06.09.2006 – 11 W 36/06; OLG Frankfurt a.M. Urteil v. 15.07.2004 – 1 U 78/01; LG Stuttgart Beschluss v. 10.07.2006 – 10 T 126/06; *Kaiser* NJW 2007, 123; *Schwab* DS 2006, 20; *Rickert* DS 2005, 214

508 BGH Beschluss v. 28.07.2006 – III ZB 14/06; OLG Bamberg Beschluss v. 28.12.2005 – 8 W 37/05; Thomas / Putzo / *Reichold* ZPO § 485 Rdn 7a; so auch *Ulrich* selbstständiges Beweisverfahren mit Sachverständigen Kap. 8 Rdn. 8; *Ulrich* IBR 2006, 654 (Urteilsanmerkung)

509 LG Lüneburg Beschluss v. 14.04.2000 – 4 T 44/00

510 BGH Beschluss v. 16.09.2004 – III ZB 33/04; BGH Beschluss v. 28.07.2006 – III ZB 14/06

511 Vgl. hierzu: BGH Beschluss v. 28.07.2006 – III ZB 14/06

Abs. 1 ZPO. Eine solche Situation kann sich auch in Bezug auf ein gerichtliches Gutachten ergeben. Denn ergibt sich eine Unrichtigkeit des Gutachtens daraus, dass der gerichtliche Sachverständige nicht alle Befundtatsachen berücksichtigt hat, kann ein Abwarten bis zur Beendigung des Hauptprozesses dazu führen, dass die unberücksichtigten Befundtatsachen untergegangen sind und die inhaltliche Unrichtigkeit nicht mehr bewiesen werden kann.[512] Die einschlägige Rechtsprechung hat zur Folge, dass der Sinn und Zweck des selbstständigen Beweisverfahrens teilweise konterkariert wird.

i) Zwischenergebnis

Der Schadensersatzanspruch des § 839a BGB ermöglicht zwar den weit häufigsten Urteilsschaden (Vermögensschaden) ersetzt zu verlangen, ohne dass die Tatbestandsvoraussetzungen der § 826 BGB und § 823 Abs. 2 BGB erfüllt sein müssen. Da § 839a BGB jedoch den Vorwurf der groben Fahrlässigkeit oder des Vorsatzes verlangt und einen gesetzliche Haftungsausschluss vorsieht, dient die Anspruchsgrundlage primär dem **Schutz des gerichtlichen Sachverständigen**. Diesem Zweck dient auch das „Verbot" des selbstständigen Beweisverfahrens und der Streitverkündung gegen den Sachverständigen.

V. Deliktische Haftung des gerichtlichen Sachverständigen am Beispiel der Bauteilöffnung

1. Einleitung

Der gerichtliche Sachverständige haftet nach §§ 823 ff. BGB nur für **beiläufige, unmittelbare Begleitschäden der Begutachtung**, die nicht erst durch die gerichtliche Entscheidung eintreten, sondern im Rahmen der Beweisaufnahme, bspw. bei einer Bauteilöffnung, verursacht werden.[513]

2. Problemdarstellung – Bauteilöffnung

Unter den Begriff **„Bauteilöffnungen"** werden alle erforderlichen, zerstörenden Maßnahmen am Begutachtungsobjekt gefasst, die zur Ermittlung der Befundtatsachen von Nöten sind.[514] Mit ihr gehen neben **haftungsrechtlichen Problemen** auch solche einher, die unmittelbaren Einfluss auf die **Sachverständigenpflichten** haben. Denn weiterhin ist ungeklärt, ob und wenn ja unter welchen Voraussetzungen

---

512 So auch *Ulrich* IBR 2006, 120 (Anmerkung zu OLG Bamberg Beschluss v. 28.12.2005 – 8 W 37/05)

513 *Ulrich* Selbstständiges Beweisverfahren mit Sachverständigen Kap. 8 Rdn. 4; *Dageförde / Fastabend / Kinderreit* BauR 2006, 1202, 1205; *Jagenburg / Baldringer* ZfBR 2009, 413

514 *Praun* BauR 2013, 1938

ein Sachverständiger gerichtlich angewiesen bzw. verpflichtet werden darf, eine Bauteilöffnung durchzuführen oder durchführen zu lassen, um diejenigen Befundtatsachen ermitteln zu können, die zur Beantwortung der Beweisfragen nötig sind. Der Streit wird nahezu ausschließlich mit prozessualen (z.B.: Beibringungsgrundsatz) und praktischen Argumenten geführt, wobei auch das einhergehende Haftungsrisiko des Sachverständigen in den Mittelpunkt rückt, ohne dieses genauer zu bestimmen.

Kurzum: Es geht um die Frage, wer die handwerklichen Vorbereitungshandlungen für die Begutachtung zu erbringen hat und ob eine Verpflichtung zur Vornahme besteht. Des Weiteren stellt sich die Folgefrage, ob dem Gericht eine Weisungsbefugnis zusteht, wenn der Sachverständige die Bauteilöffnung nicht durchführen will.

3. Einwilligung des Eigentümers / Verfügungsberechtigten

Unstrittig ist zunächst[515], dass jede Bauteilöffnung der ausdrücklichen, **vorherigen Zustimmung** (Einwilligung) **des Eigentümers oder des Verfügungsberechtigten des Begutachtungsobjektes** bedarf, wodurch die Selbstentscheidungsfreiheit und das grundrechtgeschützte Eigentum gewahrt werden soll.

Die Einwilligung nach § 183 BGB analog weist erhebliche Ähnlichkeiten zur rechtfertigenden Einwilligung in einen ärztlichen Eingriff auf.[516] Sie bezieht sich stillschweigend auf eine nach den **anerkannten Regeln der Technik (lege artis) durchgeführten Maßnahme**[517], dass der Substanzeingriff **erforderlich** ist, **risikolos vollzogen** und im Anschluss **wieder verschlossen** werden kann.[518]

Erforderlich ist die Bauteilöffnung, wenn der Sachverständige **kein schonenderes**, **aber ebenso effektives Mittel** für die **Beantwortung der ihm gestellten Beweisfragen sieht**, wobei auch die Schadensträchtigkeit und die Möglichkeit des Widerverschlusses zu berücksichtigen ist. Da allein der Sachverständige das **„ob"** und **„wie"** der Durchführung des Sachverständigenbeweises bestimmt, kann auch nur er entscheiden, ob eine Bauteilöffnung für die Beantwortung der Beweisfragen tatsächlich erforderlich ist. Eine aus seiner Sicht nicht erforderliche Bauteilöffnung muss er nicht vornehmen, selbst wenn der Beweisführer dies einfordert. Weist er den Wunsch der Vornahme einer Bauteilöffnung zurück, bedarf es aber einer **Begründung des Sachverständigen**.

---

515 So auch bspw. *Praun* BauR 2013, 1938, 1939; *Grossam* DS 2013, 214, 217; OLG Celle Beschluss v. 07.04.2009 – 16 W 27/09; OLG Stuttgart Beschluss v. 13.09.2005 – 13 W 43/05; wohl auch *Dötsch* NZBau 2008, 217, 218; *Kern* BauR 2014, 603, 604 Fn. 8; im Ergebnis auch *Liebheit* BauR 2008, 1510 und BauR 2008, 1790, 1793

516 BGH Urteil v. 22.12.2010 – 3 StR 239/10 (Heileingriff)

517 *Fischer* StGB § 223 Rdn. 23 (Heileingriff)

518 OLG Stuttgart OLG Stuttgart, Beschluss v. 13.09.2005 – 13 W 43/05; OLG Celle Beschluss v. 30.10.1997 – 4 U 197/95

4. Pflicht zur vorherigen Aufklärung

Der Eigentümer muss vom Sachverständigen in die Lage versetzt werden, in eine Bauteilöffnung einwilligen zu können. Hierfür bedarf es einer **vorherigen ordnungsgemäßen Aufklärung**. Hierdurch wird gewährleistet, dass die Einwilligung des Betroffenen stets unter Kenntnis von Grund, Art, Umfang, Chancen, Ablauf sowie möglicher Folgen und Nebenfolgen des Eingriffs abgegeben wird (**Risikoaufklärung**).[519] Die **Aufklärungspflicht** des Sachverständigen ergibt sich unmittelbar aus dem **Gebot des fairen Verfahrens**[520] und der **Rolle des Sachverständigen** als neutrale Institution[521]. Der Umfang der Aufklärung bestimmt sich nach der Maßgabe der objektiven technischen Erfahrung des Sachverständigen unter Berücksichtigung dessen Sonderwissens sowie den Besonderheiten des Einzelfalls.[522]

Ebenso hat der Sachverständige die Parteien nach § 407a Abs. 3 ZPO über die **einhergehenden Kosten** aufzuklären[523], da beide Parteien potentielle Kostenschuldner sind[524] und nur so der Beweisführer entscheiden kann, ob er weiterhin vom Sachverständigenbeweis Gebrauch machen will. Die Aufklärung muss **zeitlich** so erfolgen, dass hinreichend Gelegenheit für eine freie Willensbildung bleibt.

Nach § 183 BGB analog kann die Einwilligung bis zur Vornahme der Bauteilöffnung **widerrufen** werden.[525]

Sollte der Sachverständige eine Verweigerung oder einen Widerruf der Einwilligung missachten oder die Aufklärung wird nicht den vorbezeichneten Kriterien gerecht,[526] ist der **Eingriff zwingend rechtswidrig**.[527] Deshalb sollte der Sachverständige die Aufklärung und die Einwilligung **dokumentieren**.[528] Denn im Falle eines anschließenden Bestreitens der Einwilligung ist er für die Abgabe der Einwilligung beweispflichtig.

---

519 Vgl. hierzu *Fischer* StGB § 228 Rdn. 13 ff. (Heileingriff); so auch *Kramraz* DS 2014, 170, 175

520 BVerfG Beschluss v. 16.10.2003 – 1 BvR 1515/99

521 Ähnlich: Palandt / *Ellenberg* BGB 75. Aufl. § 123 Rdn. 5c

522 *Fischer* StGB § 223 Rdn. 25; a.A. *Liebheit* BauR 2008, 1510, 1511: ein Hinweis auf das einhergehende Risiko bedarf es nicht unbedingt. Folge wäre jedoch, dass die Partei irrtümlicherweise davon ausgehen kann, dass kein Risiko mit dem Substanzeingriff einhergehe und die Wiederverschließung ohne Probleme möglich sei

523 Daneben muss der Sachverständige auch darauf achten, dass die anfallenden Kosten von einem hinreichenden Kostenvorschuss gedeckt sind und hat auf unverhältnismäßig hohe Kosten hinzuweisen, § 407a Abs. 3 ZPO

524 Vgl.: *Liebheit* BauR 2008, 1510, 1512

525 Vgl.: *Fischer* StGB § 228 Rdn. 18

526 Z.B.: BGH Urteil v. 20.01.2004 – 1 StR 319/03; BGH Urteil v. 22.12.2010 – 3 StR 239/10 (jeweils Heileingriff)

527 BGH Urteil v. 25.06.2010 – 2 StR 454/09 (Heileingriff); OLG München Urteil v. 31.01.2002 – 1 U 4705/98; *Fischer* StGB § 223 Rdn. 26;

528 *Keldungs* Jahrbuch 2009 Baurecht BauR 2009, 217, 233

5. Prozessuale Mitwirkungs- und Duldungspflicht – §§ 142 ff. ZPO

a) Einleitung

Dass es in Folge einer Aufklärung zu einer Einwilligung kommt, ist **nicht Aufgabe des Sachverständigen**. Er muss lediglich aufklären und auf die Notwendigkeit der Einwilligung für die Durchführung der Beweisaufnahme hinweisen.[529] Der Beweisführer muss nun den Eigentümer / Verfügungsberechtigten über das Gericht zur Einwilligung auffordern,[530] sofern er diese nicht selbst abgeben kann. Kommt es zu keiner Einwilligung des Verfügungsberechtigten, kann der Sachverständigenbeweis zunächst nicht durchgeführt werden. Der Beweisführer kann zwar nun auf andere Beweismittel zurückgreifen, wobei diese in der Regel nicht für einen effektiven Beweis geeignet sein dürften.

Damit der Beweisführer nicht beweispflichtig bleibt und die Prozessökonomie darunter leidet, sehen die **§§ 142 ff. ZPO prozessuale Mitwirkungs- und Duldungspflichten** der Parteien bzw. von Dritten vor, die maßgeblich durch das **Kriterium der „Unzumutbarkeit der Beweisführung“** beschränkt werden.[531] Der **Wahrheitsfindung** wird hierbei allerdings der Vorrang vor etwaigen Unannehmlichkeiten des Einzelnen eingeräumt.[532] In dem Zusammenhang kann das Gericht nach **§ 144 Abs. 1 Satz 1, 2 ZPO**[533] den Verfügungsberechtigten (Partei oder Dritter) anweisen, einen Gegenstand der Beweisführung **„vorzulegen“**, sofern dies für einen effektiven Sachverständigenbeweis von Nöten ist. Unter „Vorlage“ ist u.a. auch die **Zurverfügungstellung einer Immobilie** zur Durchführung einer Bauteilöffnung zu verstehen.[534]

b) Beweisführer = Verfügungsberechtigter

Ist der Beweisführer zugleich auch der Verfügungsberechtigte, gehen mit der Zurückhaltung des Beweisgegenstandes keine Probleme einher. Allein ihm obliegt es, den Beweisgegenstand für seinen Sachverständigenbeweis zur Verfügung zu stellen. Er wird nun mittels eines **Gerichtsbeschlusses nach § 356 ZPO unter Fristsetzung**

---

529 Vgl.: OLG Celle Beschluss v. 07.04.2009 – 16 W 27/09 (Zustimmung einer Wohnungseigentümergemeinschaft)

530 OLG Celle Beschluss v. 07.04.2009 – 16 W 27/09; OLG Hamm Beschluss v. 18.10.2005 – 26 U 16/04

531 OLG Stuttgart Beschluss v. 11.01.2011 – 10 W 56/10

532 *Basler / Messerschmidt* NJW 2014, 3329

533 § 144 ZPO ist auch im selbstständigen Beweisverfahren anwendbar: KG Beschluss v. 21.10.2005 – 7 W 46/05; *Praun* BauR 2013, 1938, 1940; KG Beschluss v. 21.10.2005 – 7 W 46/05

534 OLG Stuttgart Beschluss v. 11.01.2011 – 10 W 56/10; KG Beschluss v. 21.10.2005 – 7 W 46/05; Kniffka / *Koeble* Kompendium des Baurechts 4. Aufl. 2. Teil Rdn. 131; Thomas / Putzo / *Reichold* ZPO § 144 Rdn. 2

zur Vorlage des Beweisgegenstandes und Einwilligung in die Bauteilöffnung aufgefordert.[535] Durch die Fristsetzung soll jedoch keine zwangsweise Durchsetzung vorbereitet werden, denn es steht den Parteien frei, wie sie ihren Beweis führen wollen. Vielmehr soll durch die Fristsetzung das rechtliche Gehör gewahrt werden.[536] Eine Säumnis hat daher allein zur Folge, dass der verfügungsberechtigte Beweisführer beweisfällig bleibt.[537] Eine Beweislastentscheidung ist die Folge. Die bis hier angefallenen Kosten des Sachverständigenbeweises hat der Beweisführer dann nach § 91 ZPO zu tragen.[538]

c) Beweisgegner = Verfügungsberechtigter

Ist der Verfügungsberechtigte der Beweisgegner, hängt die Durchführung des Sachverständigenbeweises des Beweisführers maßgeblich von seiner Vorlage und Einwilligung ab. Im Falle einer Verweigerung kann das Gericht ihn nach **§ 144 Abs. 1 Satz 2 ZPO** auffordern, den Beweisgegenstand innerhalb einer Frist vorzulegen und in die Beweisführung einzuwilligen.

Kommt er der **Anweisung nach**, hat er den Sachverständigenbeweis zu **dulden**. Hierunter ist, ähnlich wie bei der Duldungspflicht einer polizeirechtlichen Maßnahme nach den Polizei- und Ordnungsgesetzen der Länder, zu verstehen, dass dem Sachverständigen und den sonstigen Berechtigten der Zutritt auf das Grundstück gewährt werden muss, ein Ortskundiger vor Ort ist und etwaige Zugangshindernisse „zurückgebaut" werden.

Die Pflicht zur Duldung steht jedoch nach § 371 Abs. 3 ZPO unter einem **Zumutbarkeitsvorbehalt**. Die Beweisaufnahme kann verweigert werden, wenn stichhaltige Gründe vorliegen.

Berücksichtigungsfähige Aspekte sind:

- eine bleibende ästhetische Beeinträchtigung durch die Beweisführung des anderen,[539]
- eine besondere Schadensträchtigkeit oder ein nicht eingrenzbares[540] Schadensrisiko der Untersuchung für das Begutachtungsobjekt,[541]

---

535 OLG Koblenz Hinweisbeschluss v. 18.02.2013 – 3 U 775/12

536 Allgemein: BVerfG Beschluss v. 18.01.2000 – 1 BvR 321/96; Liebheit BauR 2008, 1510, 1512

537 OLG Koblenz Beschluss v. 18.02.2013 – 3 U 775/12

538 OLG Koblenz Beschluss v. 28.06.2004 – 5 W 397/04; *Henkel* BauR 2003, 1650, 1651; *Dötsch* NZBau 2008, 217, 219; OLG Koblenz Beschluss v. 28.06.2004 – 5 W 397/04

539 OLG Stuttgart Beschluss v. 11.01.2011 – 10 W 56/10; *Dötsch* DS 2008, 20, 23; OLG Stuttgart Beschluss v. 11.01.2011 – 10 W 56/10

540 OLG Braunschweig Urteil v. 29.01.2004 – 8 U 173/99

541 BT-Drs. 14/4722 Seite 79; OLG Koblenz Hinweisbeschluss v. 03.01.2014 – 5 U 1310/13; OLG Stuttgart Beschluss v. 11.01.2011 – 10 W 56/10; OLG Braunschweig Urteil v. 29.01.2004 – 8 U 173/99 (der Senat sieht die Zumutbarkeit als Ausnahme an)

- irreversible Schäden[542] und
- die Dauer, Intensität[543], Lärm- und Schutzbelästigung die mit der Beweiserhebung einhergeht.

Daneben muss in die Zumutbarkeitsprüfung mit einbezogen werden, inwieweit der **Wohnbereich** von der Beweismaßnahme betroffen ist, § 144 Abs. 1 Satz 3 ZPO. Hier wurde der weite Wohnungsbegriff des Art. 13 GG in die ZPO übernommen,[544] wonach nicht nur der eigentliche Wohnbereich, sondern bspw. auch die Außenfassade, Außentreppen, Fahrradkeller und die Tiefgarage zum Wohnbereich gehören.[545] Daneben muss auch der **Schutzzweck des Art. 13 GG** beachtet werden: Der Schutz der Unverletzbarkeit der Wohnung als räumliche Sphäre, in der sich das Privatleben entfaltet.[546]. Aufgrund dessen reicht nicht die bloße Möglichkeit einer Wohnungsbetroffenheit aus, um eine Beweisaufnahme verhindern zu können. Vielmehr bedarf es eines **Betretenmüssens im Sinne des Art. 13 GG,**[547] welches sich unmittelbar aus dem Beweisbeschluss ergeben muss.[548] Aufgrund der Bezugnahme auf den Wohnungsbegriff des Art. 13 GG wird jedoch nicht nur das Wohnungseigentum geschützt (Art 14 GG), sondern der **Schutz der räumlichen Privatsphäre** (Art. 13 GG). Einem effektiven Sachverständigenbeweis dient dies nicht.

Teilweise wird vertreten, dass die **Zumutbarkeitsschwelle** per se **nicht überschritten** sein kann, wenn dem Verfügungsberechtigten eine **Sicherheit gestellt** wird.[549] Hierbei wird aber verkannt, dass das Zurückbehaltungsrecht des Beweisgegenstandes und die materielle Einwilligung als solche auch das **Sacheigentum** schützen soll. Hierunter fallen alle vermögenswerte Güter.[550] Im Sinne des Art. 14 GG muss Berücksichtigung finden, dass verfassungsrechtlich eine **Substanzgarantie** und gerade keine Wertgarantie des Eigentums gewährleistet werden soll. Die Substanz

---

542 Im Ergebnis auch *Ulrich / Zielbauer* DS 2008, 12, 16

543 BGH Urteil v. 02.05.2002 – I ZR 45/01; BGH Urteil v. 08.01.1985 – X ZR 18/84 (erhebliche Substanzeingriffe sind in einer Beweisaufnahme nicht zu dulden)

544 BT-Drs. 14/4722 Seite 79 Nr. 22; BGH Urteil v. 17.07.2009 – V ZR 95/08; BGH Beschluss v. 16.05.2013 – VII ZB 61/12; *Basler / Messerschmidt* NJW 2014, 3329, 3333

545 Vgl.: BVerfG Beschluss v. 13.10.1971 – 1 BvR 280/66; BVerfG Urteil v. 03.03.2004 – 1 BvR 2378/98 u. 1 BvR 1084/99; BGH Urteil v. 16.05.2013 – VII ZB 61/12; Zöller / *Greger* ZPO 30. Aufl. § 144 Rdn. 3

546 BVerfG NJW 2004, 999, 1000; BVerfG NJW 2004, 1517, 1518; BVerfG NJW 2008, 822, 826

547 Vgl.: BGH Urteil v. 17.07.2009 – V ZR 95/08; *Basler / Messerschmidt* NJW 2014, 3329, 3332

548 *Basler / Messerschmidt* NJW 2014, 3329, 3332

549 *Volze* DS 2008, 24, 25; OLG Braunschweig Urteil v. 29.01.2004 – 8 U 173/99; *Dötsch* NZBau 2008, 217, 219, 220

550 z.B.: BVerfG NJW 2006, 1191, 1192

des Sacheigentums soll soweit wie möglich erhalten bleiben.[551] Eine finanzielle Absicherung durch die Stellung einer Sicherheit dient diesem Ziel nicht.

Behält der Verfügungsberechtigte den Beweisgegenstand zu Unrecht zurück oder verweigert er die Einwilligung, obwohl eine Zumutbarkeit der Beweisaufnahme gegeben ist, hat dies **keine zwangsweise Durchsetzung** der Vorlage bzw. die Einwilligung in die Beweisaufnahme zur Folge.[552] Die fehlende Mitwirkung wird vielmehr als **Beweisvereitelung**[553] gewertet, mit der Folge, dass der strittige Vortrag des Beweisführers nach § 144 Abs. 3 i.V. m. § 371 Abs. 3 ZPO **als Wahr unterstellt** wird. Der Prozessökonomie und der Effektivität der Beweisaufnahme ist damit Genüge getan.

d) Dritter = Verfügungsberechtigter

Tatsächliche und rechtliche Probleme treten dann auf, wenn der Verfügungsberechtigte keine Partei des Rechtsstreites ist, sondern ein Dritter -**ein am Rechtsstreit gänzlich Unbeteiligter**-. Eine **prozessrechtliche Entscheidung**, wie die Beweisfälligkeit oder eine Beweisvereitelung ist **nicht möglich**, wenn ein Dritter die Vorlage oder die Einwilligung verweigert. Der Dritte ist daher zunächst gerichtlich **unter Fristsetzung** zur Vorlage des Beweisgegenstandes und zur Erteilung der Einwilligung **aufzufordern**. Hierdurch wird erreicht, dass dessen Einwände gerichtlich gehört werden (rechtliches Gehör).

➢ **Dritter legt Beweisgegenstand vor und willigt ein**

Legt der Dritte den Beweisgegenstand vor und die Einwilligung wird erteilt, kommt ihm, wie dem Beweisgegener, eine **Duldungspflicht** zu. Dies gilt dann nicht, wenn seine Wohnung von der Beweisaufnahme betroffen ist, § 144 Abs. 1 Satz 3 ZPO. Denn auch gegenüber dem Dritten gilt der **Zumutbarkeitsvorbehalt**. Was genau dem Dritten zumutbar ist, stellt eine Frage des Einzelfalls dar. Es bedarf einer **Abwägung der jeweiligen individuellen Interessen**, wobei immer beachtet werden muss, welche Folgen eine Verweigerung des Dritten für die Parteien hat. Beachtung muss allerdings der **Grundsatz** finden, nachdem dem Dritten weniger zumutbar sein soll als dem Beweisgegner.[554] Dies ist auch angezeigt, da der Beweisgegner stets die Wahl zwischen der Vorlage des Beweisgegenstandes oder der Inkaufnahme einer Beweisentscheidung hat.

➢ **Dritter verweigert Vorlage und Einwilligung, trotz Zumutbarkeit**

Verweigert der Dritte hingegen die Vorlage bzw. die Einwilligung in die Beweisaufnahme, obwohl diese zumutbar wäre, kann die **Duldung der Beweisaufnahme**

551 Vgl.: BVerfG NVwZ 2005, 1412, 1414; BVerfG Beschluss v. 23.02.2010 – 1 BvR 2736/08

552 Im Ergebnis: Thomas / Putzo / *Reichold* ZPO § 144 Rdn. 4

553 BGH Urteil v. 27.06.1978 – VI ZR 183/76; OLG München Urteil v. 03.11.1983 – 24 U 185/83; LG Frankfurt a.M. Urteil v. 14.08.1990 – 2/11 S 112/90;

554 Im Ergebnis: *Basler/Messerschmidt* NJW 2014, 3329, 3331

durch ein **Ordnungs- und Zwangsmittel** gerichtlich erzwungen werden, §§ 144 Abs. 2, 390 Abs. 1, 2 ZPO[555]. Nach § 429 ZPO besteht sogar die Möglichkeit einer **Klage auf Duldung** gegen den Dritten. Steht dieser hingegen **im Lager einer Partei** und besteht die rechtliche Möglichkeit den Dritten zur Duldung der Beweisaufnahme anzuhalten, wird von einer zwangsweisen Durchsetzung Abstand genommen. Vielmehr wird das Problem nun über eine **Beweisentscheidung** gelöst.[556] Das vorwerfbare fehlende Anhalten des Dritten zur Vorlage oder Einwilligung durch die Partei wird so behandelt, als hätte sie selbst grundlos den Beweisgegenstand nicht vorgelegt oder die Einwilligung verweigert.

e) Zwischenergebnis

Jede Beweisaufnahme setzt sowohl die Vorlage des Beweisgegenstandes, als auch die Einwilligung des Verfügungsberechtigten voraus. Wird diese verweigert, obwohl die Schwelle der Unzumutbarkeit nicht überschritten wurde, helfen die prozessualen Mitwirkungs- und Duldungspflichten bzw. einhergehende Beweisentscheidungen, damit die Prozessökonomie und Wahrheitsfindung im Zivilprozess nicht das Nachsehen haben. Nur beim Dritten gilt dies nicht, es sei denn, er steht im Lager einer Partei.

6. Darstellung des Meinungsstreits

a) Einleitung

Der Prozess der Wahrheitsfindung und die Prozessökonomie können aber auch dann empfindlich gestört werden, wenn der Sachverständige sich weigert, **trotz Vorlage des Beweisgegenstandes** und **Einwilligung** eine erforderliche Bauteilöffnung vorzunehmen. Mit diesem Problem geht der **kontrovers diskutierte Streit** einher, ob Gerichte den Sachverständigen dann zur Durchführung solcher Untersuchungen anweisen dürfen oder sogar müssen, und welche Folgen eine solche Weisung für den Sachverständigen haben. Der Meinungsstreit folgt ganz dem Motto *„zwei Juristen, drei Meinungen“*. Bis heute liegt weder eine höchstrichterliche Klärung vor noch zeichnet sich eine herrschende Meinung in Literatur und Rechtsprechung ab[557], auch wenn dies vereinzelt anders dargestellt wird[558].

---

555 BT-Drs. 14/4722 Seite 79; Kniffka / *Koeble* Kompendium des Baurechts 4. Aufl. 2. Teil Rdn. 131; KG Beschluss v. 21.10.2005 – 7 W 46/05; Nach 390Abs. 1 Satz 1 ZPO kann der Beweisführer auch die Kosten ersetzt verlangen, die durch eine unberechtigte Weigerung entstanden sind

556 *Dötsch* NZBau 2008, 217, 220

557 *Jagenburg / Baldringer* ZfBR 2009, 413

558 So u.a. OLG Hamm Beschluss v. 18.10.2005 – 26 U 16/04; LG Kiel Beschluss v. 30.01.2009 – 9 OH 49/07; *Praun* BauR 2013, 1938, 1942

b) Generelle Berechtigung des Sachverständigen zur Bauteilöffnung

Einigkeit besteht insoweit,[559] dass dem Sachverständigen **generell die Berechtigung** zukommt, eine **Bauteilöffnung vorzunehmen**, gerade wenn er sich hierzu bereit erklärt. Aufgrund dessen laufen **einvernehmliche Bauteilöffnungen** in der Praxis auch völlig problemlos ab. Ebenso unstrittig ist die Tatsache, dass der Sachverständige eine Bauteilöffnung durch die beweisbelastete Partei ausführen lassen darf, solange sichergestellt ist, dass die Vorgaben des Sachverständigen befolgt werden.[560]

Der Streit wird daher nur dann relevant, wenn die Partei und / oder der Sachverständige sich weigert, eine erforderliche Bauteilöffnung vorzunehmen. Nur dann stellt sich die Frage nach einer Weisungsbefugnis des Gerichts und einer Pflicht zur Vornahme der Bauteilöffnung.

c) Keine Pflicht des Sachverständigen zur Erbringung handwerklicher Vorarbeiten

Eine Ansicht[561] verneint eine Pflicht des Sachverständigen zur Vornahme einer Bauteilöffnung gegen seinen Willen, selbst im Falle einer gerichtlichen Weisung[562], mit folgenden Gründen:

➢ **Bauteilöffnungen nicht Teil des Tätigkeitsbereiches**

Seine Aufgabe bestehe allein unter Anwendung seiner sachverständigen Kenntnisse **analytisch**[563] den Befundsachverhalt durch eine Inaugenscheinnahme des Begutachtungsobjektes zu ermitteln.[564] Vorbereitende **handwerkliche Arbeiten** könnten aufgrund der **Ausbildung und des Tätigkeitsbereichs des Sachverständigen**

---

559 Vgl. zuletzt u.a. *Praun* BauR 2013, 1938, 1942; *Kern* BauR 2014, 603, 604

560 Zusammenfassend zum Vorstehenden: *Kern* BauR 2014, 604

561 Eine Auswahl: **Rspr.:** OLG Bamberg Beschluss v. 09.01.2002 – 4 W 129/01; OLG Rostock Beschluss v. 04.02.2002 – 7 W 100/01; OLG Naumburg Urteil v. 14.09.2004 – 1 U 97/03; OLG Frankfurt a.M. Beschluss v. 13.11.2003 – 15 W 87/03; LG Limburg Beschluss v. 12.05.2005 – 4 OH 6/05; OLG Hamm Beschluss v. 18.10.2005 – 26 U 16/04; OLG Oldenburg Beschluss v. 21.11.2013 – 3 W 30/13; LG Ravensburg Urteil v. 27.05.1998 – 5 OH 76/9; LG Kiel Beschluss v. 30.01.2009 – 9 OH 49/07; **Literatur:** *Nittner* BauR 1998, 1052, 1053; *Kamphausen* BauR 2003, 757, 759; *Vogel* IBR 2004, 442 (Urteilskommentierung); *Kamphausen* IBR 2007, 159 (Urteilskommentierung); *Dötsch* NZBau 2008, 217; *Jagenburg / Baldringer* ZfBR 2009, 413, 415; Motzke BauR 2013, 304 ff.; *Praun* BauR 2013, 1938, 1940; Werner / *Pastor* 15. Aufl. Rdn. 91; *Henkel* BauR 2003, 1650, 1654; Zöller / *Greger* ZPO 30. Aufl. § 404a Rdn. 4; Bruns BauR 2015, 183

562 OLG Brandenburg Beschluss v. 09.08.1995 – 8 W 125/95; *Nittner* BauR 1998, 1052, 1053; OLG Braunschweig Urteil v. 29.01.2004 – 8 U 173/99

563 *Dötsch* NZBau 2008, 217

564 LG Kiel Beschluss v. 30.01.2009 – 9 OH 49/07; *Volze* DS 2008, 24

und des Zuschnitts seines Gewerbes in der Regel nicht erwartet werden.[565] Hierfür fehle es ihm auch an der nötigen Sachkunde. Andernfalls wäre die Durchführung solcher handwerklicher Vorarbeiten auch in den **Anwendungsbereich des § 839a BGB** aufgenommen worden.[566]

Vom Tätigkeitsbereich seien jedoch **kleinere Bauteilöffnungen**, wie das Abkratzen oder die Entnahme kleiner Proben aus Bauteilen nicht betroffen.[567]

➢ Keine Pflicht, andernfalls Kontrahierungszwang

Müsste der Sachverständige trotz fehlender Kenntnis die Bauteilöffnung vornehmen, sei er faktisch zur Hinzuziehung Dritter verpflichtet, um handwerkliche Vorarbeiten vornehmen zu lassen, obwohl § 407a Abs. 2 Satz 2 ZPO nur die Möglichkeit, jedoch nicht die Verpflichtung der Hinzuziehung Dritter vorsieht. Der Pflichtenkreis des Sachverständigen würde erweitert werden.[568] Dies sei **nicht zumutbar**, da ein **Kontrahierungszwang** die Folge wäre.[569] Die Bauteilöffnung falle daher n**icht in den Pflichtenkreis des Sachverständigen**.[570] Dies gelte auch dann, wenn er parallel einen auf handwerkliche Arbeiten eingerichteten Betrieb führe. Andernfalls würden die Sachverständigen- und die gewerbliche Handwerkstätigkeit **vermischt werden**, wenn er Substanzeingriffe durch den eigenen Betrieb ausführen lassen würde.[571]

➢ Keine Vergleichbarkeit zum medizinischen Sachverständigen

Ein **Vergleich zum medizinischen Sachverständigen** (Arzt), der stets (handwerkliche) Vorarbeiten erbringen müsse, sei beim Bausachverständigen nicht angezeigt. Ein wesentlicher Unterschied sei darin zu sehen, dass die **Vorbereitung des körperlichen Eingriffs immer Bestandteil des Tätigkeitsbereichs des Arztes** sei.[572] Für den Bausachverständigen gelte dies so nicht.

➢ Unzumutbares Haftungs-, Prozess- und Insolvenzrisiko

Mit der Bauteilöffnung gehe auch ein unzumutbares Haftungsrisiko einher. Der Sachverständige hafte entweder selbst, oder, sofern er die Vorarbeiten durch Hilfskräfte ausführen lasse, nach § 831 BGB. Daneben trage er als Vertragspartner der Hilfskraft allein dessen Insolvenzrisiko. Hieraus folge ein **unzumutbares Haftungs-, Prozess- und Insolvenzrisiko**.[573] Aufgrund dessen solle die beweisbelastete Partei

---

565 OLG Rostock Beschluss v. 04.02.2002 – 7 W 100/01

566 *Lehmann* IBR 2009, 358 (Urteilskommentierung)

567 *Volze* DS 2008, 24, 25

568 LG Limburg Beschluss v. 12.05.2005 – 4 OH 6/05

569 OLG Brandenburg 1996, 432 Beschluss v. 09.08.1995 – 8 W 125/95; *Dötsch* NZBau 2008, 217, 218

570 *Dageförde/Fastabend/Kindereit* BauR 2006, 1202, 1208

571 *Dageförde/Fastabend/Kindereit* BauR 2006, 1202, 1204

572 OLG Rostock Beschluss v. 04.02.2002 – 7 W 100/01

573 *Dötsch* DS 2008, 20, 22; ähnlich: *Dageförde/Fastabend/Kindereit* BauR 2006, 1202, 1203

selbst ein Unternehmen beauftragen, das entsprechend den Anweisungen des Sachverständigen die Bauteilöffnung durchführe.[574]

➢ **Kein hinreichender Versicherungsschutz**

Zusätzlich zum Haftungsrisiko käme dem Sachverständigen bei Bauteilöffnungen **kein hinreichender Versicherungsschutz** zu, denn er könne nur seinen Tätigkeitsbereich versichern. Da der Großteil der Bauteilöffnungen nicht in den Tätigkeitsbereich des Sachverständigen falle, sind sie auch nicht von der Berufshaftpflichtversicherung abgedeckt.[575] Ein bestehender Versicherungsschutz könne daneben nach § 81 VVG (Versicherungsvertragsgesetz) entfallen, wenn der Sachverständige eine Bauteilöffnung durchführe, obwohl er wisse, dass er den Urzustand nicht mehr herstellen könne.[576] Die Tätigkeitsklausel nach § 4 Abs. 1 Nr. 6 b AHB täte ihr übriges.[577]

➢ **Sachverständiger Gehilfe des Gerichts / Beibringungsgrundsatz**

Auch dürfe nicht verkannt werden, dass der Sachverständige lediglich **Gehilfe des Gerichts** sei,[578] sodass ihm höchstens die Rechte und Pflichten wie dem Gericht selbst zukämen. Da **Gerichte bei der Inaugenscheinnahme** weder berechtigt noch verpflichtet seien, eigenständig oder durch Dritte handwerkliche Vorarbeiten vornehmen zu lassen, um die Inaugenscheinnahme zu ermöglichen,[579] gelte dies **erst recht** für den Sachverständigen.[580] Vielmehr müsse der Beweisführer die Voraussetzungen schaffen, dass die Inaugenscheinnahme möglich sei.[581] Dies gebiete auch der **Beibringungsgrundsatz,** nach dem allein der beweisbelasteten Partei die Beibringung der Entscheidungsgrundlagen und die Beschaffung der Beweise obliege[582] und hierbei alle Vor-, Neben- und Nacharbeiten erbringen müsse.[583] Dies gelte beim Sachverständigenbeweis entsprechend.[584]

---

574 OLG Rostock Beschluss v. 04.02.2002 – 7 W 100/01; *Liebheit* BauR 2008, 1510; *Liebheit* BauR 2008, 1790
575 *Volze* DS 2008, 24
576 *Volze* DS 2008, 24, 25
577 *Dageförde / Fastabend / Kindereit* BauR 2006, 1202, 1205
578 *Sendler* NJW 1986, 2907, 2908; *Franzki* DRiZ 1991, 314; Dötsch DS 2008, 20, 21
579 LG Kiel Beschluss v. 30.01.2009 – 9 OH 49/07; *Dötsch* NZBau 2008, 217, 218 m.w.N.
580 *Ulrich* IBR 2007, 160 (Urteilskommentierung)
581 *Luz* Anm. zu OLG Jena DS 2008, 29
582 *Dageförde / Fastabend / Kindereit* BauR 2006, 1202, 1204
583 *Dötsch* DS 2008, 20, 21
584 Vgl.: LG Kiel Beschluss v. 30.01.2009 – 9 OH 49/07; *Henkel* BauR 2003, 1650, 1654; *Luz* Anm. zu OLG Jena DS 2008, 29; *Jagenburg / Baldringer* ZfBR 2009, 413, 415

➢ **Keine gerichtliche Weisungsbefugnis zur Vornahme einer Bauteilöffnung, § 404a ZPO – verfahrensrechtliche Norm**

Dem Gericht käme darüber hinaus auch keine verpflichtende Weisungsbefugnis zu. **§ 404a ZPO** stehe einer solchen entgegen.[585] Hierbei handle es sich nur um eine **verfahrensrechtliche Norm**, durch die **Art und Umfang der Tätigkeit** des Sachverständigen bestimmt werden könne. Da handwerkliche Arbeiten jedoch nicht „Teil seiner Tätigkeit" seien, sei der Anwendungsbereich des § 404a Abs. 1 ZPO nicht eröffnet.[586] Unabhängig davon sei § 404a ZPO auch nicht geeignet, um Eingriffe in Art. 12 GG und Art. 2 GG zu legitimieren.[587] **Gründe der Praktikabilität und der Effizienz** könnten hieran nichts ändern.[588]

d) *Gerichtliche Weisungsbefugnis zur Vornahme der Bauteilöffnung*

Eine **andere Ansicht** wiederum spricht dem Gericht grundsätzlich eine Weisungsbefugnis zu[589], wobei diese auch konkludent erteilt werden könnte.[590] Streit besteht jedoch dahingehend, ob eine Weisung Voraussetzung der Pflicht zur Vornahme der Bauteilöffnung ist.

aa) *Verpflichtung des Sachverständigen auch ohne Weisung – Gründe für die Weisungsbefugnis des Gerichts*

Nach einer **vermittelnden Teilansicht** ist der Sachverständige zur Vornahme der Bauteilöffnung **auch ohne eine gerichtliche Weisung verpflichtet**, wenn ansonsten das Gutachten nicht vollständig erstattet werden könnte.

➢ **Systematik der § 404 ff. ZPO (§§ 404, 404a, 407, 407a, 409 ZPO)**

Die Pflicht zur Vornahme der Bauteilöffnung ergebe sich wiederum aus der Pflicht des Sachverständigen alle Fragen aus seinem Fachgebiet, notfalls unter Hinzuziehung

585 *Dötsch* DS 2008, 20, 22

586 OLG Hamm Beschluss v. 18.10.2005 – 26 U 16/04; *Ulrich* IBR 2007, 160 (Urteilskommentierung)

587 OLG Bamberg Beschluss v. 09.01.2002 – 4 W 129/01; *Kamphausen* BauR 1998, 500, 506

588 *Jagenburg / Baldringer* ZfBR 2009, 413, 415

589 Eine Auswahl: **Rspr.**: OLG Jena Beschluss v. 18.10.2006 – 7 W 302/06; OLG Stuttgart Beschluss v. 13.09.2005 – 13 W 43/05; OLG Celle Beschluss v. 08.02.2005 – 7 W 147/04; OLG Celle Beschluss v. 30.10.1997 – 4 U 197/95; OLG Frankfurt a.M. Beschluss v. 26.02.1998 – 18 U 50/95; OLG Düsseldorf Beschluss v. 16.01.1997 – 23 W 47/96; OLG Brandenburg Beschluss v. 09.08.1995 – 8 W 125/95; LG Bayreuth Urteil v. 01.10.1998 – 3 O 5612/95; **Literatur:** Kniffka / *Koeble* Kompendium des BauR 4. Aufl. Teil 2 Rdn. 130: Thomas / Putzo / *Reichold* ZPO § 404a Rdn 2; *Keldungs* Jahrbuch Baurecht 2009 BauR 2009, 217 ff.; *Liebheit* BauR 2008, 1510; *Liebheit* BauR 2008, 1790; MüKo / *Zimmermann* ZPO § 404a Rdn. 3

590 OLG Düsseldorf Beschluss v. 16.01.1997 – 23 W 47/96

von Dritten, vollständig zu beantworten.[591] Diese ergebe sich aus der **Systematik der § 404 ff. ZPO (§§ 404, 404a, 407, 407a, 409 ZPO)**. Der Sachverständige habe als seine **ureigenste Aufgabe** dafür Sorge zu tragen, dass die tatsächlichen Voraussetzungen für die Erledigung des Gutachtenauftrages geschaffen werden.[592] Einer Weisung bedürfe es dafür nicht.

➢ **Vergleich zum medizinischen Sachverständigen / Beibringungsgrundsatz**

Auch ein **medizinischer Sachverständiger** habe die gebotene Untersuchung in Gänze mit allen vorbereitenden Maßnahmen selbst und auf eigene Verantwortung nach den Regeln der ärztlichen Kunst zu erbringen und könne **nicht verlangen**, dass die beweisbelastete Partei den Begutachtungsgegenstand kostenfrei augenscheinmäßig präsentiere.[593] Soweit gehe die Obliegenheit des Beweisführers nach dem **Beibringungsgrundsatz** nun mal nicht.[594] Die Parteien hätten in dem Zusammenhang nur das Tatsachenmaterial hinreichend zu bestimmen, welches das Gericht seiner Entscheidung zugrunde legen soll.[595] Andernfalls wäre auch die **freiwillige und einvernehmliche Vornahme der Bauteilöffnung** durch den Sachverständigen ein **Verstoß gegen den Beibringungsgrundsatz**, da die Bauteilöffnung allein der beweisbelasteten Partei obliege, mit der Folge, dass ein Anschein der Befangenheit begründet würde.[596]

➢ **Kein unzumutbares Haftungsrisiko**

Mit der Pflicht zur Durchführung der Bauteilöffnung gehe **kein unzumutbares Haftungsrisiko** einher, da der Sachverständige für Unvorhersehbares mangels Verschulden nicht haften müsse. Eine Sachverständigentätigkeit ganz ohne Haftungsrisiko sei außerdem nicht möglich.[597]

Dies gelte auch für den Sachverständigen, der neben seiner gutachterlichen Tätigkeit noch einen Handwerksbetrieb betreibe und die **Bauteilöffnung selbst durchführe**. Würde der Sachverständige die Bauteilöffnung hingegen durch ein eigens **beauftragtes Unternehmen** durchführen lassen, müsse er lediglich für die Gefahr der fehlerhaften Einschätzung der Erforderlichkeit der Bauteilöffnung haften.[598]

---

591 OLG Jena Beschluss v. 18.10.2006 – 7 W 302/06; OLG Celle Beschluss v. 08.02.2005 – 7 W 147/04; OLG Celle Beschluss v. 30.10.1997 – 4 U 197/95

592 OLG Jena Beschluss v. 18.10.2006 – 7 W 302/06

593 OLG Frankfurt a.M. Beschluss v. 26.02.1998 – 18 U 50/95; OLG Stuttgart Beschluss v. 13.09.2005 – 13 W 43/05

594 OLG Frankfurt a.M. Beschluss v. 26.02.1998 – 18 U 50/95

595 *Liebheit* BauR 2008, 1790, 1793; Zöller / *Greger* ZPO 30. Aufl. vor. § 128 Rdn. 10

596 *Kern* BauR 2014, 603, 607

597 *Kern* BauR 2014, 603, 610; Kniffka / *Koeble* Kompendium des Baurechts, 4. Aufl. 2. Teil Rdn. 130; *Liebheit* BauR 2008, 1510, 1514

598 OLG Celle Beschluss v. 08.02.2005 – 7 W 147/04; OLG Frankfurt Beschluss v. 26.02.1998 – 18 U 50/95 (der Sachverständige kann den Eingriff selbst vornehmen oder einen Dritten beauftragen)

Wird die Bauteilöffnung durch die **beweisbelastete Partei** oder ein durch sie beauftragtes Unternehmen durchgeführt, müsse er auch für die erteilten Weisungen haften. Denn wird ein Handwerker im Auftrag der Partei tätig, müsse er den Anweisungen des Sachverständigen folgen.[599] Die Haftung des Sachverständigen ergebe sich durch die erteilten Weisungen.[600] Streng genommen sei die Beauftragung des Handwerkers durch eine Partei sogar eine **Erhöhung des Haftungsrisikos**, da der Sachverständige an der Auswahl des Handwerkers nicht beteiligt sei.[601] **Ein Haftungsrisiko gehe zwar mit allen Varianten einher, unzumutbar sei es aber nicht.**

➢ **Ersatz der Kosten der Hilfskräfte**

Führe er die Bauteilöffnung mit Unterstützung Dritter durch, könne der Sachverständige sich die Kosten der **hinzugezogenen Hilfskräfte über § 12 JVEG** ersetzen lassen. Es könne nicht sein, dass die Kosten der Bauteilöffnung als außergerichtliche Kosten nach §§ 91 ff. ZPO erst am Ende des Verfahrens Berücksichtigung fänden. Aufgrund der Dauer eines Bauprozesses hätte dies sonst zur Folge, dass die geltend gemachten Rechnungen oft nicht mehr dem Grunde und der Höhe nach kontrollierbar seien. Auch hätte ein solches Vorgehen zur Folge, dass die Kosten der Bauteilöffnung keine Kosten der Beweisaufnahme mehr seien, sodass sowohl die Rechtsschutzversicherung als auch die Prozesskostenhilfe diese Kosten nicht übernehmen würden. Vielmehr müsste auch die bedürftige Partei die Kosten der Bauteilöffnung vorstrecken, um einen Beweis führen zu können.[602]

Auch könne der Sachverständige im Vorfeld der Bauteilöffnung einen Auslagenvorschuss nach §§ 402, 379 ZPO verlangen und somit die anfallenden Kosten an die Parteien weitergeben, ohne in Vorleistung gehen zu müssen.[603]

➢ **Sachverständiger als Gehilfe des Gerichts**

Der Hinweis, dass dem **Sachverständigen als Gehilfe des Gerichts** nicht mehr Aufgaben übertragen werden dürften als dem Gericht selbst zukommen, verkenne, dass der Sachverständige nicht selbst, sondern auch durch Dritte eine Bauteilöffnung vollziehen könne. Auch das Gericht sei verpflichtet einen Dritten hinzuzuziehen, wenn andernfalls eine sachlich richtige Entscheidung nicht möglich sei. Dies gebiete der **Justizgewährungsanspruch**[604] und wird gerade bei der Hinzuziehung eines Sachverständigen von Amts wegen bei technischen Fragen ersichtlich.

---

599 *Liebheit* 2008, 1790, 1792; *Liebheit* BauR 2008, 1510, 1514

600 MüKo / *Wagner* BGB § 831 Rdn. 10, 16; *Liebheit* BauR 2008, 1790, 1792

601 *Liebheit* BauR 2008, 1790, 1792

602 *Liebheit* BauR 2008, 1790, 1795, 1796; *Ulrich* BauR 2007, 1634, 1638

603 Kniffka / *Koeble* Kompendium des Baurechts, 4. Aufl. 2. Teil Rdn. 130; OLG Hamm Beschluss v. 02.12.2011 – I 25 W 200/11; OLG Frankfurt a.M. Beschluss v. 26.02.1998 – 18 U 50/95

604 *Liebheit* BauR 2008, 1790, 1796

➢ **Gesichtspunkt der Praktikabilität und Effizienz – Prozessökonomie**

Auch der **Gesichtspunkt der Praktikabilität und Effizienz**[605] würde für eine verpflichtende Vornahme der Bauteilöffnung durch den Sachverständigen sprechen[606]. Dies sei im Wesentlichen mit einem **pragmatischen Verständnis der Rolle des gerichtlichen Sachverständigen** zu begründen. Denn wie der gerichtlich bestellte Sachverständige die Erfüllung des gerichtlichen Auftrages bewerkstellige, sei seine **eigenverantwortliche Entscheidung**, die er als **neutrale Person** zu treffen habe.[607] Hier komme dem Organisationstalent des Sachverständigen eine besondere Bedeutung zu.

Auch könnten hiermit Probleme der Beweisaufnahme umgangen werden, da zerstrittene Parteien oft nicht akzeptierten, der Gegenseite Substanzeingriffe am eigenen Haus zu erlauben. Anders wäre es, wenn diese der Sachverständige vornähme.

Es gebiete auch die **Prozessökonomie**, dass der Sachverständige die Bauteilöffnung vollziehe.[608] Denn hierbei handele es sich in der Regel um einen Kleinstauftrag, der wirtschaftlich und aufgrund des hohen Organisationsaufwandes für Handwerker äußerst unattraktiv sei. Einem Laien sei es nicht möglich, kurzfristig einen qualifizierten Unternehmer zu beauftragen. Sachverständige hätten da bessere Beziehungen.

bb) Beschränkte Verpflichtung des Sachverständigen zur Vornahme der Bauteilöffnung

Ähnlich argumentiert eine **zweite Teilansicht**, wonach eine Pflicht zur Vornahme der Bauteilöffnung dann bestehe, wenn es sich um eine **Befundteilöffnung** handele: Eine Bauteilöffnung die auf einem Beweisangebot der beweisführenden Partei und einem Beweisbeschluss beruht und welche unmittelbar zu Befundfeststellungen führt.[609]

Eine **weitere Teilansicht** hält eine Verpflichtung zur Vornahme der Bauteilöffnung nur dann gegeben, wenn der Sachverständige diese durch seine **Sachkunde** selbst ausführen, planen und überwachen könne.[610]

---

605 *Liebheit* BauR 2008, 1790, 1791, wenn die Bauteilöffnung risikolos ist, eine Zustimmung vorliegt und ein Vorschuss eingezahlt wurde

606 OLG Jena Beschluss v. 18.10.2006 – 7 W 302/06

607 *Kern* BauR 2014, 603, 606 ff.; Kniffka / *Koeble* Kompendium des Baurechts, 4. Aufl. 2. Teil Rdn. 130

608 *Kern* BauR 2014, 603, 604

609 OLG Frankfurt a.M. Beschluss v. 13.11.2003 – 15 W 87/03; *Motzke* BauR 2013, 304; *Praun* BauR 2013, 1938, 1943 und Rdn. 1946 mit Verweis auf *Jagenburg / Baldringer* ZfBR 2009, 413; *Brückner / Neumann* MDR 2003, 906 (nicht die herrschende Meinung im Schrifttum, wobei auch angezweifelt werden darf, ob die in Bezug genommenen Ansichten überhaupt dieser Meinung sind)

610 *Motzke* BIS (Der Bau- und Immobilien-Sachverständige) 2000, 38; *Motzke* BIS 2000, 87; *Henkel* BauR 2003, 1650, 1653; *Wagenführ* BrBp 2005, 406 ff.

Gemeinsamkeiten haben die drei Teilansichten insofern, dass der Sachverständige angewiesen werden kann, falls er seiner per se bestehenden Pflicht zur Vornahme der Bauteilöffnung nicht nachkommt.

cc) Verpflichtung nur in Folge einer gerichtlichen Weisung

Nach einer **anderen Teilansicht** ist der Sachverständige zur Vornahme der Bauteilöffnung **nur in Folge einer Anweisung verpflichtet**.[611] Die Anweisung könne somit verhindern, dass eine Beweisaufnahme an formellen Gründen scheitere.[612]

7. Stellungnahme zum Meinungsstreit

Weder die Begründung der einen noch der anderen Ansicht vermag vollumfänglich zu überzeugen, wobei die besseren Argumente dafür sprechen, dass

- **das Gericht dem Sachverständigen nach Art und Umfang seiner Tätigkeit Weisungen erteilen darf. Hierbei handelt es sich um eine verbindliche gerichtliche Ermessensentscheidung, die nur auf Ermessensfehler hin überprüfbar ist.**
- **Im Rahmen der gerichtlichen Bestellung ist darauf zu achten, dass ein geeigneter Sachverständiger mit hinreichender Sachkunde zur Durchführung oder Kontrolle einer Bauteilöffnung ausgewählt wird.**

a) Einleitung

Im Rahmen der Darstellung des üblichen **Ablaufs des Sachverständigenbeweises** wird ersichtlich, dass die **Bauteilöffnung als handwerkliche Vorarbeit zum Tätigkeitsfeld eines richtig ausgewählten Sachverständigen gehört**. Hierbei wird auf die verschiedenen Argumente des Meinungsstreits Bezug genommen.

b) Recht des Gerichts verbindliche Weisungen an den Sachverständigen zu erteilen

Das Gericht darf nach **§ 404a Abs. 1 ZPO** dem Sachverständigen nach Art und Umfang seiner **Tätigkeit** Weisungen erteilen, solange diese nicht ergebnisorientiert sind.[613] Der verbindlichen Anweisung liegt eine **Ermessensentscheidung**

---

611 OLG Braunschweig Urteil v. 29.01.2004 – 8 U 173/99; OLG Brandenburg Beschluss v. 09.08.1995 – 8 W 125/95; OLG Frankfurt a.M. Beschluss v. 26.02.1998 – 18 U 50/95; *Nittner* BauR 1998, 1052, 1053

612 Kniffka / *Koeble* Kompendium des Baurechts 4. Aufl. 2. Teil Rdn. 130

613 BGH Urteil v. 06.08.1969 – 4 StR 126/69

des Gerichts zugrunde. die fehlerfrei erfolgen muss.[614] Der Sachverständige ist an die gerichtlichen Weisungen **gebunden**, denn ein Beschwerderecht gegen im ersten Rechtszug ergangene Entscheidungen ist nur dann vorgesehen, wenn dies **ausdrücklich geregelt** ist (§ 567 Abs. 1 Nr. 1 ZPO) **oder** es sich um eine Entscheidung handelt, die eine **mündliche Verhandlung nicht erfordert und** ein das **Verfahren betreffendes Gesuch zurückgewiesen worden ist** (§ 567 Abs. 1 Nr. 2 ZPO). Beide Fälle sind offensichtlich **nicht** einschlägig. Bei der Weisung nach § 404a ZPO handelt es sich „lediglich" um eine leitende Anordnung, durch die der Beweisbeschluss ergänzt wird. Sowohl der Beweisbeschluss als auch seine Ergänzung ist jedoch weder im selbstständigen Beweisverfahren noch im Hauptprozess selbstständig anfechtbar.[615] Andernfalls würde in unzulässigerweise in die Sachentscheidungskompetenz des Prozessgerichts eingegriffen werden.[616]

Das Gericht darf demnach eine Weisung erteilen, wenn

1. die vom Sachverständigen für erforderlich angesehene **Bauteilöffnung zu seinem Tätigkeitsfeld** gehört und
2. die Entscheidung des „ob" die Weisung **ermessensfehlerfrei**, insbesondere ohne Ermessensfehlgebrauch[617] getroffen wurde. Bei der Ermessensentscheidung sind **sachdienliche Erwägungen zu berücksichtigen** wie die **Praktikabilität, Zweckmäßigkeit und Sachdienlichkeit, verfassungsrechtliche Gründe, das Haftungsrisiko** sowie **die Sachverständigenpflichten und Belange der Parteien.**

---

614 Vgl.: BGH Beschluss v. 27.01.2004 – VI ZB 33/03; OLG Köln Beschluss v. 11.01.2008 – 4 WF 228/07; OLG Köln Beschluss v. 15.03.2010 – 11 W 14/10; KG Beschluss v. 10.11.2009 – 27 W 100/09

615 BGH Beschluss v. 18.12.2008 – I ZB 118/07; OLG Köln Beschluss v. 15.03.2010 – 11 W 14/10; a.A.: OLG Jena Beschluss v. 18.10.2006 – 7 W 302/06; OLG Celle Beschluss v. 08.02.2005 – 7 W 147/04; OLG Rostock Beschluss v. 04.02.2002 – 7 W 100/01; OLG Oldenburg Beschluss v. 21.11.2013 – 3 W 30/13; Grossam DS 2013, 214, 217, 218

616 BGH Beschluss v. 18.12.2008 – I ZB 118/07 m.w.N. u.a. BGH Beschluss v. 04.07.2007 – XII ZB 199/05

617 Ein **Ermessensfehlgebrauch** liegt vor, wenn entscheidungserhebliche Belange nicht ausreichend in ihre Entscheidung mit einbezieht; ein **Ermessensnichtgebrauch** liegt vor, wenn das bestehende Ermessen nicht ausübt, weil sie es nicht erkennt oder sich gebunden fühlt, vgl.: BVerwGE 84, 375, 389; Ohne eine Ermessensausübung ist die Weisung ohne weiteres rechtswidrig, OLG Oldenburg Beschluss v. 21.11.2013 – 3 W 30/13; eine **Ermessensüberschreitung** liegt vor, wenn die Behörde eine Entscheidung trifft, die nicht mehr von dem gesetzlichen Ermessensspielraum umfasst ist; eine **Ermessensunterschreitung** liegt vor, wenn die Behörde ihr Ermessen nicht voll ausschöpft

aa) Ablauf des Sachverständigenbeweises/Bauteilöffnung Teil des Tätigkeitsfeldes

aaa) Beibringungsgrundsatz bzw. Verhandlungsgrundsatz

Die Parteien haben vor jeder Beweisaufnahme den wesentlichen und entscheidungsrelevanten Sachverhalt vorzutragen und bei strittigen, rechtserheblichen und ungünstigen Tatsachenbehauptungen (Beweislast) ein **Beweismittel** anzubieten[618], um das Gericht von der Wahrheit bzw. Unwahrheit des jeweils Vorgetragenen zu überzeugen. Dies gebietet der **Beibringungsgrundsatz bzw. Verhandlungsgrundsatz**.[619] Ob der Streitstoff richtig bzw. vollständig ist, ist zunächst nicht von Bedeutung. Das Gericht ist an das Vorgetragene gebunden.[620]

Der Beibringungsgrundsatz erfährt beim Sachverständigenbeweis allerdings eine **empfindliche Durchbrechung**.[621] Denn das Gericht **kann** nach § 144 Abs. 1 ZPO **von Amts wegen** einen Sachverständigenbeweis **beauftragen oder austauschen**[622], ohne dass es eines Beweisantrags bedarf. Durch diese **Ermessensentscheidung** soll das Gericht in die Lage versetzt werden, den unstrittigen Sachverhalt fachlich nachvollziehen zu können[623] und sich in die fallbezogenen Probleme einweisen zu lassen[624]. Hierbei sind jedoch die **Grenzen des Ausforschungsbeweises** zu beachten, wonach es dem Gericht verwehrt ist, aufgrund eines unsubstantiierten, **ins Blaue hinein** geäußerten Parteivortrages Beweis zu erheben, um erstmals prozessrelevante Tatsachen zu erfahren.[625]

Bei der Entscheidung, ob ein Sachverständiger bestellt wird, hat das Gericht das **Ziel eines Sachverständigenbeweises** – also die Ergänzung fehlenden Fachwissens – zu beachten. Bei technischen Fragen darf das Gericht nur dann auf die Beauftragung eines Sachverständigen verzichten, wenn es **einschlägiges Fachwissen** vorweisen oder die technische Frage durch eine **Literaturrecherche** selbst beantworten kann. Letztere sind jedoch nicht nur zeitintensiv und daher prozessunökonomisch, sondern gehen auch mit der Gefahr einher, dass der Richter am

---

618 Thomas / Putzo / *Reichold* ZPO Vorbem § 284 Rdn. 1

619 Thomas / Putzo / *Reichold* ZPO Einl I Rdn. 3; MüKo / *Rauscher* ZPO Einleitung Rdn. 306, 317; *Kern* BauR 2014, 603, 607; *Henkel* BauR 2003, 1650, 1654

620 BGH *Urteil* v. 11.11.1977 – V ZR 105/75

621 Thomas / Putzo / *Reichold* ZPO § 144 Rdn. 1

622 BGH Urteil v. 08.01.1985 – VI ZR 15/83 (Änderung der Person); OLG Zweibrücken Urteil v. 27.10.1998 – 5 U 5/98; Im Rahmen des gerichtlichen Ermessens kann ein Gericht den Sachverständigen auch austauschen. Hierfür bedarf es lediglich eines Hinweises, dass nunmehr das Gutachten eines anderen Sachverständigen in die Beweiswürdigung nach § 286 ZPO einbezogen wird. Der Sachverständigenbeweis stellt somit ein **ersetzbares Beweismittel** dar.

623 BGH Urteil v. 07.12.1994 – VIII ZR 153/93

624 *Liebheit* IBR 2014, 1251, 30

625 MüKo / *Prütting* ZPO § 284 Rdn. 74; *Zekoll* NJW 2002, 3129, 3130

Ende einem Missverständnis unterliegt.[626] Parteien müssen aufgrund dessen darauf hingewiesen werden, wenn Recherchen angestellt und im Folgenden eigenes Fachwissen angewendet wird.[627]

Ferner ist zu prüfen, welcher Partei die **Beweislast** für den jeweiligen Streitstoff zukommt und wer ein Beweismittel anbieten muss. Denn: Die **Beweisführung** vollzieht sich stets in zwei Schritten: **1. dem Beweisantrag** und **2. der Beweiserhebung**. Der Beweisantrag setzt sich aus einem bestimmten Beweisgegenstand (Beweisthema) und einem Beweismittel zusammen[628], das in der Beweiserhebung zugänglich gemacht werden muss. Wollen die Parteien von einem **Sachverständigenbeweis nach § 403 ZPO** Gebrauch machen, muss der Beweisführer die zu begutachtenden Punkte im Beweisantrag summarisch und schlüssig vortragen[629] und die Einholung eines Sachverständigengutachtens anregen. Es wird keine wissenschaftliche Substantiierung des Beweisgegenstandes verlangt, denn dem Beweisführer kommt hierbei die **Symptomrechtsprechung des BGH** zugute, wonach nur das äußere Erscheinungsbild der Mängel beschrieben werden muss und die technische Ursachenforschung in die Hände des Sachverständigen gelegt wird.[630] Folglich muss die beweisbelastete Partei auch nicht die Durchführung einer Bauteilöffnung beantragen. Ob eine solche durchgeführt wird, steht allein im Ermessen des Sachverständigen. **Dem Beibringungsgrundsatz ist daher genüge getan, wenn der Streitstoff dargelegt (Sachverhalt und Mängelsymptome) und ein Beweismittel benannt wird (Sachverständigenbeweis).**[631] Nunmehr übernimmt das Gericht die Leitung, erlässt einen Beweisbeschluss[632] und beauftragt einen **geeigneten Sachverständigen** zur Beantwortung streitentscheidender technischer Fragen. Sind bautechnische Fragen offen, wird daher ein Bausachverständiger beauftragt.

bbb) Vorfrage – Bauteilöffnung

Ob für die Beantwortung der Beweisfragen eine Bauteilöffnung notwendig ist, hat allein der Sachverständige zu entscheiden. Den Parteien und dem Gericht als „technische Laien" fehlen hierfür zumeist die nötigen technischen Kenntnisse. Vielmehr kann der Sachverständige frei entscheiden, welche Maßnahmen er durchführt, um

---

626 Umkehrschluss aus: Thomas / Putzo ZPO § 286 Rdn. 4 und BGH Urteil v. 10.01.1984 – VI ZR 122/82

627 BGH Beschluss v. 13.01.2015 – VI ZR 204/04

628 BGH Versäumnisurteil v. 15.01.2004 – I ZR 196/01

629 Thomas / Putzo / *Reichold* ZPO Vorbem § 284 Rdn. 18; BGH Versäumnisurteil v. 15.01.2004 – I ZR 196/01

630 z.B.: BGH Urteil v. 28.10.1999 – VII ZR 115/97; BGH Urteil v. 03.12.1998 – VII ZR 405/97; BGH Urteil v. 02.04.1998 – VII ZR 230/96; BGH Urteil v. 02.10.1997 – VII ZR 44/97; OLG München Urteil v. 22.02.2006 – 27 U 607/05

631 Vgl.: *Kern* BauR 2014, 603, 607; *Keldungs* Jahrbuch Baurecht 2009 BauR 2009, 217, 220; *Liebheit* BauR 2008, 1790, 1973

632 Thomas / Putzo / *Reichold* ZPO Vorbem § 284 Rdn. 2, 3 Umkehrschluss aus: BGH *Urteil* v. 11.11.1977 – V ZR 105/75

die Befundtatsachen ermitteln zu können. Hierbei handelt es sich um eine **Vorfrage**, die vom Gutachtenauftrag umfasst ist[633] und bereits **im Moment der Bestellung** beantwortet werden muss. Er hat zu prüfen, ob eine Bauteilöffnung geeignet und erforderlich ist[634], um die Beweisfrage zu beantworten. Ebenfalls muss geschaut werden, wie die Bauteilöffnung durchgeführt werden muss, damit sie im Anschluss wieder verschlossen werden kann.[635] Dies entspringt der **allgemeinen Rücksichtnahmepflicht des Sachverständigen gegenüber den Parteien**. Ebenso bedarf es bereits jetzt einer **Schätzung der anfallenden Kosten**, § 407a ZPO. Kann der bestellte Sachverständige bereits für diese **Aufklärungs- und prozessuale Hinweispflichten** keine hinreichende Sachkunde vorweisen, muss er darauf hinweisen und die **gerichtliche Bestellung zurückweisen**. Denn nur derjenige, der entsprechende technische Kenntnisse vorweisen kann, dürfte tatsächlich in der Lage sein, über die Erforderlichkeit der Bauteilöffnung zu entscheiden und über die einhergehenden Kosten und Risiken aufzuklären.

Durch die Argumentationslinie des vorbezeichneten Streits kann der Eindruck entstehen, dass es ausschließlich Bausachverständige gäbe, die fachlich **nicht in der Lage sind**, eine Bauteilöffnung selbst vorzunehmen oder diese zu kontrollieren. Dies liegt jedoch u.a. daran, dass ausschließlich auf Sachverständige Bezug genommen wird, die zugleich Architekten sind. Insofern mag es sogar stimmen, dass eine Bauteilöffnung weder zur Ausbildung noch zum gewöhnlichen Tätigkeitsbereich gehört. Es verwundert aber schon, warum dann im Falle einer **einvernehmlichen Bauteilöffnung** wiederum geeignete Sachverständige zur Verfügung stehen. Grund dafür ist, dass bspw. die Handwerkskammern nur solche Sachverständige bestellen, die zugleich ein **Handwerk ausüben**, § 2 Abs. 2 Nr. 2 MSVO der Handwerkkammern. Dies hat zur Folge, dass es sehr wohl Sachverständige gibt, die aufgrund einer fundierten Ausbildung in der Lage sind, eine Bauteilöffnung vorzunehmen oder diese zu kontrollieren. Diese sind gerichtlich ausfindig zu machen.

Selbst wenn man einen Sachverständigen bestellt, der zugleich Architekt ist, muss berücksichtigt werden, dass **handwerkliche (Vor)arbeiten auch zum Tätigkeitsbereich eines Sachverständigen gehören können**, auch wenn dies die verneinende Ansicht kategorisch ausschließt. Der **medizinische Sachverständige** ist ein prominentes Beispiel. Er muss ohne Zweifel vorbereitende „handwerkliche“ Untersuchungseingriffe erbringen.[636] Hierunter fallen alle sach- und fachgerechten Arbeiten, die für die Vornahme der Untersuchung und des Wiederverschließens erforderlich sind.[637] Es ist undenkbar, dass ein bestellter medizinischer Sachverständiger unmittelbar vor der Beweisaufnahme anmerkt, er wäre fachlich nicht im

633 Ähnlich: BGH NJW 1995, 130, 131 (die Parteien müssen nur das Ergebnis mitteilen, auf das der Sachverständige kommen soll, aber nicht den Weg der Ermittlung)
634 *Liebheit* BauR 2008, 1510, 1511; a.A.: *Motzke* BIS 2000, 38
635 *Liebheit* BauR 2008, 1510, 1511
636 *Dötsch* DS 2008, 20, 22
637 OLG Brandenburg Beschluss v. 09.08.1995 – W 125/95 (allerdings in Ordnung wenn Weisung erteilt wurde)

Stande die untersuchungsvorbereitenden medizinischen Arbeiten zu erbringen. Dass ein solcher Einwand nicht erhoben wird, wird dadurch erreicht, dass nicht nur ein „medizinischer Sachverständiger“ bestellt wird, sondern einer mit den erforderlichen Fachkenntnissen und praktischen Fähigkeiten. Es käme keiner auf die Idee, einen Dermatologen bspw. zu bestellen, wenn ein Behandlungsfehler am Herzen begutachtet werden soll.

Bezeichnenderweise wird an dieser Stelle eine **Vermengung der Sachverständigentätigkeit mit der Arzttätigkeit** augenscheinlich nicht thematisiert. Selbst die verneinende Ansicht macht dies nicht. Erwidert aber im gleichen Atemzug, dass dies für den Bausachverständigen nicht entsprechend gelte, da dieser nur analytische Arbeiten erbringe, es sei denn, die handwerklichen Vorarbeiten (Bauteilöffnung) würden freiwillig erbracht.

Dies ist ebenso wenig nachvollziehbar, wie überzeugend. Wie kann es sein, dass nur bei einer unfreiwilligen Bauteilöffnung die Durchführung von einer **Ausbildung** oder dem **gewöhnlichen Tätigkeitsbereich** abhängt? Warum wird in diesen Fällen die Grenze zwischen dem Handwerk und der Sachverständigentätigkeit nicht vermengt? **Eine gewisse Stringenz würde dem Streit gut tun.**

Darüber hinaus ist es auch falsch, dass (Bau)Sachverständige nur **analytische Arbeiten** erbringen müssten. Denn nach § 5 RDG (Rechtsdienstleistungsgesetz) hat der (öffentlich bestellte) Sachverständige seit dem 01.07.2008 auch **Rechtsdienstleistungen oder forensische Tätigkeiten als Annextätigkeit** zu erbringen. Allein hierin zeigt sich, wie komplex das Tätigkeitsfeld eines Sachverständigen tatsächlich ist. Dieses nur auf analytische Arbeiten zu begrenzen, wird dem qualifizierten Sachverständigenwesen nicht gerecht.

Der Begriff „Tätigkeitsfeld“ wird somit durch die jeweiligen Fähigkeiten des Sachverständigen selbst bestimmt.

ccc) Auswahlverfahren des Sachverständigen

Eine **effektive Beweisaufnahme** hängt daher maßgeblich davon ab, ob das Gericht einen Sachverständigen **auswählt**, der fachlich in der Lage ist, eine Bauteilöffnung zu überwachen.

Die Auswahl des gerichtlichen Sachverständigen erfolgt **derzeit** vorwiegend durch das Gericht, wobei das „informelle Auswahlverfahren“[638] nur rudimentär in § 404 ZPO geregelt ist. So können sich die Verfahrensabläufe nicht nur zwischen den verschiedenen Gerichten, sondern auch zwischen einzelnen Richtern erheblich unterscheiden. Entweder werden **1.** Kollegen oder Dritte nach einem potentiell geeigneten Sachverständigen gefragt, **2.** die Parteien nach § 404 Abs. 3 ZPO aufgefordert einen Sachverständigen dem Gericht vorzuschlagen, **3.** die Parteien einigen sich nach § 404 Abs. 3, 4 ZPO auf einen Sachverständigen oder **4.** es werden die örtlich zuständigen Bestellungskörperschaften in die Auswahl eines geeigneten Sachverständigen

638 Vgl.: *Kramarz* DS 2014, 170, 171

mit einbezogen und um eine Empfehlung gebeten.[639] Alle vier Varianten haben die **Suche nach dem „richtigen Sachverständigen"** gemeinsam – eine Persönlichkeit, die nicht nur über hervorragende Fach- und Sachkenntnisse verfügt, sondern deren Feststellungen und Aussagen besonders von der Gegenseite als objektiv und zuverlässig anerkannt werden[640] –.Nach § 404 Abs. 2 ZPO[641] **sollen** jedoch öffentlich bestellte und vereidigte Sachverständige gerichtlich beauftragt werden,[642] es sei denn, es liegen besondere Umstände vor.[643] So z.B. wenn eine öffentliche Bestellung und Vereidigung auf dem Sachgebiet nicht vorgesehen ist. Dem **öffentlich bestellten Sachverständigen** kommt somit **„fakultative Privilegierung"**[644] zu.

Mit dem **Auswahlprozess** geht in der Regel ein gewisser Aufwand des Gerichts einher, der Zeit und Mühe in Anspruch nimmt. Von Interesse ist daher, wie viel Zeit den Gerichten von den Justizministerien für ein Bauverfahren bzw. für das Auswahlverfahren eingeräumt wird. Dies bestimmt sich nach dem **Pensensystem der Gerichte**. Hiernach wird einem **Amtsrichter** für eine Hauptsache im privaten Baurecht ein Pensum von 260 Minuten eingeräumt, während für ein selbstständiges Beweisverfahren lediglich ein Pensum von 150 Minuten vorgesehen ist. Für Verfahren vor dem **Landgericht** wird dem Richter für Bausachen ein Pensum von 800 Minuten und für das selbstständige Beweisverfahren ein Pensum von 480 Minuten eingeräumt. Wenig Zeit, wenn man bedenkt, dass in Bausachen Klageschriften von mehreren hundert Seiten keine Ausnahme darstellen. Es muss davon ausgegangen werden, dass die Richter nicht allzu viel Zeit für die Auswahl eines Sachverständigen investieren werden.[645] So verwundert es nicht, dass immer wieder ungeeignete Sachverständige bestellt werden.

Da die Parteien regelmäßig beanstanden, dass die gerichtlichen Sachverständigen nicht die erforderliche Qualität aufweisen, um den Rechtsstreit zu fördern,[646] sieht der **Gesetzesentwurf der Bundesregierung vom 16.09.2015** auch Änderungen der **Auswahl des Sachverständigen** vor. Insbesondere sollen die **Mitwirkungsrechte**

---

639 Die eigene Auswahl eines Sachverständigen ohne Zuhilfenahme der Bestellungskörperschaft soll nur bei einfacheren Fällen erfolgen, vielmehr soll bei schwierigen und komplexen Fragestellungen der Wissensvorsprung der Bestellungskörperschaften genutzt werden. Die eigentliche Auswahl muss trotzdem bei dem Richter bleiben; *Franzki* DRiZ 1991, 314, 317

640 *Bleutge in* Landmann / Rohmer GewO 70. Erg. Juni 2015, § 36 Rdn. 46

641 Nach § 73 Abs. 2 StPO und § 98 VwGO gilt ebenfalls das Prinzip der fakultativen Privilegierung in den anderen Prozessordnungen

642 PraxisHdb. Sachverständigenrecht / *Bock* § 3 Rdn. 1; *Tettinger / Pielow* GewA 1992, 1, 5

643 OLG Koblenz Urteil v. 06.08.2014 – 9 U 194/14

644 *Ulrich* IBR 2011, 1291, 7

645 www.mj.niedersachsen.de (unter Personal / Haushalt); Oberlandesgerichten kommt als Beschwerdeinstanz für eine Bausache ein Pensum von 2300 Minuten zu.

646 Gesetzesentwurf der Bundesregierung „Entwurf eines Gesetzes zur Änderung des Sachverständigenrechts" v. 16.09.2015

der Parteien gestärkt werden. Die Parteien sollen nach § 404a Abs. 2 ZPO-E **im Vorfeld angehört** werden, damit ausreichend Gelegenheit zur Stellungnahme zur Person des Sachverständigen besteht, (intendierendes Ermessen).[647] Das Anhörungsrecht, das aus dem Prinzip des verfassungsrechtlichen Grundsatzes der Gewährung des rechtlichen Gehörs resultiert, wird somit gesetzlich normiert.[648] Daneben sollen die Parteien **befragt werden**, welche besonderen Fachkenntnisse aus ihrer Sicht für die Beantwortung der Beweisfragen wichtig sein könnten.[649] Zeichnet sich bereits im Stadium des Auswahlverfahrens die Notwendigkeit einer Bauteilöffnung ab, kann das Gericht diesen Punkt vor der Bestellung mit dem Sachverständigen besprechen. Gerichte wären zukünftig stärker in der Lage von einer Beauftragung Abstand zu nehmen, wenn der Sachverständige die Vornahme oder Beaufsichtigung einer Bauteilöffnung beabsichtigt zu verweigern. Die Gefahr einer Blockade des Rechtsstreits durch tangierende Sachverständige wäre hierdurch zumindest gemindert.

ddd) Vorlegen des Beweisgegenstandes nach § 144 Abs. 1 Satz 2 ZPO

Ist der „richtige" Sachverständige bestellt, hat der Beweisführer / Beweisgegner oder ein Dritter nach § 144 Abs. 1 Satz 2 ZPO den Beweisgegenstand *vorzulegen* bzw. *zugänglich zu machen* (**vgl. E.V.5**).

Durch das Wort *„vorlegen"* wird entgegen der „verneinenden Ansicht" kein Bezug genommen auf den Beibringungsgrundsatz und die Notwendigkeit Vorarbeiten / Bauteilöffnung am Beweisgegenstand zu erbringen, sodass unmittelbar mit der Beweisaufnahme begonnen werden kann. Denn andernfalls könnten nach § 144 Abs. 1 Satz 2 ZPO nur Parteien oder sogar der Beweisführer angehalten werden, den Beweisgegenstand „vorzulegen". Gegenüber einem Dritten, der am Rechtsstreit gänzlich unbeteiligte, wäre dies nicht möglich, da diesem kein Einfluss auf die Bestimmung des Verhandlungsstoffes zukommen kann. Der Beweisgegner und der Dritte wären auch zu einem aktiven Handeln (Vornahme der handwerklichen Vorarbeiten) und nicht nur zur Duldung der Beweisaufnahme verpflichtet.

Dass die Durchführung der Bauteilöffnung nicht Teil des Beibringungsgrundsatzes ist wird auch darin ersichtlich, dass die **einvernehmliche Durchführung der Bauteilöffnung** durch den Sachverständigen ansonsten einen **Verstoß gegen den Beibringungsgrundsatz** zur Folge hätte, der eine **Befangenheit** begründen würde.[650] Der Sachverständige würde nämlich eine Aufgabe des Beweisführers erbringen.

---

647 Gesetzesentwurf der Bundesregierung „Entwurf eines Gesetzes zur Änderung des Sachverständigenrechts" v. 16.09.2015

648 Bis jetzt ist ein Fragerecht nur in § 411 Abs. 3 ZPO gesetzlich vorgesehen

649 Gesetzesentwurf der Bundesregierung „Entwurf eines Gesetzes zur Änderung des Sachverständigenrechts" v. 16.09.2015

650 So auch *Kern* BauR 2014, 603, 609

Auch beim **Zeugenbeweis** zeichnet sich die **Trennung zwischen dem Beibringungsgrundsatz und der anschließenden Beweisaufnahme** ab. Denn der Beweisführer muss nur den Namen und die ladungsfähige Anschrift angeben und den Zeugenvorschuss einzahlen. Dass der Zeuge anschließend seiner Pflicht zur Zeugenaussage nachkommt, ist allein Aufgabe des Gerichts.

Hieran ändert auch der **Vergleich zur gerichtlichen Inaugenscheinnahme** und die fehlende gerichtliche Pflicht handwerkliche Vorarbeiten zu erbringen nichts.[651] Der **Vergleich des Sachverständigenbeweises zum gerichtlichen Augenschein** hinkt. Es ist zwar richtig, dass in § 144 Abs. 1 Satz 1 ZPO eine systematische Gleichstellung dieser beiden Beweismittel erfolgt, wonach dem Gericht zur Vorbereitung der Inaugenscheinnahme die gleiche Möglichkeit der Anordnung der Vorlegung des Beweisobjektes (§ 144 Abs. 1 Satz 2 ZPO) und die Duldung der Beweisaufnahme aufzugeben (§ 144 Abs. 1 Satz 3 ZPO) zusteht[652]. Jedoch stellt die Notwendigkeit handwerklicher Vorarbeiten bei der gerichtlichen Inaugenscheinnahme die Ausnahme dar. Es darf ernsthaft bezweifelt werden, dass die Inaugenscheinnahme das richtige Beweismittel ist, wenn es substanzeingreifender Vorarbeiten bedarf. Die **Inaugenscheinnahme** umfasst nämlich nach **§§ 371 ff. ZPO** nur eine unmittelbare äußere Sinneswahrnehmung durch Sehen, Hören, Fühlen, Schmecken oder Riechen[653] und eben keine inhaltliche Erfassung des Beweisgegenstandes oder der Ursachenforschung.[654] Daher kann eine Inaugenscheinnahme, im Gegensatz zum Sachverständigenbeweis, auch ausschließlich durch eine Begutachtung des Beweisgegenstandes mittels Lichtbildaufnahmen erfolgen.[655] Es ist auch zu berücksichtigen, dass handwerkliche Arbeiten **nie in den Tätigkeitsbereich eines Richters** fallen.

Allerdings muss auch ein Richter sonstige Vorarbeiten erbringen. So muss er bei der Beweisführung mit elektronischen Dokumenten (Datei), die ebenfalls der Inaugenscheinnahme gleich gestellt sind, dem Beweisführer die Datei auf einem Datenträger dem Gericht „vorlegen". Hierunter ist die Zurverfügungstellung der Datei auf technischen Weg oder deren Übergabe auf einem Datenträger gemeint, wobei sie mit der üblichen technischen Ausstattung des Gerichts geöffnet werden können muss[656]. Das Bereitstellen der üblichen technischen Ausstattung zum Öffnen der Datei, ist jedoch Aufgabe des Gerichts, § 371a ZPO.

---

651 Dass das Gesetz in § 402 ZPO auch eine systematische Gleichstellung des Sachverständigenbeweises mit dem Zeugenbeweis schließt, wird gerne verschwiegen.

652 Zeugen müssen hingegen mit einer ladungsfähigen Anschrift benannt werden (§§ 373, 379 ZPO). Ob dann der Zeuge vernommen wird hängt davon ab, ob das Gericht bzgl. des Zeugen von einer Beweisbedürftigkeit und einer Entscheidungserheblichkeit ausgeht Dass der Zeuge auch seiner Bürgerpflicht nach kommt ist auch allein Aufgabe des Gerichts, §§ 377 ff. ZPO

653 Vgl.: Thomas / Putzo / *Reichold* ZPO Vorbem § 284 Rdn. 13

654 Vgl.: MüKo / *Prütting* ZPO § 284 Rdn. 53

655 BGH Urteil v. 23.06.1987 – VI ZR 296/86; OLG Hamm Beschluss v. 21.10.1994 – 15 W 275/94

656 *Berger* NJW 2005, 1016, 1020

Es wird deutlich, dass die Zurverfügungstellung des Beweisgegenstandes Pflicht des Beweisführers ist, die Durchführung der Beweisaufnahme (Öffnen und Schlüsse ziehen) wiederum ins Tätigkeitsfeld des Sachverständigen (Beweismittel) fällt. Aufgrund dieser **offensichtlichen Unterschiede** zwischen den beiden Beweismitteln, hinkt auch das Argument, dass der Sachverständige als **Gehilfe des Gerichts „erst recht"** keine Vorarbeiten schulden würde.

Hinzu kommt, dass über die Frage, welche Rolle der Sachverständige im Verfahren einnimmt, kontrovers diskutiert wird. So soll er sowohl Berater, Richtergehilfe[657] oder Hilfsrichter als auch „Heimlicher Richter"[658] sein. All diese Vergleiche können jedoch nicht darüber hinwegtäuschen, dass nur der Richter die Entscheidung aus eigener Überzeugung zu treffen hat. Der Sachverständige soll dem Richter lediglich bei der Wahrheitsfindung helfen. Gleiches Ziel verfolgt der Zeuge aber auch.[659] **Daher ist der Begriff des „Gehilfen des Gerichts" ebenso richtig wie nichtssagend, irreführend und überflüssig, unrichtig und gefährlich.**[660]

eee) Zwischenergebnis

Durch die Auswahl eines **geeigneten Sachverständigen** kann erreicht werden, dass eine Bauteilöffnung zu seinem **Tätigkeitsbereich** gehört und im Folgenden ordnungsgemäß geplant, von Sachverständigen selbst oder von ordentlichen Unternehmen unter Anleitung des Sachverständigen durchgeführt werden kann. Nur der Sachverständige ist in der Lage für die **Richtigkeit der ermittelten Befundtatsachen** einzustehen. Ebenso kann hierdurch verhindert werden, dass der Partei, der die Sachherrschaft an dem Beweisgegenstand zukommt, diesen der gegnerischen Partei zur Verfügung stellen muss.

Der Begriff des „Tätigkeitsbereichs" wird maßgeblich durch die individuellen Fähigkeiten des Sachverständigen bestimmt. Dies zeigt das Beispiel des medizinischen Sachverständigen eindrucksvoll.

bb) Ermessensentscheidung des Gerichts

Ob eine Weisung erteilt wird, stellt eine Ermessensentscheidung dar. Folgende Erwägungen sind dabei berücksichtigungsfähig.

aaa) Erwägungen der Praktikabilität, Zweckmäßigkeit und Sachdienlichkeit

Das Gericht hat nach dem **Grundsatz der Beschleunigung des gerichtlichen Verfahrens** nach Artt. 5 Abs. 3 Satz 2, 6 Abs. 1 Satz 1 MRK innerhalb eines Verfahrens den **einfachsten, sichersten, kostengünstigsten und schnellsten Weg**

---

657 So z.B.: BGHZ 3, 27, 28; BGHZ 8, 113; BGHZ 9, 292, 293

658 *Ulrich* IBR 2011, 1291, 5

659 M-G StPO vor § 72 Rdn. 8

660 M-G StPO, 56. Aufl. vor § 72 Rdn. 8

zu wählen (Praktikabilität, Zweckmäßigkeit und Sachdienlichkeit).[661] Dieses Ziel wird dadurch gefördert, dass von Anfang an ein Sachverständiger ausgewählt wird, der die Bauteilöffnung selbst durchführt oder einen ihm bekannten Handwerker hinzuzieht, mit dem er regelmäßig zusammenarbeitet. Müsste eine Partei erst einen Handwerker aussuchen, beauftragen und dafür sorgen, dass eine Abstimmung mit dem Sachverständigen erfolgt, würde dies eine längere Zeit in Anspruch nehmen. Es stellt sich auch die Frage, warum der Handwerker als Vertragspartner einer Partei sich an Weisungen eines Dritten (Sachverständigen) gebunden fühlen soll, ohne dass zu diesem eine vertragliche Beziehung besteht. Besonders wenn der Handwerker ein anderes Vorgehen der Bauteilöffnung präferiert, liegt es nahe, dass er sich einen **Haftungsausschluss** gegenüber dem Auftraggeber einräumen lässt. Die beweisbelastete Partei würde neben dem Kosten- auch das Haftungsrisiko tragen, selbst wenn Prozesskostenhilfe gewährt wurde. Ein zufriedenstellendes Ergebnis sieht anders aus.

Der **Grundsatz der Prozessökonomie** und die **Sachverständigenpflichten** wären auch gefährdet, wenn der Sachverständige die Bauteilöffnung nicht selbst durchführen, sondern lediglich die Planung vornehmen und Anweisungen an die beweisbelastete Partei erteilen müsste. Denn es stellt sich die Frage, wie der Sachverständige eine Planung bewerkstelligen soll, wenn jeder einseitige Kontakt zu einer Partei den Anschein der Befangenheit begründen kann.[662] Streng genommen müsste die ganze Planung über das Gericht erfolgen. Dies ist weder prozessfördernd noch im Sinne des Sachverständigen.

bbb) Rücksichtnahmepflicht des Gerichts – Versicherungsschutz

Mit der vorherigen Erwägung geht auch die **Rücksichtnahmepflicht des Gerichts** gegenüber dem Sachverständigen einher.[663] Diese könnte verletzt sein, wenn die Bauteilöffnung nicht versicherbar wäre, aber eine Anweisung erteilt würde.

Nach der verneinden Ansicht wird ein fehlender oder unzureichender **Versicherungsschutz** thematisiert. Hierzu ist zunächst festzuhalten, dass dem Sachverständigen grundsätzlich die Möglichkeit zukommt, sich zu versichern. Nach **§ 14 Abs. 2 MSVO IHK** soll jeder Sachverständige dafür Sorge tragen, dass sein Schadensrisiko und die Tätigkeit seiner Hilfskräfte in erforderlichen Umfang abgesichert ist.[664] Allein hieraus wird deutlich, dass ein hinreichender Versicherungsschutz auf dem Markt angeboten wird. Andernfalls würde dieser nicht von den Bestellungskörperschaften verlangt werden. Vielmehr dürfte das Problem darin liegen, dass ein solcher Schutz mit Extrakosten verbunden ist, ohne dass sich die Vergütung nach dem JVEG erhöht und dass erneut auf das Berufsbild „Architekt“ abgestellt wird. Denn:

---

661 Stein / Jonas / *Brehm* vor § 1 Rdn. 110; *Liebheit* BauR 2008, 1790, 1796

662 Im Ergebnis auch: *Liebheit* BauR 2008, 1790, 1792

663 Zöller / *Heßler* ZPO 30. Aufl. § 409 Rdn. 4; der Sachverständige muss auch zweimal im Voraus gemahnt worden sein.

664 Vgl Ziff. 11.2.9 der RL zur MSVO des Zentralverbandes des Deutschen Handwerks

Berufshaftpflichtversicherungen für Architekten gewähren einen nahezu umfassenden Versicherungsschutz. Ist der Sachverständige *hauptberuflich Architekt*, umfasst dessen Berufshaftpflichtversicherung per se nur verursachte Schäden am Eigentum Dritter, Planungsfehler, verursachte Mängelschäden an der Bauleistung sowie die Kostenübernahme eines Honorarprozesses. Unter den Versicherungsschutz fallen aber auch solche Schäden, die im Rahmen einer *nebenberuflichen Sachverständigentätigkeit* entstehen, da diese Tätigkeit nach Ziff. 1.1 und 1.2 BBR / Arch zum Berufsbild des Architekten gehört. Dies gilt für handwerkliche Arbeiten und Bauteilöffnungen jedoch nicht. Schäden in Folge von Bauteilöffnungen sind in der Tat nicht versichert.[665] Allerdings kann ein **individueller Versicherungsschutz** sowohl für eine nebenberufliche Sachverständigentätigkeit als auch für eine hauptberufliche Sachverständigentätigkeit und eine handwerkliche Nebentätigkeit (Bauteilöffnung) abgeschlossen oder eine bestehende Versicherung erweitert werden.[666] Das Vorstehende gilt aber auch dann, wenn der Sachverständige die Bauteilöffnung durch einen Dritten (Handwerker) ausführen lässt und diesen „lediglich" anweist und überwacht. Diese anweisende und überwachende Tätigkeit gehört ebenfalls nicht zum Berufsbild eines Architekten, sondern er führt hier eine bauunternehmerische Tätigkeit aus.[667] Ein Versicherungsschutz liegt ebenfalls nicht vor.

Daher greift das Argument nicht, dass Sachverständige sich für die Schäden einer Bauteilöffnung nicht versichern könnten. Vielmehr liegt das Problem bei Architekten die als Sachverständige auftreten allein darin, dass deren Berufshaftpflicht keine handwerklichen Tätigkeiten umfasst und es daher einer Erweiterung der Versicherung bedarf, die mit Zusatzkosten verbunden ist. Auch wenn Sachverständige für die Erweiterung ihrer Versicherung nach dem JVEG keine zusätzliche Vergütung erhalten, darf nicht außer Acht bleiben, dass die Sachverständigentätigkeit einen Mehrdienst darstellt. Zusatzkosten sind somit dem Sachverständigen durchaus zumutbar. Bausachverständige (zumeist hauptberufliche Architekten) berufen sich trotzdem darauf, dass ihre Berufshaftpflicht keinen ausreichenden Versicherungsschutz gewährt. Hierbei handelt es sich somit um ein Scheinproblem. Das Themenfeld ist daher bezeichnenderweise erneut nur dann eröffnet, wenn die Bauteilöffnung nicht einvernehmlich durchgeführt wird. Dieser Punkt steht einer Weisung daher nicht entgegen.

Unter dem Punkt **K. I. 8 der Arbeit: „konkludenter Haftungsausschluss"** wird ausführlich dargestellt, dass der Sachverständige, der zugleich ein Handwerk ausübt, ebenfalls einen hinreichenden Versicherungsschutz genießt.

665 *Volze* DS 2009, 26

666 Vgl. Ziff. 15.10 der RL zur MSVO des Zentralverbandes des Deutschen Handwerks

667 *Volze* DS 2009, 26; der ebenfalls wie selbstverständlich davon ausgeht, dass ein Bausachverständiger ein Architekt ist

ccc) Verfassungsrechtliche Gründe

Bei einer Weisung sind auch juristische bzw. prozessuale Gründe zu beachten. Es muss Berücksichtigung finden, dass der Sachverständige mit einer Bauteilöffnung immer in das **Eigentum** eines Dritten eingreift, selbst wenn der Substanzeingriff von einer **Einwilligung** gedeckt ist. Hierdurch **entfällt nur die Rechtswidrigkeit des Eingriffes**. Eine Einwilligung umfasst jedoch nur erforderliche Bauteilöffnungen, die möglichst geringe Schäden nach sich ziehen, um den Beweis zu führen. Wird der Sachverständige zur vollständigen Durchführung der Bauteilöffnung, also Planung, selbstständige Durchführung oder Auswahl, Beauftragung und Kontrolle des Handwerkers, angewiesen, kann er dem gerecht werden, da er immer zur **Rücksichtnahme gegenüber Dritten verpflichtet** ist.[668] Hinzu kommt, dass er kostenrechtlich nicht angehalten ist den günstigsten Handwerker zu beauftragen.[669] Die Auswahl kann allein nach dem Kriterium der Eignung, Zuverlässigkeit und Erfahrung der Hilfskraft erfolgen. Zwar kommt auch der beweisbelasteten Partei eine Pflicht zur Rücksichtnahme auf Rechtsgüter Dritter zu, jedoch handelt es sich hierbei lediglich um eine vertragliche Nebenpflicht, die wirksam abbedungen werden kann. Letztendlich dürfte die Höhe des Werklohns das entscheidende Kriterium sein.

In die Ermessensentscheidung ist neben dem Eigentumsschutz gleichrangig zu berücksichtigen, dass die Weisung in **die Berufsfreiheit (Art. 12 GG)** eingreift. Denn die Weisung stellt eine **Berufsausübungsregelung** dar. Sie gibt Art und Weise der Tätigkeitsausübung vor.[670] Es liegt ein Eingriff auf der **ersten Stufe** der „3-Stufen-Theorie“ des Art. 12 GG vor. Als **Rechtfertigung** hierfür muss die Weisung nur auf einer **gesetzlichen Grundlage** beruhen, vorliegend der § 404a Abs. 1 ZPO. Weiterhin müssen **einfache Gründe des Gemeinwohls** zur Rechtfertigung des Eingriffs vorliegen.[671] Mit Weisungen wird das Ziel verfolgt, die sachbezogene Zusammenarbeit zwischen den Parteien, dem Gericht und dem Sachverständigen zu verbessern, um eine rasche, kostensparende und richtige Erledigung des Rechtsstreits zu fördern.[672] Mit der Leitungsfunktion des Gerichts geht ebenfalls einher, dass der Sachverständige eine klare und eindeutige Auftragsbeschreibung erhält, insbesondere eine unmissverständliche Formulierung der vom Sachverständigen zu beantwortenden Beweisfragen.[673] Hiermit soll einer Überschreitung des Gutachtenauftrags entgegengewirkt[674] und Befangenheitsablehnungen vorgebeugt werden[675]. Von einer *rein verfahrensrechtlichen Norm*, kann keine Rede sein. „Einfache Gründe des Gemeinwohls“ liegen vor.

---

668 So auch *Ulrich/Zielbauer* DS 2008, 12, 20

669 OLG Jena Beschluss v. 20.01.2012 – 9 W 580/11; *Jagenburg/Baldringer* ZfBR 2009, 413 [Fn. 66]; a.A.: OLG Celle Beschluss v. 08.02.2005 – 7 W 147/04

670 Die Pflicht zur Ausübung der gerichtlichen Sachverständigentätigkeit kommt ausschließlich aus § 407 ZPO

671 BVerfG Urteil v. 30.07.2008 – 1 BvR 3262/07, 1 BvR 402/08, 1 BvR 906/08

672 BT-Drs. 11/3621 Seite 22; *Dötsch* NZBau 2008, 217, 220

673 Tröndle JZ 1969, 374, 376

674 M-G StPO § 78 Rdn. 3

675 BT-Drs. 11/3621 Seite 39

Es ist nicht einmal ein Eingriff in **Art. 2 GG** gegeben. Die verneinende Ansicht versucht zwar einen solchen zu begründen, indem sie behauptet, der Sachverständige sei in Folge einer Weisung einem **Kontrahierungszwang** ausgesetzt, wenn er einen Handwerker beauftragen müsste. Hierunter ist die Pflicht zu verstehen, mit einem anderen einen Vertrag abzuschließen, da ein entsprechendes Angebot **nicht** abgelehnt werden kann.[676] Eine solche Situation liegt allerdings nicht vor. Denn sowohl der Handwerker als auch der Sachverständige können ein Angebot des anderen ablehnen. Kann der Sachverständige die Bauteilöffnung nicht selbst durchführen und will einen Dritten aber nicht beauftragen, kann er sich entpflichten lassen. Daher besteht kein Kontrahierungszwang.[677]

Da weder in Art. 12 GG noch in Art. 2 GG ungerechtfertigt eingegriffen wird, sind Grundrechtsverletzungen bei der Ermessensentscheidung nicht mit einzubeziehen.

cc) Haftungsrisiko der Bauteilöffnung

aaa) Einleitung

Bei der Ermessensentscheidung sind auch **haftungsrechtliche Folgen** mit einzubeziehen. Hierzu ist vielfach zu lesen, dass einschlägige Gerichtsentscheidungen nicht bekannt seien, so dass lediglich „ein paar Notizen zu den Haftungsgrundlagen folgen".[678] Die einhergehende Haftung ist allerdings eines der Hauptargumente der verneinenden Ansicht, sodass das Haftungsrisiko im Folgenden beleuchtet wird und zwar,

1. **wenn der Sachverständige die Bauteilöffnung selbst durchführt, (lit. bbb.: § 823 Abs. 1 BGB),**
2. **wenn er sie von einem Dritten durchführen lässt (lit. ccc.: § 831 BGB) oder**
3. **wenn die beweisbelastete Partei die Bauteilöffnung nach seinen Anweisungen und Kontrolle ausführt (lit. ddd.: § 823 Abs. 1 BGB i.V. m. Verkehrssicherungspflichten).**

bbb) Sachverständiger führt Bauteilöffnung selbst durch – Haftung nach § 823 Abs. 1 BGB

Führt der Sachverständige die Bauteilöffnung **selbst** durch, haftet er nach § 823 Abs. 1 BGB grundsätzlich für jede rechtswidrige, schuldhafte Beschädigung des Eigentums oder des Besitzes eines Dritten durch eine zumindest fahrlässig begangene Verletzungshandlung. Die Haftung folgt somit den allgemeinen Regeln des § 823 Abs. 1 BGB, die der Vollständigkeit halber kurz dargestellt werden:

---

676 Palandt / *Ellenberger* 75. Aufl. BGB Einf v § 145 Rdn. 8

677 So auch: *Keldungs* BauR 2009, 217, 231; *Wagenführ* BrBp 2005, 406, 409; *Henkel* BauR 2003, 1650, 1654; *Kern* BauR 2014, 603, 613

678 So bspw. *Kern* BauR 2014, 603, 611

(a) Recht- oder Rechtsgutsverletzung

Die **Rechtsgüter**, die durch § 823 Abs. 1 BGB geschützt werden sind das Leben, Körper, Gesundheit und Freiheit. Daneben fallen noch das Eigentum und **sonstige Rechte** unter den Schutzbereich des § 823 Abs. 1 BGB. Sonstige Rechte im Sinne des § 823 Abs. 1 BGB sind Rechte, die den gleichen rechtlichen Charakter wie das Eigentum als absolutes Recht mit einer Nutzungsfunktion und Ausschlussfunktion[679] haben und von jedermann zu beachten sind[680].

Werden diese Rechtsgüter bzw. Rechte durch ein unmittelbares Handeln oder Unterlassen verletzt (**Verletzungshandlung**), tritt der geforderte Verletzungserfolg des § 823 Abs. 1 BGB ein. Die Abgrenzung zwischen Tun und Unterlassen erfolgt nach dem Kriterium des Schwerpunktes der Vorwerfbarkeit.

Der **Verletzungserfolg** zeigt sich in der Zerstörung oder Beschädigung eines Rechtsgutes bzw. in der Verletzung des Rechts, also über den Substanzeingriff.

(b) Haftungsbegründete Kausalität

Es muss eine **haftungsbegründende Kausalität** vorliegen, also die Ursächlichkeit der Verletzungshandlung (Bauteilöffnung) für den Verletzungserfolg. Bei der Kausalitätsprüfung bedarf es wie üblich folgender drei Prüfungspunkte, die zumeist bejaht werden können: der **Äquivalenztheorie**, der **Adäquanztheorie** und der **Schutzzweck der Norm**. Denn die Bauteilöffnung kann nicht hinweggedacht werden, ohne dass auch das Eigentum / Besitz verletzt werden würde. Auch ist der Substanzeingriff dazu geeignet, dass unter normalen Umständen eine Verletzung des Eigentums eintritt, die nicht außerhalb jeglicher Lebenserfahrung liegt. Sie erfolgt vielmehr zielgerichtet. Der Schutzzweck der Norm ist ebenfalls eröffnet, da § 823 Abs. 1 BGB u.a. Eigentumsverletzungen entgegenwirken bzw. ahnden will.[681]

(c) Rechtswidrigkeit / Rechtfertigende Einwilligung

Bei der Bestimmung der **Rechtswidrigkeit** folgt die Rechtsprechung der Lehre des Erfolgsunrechts. Ist der Tatbestand des § 823 Abs. 1 BGB verwirklicht, wird die Rechtswidrigkeit demnach indiziert bzw. vermutet.[682]

---

679 Vgl.: § 903 BGB

680 Vgl.: Palandt / *Sprau* BGB 75. Aufl. § 823 Rdn. 11; Medicus / Petersen BR Rdn 607 ff.

681 Der Schutzzweck der Norm ist eine Ergänzung der Adäquanztheorie durch eine wertende Betrachtung. Eine Schadensersatzpflicht besteht demnach nur dann, wenn der eingetretene Erfolg nach Art und Entstehung unter den Schutzzweck der verletzten Norm fällt.

682 BGH Urteil v. 12.07.1996 – V ZR 280/94; eine Ausnahme hiervon wird nur dann gemacht, wenn es um eine mittelbare Verletzung, eine Verletzung eines sonstigen Rechts oder eines Unterlassen (von Verkehrssicherungspflichten) geht. Dann bedarf es einer Prüfung der Rechtswidrigkeit, also ein Verstoß gegen die Rechtsordnung (Lehre des Handlungsunrechts).

Der Schädiger (Sachverständige) kann die Rechtswidrigkeit jedoch durch Darlegung eines **Rechtfertigungsgrundes** widerlegen. In Bezug auf die Bauteilöffnung kommt insbesondere die **rechtfertigende Einwilligung** in Betracht, wonach die Rechtswidrigkeit für solche Eingriffe entfällt, die von der Einwilligung des Rechtsinhabers gedeckt sind, „lege artis" erfolgen und an sich erforderlich wären.[683] Für eine wirksame Einwilligung bedarf es jedoch einer vorherigen Aufklärung.[684] Unterlaufen dem Sachverständigen hierbei Fehler, ist entweder die Einwilligung unwirksam oder der Eingriff ist nicht von der Einwilligung gedeckt.[685] In beiden Fällen ist der Eingriff rechtswidrig. Auf die Ausführungen unter (**E.V. 3**.) wird verwiesen.

Vereinzelt wird vertreten, dass der Sachverständige, der sich an gerichtliche Weisungen nach § 404a ZPO hält, stets rechtmäßig handelt.[686] Dies ist jedoch nicht stichhaltig, da ein Gericht nicht allein über die Rechtmäßigkeit eines Handelns entscheiden kann. Vielmehr ist davon auszugehen, dass die Mindermeinung tatsächlich von einer analogen Anwendung des § 839a BGB im Falle einer Weisung ausgeht. Allerdings ist § 839a BGB als Sondernorm per se analogiefeindlich. Somit hat eine gerichtliche Weisung auf die Haftung nach § 823 Abs. 1 BGB keinen Einfluss.

(d) Verschulden

Dem Sachverständigen muss ein Verschulden vorwerfbar sein, also Fahrlässigkeit, grobe Fahrlässigkeit oder Vorsatz. Bereits hier ist darauf hinzuweisen, dass vertragliche Haftungsprivilegierungen nach ständiger Rechtsprechung auch auf die deliktische Haftung nach §§ 823 ff. BGB durchschlagen. Begründet wird dies damit, dass ansonsten der Sinn und Zweck der Privilegierung unterlaufen würde.[687] Ob der Sachverständige im Rahmen seines gerichtlichen Auftrages vertragliche Haftungsprivilegierungen vereinbaren darf, wird unter dem „Haftungsbeschränkung bzw. Haftungsausschluss des gerichtlichen Sachverständigen" **K. II. 1.** abgehandelt.

(e) Schaden – Haftungsausfüllende Kausalität

Durch die Rechts- bzw. Rechtsgutsverletzung muss dem Rechtsinhaber ein kausaler Schaden entstehen. Der **Schaden** wird im Wege der Differenzhypothese ermittelt, also in einem Vergleich der Vermögenslage nach Schadenseintritt mit der gegenwärtigen hypothetischen Vermögenslage ohne das schädigende Ereignis (Bauteilöffnung), § 249 Abs. 1 BGB.[688]

---

683 Vgl.: **E. V. 3**

684 Aus gleichem Grund scheidet auch eine Haftung nach § 823 Abs. 2 i.V. m. § 303 StGB aus

685 *Kern* BauR 2014, 603, 612

686 *Nittner* BauR 1998, 1052, 1053

687 BGH Urteil v. 30.11.1971 – VI ZR 100/70; BGH Urteil v. 20.11.1984 – IV a ZR 104/83

688 Daneben wird ein Schaden auch dann bejaht, wenn nach Differenzhypothese kein Schaden vorliegt. Die Schlagwörter sind hier: Lehr v. normativen Schaden / Kommerzialisierungsgedanke und die Unterscheidung nach unmittelbaren und mittelbaren

Die hier einschlägige **haftungsausfüllende Kausalität** wird nach den gleichen Kriterien wie die haftungsbegründete Kausalität geprüft. Auf vorherige Ausführungen unter lit (b) wird verwiesen.

(f) Rechtsfolge §§ 249 ff. BGB

Inhalt und Umfang eines Schadensersatzanspruches bestimmt sich allgemein nach den §§ 249 ff. BGB. Der Sachverständige hat den Schaden nach § 249 Abs. 1 BGB zunächst nach dem **Grundsatz der Naturalrestitution** zu ersetzen. Er muss den Zustand herstellen, der bestehen würde, wenn es zu dem schadensbegründeten Ereignis nicht gekommen wäre. Hierunter fallen sowohl die Schäden, die durch die Bauteilöffnung eingetreten sind als auch die Folgeschäden die mit der Durchführung der Bauteilöffnung an anderen Rechtsgütern einhergehen. Ist die **Naturalrestitution nicht möglich**, ist der Schadensersatzanspruch auf die Zahlung eines Geldbetrages ausgerichtet, **§ 251 Abs. 1 BGB**, was die Regel beim Schadensersatz darstellt.[689]

Über § 251 Abs. 1 BGB kann auch der sog. **merkantile Minderwert** in Folge einer (fehlerhaften) Bauteilöffnung ersetzt verlangt werden, denn auch bei Gebäuden ist die Rechtsfigur anerkannt.[690] Ein merkantiler Minderwert ist die Wertminderung, die einer Sache gemäß §§ 90, 90a BGB nach Eintritt eines Schadens, trotz erfolgreich durchgeführter Schadensbeseitigung weiterhin anhaftet. Begründung ist, dass der Markt einer beschädigten Sache, selbst nach ordnungsgemäßer Schadensbeseitigung, einen geringeren Wert zumisst, da ihr weiterhin der abstrakte Verdacht verborgen gebliebener Schäden anhaftet.[691] Voraussetzung ist daher neben der ordnungsgemäßen Schadensbeseitigung, ein weiterhin bestehender Schadensverdacht jedweder Art, der geeignet ist, auf dem Markt den Wert zu verringern. Die konkrete Schadenshöhe wird im Moment der Ingebrauchnahme der Sache nach ordnungsgemäßer Schadensbeseitigung bemessen.[692]

Von dem merkantilen Minderwert ist der **technische Minderwert** zu unterscheiden. Dies ist der Schaden, der trotz fachgerechter Wiederverschließung der Bauteilöffnung bestehen bleibt und die Gebrauchsfähigkeit, die Betriebssicherheit, die Lebensdauer oder das äußere Erscheinungsbild beeinträchtigt.[693] Gerade letzteres kann nach einer fachgerechten Wiederverschließung der Bauteilöffnung

---

Schaden, soweit es um die Berücksichtigung schadensmindernder Faktoren geht (Reserveursachen und Vorteilsanrechnung)

689 BGH Urteil v. 08.11.1973 – VII ZR 86/73

690 RG Urteil v. 11.07.1914 – V 67/14; BGH Urteil v. 25.02.1953 – II ZR 172/52; BGH Urteil v. 06.12.2012 – VII ZR 84/10; *Dahmen* BauR 2012, 24; *Vuia* DS 2014, 25

691 BGH Urteil v. 20.06.1968 – III ZR 32/66; BGH Urteil v. 08.12.1977 – VII ZR 60/76; BGH Urteil v. 02.04.1981 – III ZR 186/79; BGH Urteil v. 19.09.1985 – VII ZR 158/84; Urteil v. 11.07.1991 – VII ZR 301/90

692 OLG Hamm Urteil v. 04.07.2005 – 17 U 94/04; OLG Brandenburg Urteil v. 28.08.2008 – 5 U 28/07

693 BGH Urteil v. 28.01.1958 – VI ZR 308/56; BGH Urteil v. 29.04.1958 – VI ZR 82/57

empfindlich beeinträchtigt sein, da gerade kleinere Bauteilöffnungen auf großen einheitlichen Flächen zumeist nicht übergangslos wiederverschlossen werden können. **Weist der Sachverständige jedoch auf die Gefahr von merkantilen und technischen Minderwerten im Rahmen seiner Aufklärung hin und der Verfügungsberechtigte willigt trotzdem ein, muss der Sachverständige keine Haftung befürchten.**

Macht der Auftraggeber den „**abstrakten Schaden**" geltend, kann er nur den Nettobetrag der Schadensbeseitigung nach § 249 Abs. 2 Satz 2 BGB verlangen.[694]

(g) Mitverschulden nach § 254 BGB

Zuletzt ist auch ein Mitverschulden des Geschädigten bei der Haftungsbegründung sowie bei der Haftungsausfüllung nach § **254 Abs. 1, 2 BGB** zu beachten. Hierbei handelt es sich um eine **gesetzliche Haftungsprivilegierung**.[695]

(h) Zwischenergebnis

Der Sachverständige muss zwar nach § 823 Abs. 1 BGB für Schäden der Bauteilöffnung eintreten, kann die Haftung jedoch maßgeblich dadurch ausschließen, dass er den Rechtsinhaber ordnungsgemäß aufklärt. Hierfür bedarf es hinreichender technischer Kenntnisse, um die einschlägigen Gefahren und Risiken zu erkennen und zu erläutern. Die Bedeutung der gerichtlichen Auswahl eines „richtigen Sachverständigen" wird erneut deutlich.

ccc) Haftung nach § 831 Abs. 1 Satz 1BGB

Zieht der Sachverständige Mitarbeiter oder selbstständige Handwerker als Hilfskraft hinzu, um die Bauteilöffnung auf seine Anleitung vorzunehmen, kommt eine Haftung nach § 831 Abs. 1 Satz 1 BGB in Betracht.[696] Hiernach haftet er für eigenes Auswahl- bzw. Überwachungsverschulden, sofern der Hinzugezogene in Ausführung der Verrichtung[697] einen Schaden durch eine rechtswidrige, unerlaubte Handlung verursacht.

---

694 BGH Urteil v. 22.07.2010 – VII ZR 176/09, hierunter fallen auch Begleitkosten, die „sicher" angefallen wären, BGH Urteil v. 04.04.2014 – V ZR 275/12, BGH Urteil v. 10.04.2003 – VII ZR 251/02, OLG Düsseldorf Urteil v. 22.11.2013 – 22 U 32/13, OLG München Urteil v. 28.11.2006 – 13 U 2426/06, OLG Celle Urteil v. 29.01.2014 – 7 U 159/12, a.A.: KG Urteil v. 31.01.2014 – 7 U 30/13, ähnlich auch *Halfmeier* BauR 2013, 320 f., *Knütel* BauR 2004, 591

695 **Vgl.: K. I. 10.**

696 *Bleutge* in Landmann/Rohmer GewO 70. Erg. Juni 2015 § 36 Rdn. 34a; *Jagenburg/Baldringer* ZfBR 2009, 413, 416, 417

697 Hierbei handelt es sich um einen unmittelbaren inneren Zusammenhang zwischen der aufgetragenen Verrichtung und der schädigenden Handlung; Verursacht die Hilfskraft lediglich beiläufig „bei Gelegenheit" Schäden, haftet der gerichtliche Sachverständige nach den Grundsätzen des § 831 BGB nicht, *Wandt* GSV § 18 Rdn. 11

(a) Verrichtungsgehilfe

Verrichtungsgehilfe ist, wer mit Wissen und Wollen des Geschäftsherrn in dessen Pflichten- und Interessenkreis tätig wird und dabei weisungsgebunden ist. Für die Weisungsabhängigkeit genügt es, wenn die Tätigkeit zumindest durch ein faktisches Direktionsrecht[698] beschränkt, entzogen oder nach Zeit und Umfang bestimmt werden kann,[699] wodurch der Verrichtungsgehilfe in den Organisationskreis des Geschäftsherrn eingegliedert wird.[700]

Während **eigene Mitarbeiter** aufgrund der arbeitsrechtlichen Weisungsbefugnis ohne weiteres Verrichtungsgehilfen sind, stellt ein Direktionsrecht gegenüber **selbstständigen Werkunternehmern** die absolute Ausnahme dar,[701] denn diese werden trotz Weisungen nicht in den Organisationskreis des Geschäftsherrn eingegliedert. Der Werkunternehmer behält seine wirtschaftliche Selbstständigkeit.[702] Dies gilt auch in Bezug auf die Weisungen des Sachverständigen, denn auch er gibt lediglich vor, was (Tätigkeit) gemacht werden soll. Er darf sich in Grenzen des Vertrauensgrundsatzes darauf verlassen, dass das Fachunternehmen seinen deliktischen Sorgfaltspflichten ordnungsgemäß nachkommt.[703]

(b) Auswahl- und Überwachungsverschulden

Kommt es durch die Handlung des Verrichtungsgehilfen zu einem Schaden, wird **widerlegbar vermutet**, dass ein **Auswahl- und Überwachungsverschulden** des Sachverständigen vorausging (§ 831 Abs. 1 Satz 2 Alt. 1 BGB) und dass dieses Verschulden **kausal** für den Schadenseintritt ist (§ 831 Abs. 1 Satz 2 Alt. 2 BGB).[704] Durch die Einbeziehung eines Dritten in den Interessen- und Pflichtenkreis werden somit lediglich die Sorgfaltspflichten im Falle einer eigenen Ausführung inhaltlich

698 BGH Urteil v. 30.06.1966 – VII ZR 23/65; BGH Urteil v. 25.02.1988 – VII ZR 348/86; BGH Urteil v. 12.06.1997 – I ZR 36/95; BGH Urteil v. 10.03.2009 – VI ZR 39/08; MüKo / *Wagner* BGB § 831 Rdn. 14

699 BGH Urteil v. 30.06.1966 – VII ZR 23/65

700 BGH Urteil v. 10.03.2009 – VI ZR 39/08

701 Palandt / *Grüneberg* BGB 75. Auf. § 278 Rdn. 2; *Bleutge* in Landmann / Rohmer GewO 70. Erg. Juni 2015 § 36 Rdn. 34a; *Jagenburg / Baldringer* ZfBR 2009, 413, 416, 417

702 Palandt / *Sprau* BGB 75. Aufl. Einf v § 631 Rdn. 1; Die fehlende Weisungsbefugnis kann auch mit der besonderen Sachnähe des Werkunternehmers begründet werden. Darüber hinaus wird eine fehlende Weisungsbefugnis auch dadurch deutlich, dass dem Besteller bei dem Nacherfüllungsanspruch nach § 635 BGB auch kein Weisungsrecht zukommt, ob Beseitigung oder Neuherstellung erfolgen soll. Der Nacherfüllungsanspruch stellt einen modifizierten Erfüllungsanspruch dar.

703 MüKo / *Wagner* BGB § 831 Rdn. 16; *Liebheit* BauR 2008, 1510, 1516 m.w.N.

704 *Wandt* GSV § 18 Rdn. 12, 13; ähnlich auch OLG Köln Beschluss v. 20.01.2014 – 11 U 116/13; OLG Düsseldorf Urteil v. 06.11.2012 – 23 U 156/11

geändert, wodurch dem Geschäftsherrn Auswahl-, Instruktions- und Überwachungspflichten zukommen.[705]

(c) Exkulpation

Da das Auswahl- und Überwachungsverschulden widerlegbar vermutet wird, kann der Sachverständige sich **exkulpieren (Entlastungsbeweis)**, indem er darlegt, dass er den Verrichtungsgehilfen ordnungsgemäß ausgesucht und überwacht hat. Die **Kriterien der Auswahl** des Verrichtungsgehilfen kann er selbst bestimmen, allerdings muss er auch hier dem Sorgfaltsmaßstab eines gewissenhaften Sachverständigen gerecht werden. Die **Überwachungspflicht** orientiert sich sowohl an der **Tätigkeit als auch an der Person des Verrichtungsgehilfen**. Aufgrund dessen bedarf es bei einfachen und gängigen Arbeiten gewöhnlich keiner ständigen Kontrolle.[706] Es sei denn, dass in der Vergangenheit auch hierbei Fehler unterlaufen sind oder Anhaltspunkte vorliegen, dass der Verrichtungsgehilfe, trotz einer ordnungsgemäßen Auswahl, nicht die nötige Zuverlässigkeit und Sachkunde vorweist.[707] **Daher gilt: je risikoträchtiger die Arbeiten und je unqualifizierter der Verrichtungsgehilfe ist, desto höhere Anforderungen werden an die Überwachungspflicht gestellt.**[708] Im eigenen Interesse hat der Sachverständige daher gewissenhafte Verrichtungsgehilfen auszuwählen und hinzuzuziehen. § 831 BGB folgt somit auch dem Gedanken der persönlichen deliktischen Verantwortung[709], sodass kein fremdes Verschulden zugerechnet werden kann.[710] Auch nicht über § 278 BGB, da diese Norm im Deliktsrecht nicht anwendbar ist.[711]

(d) Zwischenergebnis

Der Anwendungsbereich des § 831 BGB ist stark begrenzt, da selbstständige Unternehmen nicht unter den Begriff „Verrichtungsgehilfen" gefasst werden können. Daneben besteht die Exkulpationsmöglichkeit des § 831 BGB, sofern der Verrichtungsgehilfe

---

705 BGH Urteil v. 22.01.2008 – VI ZR 126/07; BGH Urteil v. 26.09.2006 – VI ZR 166/05; BGH Urteil v. 04.06.1996 – VI ZR 75/95; BGH Urteil v. 23.01.1990 – VI ZR 209/89; BGH Urteil v. 17.01.1989 – VI ZR 186/88; BGH Urteil v. 27.01.1987 – VI ZR 114/86; BGH Urteil v. 27.11.1984 – VI ZR 49/83; BGH Urteil v. 02.10.1984 – VI ZR 125/83; BGH Urteil v. 07.10.1975 – VI ZR 43/74; MüKo / *Wagner* BGB § 823 Rdn. 380

706 BGH Urteil v. 20.09.1983 – VI ZR 248/81; OLG Dresden Urteil v. 28.01.2010 – 10 U 1414/08; OLG Brandenburg Urteil v. 01.02.2007 – 12 U 138/06 (Überwachung eines Architekten)

707 BGH Urteil v. 10.02.1994 – VII ZR 20/93 (Überwachung eines Architekten)

708 Im Ergebnis: BGH Urteil v. 06.07.200 – VII ZR 82/98; OLG Hamm Urteil v. 27.02.2014 – 1 U 159/12; MüKo / *Wagner* BGB § 823 Rdn. 382 m.w.N.

709 *Wandt* GSV § 16 Rdn. 168

710 § 278 BGB ist im Deliktsrecht nicht anwendbar, BGH Urteil v. 07.03.1972 – VI ZR 158/70

711 MüKo / *Wagner* BGB § 823 Rdn. 378 m.w.N.

ordnungsgemäß ausgesucht und überwacht wurde. Kommt der Sachverständige hierbei dem Sorgfaltsmaßstab eines **gewissenhaften Sachverständigen** nach, droht ihm keine Haftung. Hieran ändert auch nicht das Prinzip der *persönlichen Gesamtverantwortung* des Sachverständigen für die *inhaltliche Richtigkeit des Gutachtens.* Denn diese Gesamtverantwortung des Sachverständigen bezieht sich allein auf die **Richtigkeit des Inhalts des Gutachtens.**[712] Für diese muss der Sachverständige unmittelbar eintreten, ohne dass es einer Zuhilfenahme des § 831 BGB bedarf.[713] Mit der Vornahme der Bauteilöffnung hat dies nichts zu tun.

ddd) Haftung – Bauteilöffnung durch die Partei

(a) Einleitung

Die verneinende Ansicht schlägt vor, dass die Bauteilöffnung durch die beweisbelastete Partei oder durch einen von ihr beauftragten Handwerker unter Anleitung des Sachverständigen durchgeführt werden soll. Auch hier stellt sich die Frage nach der Haftung des Sachverständigen. Eine Haftung nach § 823 Abs. 1 BGB tritt nicht ohne weiteres ein, da der Sachverständige die Bauteilöffnung nicht selbst durchführt. Er erteilt vielmehr nur Anweisungen in der Weise, wo die Bauteilöffnung durchgeführt und z.B. wie viele Schichten der Fassade abgetragen werden sollen. Eine Haftung nach § 831 Abs. 1 BGB scheidet ebenfalls aus, da weder die beweisbelastete Partei noch der von ihr beauftragte Handwerker ein Verrichtungsgehilfe des Sachverständigen ist.

In einer solchen Situation besteht aber die Möglichkeit der Haftung nach § 823 Abs. 1 BGB i.V. m. Verkehrssicherungspflichten.

(b) Verkehrssicherungspflichten

Dem Sachverständigen droht als **Herr des Ortstermins** daher auch in diesen Fällen eine deliktische Haftung. Kommt er zu dem Entschluss, dass eine Bauteilöffnung für die Beantwortung der Beweisfragen erforderlich ist und die verfügungsberechtigte Partei hat eingewilligt, trifft ihn eine **Einstands- bzw. Verkehrssicherungspflicht.**[714]

Verkehrssicherungspflichten treffen denjenigen, der in **seinem Verantwortungsbereich** eine Gefahrenlage für Dritte, gleich welcher Art, schafft. Hieraus entsteht eine Rechtspflicht, alle notwendigen und zumutbaren Sicherungsvorkehrungen zu treffen, die aus Sicht eines verständigen, umsichtigen, in vernünftigen Grenzen vorsichtigen Menschen für ausreichend, erforderlich und nach den Umständen zumutbar

712 *Ulrich* selbstständiges Beweisverfahren mit Sachverständigen Kap. 8 Rdn. 4
713 *Ulrich* selbstständiges Beweisverfahren mit Sachverständigen Kap. 8 Rdn. 4
714 Instrumente der Haftungsbegründung in der Hand des Richters, *Wandt* GSV § 16 Rdn. 108; Verkehrssicherungspflichten sind keine Schutzgesetze, sodass keine Haftung nach § 823 Abs. 2 BGB droht

sind[715], um Schäden von Personen, vom **Begutachtungsobjekt** bzw. von andereren Sachen soweit wie möglich zu verhindern.[716] Verkehrssicherungspflichten sind jedoch **delegierbar**.[717] Daher kann der Sachverständige eine Verkehrssicherungspflicht auf den Handwerker übertragen. Allerdings kommt es hierdurch nicht zu einer vollständigen Entlastung des Delegierenden. Vielmehr **ändern** sich die Verkehrssicherungspflichten inhaltlich[718] zu einer **Kontroll- und Überwachungspflicht.**[719] Der Sachverständige haftet nun nach § 823 Abs. 1 BGB für eine sorgfältige **Auswahl der Personen** sowie für eine **stichprobenartige Kontrolle und Überwachung der Erfüllung der übertragenden Aufgabe.**[720] Der Begriff Übertragung oder Delegation ist daher streng genommen unzutreffend.[721] Der Sachverständige muss als **Verantwortlicher des Ortstermins** diesen Pflichten gerecht werden und den von der Partei beauftragten Handwerker **kontrollieren und Anweisungen erteilen**, wobei im Unterlassen dieser Pflichten ein **haftungsbegründendes Verhalten** liegt.[722] Dies gilt dann, wenn zurechenbar Schäden verursacht werden, die bei der Beachtung des Gebotenen hätten verhindert werden können.[723]

Mit der Durchführung der Bauteilöffnung durch die beweisbelastete Partei tritt jedoch das Problem auf, dass dem Sachverständigen kein Mitspracherecht bei der **Auswahl des Handwerkers** zukommt, auf den die Verkehrssicherungspflichten delegiert werden. Da sich die **Überwachungspflicht des Sachverständigen**, wie bei

715 BGH Urteil v. 03.06.2008 – VI ZR 223/07; BGH Urteil v. 05.10.2004 – VI ZR 294/03; BGH Urteil v. 03.02.2004 – VI ZR 95/03; BGH Urteil v. 15.07.2003 – VI ZR 155/02; *Wandt* GSV § 16 Rdn. 108 m.w.N.

716 BGH Urteil v. 06.02.2007 – VI ZR 274/05; BGH Urteil v. 31.10.2006 – VI ZR 223/05; BGH Urteil v. 02.02.2006 – III ZR 159/05; Palandt / *Sprau* BGB 75. Aufl. § 823 Rdn. 46

717 BGH Urteil v. 07.10.1975 – VI ZR 103/74; MüKo / *Wagner* BGB § 823 Rdn. 375; dies wird damit begründet, dass es sich um keine höchstpersönliche Pflicht handelt, vgl. §§ 613, 664 Abs. 1 Satz 1 BGB; **BGH Urteil v. 17.01.1989 – VI ZR 186/88**, es gilt das **Prinzip des Faktums der einverständlichen Aufgabenübernahme**, eines wirksamen Übernahmevertrages bedarf es nicht, somit ist nicht von Bedeutung, ob der zugrundeliegende Werkvertrag zwischen dem Werkunternehmer und dem Sachverständigen wirksam ist, hierzu auch: MüKo / *Wagner* BGB § 823 Rdn. 376 , Kompetenzunklarheiten gehen voll zu Lasten des Sachverständigen, MüKo / *Wagner* BGB § 823 Rdn. 383

718 *Wandt* GSV § 16 Rdn. 115

719 BGH Urteil v. 17.01.1989 – VI ZR 186/88; Palandt / *Sprau* BGB 75. Aufl. § 823 Rdn 50, 52

720 BGH Urteil v. 26.09.2006 – VI ZR 166/05; MüKo / *Wagner* BGB § 831 Rdn. 17; Palandt / *Sprau* BGB 75. Aufl. § 823 Rdn. 50, 52: Die Delegation der Verkehrssicherungspflichten durch Vertrag auf einen Dritten ist grundsätzlich zulässig

721 BGH Urteil v. 23.01.1990 – VI ZR 209/89

722 *Zimmermann* DS 2006, 304, 306, 310

723 BGH Urteil v. 25.09.1952 – III ZR 322/51; Palandt / *Grüneberg* BGB 75. Aufl. Vorb v § 249 Rdn. 51

§ 831 BGB, sowohl an der **Tätigkeit als auch an der Qualifikation der Person des Verrichtungsgehilfen** orientiert, kann er nur hoffen, dass ein Fachunternehmen von der Partei beauftragt wird,[724] das die Arbeiten tatsächlich ordnungsgemäß ausführen kann.[725] Neben den **Parallelen** zu § 831 BGB[726] sind die Anforderungen an die Kontroll- und Überwachungspflichten des § 823 Abs. 1 BGB jedoch **quantitativ schärfer**.[727] Ergänzend hierzu, dürfte der Sachverständige das ausführende Unternehmen in der Regel nicht kennen, sodass er dieses auch bei einfachen und gängigen Arbeiten zwingend zu kontrollieren hat. Er kann kein Vertrauen dahingehend begründet haben, dass es diese Arbeiten ordnungsgemäß ausführt.[728] **Dies führt zu einer Haftungsverschärfung gegenüber § 831 BGB. Diese Pflichtverletzungen können nicht unter die Einwilligung gefasst werden.** Dies verkennt die verneinende Ansicht.

eee) Gesamtschuld nach § 840 BGB

Ist der Sachverständige planend und überwachend und ein Handwerker ausführend an der Bauteilöffnung beteiligt, so werden sie im Falle eines Schadenseintritts nach § 840 BGB zu **Gesamtschuldnern**.[729] Der Handwerker kann seine gesamtschuldnerische Haftung verhindern, indem er seine Arbeit ordnungsgemäß ausführt, die Planungen und Anweisungen des Sachverständigen überprüft und wenn Fehler vorliegen, hierauf hinweist.[730] Die Gesamtschuld entfällt auch dann, wenn der Handwerker einen Schaden im Rahmen seiner vertraglichen Nacherfüllungspflicht beseitigt,[731] denn hierdurch wandelt sich der Ausgleichsanspruch in einen Zahlungsanspruch des Gesamtschuldnerausgleiches nach § 426 Abs. 1 BGB um.[732]

---

724 BGH Urteil v. 30.09.1986 – VI-ZR 274/85

725 BGH Urteil v. 22.01.2008 – VI ZR 126/07; BGH Urteil v. 17.01.1989 – VI ZR 186/88

726 Palandt / *Sprau* BGB 75. Aufl. § 823 Rdn. 52

727 Medicus / Petersen BR Rdn. 656 a.E.

728 BGH Urteil v. 20.09.1983 – VI ZR 248/81; BGH Urteil v. 10.02.1994 – VII ZR 20/93 (Überwachung eines Architekten); OLG Dresden Urteil v. 28.01.2010 – 10 U 1414/08; OLG Brandenburg Urteil v. 01.02.2007 – 12 U 138/06 (Überwachung eines Architekten)

729 BGH Urteil v. 26.09.2006 – VI ZR 166/05; BGH Urteil v. 26.11.1974 – VI ZR 164/73; BGH Urteil v. 14.10.1969 – VI ZR 55/68; grundsätzlich hierzu: RG Urteil v. 25.11.1911 – I 529/10; BGH Urteil v. 13.05.1955 – I ZR 137/53; MüKo / *Bydlinski* BGB § 421 Rdn. 51

730 BGH Urteil v. 11.10.1990 – VII ZR 228/29 (Architekt / Bauunternehmer)

731 Thode / Wirth / Kuffer / *Vorwerk* § 19 Rdn. 33, wobei eine Nacherfüllungspflicht und ein Schadensersatzanspruch auch eine Gesamtschuld begründen können, BGH Urteil v. 07.03.2002 – VII ZR 1/100

732 Der Wandel des Befreiungsanspruchs in einen Zahlungsanspruch hat keine Wirkung auf die Verjährung, es läuft eine einheitliche dreijährige Verjährung ab dem Moment des Entstehens und der Kenntnis, BGH Urteil v. 18.06.2009 – VII ZR 167/08

c) Ergebnis

Dem Gericht kommt nach **§ 404a ZPO** die Befugnis zu, dem Sachverständigen verbindliche, nicht anfechtbare Weisungen zu erteilen, seiner Tätigkeit nachzukommen. Wird ein „richtiger" Sachverständiger bestellt, gehört die Bauteilöffnung auch zu seinem **Tätigkeitsfeld**.

Ob es zu einer Weisung kommt, stellt eine **Ermessensentscheidung** dar. Sachdienliche Erwägungen sind, dass das Gericht innerhalb eines Verfahrens den **einfachsten, sichersten, kostengünstigsten und schnellsten Weg** zu wählen hat (Praktikabilität, Zweckmäßigkeit und Sachdienlichkeit). In Bezug auf den sichersten Weg spielt die **Pflicht des Sachverständigen zur Rücksichtnahme gegenüber fremden Rechtsgütern** eine wesentliche Rolle. Das Gericht muss daneben seiner **Rücksichtnahmepflicht gegenüber dem Sachverständigen** gerecht werden und dabei gerade die **Neutralität des Sachverständigen** wahren.

Eine **unzumutbare Haftung** steht dem nicht entgegen. Wird die Bauteilöffnung durch den Sachverständigen **selbst** durchführt, haftet er nach § 823 Abs. 1 BGB, sofern die Rechtswidrigkeit nicht durch eine Einwilligung in Folge einer Aufklärung entfällt.

Wird die Bauteilöffnung **durch einen Dritten** ausgeführt, haftet der Sachverständige zumeist nicht, da ein selbstständiges Unternehmen kein Verrichtungsgehilfe ist.

Daneben kommen dem Sachverständigen auch **Verkehrssicherungspflichten** zu, deren Unterlassen eine Haftung nach § 823 Abs. 1 BGB nach sich zieht. Eine solche Haftung droht gerade dann, wenn die **beweisbelastete Partei die Bauteilöffnung selbst durchzuführen hat** (Ansicht der verneinenden Meinung). Der Sachverständige muss den beauftragten Handwerker dann ordnungsgemäß kontrollieren. Die Kontrollpflichten des § 831 Abs. 1 BGB und des § 823 Abs. 1 BGB unterscheiden sich nur insoweit, dass die Beweislast bei § 831 BGB dem Sachverständigen zukommt und die Pflichten des § 823 Abs. 1 BGB quantitativ schärfer sind. Da solche Pflichtverletzungen jedoch nicht unter die Einwilligung fallen, besteht ein **höheres Haftungsrisiko**, sofern der Sachverständige die Bauteilöffnung ausführen lässt bzw. die Bauteilöffnung überwachen muss.

Diese Erwägungen sind in die Ermessensentscheidung mit einzubeziehen. In der Regel sprechen die besseren Gründe dafür, den Sachverständigen anzuweisen.

d) Problemfeld Wiederverschließung der Bauteilöffnung – Einleitung

Die Folgen einer Beweisaufnahme sind im Anschluss zu beseitigen. So stellt sich die Frage, ob der Sachverständige auch verpflichtet ist, die Bauteilöffnung zu verschließen oder verschließen zu lassen.

Unstrittig ist, dass **maximal** die Wiederherstellung des vorherigen Zustandes (Wiederverschließung) geschuldet ist.[733] Andernfalls wäre der Sachverständige auch

733 So auch *Dötsch* NZBau 2008, 217 [Fn. 3]

verpflichtet, den begutachteten Mangel zu beheben, was einer Mängelbeseitigung gleich käme. Dies würde aber das **Recht zur zweiten Andienung unterlaufen**.

Weiterhin würde man einen öffentlich bestellten Sachverständigen dazu bringen gegen die Sachverständigenordnung der Handwerkskammer zu verstoßen, wonach begutachtete Mängel nicht selbst oder durch den eigenen Betrieb beseitigt werden dürfen.[734] Diese Regelung soll verhindern, dass Mängel nur deshalb gutachterlich festgestellt werden, um an „Folgeaufträge" für das eigene Unternehmen zu kommen.

Ob der Sachverständige die Bauteilöffnung aber verschließen muss, ist wiederum umstritten:

aa) Pflicht zur Wiederverschließung

Nach einer **Teilansicht** ist der Sachverständige neben der Durchführung der Bauteilöffnung auch zur Folgenbeseitigung und somit zur **Wiederherstellung des vorherigen Zustandes verpflichtet**, da die Beweiserhebung und die Folgenbeseitigung eine **prozessuale Einheit** sei. Die Parteien könnten nicht darauf verwiesen werden, dass sie für die Wiederherstellung selbst Sorge tragen müssten.[735] Es sei billig und gerecht die Folgen eines rechtmäßigen Eingriffs in das Eigentum auch wieder zu beseitigen, notfalls auf Weisung des Gerichts.[736] Im Falle eines festgestellten Mangels muss der Sachverständige nur solche Maßnahmen erbringen, die den Eintritt weiterer Schäden verhindern.[737]

bb) Keine Pflicht zur Wiederverschließung

Nach einer anderen **Teilansicht** besteht kein Anspruch auf Beseitigung der Folgen einer Bauteilöffnung.[738] Zeigten sich im Zuge der Begutachtung keine Mängel, wäre der Beweisführer für das Wiederverschließen verantwortlich. Würde der Sachverständige trotz Mängel die Bauteilöffnung verschließen, stelle dies einen Mangelfolgeschaden dar.[739] Den Sachverständigen träfe wiederum nur die Pflicht zur Vornahme von Sicherungsmaßnahmen, um Gefahren vor der Allgemeinheit so gut wie möglich fernzuhalten.

---

734 Vgl. Ziff. 9.5.10 der RL zur MSVO des Zentralverbandes des Deutschen Handwerks

735 OLG Koblenz Beschluss v. 27.06.2001 – 2 W 327/01; OLG Frankfurt a.M. Beschluss v. 26.02.1998 – 18 U 50/95; OLG Celle Beschluss v. 30.10.1997 – 4 U 197/95; OLG Düsseldorf Beschluss v. 16.01.1997 – 23 W 47/96; Thomas / Putzo / *Reichold* ZPO § 404a Rdn. 2

736 OLG Celle Beschluss v. 30.10.1997 – 4 U 197/95

737 OLG Düsseldorf Beschluss v. 16.01.1997 – 23 W 47/96; *Ulrich / Zielbauer* DS 2008, 12, 20

738 OLG Stuttgart Beschluss v. 13.09.2005 – 13 W 43/05; OLG Celle Beschluss v. 30.10.1997 – 4 U 197/95

739 *Motzke* BIS 2000, 87, 88

aaa) Vermittelnde Ansicht -I-

Eine **vermittelnde Ansicht** hält eine Pflicht zur Wiederherstellung des vorherigen Zustandes für gegeben, wenn die Einwilligung zur Bauteilöffnung unter der **ausdrücklichen Bedingung** abgegeben worden ist, dass der Sachverständige die Öffnung wieder schließt, selbst wenn er hierzu Hilfskräfte hinzuziehen müsse.[740] Gegebenenfalls sei der Sachverständige nach § 404a ZPO anzuweisen.

bbb) Vermittelnde Ansicht -II-

Nach einer **weiteren vermittelten Ansicht** bestehe eine Wiederverschließungspflicht nur in Folge einer gerichtlichen Anweisung. Hierfür spreche der Umstand, dass Beweisanordnung, Beweiserhebung und Folgenbeseitigung eine prozessuale Einheit sei.[741] Ebenfalls wird eine Pflicht dann angenommen, wenn der Sachverständige die Bauteilöffnung selbst vorgenommen hat.[742]

cc) Stellungnahme / Ergebnis

Richtig ist, dass die Wiederverschließung der Bauteilöffnung **nicht die Grenze der Mangelbeseitigung überschreiten darf.**

Der Sachverständige kann nur dann zur Wiederverschließung verpflichtet werden, wenn dies **Bedingung** der Einwilligung des Verfügungsberechtigten war und der Sachverständige sich hierauf eingelassen hat. Ist dies nicht der Fall, stellen die Aufwendungen der Wiederverschließung Kosten des Verfahrens dar, die von der unterliegenden Partei zu tragen sind. Eine generelle Pflicht zur Wiederverschließung des Sachverständigen kann schon deshalb nicht bestehen, da dies bei Auftreten von Mängeln kontraproduktiv wäre. Der Sachverständige müsste die Öffnung schließen, auch wenn die Mängelbeseitigung einer erneuten Öffnung bedürfte.

So kann der Sachverständige auch nur dann gerichtlich zur Wiederverschließung angewiesen werden, wenn im Zuge der Begutachtung keine Mängel ersichtlich waren und die Wiederverschließung ausdrückliche Bedingung der Einwilligung war. Auch hier kommt der Auswahl des „richtigen“ Sachverständigen eine gesteigerte Bedeutung zu.

---

740 OLG Stuttgart Beschluss v. 22.05.2014 – 10 W 15/14; OLG Stuttgart Beschluss v. 13.09.2005 – 13 W 43/05

741 OLG Celle Beschluss v. 30.10.1997 – 4 U 197/95

742 Werner / Pastor 15. Aufl. Rdn. 91; *Praun* BauR 2013, 1938, 1944; OLG Stuttgart Beschluss v. 13.09.2005 – 13 W 43/05; KG Beschluss v. 21.10.2005 – 7 W 46/05 (nach gerichtlicher Weisung); OLG Frankfurt a.M. Beschluss v. 26.02.1998 – 18 U 50/95 (keine schädlichen Folgen seiner Tätigkeit zurückbleiben); OLG Düsseldorf Beschluss v. 16.01.1997 – 23 W 47/96 (nach eigener Öffnung und gerichtlicher Weisung)

8. Zwischenergebnis

Mit den Verlust- und Vergütungstatbeständen des § 8a JVEG und der allgemeinen Haftung des §§ 823 ff. BGB stellt das Gesetz Möglichkeiten zur Verfügung, Pflichtverletzungen und schadensbegründende Handlungen neben dem § 839a BGB zu ahnden. Gerade durch letzteren wird dafür gesorgt, dass die Sonderstellung des gerichtlichen Sachverständigen aufgrund seiner *inneren Unabhängigkeit* als *Gehilfe des Gerichts* im Interesse einer *funktionierenden Rechtspflege* gewahrt bleibt. Im Gegenzug sorgen die Regelungen des JVEG aber für eine Ahndung von Pflichtverletzungen, ohne dass es eines Rechtsverhältnisses zum Sachverständigen bedarf. Auf anderen Berufsgruppen lastet ein höheres Haftungsrisiko.

F. Spezielle Haftung im Zusammenhang mit der öffentlichen Bestellung und Vereidigung eines Sachverständigen – strafrechtliche Folgen

I. Missbrauch einer geschützten Berufsbezeichnung – § 823 Abs. 2 BGB i.V. m. § 132a Abs. 1 Nr. 3 StGB

Im Zusammenhang mit der öffentlichen Bestellung und Vereidigung des Sachverständigen droht eine spezielle Haftung nach **§ 823 Abs. 2 StGB i.V. m. § 132a Abs. 1 Nr. 3 StGB**, wenn die gesetzlich geschützte Berufsbezeichnung „des öffentlich bestellten und vereidigten Sachverständigen" nach § 132a StGB im Rechtsverkehr missbraucht wird. Der Gesetzgeber versucht mit einer Strafandrohung von bis zu einem Jahr das Vertrauen der Öffentlichkeit und des Einzelnen in die öffentliche Bestellung eines Sachverständigen und die einhergehende überdurchschnittliche Qualifikation vor Missbrauch zu schützen.

Ein **Missbrauch i.S. d. § 132a StGB** liegt vor, wenn im Rechtsverkehr von einer Person in unberechtigter Weise die **Erkennungszeichen** eines öffentlich bestellten Sachverständigen, die Bestellungsurkunde, den Rundstempel[743] oder den Sachverständigen-Ausweis,[744] verwendet und der Anschein erweckt wird, sie wäre auf einem bestimmten Sachgebiet öffentlich bestellt[745] und die Bestellungskörperschaft bescheinige ihr eine besondere Sachkunde.[746] Zumeist erfolgt ein Missbrauch bei der Erstattung eines Gutachtens, da dieses nach § 12 MSVO IHK mit dem Vermerk *„von der [Bezeichnung der Bestellungskörperschaft] öffentlich bestellter und vereidigter Sachverständiger für [Angabe seines Sachgebiets / seiner Sachgebiete]"* versehen werden muss.

Auch ein öffentlich bestellter Sachverständiger kann den Tatbestand des § 132a BGB erfüllen, indem er wahrheitswidrig angibt, er wäre auf einem Sachgebiet öffentlich bestellt und vereidigt.

II. Wettbewerbsrechtlicher Verstoß

Mit dem Missbrauch i.S. d. § 132a StGB geht in der Regel auch ein wettbewerbsrechtlicher Verstoß gemäß §§ 3 und 5 UWG (Gesetz gegen den unlauteren Wettbewerb)

---

743 Der Rundstempel ist im Sinne einer Einheitlichkeit genormt und weist stets die gleichen Maße auf. Der Durchmesser eines Sachverständigensiegels ist 43 mm. Der Innenkreis des Siegels weist einen Innendurchmesser von 34mm auf

744 Vgl. § 6 Ziff. 6.1 RL zur MSVO IHK

745 Fischer StGB § 132a Rdn. 3

746 Vgl Ziff. 13.2 der RL zur MSVO des Zentralverbandes des Deutschen Handwerks

einher, der zivilrechtlich geahndet werden kann. Da es sich bei diesen Normen jedoch um keine Schutzgesetze handelt, droht kein Schadensersatzanspruch nach § 823 Abs. 2 BGB.

III. Weitere haftungsrechtliche und strafrechtliche Folgen

Weitere haftungsrechtliche und strafrechtliche Folgen zieht **§ 203 Abs. 2 Nr. 5 StGB** nach sich. Dem öffentlich bestellten Sachverständigen kommt neben der allgemeinen, eine strafrechtliche Pflicht zur Verschwiegenheit[747] zu. Hierunter fällt das Wissen, welches in einem inneren Zusammenhang mit der Ausübung seiner Tätigkeit steht. Offenkundige Tatsachen und solche, die ihrer Bedeutung nach keiner Geheimhaltung bedürfen, fallen somit nicht unter die Verschwiegenheitspflicht.

§ 203 StGB schützt sowohl das **verfassungsrechtlich garantierte allgemeine Persönlichkeitsrecht** als auch **das Recht auf informationelle Selbstbestimmung**, verbunden mit der Möglichkeit selbst zu entscheiden, welcher Sachverhalt zu welchem Zeitpunkt offenbart wird.[748] Daneben wird aber auch das **Vertrauen der Öffentlichkeit in die Integrität des Sachverständigen geschützt**.[749] Somit handelt es sich bei der strafrechtlichen Norm um ein **Schutzgesetz nach § 2 EGBGB** (Einführungsgesetz des Bürgerlichen Gesetzbuchs), sodass auch diesbezüglich eine **Haftung nach § 823 Abs. 2 BGB** droht.

Daneben ist zu berücksichtigen, dass ein öffentlich bestellter Sachverständiger auch nach **§ 1 Nr. 3 des Gesetzes über die förmliche Verpflichtung nichtbeamteter Personen**[750] zur gewissenhaften Einhaltung seiner Pflichten verpflichtet ist.

IV. Zwischenergebnis

Der öffentlich-bestellte Sachverständige kann die spezielle Haftung umgehen, wenn er seine Leistung unter Beachtung der üblichen Sorgfalt erbringt. Auch ohne die Existenz des § 132a StGB dürfte klar sein, dass Erkennungsmerkmale einer besonderen Sachkenntnis schutzbedürftig sind. Andernfalls würde das Vertrauen des Rechtsverkehrs erheblich erschüttert.

---

747 Auch nach § 15 Abs. 1 MSVO IHK, dass es sich jedoch um eine allgemeine Pflicht handelt zeigt, dass die Pflicht auch noch gilt wenn der Auftrag erfüllt oder die öffentliche Bestellung erloschen ist, § 15 Abs. 4 MSVO

748 BGH Urteil v. 25.03.1993 – IX ZR 192/92; BGH Urteil v. 10.07.1991 – VIII ZR 296/90; OLG Dresden Beschluss v. 11.09.2007 – 2 Ws 163/07; OLG Oldenburg Urteil v. 09.10.1991 – 3 U 43/91; *Eisele* ZIS 2011, 354, 357; *Heghmanns/Niehaus* NStZ 2008, 57, 60; *Kern* MedR 2006, 205; *Weichert* NStZ 1999, 490; *Schenkel* NStZ 1995, 67, 69

749 BGH Urteil v. 08.10.1968 – VI ZR 168/67; OLG Hamm Urteil v. 09.11.1994 – 3 U 120/94 (Schweigepflicht des Arztes, eine Gleichbehandlung ist angezeigt, da auch die ZPO eine solche bspw. in § 404 Abs. 2 ZPO vorsieht)

750 Das Verpflichtungsgesetz v. 02.03.1974 gilt derzeit in der Fassung v. 01.01.1975

G. Die Haftung des Privatsachverständigen

I. Einleitung

Der Privatsachverständige wird unmittelbar von seinem Auftraggeber beauftragt, ein Gutachten zu erstatten oder eine andere Sachverständigenleistung zu erbringen. Hiermit will sich der Auftraggeber die besondere Sachkunde und Expertise des Sachverständigen zu Eigen machen. Die zugrundeliegenden Sachverhalte sind vielfältig. So kann der Sachverständige bspw. damit beauftragt werden, während der Vertragserfüllung die erbrachten Bauleistungen im Rahmen einer baubegleitenden Bauüberwachung oder im Zusammenhang mit einer Abnahme zu überprüfen.

Überzeugende Gutachten können vielfach in der Lage sein, einen Rechtsstreit zu verhindern. Sollte dies nicht gelingen, kann ein Gutachten auch zum Prozessgegenstand gemacht werden. Es handelt sich dann um **urkundlich belegtes qualifiziertes Parteivorbringen**[751], welches die Gegenseite qualifiziert bestreiten muss[752]. Aber auch sonst muss das Gericht das Gutachten **von Amts wegen** in seine Beweiswürdigung einbeziehen, sofern es inhaltliche **Widersprüche zum gerichtlichen Gutachten** aufweist.[753]. Zu diesen kann das Gericht den gerichtlichen Sachverständigen anhören oder einen Obersachverständigen nach § 412 ZPO bestellen, wenn das Gericht eine „Patt-Situation" zwischen den beiden Gutachten ausmacht.[754] Dem Gericht kommt somit eine **Aufklärungspflicht** zu.[755] Kommt es dieser Pflicht nicht hinreichend nach, liegt ein Verstoß gegen das rechtliche Gehör vor.[756] Besteht „lediglich" ein Widerspruch zwischen Gutachten verschiedener Privatsachverständiger, hat das Gericht auch diesen mit Hilfe des gerichtlichen Sachverständigen zu lösen.[757] Bei der Beweiswürdigung muss das Gericht in beiden Fällen darauf achten, dass dem Gutachten eines öffentlich bestellten Sachverständigen grundsätzlich eine größere Gewichtung zukommt.[758]

Zum Sachverständigenbeweis wird ein Gutachten eines Privatsachverständigen nur dann, wenn beide Parteien dem **zustimmen**.[759]

751 BGH Urteil v. 08.07.2009 – VIII ZR 314/07
752 OLG Hamm Urteil v. 27.02.2014 – 6 U 147/13
753 BGH Urteil v. 03.12.2008 – IV ZR 20/06; BGH Beschluss v. 12.01.2011 – IV ZR 190/08
754 Vgl. BGH Urteil v. 10.10.2000 – VI ZR 10/00; BGH Urteil v. 10.12.1991 – VI ZR 234/90;
755 BGH Beschluss v. 21.03.2013 – V ZR 204/12
756 BGH Beschluss v. 12.01.2011 – IV ZR 190/08; BGH Beschluss v. 27.01.2010 – VII ZR 97/08; BGH Beschluss v. 18.05.2009 – IV ZR 57/08; Volze DS 2014, 83, 85; *Ulrich* IBR 2011, 248 (Urteilskommentierung); *Ulrich* IBR 2009, 489 (Urteilskommentierung)
757 BGH Beschluss v. 21.05.2007 – II ZR 266/04
758 BVerwG Urteil v. 26.06.1990 – 1 C 10/88
759 BGH Urteil v. 11.05.1993 – VI ZR 243/92

Die **Kosten des Privatgutachtens** sind im Rechtsstreit nur dann erstattungsfähig, wenn dieser gewonnen wird und das Privatgutachten zur zweckentsprechenden Rechtsverfolgung als notwendig angesehen wird. Eine verständige und wirtschaftlich vernünftige Partei muss die kostenauslösende Maßnahme von vornherein als sachdienlich ansehen dürfen.[760] Ob das Gutachten auch tatsächlich zum Prozessstoff gemacht wurde[761] ist nicht von Bedeutung.

II. Rechtsverhältnis zwischen Auftraggeber und Privatsachverständigen – Rechtscharakter des Sachverständigenvertrages

Im Unterschied zum gerichtlichen Sachverständigen begründet die Beauftragung des Privatsachverständigen einen **privatrechtlichen Sachverständigenvertrag**, der sowohl vom BGH als auch von der herrschenden Lehre einheitlich als **Werkvertrag** qualifiziert wird,[762] denn bei dem geschuldeten Werk kann es sich auch um ein unkörperliches Arbeitsergebnis, wie die Erstattung eines Gutachtens handeln.[763] Die rechtliche Einordnung als Werkvertrag wurde auch für die Erstattung baurechtlicher Gutachten bereits mehrmals bestätigt, so bspw. bei Baugrundgutachten, Wertgutachten einer Immobilie und Baumängelgutachten.[764]

Der Sachverständigenvertrag ist ein entgeltlicher, gegenseitiger Vertrag, nach dem sich der Sachverständige als Werkunternehmer[765] im Austausch gegen einen Werklohn gegenüber dem Auftraggeber zur Herstellung des versprochenen Werks verpflichtet (§ 633 Abs. 1 BGB).[766] Es genügt daher nicht, dass der Sachverständige eine Zeit lang über das Beweisthema „scharfsinnig nachdenkt", sondern er hat ein **verwertbares Gutachten** als geschuldeten Erfolg[767] im Anschluss an seine Begutachtung zu erstatten.[768]

---

760 BGH Beschluss v. 20.12.2011 – VI ZB 17/11; BGH Beschluss v. 17.12.2002 – VI ZB 56/02; OLG München Beschluss v. 04.06.2013 – 11 W 751/13

761 BGH Beschluss v. 26.02.2013 – VI ZB 59/12

762 BGH Urteil v. 09.03.2006 – III ZR 143/05; BGH Urteil v. 20.05.2003 – VI ZR 312/02; BGH Urteil v. 08.12.1966 – VII ZR 114/64; MüKo / *Busche* BGB § 631 Rdn 261; Palandt / *Sprau* BGB 75. Aufl. Einf v § 631 Rdn. 24; *Zimmermann* DS 2007, 286, 288; *Kamphausen* BauR 2006, 1208, 1211; *Volze* DS 2004, 48; siehe *Fischer* DS 2010, 49, 50 zur Abgrenzung zu weiteren Vertragstypen / Rechtsverhältnissen,

763 BGH Urteil v. 10.11.1994 – III ZR 50/94

764 Exemplarisch: BGH Urteil v. 10.11.1994 – III ZR 50/94

765 Auch wenn das Gesetz im § 631 Abs. 1 BGB den Begriff des Unternehmers verwendet, ist dieser inhaltlich nicht deckungsgleich zu der Legaldefinition des § 14 BGB. Im Unterschied dazu, muss der Werkunternehmer nicht unbedingt gewerblich oder selbstständig beruflich handeln, Palandt / *Sprau* BGB 75. Aufl. Einf v § 631 Rdn. 1

766 Palandt / *Sprau* BGB 75. Aufl. Einf v § 631 Rdn. 1

767 *Fischer* DS 2010, 49, 51

768 *Fischer* DS 2010, 49, 50, 51

Dem Sachverständigenvertrag kommt teilweise auch ein geschäftsbesorgungsvertraglicher oder ein rein **dienstvertraglicher Charakter** zu. Einen dienstvertraglichen Charakter hat er aber nur dann, wenn der Sachverständige ausschließlich oder schwerpunktmäßig **beratend** tätig wird. Eine Beratung stellt im Gegensatz zu einem Gutachten lediglich eine Empfehlung dar, die sich an persönlichen Bedürfnissen des Auftraggebers orientiert. Mit einem objektiven, allgemeingültigen Gutachten hat dies zumeist nichts zu tun. Grenzfälle sind auch hier danach zu lösen, ob ein konkreter Erfolg (Gutachten) oder lediglich ein Bemühen (Beratung) geschuldet ist.[769]

1. Vertragsschluss und Vertragsinhalt

a) Vertragsschluss durch Einigung

Der Sachverständigenvertrag setzt nach §§ 631 ff., 104 ff. BGB in der Regel eine Einigung zwischen dem Sachverständigen als „Unternehmer" und dem Auftraggeber als „Besteller" voraus.

b) Ablehnungsrecht bzw. Ablehnungspflicht

Im Zivilrecht gilt das **Prinzip der Privatautonomie**, wonach keine Pflicht zur Annahme eines Angebots besteht, sondern ohne Begründung abgelehnt werden kann. Bei dem öffentlich bestellten Sachverständigen gilt diesbezüglich jedoch eine Ausnahme. Nach § 10 Abs. 2 MSVO IHK besteht entsprechend § 407 Abs. 1 ZPO eine **allgemeine Pflicht zur Gutachtenerstattung**.[770] Ein Kontrahierungszwang folgt hieraus allerdings nicht, denn dem Sachverständigen kommt zugleich ein **Ablehnungsrecht** zu, sofern er den Auftrag nicht unter Wahrung der **Kardinalspflicht „Neutralität"** erbringen kann. Im Moment des Vertragsschlusses bedarf es aber nicht nur der Befangenheitsprüfung, sondern auch, ob die **nötige Sachkunde** für die Gutachtenerstattung gegeben ist.[771] Daneben kann eine Beauftragung auch dann abgelehnt werden, wenn Grund zur Annahme besteht, dass der Auftraggeber das **Gutachten missbräuchlich verwenden** oder dessen **Ergebnis verfälschen** will. Anhaltspunkte hierfür sind, wenn der Sachverständige bereits im Moment des Vertragsschlusses ein konkretes Ergebnis zusichern soll[772] oder gefordert wird, dass bestimmte Tatsachen oder Unterlagen bei der Erstattung unberücksichtigt bleiben sollen[773]. Ein weiteres Ablehnungsrecht besteht dann, wenn der Sachverständige **in derselben Angelegenheit gerichtlich bestellter Sachverständiger** ist. Anders

---

769 OLG Köln Urteil v. 05.03.1986 – 13 U 150/85; PraxisHdb. Sachverständigenrecht / *Wessel* § 33 Rdn. 5

770 Vgl. Ziff. 10.1.3 der RL zur MSVO des Zentralverbandes des Deutschen Handwerks

771 Vgl.: § 407a 1 ZPO

772 Die Unabhängigkeit des Sachverständigen ist verletzt

773 Vgl. Ziff. 9.4 der RL zur MSVO des Zentralverbandes des Deutschen Handwerks; Ergebnisorientierte Weisungen darf der Sachverständige nicht annehmen

ist dies nur, wenn ausgeschlossen ist, dass der Sachverständige in dem Rechtsstreit nochmals als gerichtlicher Sachverständiger hinzugezogen wird.[774]

c) Keine gesetzliche Formvorgaben

Der Sachverständigenvertrag unterliegt **keinem gesetzlichen Schriftformerfordernis** und kann daher auch mündlich wirksam geschlossen werden. Allerdings sollte nicht nur zu **Beweiszwecken** ein schriftlicher Vertrag bevorzugt werden.[775] Durch schriftlich fixierte Regelungen können bereits viele Streitigkeiten zumindest eingeschränkt werden. Vereinbaren die Parteien im Anschluss an den Vertragsschluss Ergänzungen oder Erweiterungen des Gutachtenauftrags, sollten auch diese der Schriftform genügen.

d) Konkludenter Vertragsschluss

Die Parteien können aufgrund fehlender Formvorgaben den Willen zum Vertragsschluss auch konkludent zum Ausdruck bringen. Erbringt der Sachverständige eine Sachverständigenleistung und nimmt der Auftraggeber diese widerspruchlos entgegen, kann bereits dieses Verhalten den Schluss zulassen, dass beide Parteien sich hierdurch wechselseitig binden wollen, §§ 133, 157 BGB.[776]

Allerdings geht die **konkludente Annahme** mit gewissen Problemen einher, wenn der Sachverständige parallel **Zusatzleistungen** erbringt. Denn die ständige Rechtsprechung tendiert dazu, dass die widerspruchlose Entgegennahme von Zusatzleistungen durch den Auftraggeber dann nicht als Annahme eines weiteren konkludenten Angebotes angesehen werden kann, wenn die Zusatzleistung auch von dem Leistungsumfang des abgeschlossenen Werkvertrages umfasst sein kann.[777] Es bedarf vielmehr weiterer Anhaltspunkte, für die Bejahung eines konkludent geschlossenen Zusatzvertrages. Folge der Rechtsprechung ist, dass der Sachverständige im Zweifelsfall keine zusätzliche Vergütung für die erbrachten zusätzlichen Sachverständigenleistungen erhält.[778] Auch dieses Risiko kann nur durch einen schriftlichen Vertrag umgangen werden, der den genauen Leistungsumfang bestimmt.

---

774 OLG Koblenz Beschluss v. 03.04.2009 – 6 U 858/04; Anders ist die Situation, wenn der gerichtliche Sachverständige bereits im Vorfeld ein Privatgutachten für eine der Parteien erstattet hat. Nach einhelliger Meinung muss er den Auftrag ablehnen, da er von Anfang an keine neutrale Rolle einnehmen kann (Im Ergebnis auch: *Rickert* DS 2005, 214, 216)

775 So auch *Volze* DS 2004, 48

776 BGH Urteil v. 08.06.2004 – X ZR 211/02

777 BGH Urteil v. 28.02.2002 – VII ZR 376/00; OLG Celle Urteil v. 08.05.2002 – 7 U 47/00

778 OLG Celle Urteil v. 08.05.2002 – 7 U 47/00

e) Vertragsgemäß beabsichtigte Verwendung des Gutachtens

In der Vertragsurkunde sollte insbesondere die zu erbringende Leistung (Leistungsumfang) und die **vertragsgemäß beabsichtigte Verwendung des Gutachtens**[779], präzise geregelt sein. Denn vereinbarungsgemäß kann einem Gutachten auch lediglich der Zweck einer **internen Entscheidungshilfe** für den Auftraggeber zukommen, ohne dass eine Drittweitergabe vorgesehen ist. So z.B., wenn die Entscheidung ansteht, ob eine Bestandsimmobilie renoviert oder abgerissen wird. Viel häufiger wird jedoch das Privatgutachten ein **verkehrsfähiges Gutachten** darstellen, das nicht nur dem Auftraggeber eine Hilfestellung gibt, sondern auch Dritten als Entscheidungsgrundlage dienen soll.[780] Verkehrsfähig ist das Gutachten dann, wenn für den Sachverständigen nicht nur die Möglichkeit,[781] sondern die Weitergabe an Dritte im Moment des Auftrages **aufgrund tatsächlicher Anhaltspunkte vorhersehbar oder erkennbar war.**[782] Dem Sachverständigen muss Kenntnis bzw. fahrlässige Unkenntnis des Drittbezugs des Gutachtens nachweisbar sein.[783] Der Kreis der Dritten ist durch Auslegung des Vertragstextes zu bestimmen, kann aber auch ausdrücklich bestimmt werden.

f) Wesentliche Pflichten der Parteien

aa) Pflicht zur höchstpersönlichen Leistungserbringung des Privatsachverständigen

Die Herstellung eines Werks im Sinne des § 631 Abs. 1 BGB stellt **grundsätzlich keine höchstpersönliche Pflicht** dar. Vielmehr kann ein Werkunternehmer weisungsbefugte Hilfskräfte oder selbstständige Unternehmen hinzuziehen oder die Herstellungspflicht in Gänze auf einen Dritten übertragen.[784] Hierdurch wird der Werkunternehmer allerdings nicht von seiner Haftung gegenüber dem Besteller befreit. Das Unternehmerrisiko für das Erreichen des geschuldeten Erfolges trägt er weiterhin, §§ 633, 640 BGB.[785]

Ob der Werkunternehmer die Herstellung des Werkes (ausnahmsweise) persönlich zu erbringen hat, hängt maßgeblich von der **vertraglichen Vereinbarung**

---

779 BGH Urteil v. 19.03.1986 – IVa ZR 127/84

780 Das Gutachten muss nicht zwingend von dem Auftraggeber oder durch den Vertragspartner weitergegeben werden. Es genügt auch, dass ein Dritter das Gutachten haftungsbegründend weitergibt, sofern dies vorhersehbar ist.

781 BGH Urteil v. 05.12.1972 – VI ZR 120/71

782 BGH Urteil v. 13.11.1997 – X ZR 144–94; BGH Urteil v. 10.11.1994 – III ZR 50/94; BGH Urteil v. 02.11.1983 – IV a ZR 20/82; BGH Urteil v. 28.04.1982 – IVa ZR 312/80; Vgl. auch: OLG Köln Urteil v. 12.03.2013 – 24 U 142/12; *Bleutge* in Landmann / Rohmer GewO 70. Erg. Juni 2015 § 36 Rdn. 37

783 BGH Urteil v. 20.04.2004 – X ZR 250/02

784 Bamberger / Roth / *Voit* BGB § 631 Rdn. 45

785 Palandt / *Sprau* BGB 75. Aufl. Einf v § 631 Rdn. 1

oder von der **Art des Werks** ab.[786] Ein Gutachten stellt im Vergleich zu anderen werkvertraglichen Leistungen ein besonderes Werk dar, da es eng mit der Qualifikation des konkret beauftragten Sachverständigen verbunden ist. Der Gutachtenauftrag ist von einem **Vertrauen des Auftraggebers gekennzeichnet**, dass er nur dem beauftragten Sachverständigen und dessen Sachkunde entgegen bringt, sodass die Tätigkeit des Sachverständigen als **Erkenntnis- und Bewertungsakt** eine höchstpersönliche und unvertretbare Arbeit darstellt. Eine Übertragung der Herstellungspflicht des Gutachtens würde dem Auswahlprozess des Sachverständigen nach einer besonders qualifiziert erscheinenden Person illusorisch machen.[787] Auch wäre eine vollständige Übertragung der Erstattungspflicht mit dem **Charakter des Gutachtens als höchstpersönliche Stellungnahme** nicht vereinbar. Aufgrund dessen stellt nicht nur § 10 MSVO IHK die Pflicht zur persönlichen Erbringung der wesentlichen Teile des Gutachtens deklaratorisch fest, sondern auch §§ 407a Abs. 2, 410 Satz 2 ZPO. Diese **Pflicht ist vertraglich nicht abdingbar**, denn die Vertragsautonomie weicht den Sachverständigenpflichten.[788]

bb) Pflichten des Auftraggebers

Der Auftraggeber ist im Folgenden sowohl zur Abnahme des Gutachtens[789] als auch zur Zahlung des Werklohns verpflichtet, § 631 Abs. 1 Hs. 2 BGB.

g) Vergütung des Privatsachverständigen

Der Privatsachverständige kann die **Vergütung** werkvertraglich **grundsätzlich „frei vereinbaren“** ohne an das JVEG gebunden zu sein. Lediglich ein Erfolgshonorar darf der Sachverständige nicht vereinbaren, da dies gegen seine Kardinalspflichten verstoßen dürfte.

aa) Übliche Vergütung

Ist **keine Vergütung vereinbart**, findet § 632 Abs. 2 BGB Anwendung, sodass die „übliche Vergütung“ als vereinbart gilt.[790] Das Bestimmungsrecht obliegt dem Sachverständigen.[791] Hiernach ist die Vergütung zu leisten, die nach allgemeiner Auffassung

---

786 Palandt / *Sprau* BGB 75. Aufl. § 631 Rdn. 12

787 LG Mannheim Beschluss v. 29.07.2008 – 3 OH 15/05

788 *Bleutge* in Landmann / Rohmer GewO 70. Erg. Juni 2015 § 36 Rdn. 105

789 Dies stellt eine Hauptleistungspflicht dar, Palandt / *Sprau* BGB 75. Aufl. § 631 Rdn. 24

790 Aus der Fiktion folgt folgendes: Wenn nun der Auftraggeber vortragen würde, die Sachverständigenleistung habe gleichwohl unentgeltlich erbracht werden sollen, so fällt diese Behauptung „aus dem Rahmen“, weshalb der Besteller diese zu beweisen hat, vgl.: BGH Urteil v. 09.04.1987 – VII ZR 266/86; BGH Urteil v. 12.02.1981 – IVa ZR 94/80

791 BGH Urteil v. 04.04.2006 – X ZR 80/05

zur Zeit des Vertragsschlusses nach Art, Güte und Umfang (Zeitaufwand) der beteiligten Kreise am Ort der Werkleistung für gleiche Leistungen üblicherweise gezahlt wird[792] Der Umfang des Gutachtens und die aufgewendeten Stunden müssen dabei in vertretbarer Relation zu dem zu bewältigenden Schwierigkeitsgrad stehen.[793] Auf die Ausführungen zur „zügigen Erstattung des gerichtlichen Gutachtens" (**E. III. 7. gg.**) wird verwiesen.

bb) Vereinbartes Honorar – Höhe

Ist hingegen ein **Honorar vereinbart**, soll sich dieses bei einem öffentlich bestellten Sachverständigen „im Rahmen" halten.[794] Es soll keine Vergütung verlangt bzw. angenommen werden, die weit über dem üblichen Satz liegt. Bedenkenlos ist daher, wenn der Sachverständige eine Vergütung nach den Grundsätzen des JVEG verlangt zuzüglich **1.** des einhergehenden Insolvenzrisikos des Auftraggebers, **2.** des 10 % Justizrabatts, **3.** dem Schwierigkeitsgrad der Begutachtung und **4.** einer angemessenen Gewinnspanne. Akademikern soll darüber hinaus ein höherer Stundensatz zustehen.[795] So kann ein Privatsachverständiger[796] im Durchschnitt einen Stundensatz zwischen 50 € und 150 € verlangen. Im Vergleich dazu belaufen sich die Stundensätze eines gerichtlichen Sachverständigen zwischen 50 € und 95 €.[797]

Soweit ersichtlich, wurden die Folgen einer **„aus dem Rahmen fallenden Vergütung"** nicht erörtert. Nahe liegt, dass dieser Umstand solange nicht geahndet wird, bis die Grenze der **Sittenwidrigkeit nach § 138 Abs. 1 BGB** erreicht ist. Dies ist erst dann der Fall, wenn ein besonders grobes Missverhältnis zwischen Leistung und Gegenleistung vorliegt, also der Wert der Leistung den der Gegenleistung um rund 90–100 % übersteigt.[798] In einem solchen Fall besteht nach der Rechtsprechung eine tatsächliche Vermutung für ein Handeln aus verwerflicher Gesinnung, die i.d.R. die Sittenwidrigkeit des Vertrages begründet.[799] Die Folge wäre, dass der Sachverständige **gar keine Vergütung** verlangen könnte.[800]

Probleme gehen daneben mit **Vorschusszahlungen** einher, wenn diese am Ende zu einer Überzahlung des Sachverständigen führen. Vorschüsse werden verlangt, wenn Begutachtungen größere Vorleistungen verlangen. Einerseits könnte

---

792 OLG Nürnberg Urteil v. 16.03.2001 – 6 U 1330/00; Palandt / *Sprau* BGB 75. Aufl. § 632 Rdn. 15

793 BGH Beschluss v. 22.09.2009 – Xa ZR 69/06

794 Vgl. Ziff. 9.5.2 der RL zur MSVO des Zentralverbandes des Deutschen Handwerks

795 *Bleutge* DS 2013, 222, 223

796 Auch bei Privatsachverständigen stellt die Bezahlung nach Stundensatz die Regel dar

797 *Bleutge* DS 2013, 222, 224

798 BGH Urteil v. 05.11.1987 – III ZR 98/86; Palandt / *Ellenberger* BGB 75. Aufl. § 138 Rdn. 34a

799 BGH Urteil v. 19.01.2001 – V ZR 437/99; BGH Urteil v. 05.10.2001 – V ZR 237/00; BGH Urteil v. 19.07.2002 – V ZR 240/01

800 Vgl. u.a. LG Gießen Urteil v. 23.07.2014 – 1 S 56/14

diese nach § 812 Abs. 1 Satz 1 BGB zurückverlangt werden, wenn in Höhe der Überzahlung ein Rechtsgrund für das Behaltendürfen des Geldes fehlt. Andererseits käme auch ein vertraglicher Rückzahlungsanspruch „sui generis" in Betracht. Vergleichbar ist die Situation, wenn bei einem Bauvorhaben **aufgrund einzelner Abschlagszahlungen es zu einer Überzahlung kommt**. Dem Auftraggeber steht dann ein vertraglicher Rückzahlungsanspruch „sui generis" zu,[801] ohne dass ein Rückgriff auf das Bereicherungsrecht angezeigt ist.[802] Begründet wird dies damit, dass der zugrunde liegende Werkvertrag weiterhin einen Rechtsgrund darstellt und der Einwand der Entreicherung somit nicht eröffnet ist.

2. Sachverständigentätigkeit als Gefälligkeit

Der Privatsachverständige kann seine Sachverständigentätigkeit auch im Rahmen eines Gefälligkeitsverhältnisses erbringen. Hierbei ist **§ 675 Abs. 2 BGB** zu beachten, wonach derjenige, der einem anderen einen **Rat oder eine Empfehlung erteilt**, **unbeschadet** der sich aus einem **Vertragsverhältnis**, einer **unerlaubten Handlung** oder einer **sonstigen gesetzlichen Bestimmung ergebenden Verantwortlichkeit**, **nicht zum Schadensersatz verpflichtet ist**. Nach dem gesetzgeberischen Willen kommt einem Rat oder einer Empfehlung grundsätzlich kein Rechtsbindungswille zu, solange kein Vertragsverhältnis dem Rat bzw. der Empfehlung zu Grunde liegt.[803] Maßgeblich für die **Abgrenzung zum Gefälligkeitsverhältnis** ist, wie sich das Verhalten der Beteiligten unter Berücksichtigung aller Umstände einem objektiven Betrachter darstellt (objektive Indizien: z.B.: Entgeltlichkeit, wirtschaftliche Bedeutung der Gefälligkeit, Risiko für den Gefälligen und für das anvertraute Rechtsgut und Vertrauen des anderen in die Gefälligkeit). Da allerdings einem Gutachten eine **wesentliche wirtschaftliche Bedeutung** zukommt[804] und dem Sachverständigen ein **erhebliches Vertrauen** entgegengebracht wird, liegt einer Sachverständigenleistung in der Regel ein Vertrag zugrunde. Sollte dies ausnahmsweise nicht der Fall sein, ist der Sachverständige keineswegs von seinen Pflichten entbunden. Denn er hat sein Gutachten nach den gleichen Maßstäben zu erstatten und für dessen Richtigkeit einzutreten, als wäre es zum Abschluss eines Sachverständigenvertrages gekommen (*sog. Haftung kraft faktischer*

801 BGH Urteil v. 11.02.1999 – VII ZR 399/97

802 Gleiches gilt auch für Abschlagszahlungen nach § 15 Abs. 2 HOAI

803 Palandt / *Grüneberg* BGB 75. Aufl. Einl v § 241 Rdn. 7, 8

804 Die Situation ist vergleichbar zu einem Arzt, der zufällig an einem Unfallort ist und aus „Gefälligkeit" Hilfe leistet. Auch dieser muss aufgrund des in ihn gesteckten Vertrauens Maßnahmen nach der ärztlichen Kunst erbringen. Das Vertrauen in den Arzt ist genauso, wie bei einer tatsächlichen Beauftragung, OLG Hamm Beschluss v. 25.10.2007 – 15 W 180/07

Übernahme).[805] Wie es beim gerichtlichen Sachverständigen gezeigt wurde, bedarf es für die Einhaltung der Sachverständigenpflichten keines Vertragsschlusses.

III. Vorvertragliche Haftung des Sachverständigen

Bereits mit der Äußerung des Wunsches der Erstattung eines Gutachtens beginnt die vertragliche Haftung des Privatsachverständigen. Denn mit der **Aufnahme von Vertragsverhandlungen** ist der Anwendungsbereich der culpa in contrahendo (cic) nach §§ 280 Abs. 1, 311 Abs. 2 Nr. 2, 241 Abs. 2 BGB bereits eröffnet, selbst wenn der angestrebte Vertragsschluss am Ende nicht zustande kommt[806].

Neben **Hinweispflichten**, die denjenigen des § 407a Abs. 1 ZPO entsprechen, kommen dem Sachverständigen gegenüber dem potentiellen Vertragspartner auch **Aufklärungspflichten** zu.[807] So ist bspw. darüber aufzuklären, wenn notwendige Begutachtungen nur zeitlich begrenzt möglich sind, da andernfalls das Begutachtungsobjekt untergeht oder bestimmte Wetterverhältnisse für eine ordnungsgemäße Begutachtung vorliegen müssen. Ebenfalls ist darüber zu informieren, sofern potentielle Gefahren vom Begutachtungsobjekt oder von der Begutachtung ausgehen, insbesondere dann, wenn Dritte diesen ausgesetzt sein könnten. Ebenso hat der Sachverständige in Grenzen auch über **rechtliche Risiken aufzuklären**, sodass bspw. der öffentlich bestellte Sachverständige nach § 3 Abs. 2 lit. h) MSVO IHK und sonstige Sachverständige unmittelbar nach § 5 RDG „einschlägige Kenntnisse des deutschen Rechts“ als **Annextätigkeit** vorweisen müssen. Der Sachverständige hat hiernach den Auftraggeber über gängige Fristen der ZPO, der VOB / B und des BGB, insbesondere zur Verjährung aufzuklären. In Zweifelsfällen hat er dem Auftraggeber zu raten, rechtlichen Rat einzuholen.

Kommt er diesen Pflichten nicht nach, begründet dies neben konkurrierenden deliktischen Ansprüchen einen Schadensersatzanspruch nach § 280 Abs. 1 BGB,[808] sodass das **negative Interesse** vom Sachverständigen ersetzt verlangt werden kann. Im Falle einer (vorvertraglichen) Aufklärungspflicht kommt es darüber hinaus auch zu einer **Beweislastumkehr**, denn es wird widerlegbar vermutet, dass die Pflichtverletzung kausal für den Schadenseintritt war.[809]

805 OLG Köln Urteil v. 28.09.2005 – 11 U 16/05 m.w.N. (für den Fall der Bauplanung und -überwachung eines Architekten)

806 Exemplarisch *Gerber* NZV 1991, 295

807 *Palandt / Grüneberg BGB* 75. Aufl. § 241 Rdn. 7

808 So schon RG Urteil v. 07.12.1911 – VI 240/11

809 BGH Urteil v. 16.11.1993 – XI ZR 214/92

IV. Haftung wegen Nebenpflichtverletzungen

Den Sachverständigen treffen nicht nur im Vorfeld und im Moment des Vertragsschlusses **Aufklärungs-, Obhut-, Beratungs- und Hinweispflichten**, sondern auch **während der ganzen Vertragsabwicklung** in Form vertraglicher Nebenpflichten nach **§ 241 Abs. 2 BGB**.[810] Gegenstand der Nebenpflichten ist primär die zu begutachtende Sache, aber auch sonstige Gefahren, die sich während der Vertragserfüllung zeigen.[811] Auch wenn der Sachverständige den Vertragspartner nicht vor einer Selbstgefährdung zu bewahren hat, muss er den Auftraggeber während des Ortstermins vor sicherheitsrelevanten Mängeln oder potentiellen Gefahren aufklären und diese ggf. absichern.[812] Dies gilt jedoch nur dann, wenn der Auftraggeber selbst bei Anwendung der zu erwartenden Sorgfalt die Gefahren nicht oder nicht rechtzeitig erkennen konnte.[813] Sind Leib und Leben gefährdet, wird allgemein vermutet, dass diese für einen Laien nicht rechtzeitig erkennbar sind.[814] Ein Hinweis muss daher erfolgen.[815]

Während der Vertragsdurchführung treffen den Sachverständigen auch noch **andere Schutzpflichten** gegenüber dem Auftraggeber, u.a. finanzielle. So hat der Privatsachverständige, wie ein gerichtlicher Sachverständiger dafür zu sorgen, dass dem Auftraggeber **keine unnötigen und unverhältnismäßige Kosten** durch seine Beauftragung entstehen oder ihn darüber zu unterrichten, sofern sich herausstellt, dass die **Durchführung der Begutachtung teurer wird als ursprünglich angenommen**.

Ebenso hat der Sachverständige z.B. seinen Auftraggeber darauf hinzuweisen, dass es u.U. sinnvoll sein kann, wenn auch die Gegenseite zum Ortstermin geladen wird[816], da dadurch die Akzeptanz seines Gutachtens gesteigert wird. Ist dies jedoch nicht gewünscht, ist der Sachverständige an die Weisungen gebunden, da diese nicht ergebnisorientiert sind.

Im Falle einer **Verletzung einer vertraglichen Nebenpflicht nach § 241 Abs. 2 BGB** wird ein zusätzlicher Gefahrenkreis eröffnet,[817] sodass der Sachverständige für

---

810 *Bleutge* in Landmann / Rohmer GewO 70. Erg. Juni 2015 § 36 Rdn. 34a

811 OLG Zweibrücken Urteil v. 23.03.1999 – 5 U 4/95; OLG Düsseldorf Urteil v. 05.02.1999 – 22 U 161–98; Palandt / *Sprau* BGB 75. Aufl. § 631 Rdn. 14

812 BGH Urteil v. 03.06.2008 – VI ZR 223/07

813 LG Coburg Urteil v. 22.07.2014 – 22 O 107/14

814 Im Ergebnis auch *Liebheit* BauR 2008, 1790, 1793; *Bleutge* in Landmann / Rohmer GewO 70. Erg. Juni 2015 § 36 Rdn. 34a; *Grossam* DS 2013, 214, 217; Eine gesetzliche Vorschrift regelt dies nicht, *Bleutge* in Landmann / Rohmer GewO 70. Erg. Juni 2015 § 36 Rdn. 34a; ein solcher Hinweis darf nicht im Gutachten erfolgen, da andernfalls die Unabhängigkeit gefährdet ist.

815 LG Coburg Urteil v. 22.07.2014 – 22 O 107/14

816 Vgl. auch Ziff. 9.5.5 der RL zur MSVO des Zentralverbandes des Deutschen Handwerks

817 LG Coburg Urteil v. 22.07.2014 – 22 O 107/14

den Schadenseintritt zumindest mitverantwortlich ist und hierfür nach **§ 280 Abs. 1 BGB** haftet. Sollte dem Auftraggeber die weitere Leistungserbringung durch den Sachverständigen und die Entgegennahme des Gutachtens nun **nicht mehr zumutbar sein**, haftet der Sachverständige auch für den Schaden nach **§§ 280 Abs. 1, 3, 282 BGB**, der durch die Beauftragung eines weiteren Sachverständigen entsteht. Neben der Unzumutbarkeit müssen jedoch noch **weitere besondere Umstände des Einzelfalls hinzutreten**, die die Fortsetzung aus Sicht des Auftraggebers nicht mehr tragbar erscheinen lassen.

V. Haftungserweiterung für Dritte nach den Grundsätzen des Vertrags mit Schutzwirkung zugunsten Dritter

1. Einleitung

Eine vorvertragliche und eine vertragliche Haftung für Haupt- und Nebenpflichtverletzungen des Sachverständigen kann auch auf solche Personen erweitert werden, die nicht Vertragspartei sind, denen aber das Gutachten für den Sachverständigen vorhersehbar und erkennbar zur Geltendmachung oder Abwehr von Ansprüchen zur Verfügung gestellt wird[818] und im Vertrauen auf die Richtigkeit des Gutachtens Dispositionen treffen. Denn der Sachverständige hat für die **inhaltliche Richtigkeit von verkehrsfähigen Gutachten** nach den von der Rechtsprechung entwickelten **Vertragsgrundsätzen mit Schutzwirkung zugunsten Dritter** zu haften[819], sofern der Dritte in den Schutzbereich des Sachverständigenvertrages einbezogen wurde.[820] Die Einbeziehung des Dritten ändert jedoch nichts daran, dass allein dem Auftraggeber (Gläubiger) der Anspruch auf die geschuldete Leistung zusteht. Der Dritte kann sich lediglich unmittelbar gegenüber dem Sachverständigen (Schuldner) auf vertragliche Pflichten berufen und bei deren Verletzung vertragliche Schadensersatzansprüche im eigenen Namen geltend machen.[821] Hierdurch können die ***„Schwächen des Deliktsrechts“*** für den Dritten gemildert werden: die

818 BGH *Urteil* v. 13.11.1997 – X ZR 144/94; BGH Urteil v. 10.11.1994 – III ZR 50/94; BGH Urteil v. 02.11.1983 – IV a ZR 20/82; BGH Urteil v. 28.04.1982 – IVa ZR 312/80; *Bleutge* in Landmann / Rohmer GewO 70. Erg. Juni 2015 § 36 Rdn. 37

819 Palandt / *Grüneberg* BGB 75. Aufl. § 311 Rdn. 60 ff.; OLG Hamm Urteil v. 29.05.2013 – 12 U 178/12

820 Die Haftung des Sachverständigen gegenüber dem Dritten ergibt sich aber nicht aus § 311 Abs. 3 BGB. Dies ist u.a. damit zu begründen, dass § 311 Abs. 3 BGB vielmehr ein Schuldverhältnis mit Pflichten nach § 241 Abs. 2 BGB zugunsten eines Sachwalters vorsieht, ohne dass dieser Vertragspartei ist. Die Haftung des Sachwalters wird in § 311 Abs. 3 BGB nicht behandelt.

821 Palandt / *Grüneberg* BGB 75. Aufl. § 328 Rdn. 13; OLG Dresden Urteil v. 29.05.1996 – 8 U 531/96

fehlende Haftung für Vermögensschäden[822], die **Exkulpationsmöglichkeit nach § 831 Abs. 1 BGB**, die **fehlende Zurechnungsmöglichkeit nach § 278 Satz 1 BGB** für fremdes Verschulden und zuletzt die **fehlende Beweislastumkehr nach § 280 Abs. 1 Satz 2 BGB**. Ohne die Einbeziehung des Dritten könnte dieser gegenüber dem Sachverständigen mangels eigener Vertragsbeziehungen nur deliktische Ansprüche nach §§ 823 Abs. 1, 2 BGB bzw. § 826 BGB geltend machen.

Dass die Schwächen des Deliktrechts weitgehende Folgen haben können, zeigt der folgende Fall in besonders drastischer Weise:

In einem vor dem **OLG Koblenz**[823] zu entscheidenden Fall hatte der Kläger ein selbstständiges Beweisverfahren eingeleitet, um *auch* die Verjährung zu hemmen. Der Sachverständige hatte einige Beweisfragen zu verschiedenen Mängelpunkten zu beantworten. Da er zu einzelnen Fragen mangels hinreichender Sachkunde jedoch keine umfassenden Angaben machen konnte, sparte er diese von seiner Begutachtung aus. Das OLG entschied, dass die Ansprüche der ausgesparten Komplexe nun verjährt seien, da sie nicht Gegenstand des Gutachtens wurden und jeder Mangel seinem eigenen Schicksal folge.[824] Der Antragssteller konnte daher ausschließlich die vom Sachverständigen behandelten Mängelkomplexe gerichtlich geltend machen. Im Übrigen musste er die Einrede der Verjährung gegen sich gefallen lassen. Einen Schadensersatzanspruch gegen den Sachverständigen konnte er mangels Vertragsverhältnisses nicht geltend machen. Auch ein deliktischer Schadensersatzanspruch konnte nicht begründet werden, da das Vermögen nicht von § 823 Abs. 1 BGB geschützt ist. Die §§ 823 Abs. 2, 826 und 839a BGB waren ebenfalls nicht anwendbar. Dieses Beispiel ist für die Folgen fehlender Vertragsverhältnisse repräsentativ.

2. Dogmatische Herleitung der Grundsätze des Vertrags mit Schutzwirkung zugunsten Dritter

Unter welchen Voraussetzungen ein Dritter in den Schutzbereich des Vertrages einbezogen wird, ist gesetzlich nicht geregelt, sodass es einer **dogmatischen Herleitung** bedarf.

---

822 Vermögensschäden treten jedoch im Falle einer Dritthaftung in der Regel ein, wenn der Dritte im Vertrauen auf die Richtigkeit des Gutachtens, dieses im Rechtsverkehr verwendet und Vermögensverfügungen vornimmt oder unterlässt. Das Deliktsrecht stellt hier nur die § 826 BGB und § 823 Abs. 2 BGB zur Verfügung.

823 OLG Koblenz Urteil v. 17.05.2013 – 10 U 286/12

824 Vgl. auch LG München II Beschluss v. 02.05.2012 – 5 O 5855/11; *Volze* DS 2014, 83, 84; *Kühnl* IBR 2013, 1039 nur online (Urteilskommentierung)

Bereits das **Reichsgericht** erkannte die Notwendigkeit der Einbeziehung Dritter in den Schutzbereich, sofern es sich nach dem zugrundeliegenden Vertragstyp[825] und dem festzustellenden *Parteiwillen* um einen drittgerichteten Vertrag handelte.[826]

Diese Rechtsprechung setzte der **BGH** fort und begründete die Einbeziehung des Dritten mit einer ***ergänzenden Vertragsauslegung des hypothetischen Parteienwillens***.[827] Er weist jedoch darauf hin, dass durch die Einbeziehung der Vertragsgegenstand nicht erweitert werden darf. Es muss vielmehr geprüft werden, was die Parteien vereinbart hätten, wenn sie zum Zeitpunkt des Vertragsschlusses die Regelungsbedürftigkeit des Drittbezugs des Gutachtens erkannt hätten. Liegen keine entsprechenden Anhaltspunkte vor, dass Interessen Dritter Berücksichtigung finden sollen, ist kein Raum für einen Vertrag mit Schutzwirkung zugunsten Dritter gegeben.[828] Allerdings ist von einem entsprechenden Parteiwillen bereits dann auszugehen, wenn der Sachverständige im Moment des Vertragsschlusses damit rechnen konnte oder musste, es demnach erkennbar bzw. vorhersehbar war, dass das Gutachten auch einem Dritten aus einem abgrenzbaren Personenkreis vorgelegt wird, dieser Dritte im Vertrauen auf die Richtigkeit des Gutachtens Vermögensdispositionen trifft[829] und der Vertrag daher Schutzwirkung zugunsten Dritter haben soll[830]. Da ein Gutachten vom Wesen her stets darauf gerichtet ist, dass es im Rechtsverkehr als Hilfe zur Überzeugung Dritter vom Vorhandensein oder Fehlen bestimmter Umstände verwendet wird[831], ist es die Regel, dass der Sachverständigenvertrag ein Vertrag mit Schutzwirkung zugunsten Dritter sein muss. Es kommt nach der **Rechtsprechung** demnach **maßgeblich auf den Willen der Parteien an, ob Dritte in den Schutzbereich einbezogen werden sollen oder nicht**.

Die **herrschende Lehre**[832] hingegen nimmt eine Schutzwirkung zugunsten Dritter **kraft Gesetz** an und sieht die dogmatische Grundlage in einer ***gerichtlichen Rechtsfortbildung des § 242 BGB*** **unabhängig von dem Willen der Parteien**

825 Bei dem zugrundeliegenden Vertrag kann es sich auch um einen unentgeltlichen Auskunftsvertrag mit einem Sachverständigen handeln, BGH Urteil v. 23.01.1985 – IVa ZR 66/83

826 RG Urteil v. 07.06.1915 – VI 7/15; RG Urteil v. 05.10.1917 – III 145/17; RG Urteil v. 10.02.1930 – VI 270/29; RG Urteil v. 29.09.1936 – III 46/36

827 RG Urteil v. 10.02.1930 – VI 270/29; BGH Urteil v. 20.04.2004 – X ZR 250/02; BGH Urteil v. 14.11.2000 – X ZR 203/98; BGH Urteil v. 23.01.1985 – IVa ZR 66/83; BGH Urteil v. 02.11.1983 – IV a ZR 20/82; BGH Urteil v. 15.06.1971 – VI ZR 262/69

828 OLG Stuttgart Urteil v. 18.08.1993 – 9 U 47/93

829 BGH Urteil v. 20.04.2004 – X ZR 250/02; BGH Urteil v. 02.11.1983 – IV a ZR 20/82; OLG Karlsruhe Urteil v. 22.12.1989 – 14 U 152/88

830 BGH Urteil v. 07.11.1984 – VIII ZR 182/8; BGH Urteil v. 10.05.1984 – I ZR 52/82; BGH Urteil v. 22.01.1968 – VIII ZR 195/65

831 *Zimmermann* DS 2007, 286, 290, 294

832 Z.B.: Palandt / *Grüneberg* BGB 75. Aufl. § 328 Rdn. 14; MüKo / *Gottwald* BGB § 328 Rdn. 168 ff.; *Zenner* NJW 2009, 1030

gegeben.[833] Vereinzelt stützt aber auch die Rechtsprechung die Herleitung auf den Grundsatz von Treu und Glauben.[834]

Unabhängig dieses theoretischen Streits kann festgehalten werden, dass der **Vertrag mit Schutzwirkung zugunsten Dritter allgemein anerkannt ist**.

3. Voraussetzungen der Grundsätze des Vertrags mit Schutzwirkung zugunsten Dritter

Folgende Voraussetzungen[835] müssen vorliegen, um eine Schutzwirkung bejahen zu können. Hierdurch wird erreicht, dass die Dritthaftung (des Sachverständigen) regulierbar bleibt.[836]

a) Leistungsnähe

Nach den Grundsätzen des Vertrages mit Schutzwirkung zugunsten Dritter kommt es zu einer Einbeziehung in den Schutzbereich dann, wenn der Dritte *bestimmungsgemäß* mit dem Gutachten in Berührung kommt und ebenso wie der Auftraggeber den Gefahren einer Pflichtverletzung des Sachverständigen ausgesetzt ist **(Leistungsnähe)**. Ob eine Bestimmungsmäßigkeit vorliegt hängt maßgeblich davon ab, welche *Zweckvereinbarung* im Gutachterauftrag getroffen wurde.[837] Um die Vereinbarung inhaltlich zu erfassen, muss der Vertragstext nach §§ 133, 157 BGB ausgelegt werden.

b) Gläubigerinteresse

aa) Einleitung

Des Weiteren muss der Auftraggeber (Gläubiger) ein eigenes **schutzwürdiges Interesse an der Einbeziehung des Dritten in den Schutzbereich des Vertrages** haben **(Gläubigerinteresse)**. Hierbei bedarf es erneut einer Auslegung des Willens bzw. des hypothetischen Willens des Auftraggebers nach §§ 133, 157 BGB.[838] Es sei denn, es liegt eine ausdrückliche Regelung vor, aus der sich ein Einbeziehungsinteresse ergibt.

---

833 MüKo / *Gottwald* BGB § 328 Rdn. 169 m.w.N.

834 BGH Urteil v. 28.02.1977 – II ZR 52/75

835 So z.B. auch bei: BGH Urteil v. 10.11.1994 – III ZR 50/94; BGH Urteil v. 26.11.1986 – IVa ZR 86/85; OLG Frankfurt a.M. Urteil v. 07.07.1988 – 3 U 15/87; *Kamphausen* BauR 2006, 1208, 1213

836 *Schwab* JuS 2002, 872, 873

837 Palandt / *Grüneberg* BGB 75. Aufl. § 328 Rdn. 17

838 BGH Urteil v. 14.11.2000 – X ZR 203/98; BGH Urteil v. 26.11.1986 – IVa ZR 86/85; BGH Urteil v. 23.01.1985 – IVa ZR 66/83; BGH Urteil v. 02.11.1983 – IV a ZR 20/82; *Kannowski / Zumbansen* NJW 2001, 3102; *Canaris* JZ 1998, 603; *Canaris* JZ 1995, 441

bb) Erweiterung der Voraussetzung Gläubigerinteresse

Es zeigt sich eine Tendenz, dass immer häufiger ein Gläubigerinteresse bejaht wird. Zunächst traf dies nur in Bezug auf Verträge mit einem personenrechtlichen Einschlag zu, wenn dem Gläubiger Fürsorgepflichten für den Dritten zukamen (**Wohl und Wehe Formel**)[839].[840] Mittlerweile hat man sich geeinigt, dass **jedes berechtigte Einbeziehungsinteresse genügt**,[841] so auch die Beauftragung von Sachverständigen.[842] Diese Ausweitung der Anwendungsfälle der Grundsätze des Vertrages mit Schutzwirkung zugunsten Dritter führt jedoch zu einer regelrechten Preisgabe der Voraussetzung bei Gutachterfällen.[843] Das Gläubigerinteresse nimmt immer mehr an Bedeutung ab, wodurch die klaren Grenzen zwischen dem Vertragsrecht und dem Deliktsrecht immer mehr verwischt werden.

Dies wird auch darin deutlich, dass ein Gläubigerinteresse nicht verneint werden kann, wenn der **Dritte** und der **Auftraggeber gegenläufige Interessen** verfolgen, denn dies stellt die Regel bei der Beauftragung eines Sachverständigen dar. Beide Seiten vertrauen trotzdem gleichermaßen darauf, dass der Sachverständige das Gutachten nach bestem Wissen und Gewissen und unter Beachtung der Sachverständigenpflichten erstattet.[844] Dies gilt nach der Rechtsprechung selbst dann, wenn der **Auftraggeber** z.B. Mängel vor dem Sachverständigen verschweigt, um ein unvollständiges Gutachten zu erlangen, mit **dem Ziel den Dritten (arglistig) zu täuschen**. Selbst bei solch einer Konstellation liegt ein Einbeziehungsinteresse vor, da dieser verborgen gebliebene innere Wille des Auftraggebers bei der Auslegung des hypothetischen Parteiwillens nicht berücksichtigt wird.[845] Ergänzend kann hier auch der Rechtsgedanke des § 116 BGB zur Begründung herangezogen werden. Das Problem muss letztendlich auf der Rechtsfolgenseite unter der Zuhilfenahme von § 254 BGB gelöst werden.

---

839 In Fällen in denen keine Führsorgepflicht nach der Wohl und Wehe Formel begründet werden konnte, hielt die Rspr. damals § 826 BGB für anwendbar. Der Anwendungsbereich des § 826 BGB wurde so erheblich erweitert, Z.B.: BGH Urteil v. 24.09.1991 – VI ZR 293/90; BGH Urteil v. 26.11.1986 – IVa ZR 86/85; BGH Urteil v. 17.09.1985 – VI ZR 73/84; BGH Urteil v. 05.03.1975 – VIII ZR 230/73; BGH Urteil v. 12. 07.1966 – VI ZR 1/65; BGH Urteil v. 28.06.1966 – VI ZR 287/64; BGH Urteil v. 11.10.1960 – VI ZR 137/59; BGH Urteil v. 13. 07.1956 – VI ZR 132/55. Allerdings bestand nunmehr die Gefahr, dass § 826 BGB zu einer allgemeinen Haftungsnorm für Vermögensschäden verkommt, *Honsell* JuS 1976, 621, 628

840 BGH Urteil v. 15.06.1971 – VI ZR 262/69; BGH Urteil v. 30.09.1969 – VI ZR 254/67

841 BGH Urteil v. 10.11.1994 – III ZR 50/94; BGH Urteil v. 07.11.1984 – VIII ZR 182/83; BGH Urteil v. 02.11.1983 – IV a ZR 20/82; BGH Urteil v. 29.09.1982 – IV a ZR 309/80

842 exemplarisch: BGH Urteil v. 10.11.1994 – III ZR 50/94

843 BGH Urteil v. 01.10.1987 – IX ZR 117/86; BGH Urteil v. 26.11.1986 – IVa ZR 86/85; BGH Urteil v. 19.03.1986 – IVa ZR 127/84; BGH Urteil v. 23.01.1985 – IVa ZR 66/83

844 BGH Urteil v. 10.11.1994 – III ZR 50/94; BGH Urteil v. 18.10.1988 – XI ZR 12/88; BGH Urteil v. 26.11.1986 – IVa ZR 86/85; BGH Urteil v. 23.01.1985 – IVa ZR 66/83

845 BGH Urteil v. 10.11.1994 – III ZR 50/94

cc) Grenzen der Erweiterung des Gläubigerinteresses

aaa) Kollusives Zusammenwirken zwischen dem Sachverständigen und dem Auftraggeber

Eine andere Situation liegt vor, wenn der **Sachverständige und der Auftraggeber *kollusiv* zusammenwirken** und der Sachverständige bewusst ein unrichtiges Gutachten erstattet, damit der Auftraggeber den Dritten täuschen kann. Weder der Sachverständige noch der Auftraggeber sind hier an einer Einbeziehung des Dritten in den vertraglichen Schutzbereich interessiert. Trotzdem ist der Dritte nicht schutzlos. Denn der Sachverständige haftet nach **§ 826 BGB**,[846] nach **§§ 823 Abs. 2 i.V. m. §§ 263, 27 StGB** und nach **§ 311 Abs. 3 BGB**, wenn er vorsätzlich und kollusiv ein falsches Gutachten erstattet.

bbb) Behörde als Auftraggeber

Schon immer **fehlte es an einem Gläubigerinteresse**, wenn eine Behörde einen Sachverständigen im Rahmen der Erbringung hoheitlicher Aufgaben beauftragte. Denn eine Auslegung des hypothetischen Behördenwillens ergibt, dass ein Dritter nicht in den Schutzbereich des Sachverständigenvertrages einbezogen werden soll.[847] Dem Ziel der Wahrung der **Unabhängigkeit der Exekutive** gegenüber den Bürgern, sind diese Fälle mit „gewöhnlichen" Fällen der Expertenhaftung nicht vergleichbar. Die Behörde, der Auftraggeber des Sachverständigen, nimmt im Vertrauen auf die Richtigkeit des Gutachtens eine staatliche Handlung, wie den Erlass eines Verwaltungsaktes vor. Der Dritte als Adressat des Verwaltungsaktes ist vom **Inhalt des Gutachtens nur reflexartig betroffen**. Er trifft nun keine Vermögensdispositionen im Vertrauen auf das Gutachten, sondern aufgrund der Regelung des Verwaltungsaktes und der drohenden zwangsweisen Durchsetzung. Auf Vertrauensschutz kann er sich daher nicht berufen[848], da das eigentliche Ziel die Abwendung der Zwangsvollstreckung ist. Der Bürger ist jedoch nicht schutzlos, denn die gesetzlichen Regelungen gegen belastende Verwaltungsakte vorzugehen sind ausreichend. Vertragliche Ansprüche kommen im Verwaltungsrecht im Übrigen auch nur unter Berücksichtigung des § 62 S. 2 VwVfG zur Anwendung.

Die Behörde kann nicht denjenigen in den Schutzbereich einbeziehen, der von der begünstigenden oder belastenden Maßnahme der Behörde unmittelbar betroffen ist.[849] Dies würde dem Über- und Unterordnungsverhältnis widersprechen, das zwischen Behörde und Bürger besteht. Ähnlich ist es bei einer Schiedsgutachtenabrede, die nicht drittbezogen ist. Der Schiedsrichter muss nicht davon ausgehen, dass sein

846 Staudinger / *Oechsler* BGB § 826 Rdn. 207, 211, 212

847 BGH Urteil v. 26.06.2001 – X ZR 231/99, BGH NJW 2001, 2090

848 BGH Urteil v. 14.11.2000 – X ZR 203/98; hierzu kritisch *Kannowski / Zumbansen* NJW 2001, 3102

849 BGH Urteil v. 26.06.2001 – X ZR 231/99

Gutachten einem Dritten zur Verfügung gestellt wird.[850] Es dient allein dazu, einzelne tatsächliche oder rechtliche Fragen zwischen den Parteien verbindlich zu regeln.

c) Schutzbedürftigkeit des Dritten

Als dritte Voraussetzung muss der Dritte schutzbedürftig sein. Ihm dürfen **keine eigenen inhaltsgleichen oder gleichwertige vertragliche Ansprüche** gegen den Sachverständigen oder einen Dritten aus dem gleichen Lebenssachverhalt[851] zustehen.[852] **(Schutzbedürftigkeit)**.

Gerade der Umstand, dass keine eigenen vertraglichen Ansprüche aus dem gleichen Lebenssachverhalt gegen einen Dritten vorliegen dürfen, wird in der Praxis allzu oft verkannt. Ein solcher Fall liegt bspw. vor, wenn der **Dritte gegen den Auftraggeber** eigene, gleichgerichtete und vertragliche Ansprüche hat und das Gutachten diesem Vertrag ebenfalls zugrunde lag. Im Sinne des Grundsatzes der **Relativität der Schuldverhältnisse** soll sich jeder zunächst an seinen direkten Vertragspartner halten. Der Dritte ist dann nicht schutzbedürftig.

Eigene vertragliche Ansprüche des **Dritten gegen den Sachverständigen** können bereits dann bestehen, wenn der Sachverständige dem Dritten persönlich in Erscheinung tritt. Hier ist an einen unentgeltlichen **stillschweigenden Auskunftsvertrag** zu denken[853], aus dem sich eigene vertragliche Ansprüche ergeben können. Ein solcher Auskunftsvertrag ist anzunehmen, wenn für den Sachverständigen objektiv erkennbar ist, dass im Vertrauen auf die Richtigkeit der Auskunft Entscheidungen getroffen werden. Daneben verlangt die Rechtsprechung von dem Dritten eine besondere Sachkunde.[854] Problematisch ist hierbei, dass die Regeln der §§ 145 ff. BGB zum Vertragsschluss und des § 675 Abs. 2 BGB nahezu vollständig aufgehoben werden und allzu schnell ein Parteiwille suggeriert wird. Die einschlägige Rechtsprechung ist wenig überzeugend und daher abzulehnen.

Der Dritte ist jedoch **nicht schutzbedürftig**, wenn er seine eigenen vertraglichen Ansprüche gegen den Auftraggeber oder den Sachverständigen verjähren lässt, obwohl er die Verjährung hätte hemmen können[855]. Aufgrund seines vorwerfbaren Verhaltens kann er gegen den Sachverständigen nicht vorgehen.

---

850 *Zimmermann* DS 2007, 328, 331

851 Z.B.: OLG Celle Urteil v. 17.05.2010 – 20 U 187/09; LG Verden Urteil v. 20.12.2007 – 4 O 285/07

852 Vgl.: BGH Urteil v. 02.07.1996 – X ZR 104/94; BGH Urteil v. 15.12.1992 – VI ZR 115/92; BGH Urteil v. 16.06.1987 – IX ZR 74/86; BGH Urteil v. 15.02.1978 – VIII ZR 47/77; OLG Köln Urteil v. 12.03.2013 – 24 U 142/12

853 RG Urteil v. 27.10.1902 – VI 201/02; BGH Urteil v. 10.11.1994 – III ZR 50/94; BGH Urteil v. 22.06.1992 – II ZR 178/90; BGH Urteil v. 13.02.1992 – III ZR 28/90; BGH Urteil v. 18.01.1973 – II ZR 82/71

854 BGH Urteil v. 05.12.1972 – VI ZR 120/71

855 OLG Hamm Urteil v. 29.05.2013 – 12 178/12

Beauftragt ein Sachverständiger einen **Subsachverständigen**, liegt **kein Vertrag mit Schutzwirkung zu Gunsten Dritter** für den eigentlichen Auftraggeber des Gutachtens vor.[856] Wenn ein gerichtlicher Sachverständiger einen Subsachverständigen beauftragt, werden die Parteien des Rechtsstreits somit auch nicht in den Schutzbereich des Sachverständigenvertrages einbezogen. Es bleibt dabei, dass die Beziehung zwischen den Parteien und dem gerichtlichen Sachverständigen der **Privatautonomie vollständig entzogen ist**[857]. Eine „zufällige" Beauftragung eines Subsachverständigen ändert hieran nichts.

d) Erkennbarkeit der Drittbezogenheit

Die Drittbezogenheit des Vertrages / Gutachtens muss für den Sachverständigen erkennbar und vorhersehbar sein **(Erkennbarkeit).** Kurzum: Dritte müssen *planbar* und nicht nur zufällig mit dem Gutachten in Berührung kommen. Es muss erkennbar sei, dass wirtschaftliche, rechtliche oder tatsächliche Entscheidungen aufgrund des Gutachtens getroffen werden,[858] was allerdings die Regel darstellt.

Der **Personenkreis** der möglichen Dritten muss nicht näher bestimmt sein.[859] Es genügt, wenn dieser objektiv abgrenzbar ist,[860] denn in der Regel ist dem Sachverständigen die Person des Dritten, dessen Namen oder die Zahl der möglichen Dritten unbekannt.[861] Die Kenntnis von potentiellen Dritten genügt demnach.

e) „Besondere Voraussetzung" – Vertrauen

Als **weitere „besondere Voraussetzung"** bei Gutachterfällen muss der einbezogene Dritte auf die Richtigkeit des Gutachtens **vertrauen**. Diese Voraussetzung ist nahezu immer gegeben, denn andernfalls würde der Dritte das Gutachten wohl kaum als Entscheidungsgrundlage heranziehen.

Aufgrund einer Vielzahl von Entscheidungen von OLG und des BGH war zeitweise unklar, ob der Dritte ein berechtigtes Vertrauen **nur** in Gutachten von öffentlich bestellten und vereidigten Sachverständigen oder anderer amtlich anerkannter Sachverständiger haben kann. Denn die Rechtsprechung betonte zweitweise, dass staatlich überwachten Sachverständigen aufgrund deren besonderen Qualifikation und der staatlichen Kontrolle eine besonders hohe Beweiskraft ihrer Gutachten zukäme. Die Öffentlichkeit habe daher bei einem nicht staatlich kontrollierten

856 OLG Köln Urteil v. 21.06.2002 – 19 U 166/01 (Bezug auf Sachverständigen-GmbH)
857 Vgl. hierzu unten: **K. II.** und oben: **E.II. 1. und 2.**
858 *Kamphausen* BauR 2006, 1208, 1213
859 Vgl. OLG Hamm Urteil v. 29.05.2013 – 12 U 178/12; *Volze* DS 2004, 48
860 OLG Düsseldorf Urteil v. 16.04.2002 – 4 U 147/01; *Kamphausen* BauR 2006, 1208, 1213; *Volze* DS 2004, 48, 50
861 BGH Urteil v. 10.11.1994 – III ZR 50/94

Sachverständigen eine geringere Erwartung an Kompetenz, Erfahrung und Zuverlässigkeit.[862]

Der BGH stellte 2001[863] allerdings klar, dass Sachverständige, deren Sachkunde vom Staat oder durch einen vergleichbaren Akt bestätigt wird, ein besonderes Vertrauen geschenkt werden könne. Hieraus sei jedoch nicht der Schluss zu ziehen, dass andere Sachverständige Dritten gegenüber schlechthin nicht haften müssten. Vielmehr komme es allein auf die **vertragliche Vereinbarung der Parteien an**, ob ein Dritter in den Schutzbereich einbezogen werden soll. Nach dieser Entscheidung kann jeder Sachverständige nach den Grundsätzen des „Vertrages mit Schutzwirkung zugunsten Dritter" haften, denn ohne Anhaltspunkte kann jedem Sachverständigen Vertrauen geschenkt werden. Der „besonderen Voraussetzung" kommt daher heute keine gesteigerte Bedeutung mehr zu.

4. Rechtsfolge der Grundsätze des Vertrages mit Schutzwirkung zugunsten Dritter

a) Einbeziehung in den Schutzbereich

Die Rechtsfolge der Grundsätze des Vertrages mit Schutzwirkung zugunsten Dritter ist, dass der Dritte in den Schutzbereich des Sachverständigenvertrages einbezogen wird. Die Einbeziehung führt jedoch nicht zu einer Anspruchserleichterung, sondern lediglich zu einer **Durchbrechung der Relativität der Schuldverhältnisse** und zu einer **Erweiterung der vertraglichen Haftung des Sachverständigen**.[864] Es müssen, mit Ausnahme des eigenen Vertragsschlusses nach §§ 145 ff. BGB, alle Voraussetzungen des Schadensersatzanspruches gegeben sein, also die Pflichtverletzung einer Neben- bzw. Hauptleistungspflicht[865], ein Vertretenmüssen und ein kausaler Schaden jeder Art (Sach-[866], Personen-[867] und Vermögensschäden[868]), damit der Dritte einen vertraglichen Anspruch gegen den Sachverständigen geltend machen kann. § 280 Abs. 1 Satz 2 BGB findet allerdings auch in Bezug auf den Dritten Anwendung. Auch wenn der Schaden zumeist erst durch einen Willensakt

862 Vgl.: BGH Urteil v. 02.04.1998 – III ZR 245–96; BGH Urteil v. 10.11.1994 – III ZR 50/94; BGH Urteil v. 18.10.1988 – XI ZR 12/88; BGH Urteil v. 26.11.1986 – IVa ZR 86/85; BGH Urteil v. 23.01.1985 – IVa ZR 66/83; OLG Dresden Urteil v. 19.11.1996 – 5 U 157/96; OLG Dresden Urteil v. 29.05.1996 – 8 U 531/96; nach den Entscheidungen des OLG Dresden kommt einem nicht staatlich geprüften Sachverständigen ein Dritthaftungsprivileg zu, da eine besondere und vom Staat anerkannte Sachkunde des Sachverständigen eine Voraussetzung für das Vorliegen eines Vertrages mit Schutzwirkung zugunsten Dritter sei

863 BGH Urteil v. 14.11.2000 – X ZR 203/98

864 *Saar* JuS 2000, 220, 223, 224; *Eckebrecht* MDR 2002, 425, 426

865 BGH Urteil v. 06.07.1965 – VI ZR 47/64; BGH Urteil v. 25.04.1956 – VI ZR 34/55

866 Z.B.: BGH Urteil v. 22.01.1968 – VIII ZR 195/65

867 Z.B.: BGHZ 49, 350

868 Z.B.: BGH Urteil v. 10.11.1994 – III ZR 50/94

des Dritten entsteht, wird hierdurch die Kausalitätskette nicht durchbrochen. Das Gutachten ist zur Verwendung im Rechtsverkehr bestimmt und daher u.a. auch zur Weitergabe an Dritte.[869] Er ist nun wie der Auftraggeber von Fehlern des Sachverständigen betroffen (bestimmungsgemäß).

b) Weite des gewährten Schutzes

Dem einbezogenen Dritten, der seine Rechte aus dem fremden Vertrag herleitet, können ***in der Regel*** **keine weitergehenden Rechte** zustehen, als dem Auftragsgeber des Sachverständigen.[870] Der Dritte muss sich daher **alle Einwände des Sachverständigen gegenüber dem Auftraggeber entgegenhalten lassen**. Dies wird aus dem Rechtsgedanken von § 334 BGB und dem Grundsatz von Treu und Glauben nach § 242 BGB hergeleitet.[871] So muss er sich bspw. ein Mitverschulden des Auftraggebers nach § 254 BGB oder eine Haftungsfreizeichnung bestehend zwischen dem Sachverständigen und dem Auftraggeber entgegenhalten lassen, ohne dass es eines Rückgriffs auf § 278 BGB bedarf.[872] Eine **Ausnahme** besteht allerdings dann, wenn die Haftungsfreizeichnung zu Lasten Dritter vereinbart wurde. Eine solche ist bereits nach §§ 138, 242 und §§ 309 Nr. 7b BGB unwirksam.

c) Abbedingung des § 334 BGB (Rechtsgedanke)

Erschwerend kommt hinzu, dass **§ 334 BGB**, der direkt nur auf „den Vertrag zugunsten Dritter" anwendbar ist. Er stellt eine ***dispositive Norm*** dar, welche auch stillschweigend zwischen dem Sachverständigen und dem Auftraggeber abbedungen werden kann. Ob dies der Fall ist, kann sich aus der Natur des zugrundeliegenden Rechtsverhältnisses ergeben[873], ohne dass es auf den Willen der Parteien ankommt. So lässt der Sachverständigenvertrag ein allgemeines offenkundiges Interesse und Vertrauen in die Richtigkeit des Gutachtens erwarten. Der Sachverständige muss deshalb auch die *„Gesamtverantwortung für die inhaltliche Richtigkeit des Gutachtens"* übernehmen. Diese Gewähr würde ins Leere laufen, wenn der Dritte sich alle Einwendungen des Auftraggebers entgegenhalten lassen müsste.[874] Daher **gilt** § 334 BGB (Rechtsgedanke) bei Gutachteraufträgen ***grundsätzlich*** **als stillschweigend**

---

869 *Zimmermann* DS 2007, 328, 329

870 Vgl.: BGH Urteil v. 10.11.1994 – III ZR 50/94; BGH Urteil v. 13.02.1975 – VI ZR 92/73; BGH Urteil v. 15.06.1971 – VI ZR 262/69

871 BGH Urteil v. 10.11.1994 – III ZR 50/94; Kritik z.B.: *Medicus* JZ 1995, 308, 309; *Bleutge* in Landmann / Rohmer GewO 70. Erg. Juni 2015 § 36 Rdn. 39

872 BGH Urteil v. 10.11.1994 – III ZR 50/94; BGH Urteil v. 13.02.1975 – VI ZR 92/73; BGH Urteil v. 23.06.1965 – VIII ZR 201/63; BGH Urteil v. 07.11.1960 – VII ZR 148/59

873 BGH Urteil v. 17.01.1985 – VII ZR 63/84; Palandt / *Grüneberg* BGB 75. Aufl. § 334 Rdn. 2

874 BGHZ 127, 385

abbedungen[875], sodass der Schutz des Dritten weiter gehen kann als der Schutz des eigentlichen Vertragspartners[876]. Dies gilt gerade dann, wenn der Auftraggeber durch sein Verhalten einen Arglisteinwand begründet hat, indem er den Sachverständigen im Vorfeld der Erstattung des Gutachtens aktiv getäuscht und somit an der Erstattung eines objektiv falschen Gutachtens mitgewirkt hat. Der Auftraggeber kann sich nicht mehr auf werkvertragliche Schadensersatzansprüche berufen, da er die Mangelhaftigkeit des Gutachtens selbst herbeigeführt hat. Deren Geltendmachung steht der Einwand der unzulässigen Rechtsausübung (venire contra factum proprium) bzw. der Arglisteinwand entgegen.[877] Auf § 640 Abs. 2 BGB kann auch nicht zurückgegriffen werden, da dieser nicht auf Schadensersatzansprüche anwendbar ist. Nur durch die Abbedingung des Rechtsgedankens des § 334 BGB kann der Dritte Ansprüche gegen den Sachverständigen geltend machen und muss sich die beiden Einwendungen nicht entgegenhalten lassen. Dies gilt dann nicht, wenn der Dritte selbst Kenntnis von dem arglisten Verhalten des Auftraggebers hatte.

5. Zwischenergebnis

Durch die Abbedingung des § 334 BGB (Rechtsgedanke) wird erreicht, dass der Sachverständige für die inhaltliche Richtigkeit seines Gutachtens auch gegenüber Dritten vertraglich einstehen muss und sich nicht hinter äußeren Einflüssen, wie eine arglistige Täuschung verstecken kann, wie stark diese auch sein möge. Er soll sein Gutachten ausschließlich entsprechend den Sachverständigenpflichten erstatten, also unabhängig, gewissenhaft und weisungsfrei. Andernfalls droht ihm eine Haftung.

VI. Haftung wegen Mängel am „Werk“ nach §§ 634 ff. BGB

Das Gesetz sieht keine besonderen Regeln für die vertragliche Haftung des Privatsachverständigen vor. Da jedoch der Sachverständigenvertrag als Werkvertrag qualifiziert wird, findet das besondere Schuldrecht nach §§ 633 ff. BGB und die hiesigen Mängelrechte und -ansprüche der Verweisungsnorm § 634 BGB Anwendung.[878] Die zur Verfügung stehenden Mängelansprüche und -rechte sind somit der Nacherfüllungs-, Kostenerstattungs-, Vorschuss- und Schadensersatzanspruch sowie das Minderungs- und Rücktrittsrecht. Alle Ansprüche und Rechte setzen ein **mangelhaftes Werk** voraus.

---

875 BGH Urteil v. 13.11.1997 – X ZR 144–94; BGH Urteil v. 10.11.1994 – III ZR 50/94

876 Die Lehre kritisiert die Fiktion der Abbedingung: z.B.: *Canaris* JZ 1995, 441, 442; *Grunewald* ZGR 1999, 583, 588; Zugehör NJW 2000, 1601, 1604; *Medicus* JZ 1995, 308, 309; *Canaris* JZ 1998, 603, 604; *Schwab* JuS 2002, 872, 877

877 BGH Urteil v. 10.11.1994 – III ZR 50/94

878 So auch *Kilian* NZV 2004, 489, 490; *Strauch* JuS 1992, 897; *Honsell* JuS 1976, 621

1. Mangelbegriff des BGB

Anknüpfungspunkt bei der Definition des Mangels ist der § 633 Abs. 1 BGB, der eine einheitliche Gesamtregelung für Sach- und Rechtsmängel vorsieht. Nach der Abnahme erfolgt diese Unterscheidung nicht mehr, sodass das Werk nunmehr einheitlich „mangelhaft" ist und die Mängelansprüche nach §§ 634 ff. BGB[879] eröffnet sind.

a) Vertragliche Beschaffenheit

In § 633 Abs. 2 BGB ist der Mangelbegriff des BGB geregelt. Hierbei handelt es sich um die Abweichung der Ist- von der Soll-Beschaffenheit. In erster Linie knüpft der Mangelbegriff also an das Nichterreichen einer vereinbarten Beschaffenheit (**subjektiver Fehlerbegriff**) des Gutachtens an. Unter Beschaffenheit sind alle vereinbarten dauerhaft psychischen Eigenschaften der Sachverständigenleistung sowie alle tatsächliche, wirtschaftliche und rechtliche Beziehungen des Werks zur Umwelt, die einen Einfluss auf die Wertschätzung der Leistung ausüben und den vertraglich geschuldeten Erfolg herbeiführen sollen, zu verstehen.[880] Ob die Gebrauchstauglichkeit des Gutachtens dadurch gemindert oder sogar aufgehoben wird oder ob der Auftraggeber hierdurch Nachteile erleidet, ist nicht von Bedeutung.[881]

Bewertungszeitpunkt der Mängelbestimmung ist der Moment der **Abnahme**, also die Inbesitznahme des Gutachtens und die Billigung als wesentlich mangelfrei. Wurde die Beschaffenheitsvereinbarung nicht ausdrücklich getroffen, muss bereits jetzt, also bevor auf die weiteren Varianten des Mangelbegriffs nach § 633 Abs. 2 BGB zurückgegriffen wird, geprüft werden, ob eine vereinbarte Beschaffenheit konkludent vereinbart wurde. Hierbei bedarf es der Berücksichtigung des Vertragszweckes, also der gewünschten Funktion des Gutachtens und sonstiger Umstände, die der vertraglichen Einigung zugrunde lagen. Denn bei einer jeden Beschaffenheitsvereinbarung muss auch immer der von beiden Seiten zugrunde gelegte Vertragszweck erreicht werden, um eine mangelfreie Leistung zu erbringen[882] (**Sollbeschaffenheit**).

Daneben muss auch das erbracht werden, was der Sachverständige als „Fachmann" neben der vertraglichen Einigung zusätzlich noch als notwendig erachtet, damit der geschuldete Erfolg eintritt. Andernfalls liegt bereits jetzt ein Mangel

---

879 Hierbei handelt es sich um eine abschließende Sonderregelung mit Geltung ab der Abnahme: BGH Urteil v. 17.02.1999 – X ZR 8–96; BGH Urteil v. 10.01.1974 – VII ZR 28/72; Palandt / *Sprau* BGB 75. Aufl. Vorb v § 633 Rdn. 1

880 OLG Stuttgart Urteil v. 10.09.2008 – 3 U 48/08; Palandt / *Sprau* BGB 75. Aufl. § 633 Rdn 5 f.

881 Exemplarisch: OLG Düsseldorf Urteil v. 31.10.2006 – I-23 U 39/06; OLG Brandenburg Urteil v. 08.02.2006 – 4 U 86/01

882 Vgl.: BGH Urteil v. 08.11.2007 – VII ZR 183/05; BGH Urteil v. 10.06.2010 – Xa ZR 3/07; dies gilt, obwohl nach dem Gesetzeswortlaut die Eignung der Werkleistung streng genommen nur dann relevant ist, wenn keine Beschaffenheitsvereinbarung getroffen wurde

vor, auch wenn die vertraglichen Vorgaben eingehalten werden.[883] Dies gilt auch dann, wenn das Gutachten zwar objektiv „funktionstauglich", also ein verwertbares Gutachten ist, im Übrigen aber nicht der vereinbarten Beschaffenheit entspricht.[884] Tritt eine mangelnde Verwertbarkeit des Gutachtens nur deshalb ein, weil der Auftraggeber dem Sachverständigen eine unvollständige oder falsche Information gab, ändert dies an der Existenz eines Mangels nichts.[885]

Zum erwarteten Erfolg gehört auch, dass das Gutachten nicht nur vollständig und zeitnah erstattet wird, sondern auch, dass der Sachverständige die **anerkannten Regeln der Technik** berücksichtigt, ohne dass dies in § 633 Abs. 2 BGB explizit geregelt ist.[886] Die fehlende gesetzliche Erwähnung ist dem Umstand geschuldet, dass § 633 Abs. 2 BGB eine Regelung des allgemeinen Werkvertragsrechts darstellt, die nicht nur auf Spezialverträge, wie Sachverständigenverträge Anwendung findet, sondern auf alle Werkverträge. Daher die möglichst „neutrale" gesetzliche Regelung des BGB. Wie bei einem Bauvertrag die Pflicht zur Einhaltung der anerkannten Regeln der Technik im Wege der **ergänzenden Vertragsauslegung** Teil der Herstellungsverpflichtung wird[887], gilt dies auch für Sachverständigenverträge. Hier finden ebenfalls die **Sachverständigenordnungen im Wege der ergänzenden Vertragsauslegung** als anerkannte Regeln des Sachverständigenwesens Eintritt in jeden Sachverständigenvertrag.[888] Denn der hier geregelte **Pflichtenkatalog wird als allgemeiner Standard der Sachverständigentätigkeit angesehen**.[889] Die zusätzlich einzuhaltenden Pflichten können stark gekürzt zusammengefasst werden:

> *„Jeder Sachverständige hat die Pflicht, ein ausreichend begründetes, auftrags- und ergebnisorientiertes und richtiges Gutachten zu erstatten. Dazu hat er seine besondere Sachkunde und Erfahrung unabhängig, unparteiisch, weisungsfrei, gewissenhaft und nach objektiven Maßstäben anzuwenden und – soweit erforderlich – den neuesten Stand von Wissenschaft und Technik und Erfahrung zu berücksichtigen. Jedes Gutachten muss persönlich erstattet werden, übersichtlich gegliedert und nachvollziehbar begründet sein."*[890]

Ein Verstoß gegen die anerkannten Regeln des Sachverständigenwesens führt somit zu einem Werkmangel.

Ändert sich der gebotene Standard während der Erstattung des Gutachtens, ist dieser maßgeblich, denn es kommt immer auf den Stand im Moment der Abnahme

---

883 BGH Urteil v. 15.02.2005 – X ZR 43/02
884 Vgl. allgemein: BGH Urteil v. 21.09.2004 – X ZR 244/01
885 OLG Dresden Urteil v. 29.11.1999 – 17 U 1606/99 (allgemein zum Planungsmitverschulden des Auftraggebers)
886 Palandt / *Sprau* BGB 75. Aufl. § 633 Rdn. 6a
887 Z.B.: BGH Urteil v. 07.03.2013 – VII ZR 134/12
888 *Bleutge* in Landmann / Rohmer GewO 70. Erg. Juni 2015 § 36 Rdn. 36
889 *Zimmermann* DS 2006, 304, 308
890 *Bleutge* in Landmann / Rohmer GewO 70. Erg. Juni 2015 § 36 Rdn. 36; *Klocke* BauR 1986, 294; Zu den Begriffen der anerkannten Regeln und dem neuesten Stand der Wissenschaft und Technik siehe bereits oben: **E. III. 7. ff. bbb.**

an.[891] Daher ist entscheidend, dass der Sachverständige in seinem Gutachten angibt, wann das Gutachten fertiggestellt und übergeben wurde.

b) Eignung für die nach dem Vertrag vorausgesetzte, ansonsten die gewöhnliche Verwendung

Ein Mangel liegt auch dann vor, wenn das Gutachten keine Eignung für die nach dem Vertrag vorausgesetzte oder hilfsweise für eine sonst gewöhnliche Verwendung eines Gutachtens aufweist, die bei Gutachten der gleichen Art üblich ist und die der Auftraggeber nach Art des Werkes erwarten kann, § 633 Abs. 2 Satz 2 Nr. 1, 2 BGB.[892] Das Gutachten muss **gebrauchstauglich**, also als Entscheidungshilfe oder Beweismittel verwertbar sein.

Der **nach dem Vertrag vorausgesetzte Nutzungszweck** muss unter Berücksichtigung der vertraglichen Vereinbarung und der Sichtweise des Auftraggebers objektiv ermittelt werden, §§ 133, 157 BGB. Auch hier ist die Pflicht zur Einhaltung der anerkannten Regeln der Technik zu berücksichtigen, denn diese stellt einen zu erwartenden Mindeststandard eines Gutachtens dar.[893] Kann nicht einmal der Nutzungszweck bestimmt werden, ist **hilfsweise auf die gewöhnliche Beschaffenheit** eines Gutachtens abzustellen, die bei Gutachten gleicher Art üblich ist und erwartet werden darf. Hierbei kommt es auf den üblichen und gewöhnlichen Gebrauch eines Gutachtens an. Ein Gutachten muss dazu geeignet sein, dass es im Rechtsverkehr als Mittel der Überzeugung Dritter vom Vorhandensein oder Fehlen bestimmter Umstände verwendet werden kann.[894]

Aufgrund der Anwendung des Werkvertragsrechts gilt auch der **funktionale Mangelbegriff**. D.h. der geschuldete Erfolg wird nicht allein dadurch beschränkt, dass sich die Parteien auf einen Leistungsumfang bzw. Pflichtenkreis einigen. Vielmehr muss der Sachverständige unabhängig von solchen vertraglichen Festlegungen die **Verwendungstauglichkeit des Gutachtens erreichen**, also ein verwertbares und richtiges Gutachten erstatten.[895] Somit ist der vertragliche Pflichtenumfang nur solange relevant, wenn unter dessen Berücksichtigung der werkvertragliche Erfolg erreicht werden kann.[896]

Die Verwendungstauglichkeit ist bspw. bei einem sog. **„Stuhlgutachten“** gefährdet. Hierbei handelt es sich um ein Gutachten, das erstattet wird, ohne dass der Sachverständige zuvor selbst eine Begutachtung vorgenommen hat. Vereinzelt wird vertreten, dass ein solches Gutachten mangelfrei sei, sofern die Parteien vereinbart

---

891 BGH Urteil v. 14.05.1998 – VII ZR 184/97 (für den Fall, dass sich die anerkannten Regeln der Technik ändern)

892 So auch Palandt / *Sprau* BGB 75. Aufl. § 633 Rdn. 7

893 BGH Urteil v. 07.03.2013 – VII ZR 134/12 (anerkannte Regeln)

894 *Zimmermann* DS 2007, 286, 290 und 294

895 Allgemein zu dem funktionalen Mangelbegriff: BGH Urteil v. 20.12.2012 – VII ZR 209/11

896 OLG Bamberg Urteil v. 08.08.2002 – 1 U 5/02

hätten, dass der Ortstermin durch einen anderen Sachverständigen wahrgenommen werden kann.[897] Das Gutachten sei dann zwar von deutlich **geringerer Qualität**, da der Sachverständige weder Gewähr für die inhaltliche Richtigkeit noch für die Vollständigkeit der Ermittlung der Befundtatsachen übernehmen könne. Es stelle jedoch im Rechtsstreit weiterhin ein qualifiziertes Parteivorbringen dar, allerdings mit einer weniger gewichtigen inhaltlichen Überzeugungskraft als ein umfassend höchstpersönlich erstelltes Gutachten[898]. Das Gericht muss aufgrund eines solchen Gutachtens nicht an den Untersuchungsergebnissen des gerichtlichen Sachverständigen zweifeln.[899] Ähnlich gelagert ist der Fall, wenn vereinbart wird, dass das Gutachten in Abkehr der anerkannten Regeln der Technik erstattet werden soll und der Sachverständige nur für das Erreichen der konkreten Beschaffenheitsvereinbarung eintreten müsste.[900]

Solche **Vereinbarungen** kann der Sachverständige zwar treffen, er muss aber den Auftraggeber darauf **hinweisen**, dass eine Abkehr von den Sachverständigenpflichten vorliegt und er keine Gewähr für die inhaltliche Richtigkeit des Gutachtens übernehmen kann. Dies gilt auch dann, wenn der Sachverständige den Auftraggeber auf diesen Umstand hinweist und dieser sich hierauf einlässt. Wird nunmehr ein Gutachten an einen Dritten weitergegeben, das unter Missachtung der Kardinalspflichten zustande kam, kann der Dritte Ansprüche über den Vertrag mit Schutzwirkung zugunsten Dritter geltend machen. Die Vereinbarung des Auftraggebers und des Sachverständigen, dass ein geringerer Pflichtenumfang erfüllt werden muss, gilt nämlich nicht gegenüber ihm. Der **Rechtsgedanke des § 334 BGB** ist **stillschweigend abbedungen**, da der Sachverständige in beiden Fällen vorwerfbar keine Gewähr für die inhaltliche Richtigkeit übernehmen kann. Eine Haftung ist die Folge.

Solche **Vereinbarungen** sind **mit dem gerichtlichen Sachverständigen nicht möglich**. Nach § 407a Abs. 2 Satz 1 ZPO darf er wesentliche Teile seines Auftrags nicht auf Dritte übertragen, selbst wenn die Parteien dem zustimmen. Vielmehr muss er nach § 407 Abs. 2 ZPO i.V. m. § 410 ZPO den Auftrag höchstpersönlich ausführen. Verstößt er hiergegen, ist das Gutachten unverwertbar.[901] Ein weiteres Zeichen dafür, dass das Verhältnis zwischen dem gerichtlichen Sachverständigen und den Parteien der **Privatautonomie gänzlich entzogen** ist.

897 *Ulrich* DS 2007, 371, 373, 374

898 *Ulrich* DS 2007, 371, 374

899 LG Koblenz, Urteil v. 30.05.2006 – 4 HK O 8/05; *Ulrich*, IBR 2006, 1496 (nur online)

900 OLG Hamm Urteil v. 13.04.1994 – 12 U 171/93 (Bauvertrag Ausschluss der Einhaltung der anerkannten Regeln)

901 *Bleutge* DS 2008, 127, 129

2. Allgemeine Gewährleistungsrechte und das Zurückbehaltungsrecht

Die folgenden Gewährleistungsansprüche und -rechte sind für den Sachverständigen von geringerer Bedeutung, da sie allesamt voraussetzen, dass der Auftraggeber die Mängel des Gutachtens so frühzeitig erkennt und beanstandet, dass eine Beseitigung dieser noch möglich ist bzw. noch Sinn macht. In der Regel dürften den Auftraggebern hierfür jedoch die fachlichen bzw. technischen Kenntnisse fehlen, es sei denn, es handelt sich um **„offensichtliche Mängel"**. Denn der Auftraggeber darf solange auf die Richtigkeit des Gutachtens vertrauen, bis erkennbare Anhaltspunkte für grobe Fehler des Gutachtens vorliegen.[902] Dies ist bspw. der Fall, wenn nicht alle gestellten Fragen beantwortet, nicht alle übergebenen Unterlagen berücksichtigt wurden oder das Gutachten lediglich Schlussfolgerungen ohne jegliche Begründung macht.

a) Zurückbehaltungsrecht

Hat der Auftraggeber Mängel erkannt, kann er die geschuldete, noch nicht gezahlte Vergütung oder Teile von ihr nach § 320 BGB i.V. m. § 641 Abs. 3 BGB zurückbehalten. Dem Zurückbehaltungsrecht kommt für den Auftraggeber einerseits eine **Sicherungsfunktion** zu, da er ab nun nicht mehr in Verzug geraten kann. Anderseits kommt dem Zurückbehaltungsrecht auch eine **Durchsetzungsfunktion** zu, da der Auftraggeber nach § 641 Abs. 3 BGB einen Druckzuschlag geltend machen kann, der in der Regel einem Vergütungseinbehalt in Höhe des Doppelten der zu erwartenden erforderlichen Mängelbeseitigungskosten entspricht. Der Wortlaut des § 320 BGB ***„bis"*** macht deutlich, dass die Mängelbeseitigung tatsächlich noch möglich sein muss. Das Zurückbehaltungsrecht **erlischt** daher, wenn die Nachbesserung ordnungsgemäß erfolgte, der Auftraggeber die Mängelbeseitigung endgültig verweigert,[903] der Auftraggeber nur noch Schadensersatz verlangt,[904] am Vertrag nicht mehr festhalten will[905] oder das Recht in einer vertraglichen Individualvereinbarung abbedungen wurde[906].

---

902 BGH Urteil v. 09.10.1997 – III ZR 4/97 (zur Amtshaftung)

903 BGH Urteil v. 22.03.1984 – VII ZR 286/82; OLG Köln Urteil v. 25.11.1975 – 15 U 43/75, wenn der Auftraggeber lediglich in Annahmeverzug mit der Mängelbeseitigung kommt, bleibt das Recht auf Zurückbehaltung bestehen, allerdings kann der Druckzuschlag nicht geltend gemacht werden (OLG Düsseldorf Urteil v. 25.07.2003 – 23 U 78/02; BGH Beschluss v. 04.04.2002 – VII ZR 252/01)

904 BGH Urteil v. 23.11.1978 – VII ZR 29/78

905 BGH Urteil v. 17.07.2013 – VIII ZR 163/12

906 BGH Urteil v. 16.10.1984 – X ZR 97/83, in AGBs nach § 309 Nr. 2a BGB unwirksam

b) Pflicht zur Nacherfüllung bzw. Recht zur Selbstvornahme

Weist das Gutachten Mängel auf, muss der Auftraggeber den Sachverständigen zunächst zur Berichtigung oder Ergänzung des Gutachtens innerhalb einer gesetzten angemessenen Frist nach §§ 634 Nr. 1, 635 BGB **auffordern**.[907] Die Mängelbeseitigungsaufforderung darf dabei nicht aus allgemeinen Floskeln bestehen, sondern muss den Mangel so beschreiben, dass das Mangelsymptom hinreichend deutlich wird.[908] Denn auch der Sachverständige hat nicht nur eine Pflicht, sondern auch ein Recht zur zweiten Andienung,[909] die der Auftraggeber ihm zu ermöglichen hat.[910]

Im Falle eines fruchtlosen Fristablaufs oder wenn der Sachverständige die Nacherfüllung in Gänze ernsthaft und endgültig verweigert,[911] kann der Auftraggeber die Sekundärrechte und -ansprüche geltend machen. Ihm steht die Möglichkeit offen, im Rahmen der Selbstvornahme einen anderen Sachverständigen zu beauftragen[912] und sich die hierbei anfallenden Aufwendungen nach §§ 634 Nr. 2, 637 BGB ersetzen zu lassen oder nach §§ 634 Nr. 2, 637 Abs. 3 BGB einen Vorschussanspruch geltend zu machen, wenn er nicht in Vorleistung gehen will. Werden im Zuge der Nacherfüllung erneut Vorbereitungshandlungen nötig, wie bspw. eine bereits verschlossene Bauteilöffnung wieder zu öffnen, muss der Sachverständige auch die hierbei anfallenden Kosten selbst tragen, da die **Nacherfüllung** für den Auftraggeber **kostenneutral** sein muss. Den Umfang und die Art und Weise der Nacherfüllung darf jedoch allein der Sachverständige bestimmen. Denn er trägt nicht nur die Verantwortung für die Mängel,[913] sondern auch das Risiko des Erfolges der Mängelbeseitigung.[914] Dem Auftraggeber als „Laie" ist es nicht zumutbar, dass er die Maßnahmen der Mängelbeseitigung zu bestimmen hat. Der Charakter des Gutachtens als persönliche unabhängige Stellungnahme wäre hierdurch auch erheblich gefährdet.

Der **Aufforderung zur fristgemäßen Mängelbeseitigung bedarf es nicht**, wenn sich der Sachverständige bis jetzt fachlich als derart unzuverlässig erwiesen hat, dass dem Auftraggeber **aus Treu und Glauben** es **nicht mehr zuzumuten**

907 Allgemein zur Nacherfüllungspflicht eines Sachverständigen: AG Stuttgart Beschluss v. 27.07.2004 – 18 C 3434/04; AG Hagen (Westfalen) Urteil v. 16.01.1995 – 13 C 431/93

908 BGH Urteil v. 27.04.1972 – VII ZR 144/70 (Bauvertrag)

909 BGH Urteil v. 22.03.1984 – VII ZR 50/82 (allgemein zum Werkunternehmer)

910 Wenn der Auftraggeber die Nacherfüllung nicht innerhalb einer Frist zulässt, geht sein Erstattungsanspruch verlustig, dem Sachverständigen drohen keine Nachteile

911 BGH Urteil v. 15.03.1990 – VII ZR 311/88 (Bauvertrag)

912 Das Recht der eigenständigen Mängelbeseitigung steht dem Auftraggeber schon aus tatsächlichen Gründen nicht zu. Ihm fehlt das technische Know-how

913 Der Sachverständige trägt die alleinige Verantwortung für die inhaltliche Richtigkeit des Gutachtens und so auch für die Mängel. Dies gilt auch dann, wenn er Subsachverständige oder Hilfskräfte hinzuzieht

914 BGH Urteil v. 04.06.1973 – VII ZR 112/71 (Bauvertrag, ständige Rspr.)

ist, diesen mit der Nacherfüllung zu beauftragen.[915] Denn wenn das Gutachten nicht einmal mehr Akzeptanz beim Auftraggeber findet, kann es erst recht keine Überzeugungshilfe für die Gegenseite darstellen. Auch wenn dies ein **Ausnahmetatbestand** darstellt, dürfte dieser dann gegeben sein, wenn der Sachverständige offensichtlich und in besonderer Weise gegen die Kardinalspflichten verstoßen oder sein in ihn gestecktes Vertrauen in besonderer Weise enttäuscht hat.

Weiterhin ist eine **Aufforderung zur Mängelbeseitigung** auch dann **nicht angezeigt**, wenn der Mangel nicht mehr beseitigt werden kann, da bspw. das Begutachtungsobjekt in der Zwischenzeit nach **§ 275 BGB** untergegangen ist. Hier ist auch zu bedenken, dass der Auftraggeber bereits im Vertrauen auf die Richtigkeit des Gutachtens dieses im Rechtsverkehr verwendet hat und Fehler des Gutachtens sich bereits manifestiert haben,[916] da eine Vermögensdisposition unwiderruflich getroffen wurde.

Ein solcher Fall liegt bspw. vor, wenn der Auftraggeber dem Gutachten gefolgt ist und das Haus abgerissen hat, anstatt es zu renovieren. Die Erstattung eines anderslautenden Gutachtens macht nun keinen Sinn mehr, denn eine Renovierung ist nicht mehr möglich. Ähnlich verhält es sich, wenn ein Bausachverständiger ein Baugrundgutachten fehlerhaft erstattet, das Bauwerk gebaut wurde und nun einsturzgefährdet ist. Diese Fälle entsprechen denen der fehlerhaften bereits umgesetzten Planung eines Architekten. Auch hier können unmittelbar Schadensersatzansprüche geltend gemacht werden, da eine Nacherfüllung nicht mehr möglich ist oder keinen Sinn macht.

Letztlich stellt der **Nacherfüllungsanspruch** in Bezug auf den Sachverständigen **eine Ausnahme** dar, denn der geschuldete Erfolg ist das Erstatten eines mangelfreien Gutachtens als Entscheidungsgrundlage. Wurde die Entscheidung bereits im Vertrauen auf die Richtigkeit des Gutachtens unwiderruflich getroffen, ist eine Nacherfüllung ausgeschlossen. Aus diesem Grund ist auch der Kostenvorschussanspruch nach §§ 634 Nr. 2, 637 Abs. 3 BGB von untergeordneter Bedeutung, da ohne ein Nacherfüllungsanspruch auch kein Vorschussanspruch besteht.

c) Minderungsrecht und Rücktrittsrecht

Nach erfolglosem Fristablauf kann der Auftraggeber auch das Gutachten in seiner gegenwärtigen mangelhaften Form behalten und den vereinbarten Werklohn des Privatsachverständigen nach §§ 634 Nr. 3, 638 BGB mindern. Die **Minderung** wird häufig dann gewählt, wenn die Mängelbeseitigung dem Auftraggeber nicht zumutbar ist. Allerdings wird in der Praxis von der Minderung nahezu kein Gebrauch gemacht, da bereits mit kleinen Mängeln die Unverwertbarkeit des Gutachtens einhergeht.

---

915 OLG Düsseldorf BauR 2011, 121 (Bauvertrag)

916 BGH Urteil v. 11.10.2007 – VII ZR 65/06, Gewährleistungsansprüche können dann ohne Fristsetzung geltend gemacht werden

Anstatt dessen kann der Auftraggeber den **Rücktritt** nach §§ 634 Nr. 3, 323 ff., 349 BGB erklären, also das Gutachten zurückgeben, wodurch der Werklohnanspruch des Sachverständigen erlischt. Der Rücktritt findet nach § 325 BGB in der Regel parallel zum Schadensersatz Anwendung. Denn andernfalls tritt in Folge des Rücktritts keine befriedigende Lösung ein, da die bloße Rückabwicklung nicht die Nachteile ausgleicht, die bei Verwendung des fehlerhaften Gutachtens eingetreten sind.

d) Schadensersatz- und Aufwendungsersatzanspruch

Es wird deutlich, dass dem Schadensersatzanspruch bei Gutachterfällen die größte praktische Relevanz zukommt.[917]

Nach §§ 634 Nr. 4, 280 ff. kann der Auftraggeber einen Schadensersatz gegen den Sachverständigen geltend machen. Die Grundnorm für die Schadensersatzpflicht ist der § 280 Abs. 1 BGB, die über § 280 Abs. 2 und Abs. 3 BGB ergänzt wird. In die Verweisung des § 634 Nr. 4 BGB ist auch der Aufwendungsersatzanspruch des § 284 BGB mit einbezogen.

aa) Die verschieden Anspruchsgrundlagen

aaa) Grundnorm des Schadensersatzes § 280 Abs. 1 BGB

Die Grundnorm für die Schadensersatzverpflichtung des Privatsachverständigen für ein mangelhaftes Gutachten ist § 280 Abs. 1 BGB. Der Sachverständige ist seinem Auftraggeber bei einem Privatauftrag zum Ersatz des Schadens verpflichtet, der durch eine zu vertretende (vorsätzliche oder fahrlässige) Verletzung seiner Pflichten entsteht. Die Pflichtverletzung ist daher der wesentliche Punkt des Schadensersatzes. Die vom Sachverständigen einzuhaltenden Pflichten ergeben sich sowohl aus dem **Inhalt des Vertrages** als auch aus dem **Pflichtenkatalog der Sachverständigenordnungen**, die, wie bereits dargelegt, für die übrigen Sachverständigen als allgemeiner Standard Geltung erlangen.[918]

Mit § 280 Abs. 1 BGB werden zumeist **Mangelfolgeschäden** geltend gemacht. Dies sind Schäden, die an anderen Rechtsgütern als dem Begutachtungsobjekt entstehen, wie dem Körper und der Gesundheit des Auftraggebers[919], Schäden an Einrichtungsgegenständen, Nutzungsausfallschäden oder allgemein Schäden an Rechtsgütern Dritter. Daneben muss der Sachverständige auch für einen entgangenen Gewinn und für Kosten eines Privatgutachtens haften, sofern die Beauftragung aus Sicht eines besonnen Menschen zur Durchsetzung des Rechts geboten ist.

---

917 MüKo / *Busche* BGB § 634 Rdn. 12 ff.

918 *Bleutge* in Landmann / Rohmer GewO 70. Erg. Juni 2015 § 36 Rdn. 36; *Zimmermann* DS 2006, 304

919 BGH Urteil v. 20.01.1972 – VII ZR 148/70 (allgemein Werkunternehmer)

bbb) Verzögerungsschaden

Erstattet der Sachverständige seinem Auftraggeber das Gutachten nicht rechtzeitig, hat er ihm einen Verzögerungsschaden zu ersetzen (§§ 280 Abs. 1 und 2, 286 BGB), der neben dem fortbestehenden Primäranspruch entsteht. Der Privatsachverständige wird somit auch finanziell angehalten seiner Pflicht zur gewissenhaften Erbringung seiner Sachverständigentätigkeit nachzukommen und stetig zu prüfen, ob das Gutachten noch innerhalb der vereinbarten Frist erstattet werden kann. Wird zwischendurch ersichtlich, dass eine Fristwahrung nicht mehr möglich ist, hat der Sachverständige den Auftraggeber hierauf hinzuweisen.[920] Nicht nur das Gesetz geht davon aus, dass der Sachverständige die Verzögerung zu vertreten hat, da er es war, der die Frist für ausreichend lang erachtet hat. Andernfalls muss er sich entlasten, § 286 Abs. 4 BGB.

Ist der Sachverständige allerdings **mit der Nacherfüllung im Verzug**, kann der Auftraggeber nach §§ 634 Nr. 4, 280 Abs. 1, 3, 281 BGB nur den entstandenen Mangelschaden verlangen.

ccc) Schadensersatz statt der Leistung

Schadensersatz statt der Leistung kann der Auftraggeber nur unter Einhaltung der weiteren Voraussetzungen des § 281 bzw. § 283 BGB verlangen, § 280 Abs. 3 BGB.

Nach **§§ 634 Nr. 4, 280 Abs. 1, 3, 281 BGB** kann derjenige Vermögensschaden ersetzt verlangt werden, der dadurch entsteht, dass der Auftraggeber im Vertrauen auf die Richtigkeit des erstatteten Gutachtens Vermögensverfügungen[921] vornahm, die sich aufgrund der Fehlerhaftigkeit des Gutachtens und der nicht vollzogen Mängelbeseitigung im Nachhinein als wirtschaftlich nachteilig erwiesen haben.[922] Des Weiteren kann der Schaden nur im Falle einer fruchtlosen angemessenen Fristsetzung geltend gemacht werden, es sei denn die Fristsetzung ist nach § 281 Abs. 2 BGB entbehrlich. Durch das Verlangen des Schadensersatzes erlischt nach § 281 Abs. 4 BGB der Erfüllungsanspruch.

Wird die Nacherfüllung nachträglich unmöglich, so haftet der Sachverständige nach **§§ 634 Nr. 4, 280 Abs. 1, 3, 283 BGB**, sofern er dies zu vertreten hat. So z.B. wenn das notwendige Beweismittel durch den Sachverständigen oder durch Erfüllungsgehilfen vernichtet wurden. Im Falle einer anfänglichen Unmöglichkeit, haftet er nach §§ 634 Nr. 4, 311a BGB.

Zuletzt verweist § 634 Nr. 4 BGB noch auf § 284 BGB. Danach sind dem Auftraggeber **anstelle** eines Schadensersatzes vergebliche nutzlose Aufwendungen zu ersetzen, die im Vertrauen auf den Erhalt der Leistung billigerweise gemacht werden durften.

---

920 Vgl. Ziff. 9.4 der RL zur MSVO des Zentralverbandes des Deutschen Handwerks

921 *Fischer* StGB § 263 Rdn. 70 (jedes Handeln, Dulden und Unterlassen, welches unmittelbar vermögensmindernd wirkt)

922 *Zimmermann* DS 2007, 286, 290

ddd) Der Schaden – Inhalt und Umfang

Inhalt und Umfang eines Schadensersatzanspruches bestimmt sich nach §§ 249 ff. BGB. Der Sachverständige hat hiernach entweder den Zustand herzustellen, der bestehen würde, wenn es zu dem schadensbegründeten Ereignis nicht gekommen wäre oder aber, sofern die Naturalrestitution ausgeschlossen ist, nach § 251 Abs. 1 BGB den Auftraggeber durch eine Geldzahlung zu entschädigen. Das ist dann der Fall, wenn ein Schaden dadurch entstanden ist, dass der Auftraggeber im **Vertrauen auf die Richtigkeit des Gutachtens** eine Fehlentscheidung bereits getroffen hat und diese nunmehr nicht mehr rückgängig gemacht werden kann. Allerdings muss die getroffene Entscheidung des Auftraggebers immer auf ihre **Erforderlichkeit** hin überprüft werden. Erforderlich ist eine Entscheidung, wenn sie von einem vernünftigen, wirtschaftlich Denkenden aufgrund sachkundiger Beratung und Feststellung getroffen worden wäre.[923] Dies ist in der Regel der Fall, da auf den Rat eines Fachmannes vertraut werden darf.[924] Somit kann in der Regel nur der **Vertrauensschaden nach § 251 BGB**, also das negative Interesse, geltend gemacht werden, da eine unrichtige Begutachtung einer unrichtigen Auskunft gleichgestellt wird.[925]

Das **positive Interesse**, so gestellt zu werden als wäre die Begutachtung richtig, ist nur dann maßgeblich, wenn der Sachverständige eine Garantie für die Richtigkeit seiner Begutachtung gegeben hat.[926] Ein Garantieversprechen zeichnet sich dadurch aus, dass eine Verpflichtung zur Schadloshaltung übernommen wird, falls der garantierte Erfolg nicht eintritt.[927] Hierbei bedarf es einer Auslegung der Willenserklärungen der Parteien nach §§ 133, 157 BGB.

eee) Kausalität

Der Schaden muss **aufgrund** des enttäuschten Vertrauens in das Gutachten eingetreten sein. Die Kausalitätskette wird auch hier, wie bei § 839a BGB, nicht dadurch unterbrochen, dass erst eine weitere Handlung des Auftraggebers oder eines Dritten, die auf einem eigenen Willensentschluss beruht, zum Schadenseintritt führt. Denn ein Gutachten ist vom Wesen her dazu bestimmt, dass es im Rechtsverkehr als Mittel der Überzeugung Dritter vom Vorhandensein oder Fehlen bestimmter Umstände verwendet wird.[928] Die zweckgemäße Verwendung kann dann dem Sachverständigen nicht zu Gute kommen.

---

923 BGH Urteil v. 31.01.1991 – VII ZR 63/90; BGH Urteil v. 07.03.2013 – VII ZR 119/10

924 BGH Urteil v. 07.03.2013 – VII ZR 119/10

925 OLG Köln Urteil v. 16.07.2014 – 11 U 44/13

926 Palandt / Grüneberg BGB 75. Aufl. Vorb v § 249 Rdn. 18; OLG Köln Urteil v. 16.07.2014 – 11 U 44/13

927 BGH Urteil v. 10.02.1999 – VIII ZR 70–98; BGH Urteil v. 11.07.1985 – IX ZR 11/85; OLG Köln Urteil v. 16.07.2014 – 11 U 44/13

928 *Zimmermann* DS 2007, 286, 290, 294

fff) Verschulden

Der Sachverständige muss, wie ein jeder Werkunternehmer bei der Erbringung seiner Sachverständigenleistung die gebotene Sorgfalt an den Tag legen, um seiner Verantwortung gerecht zu werden. Der Sachverständige handelt nur dann nicht schuldhaft, wenn er zum Zeitpunkt, zu dem er seine Leistung erbringt, diese bei gewissenhafter Prüfung und nach Ausschöpfung aller Erkenntnisse – nach aktuellem Stand von Wissenschaft, Technik und Erfahrung – als richtig ansehen durfte.[929] Demnach kommt auch hier der **Kardinalspflicht zur Gewissenhaftigkeit** eine entscheidende Bedeutung zu, da diese den hier zu erbringenden **Sorgfaltsmaßstab** bestimmt.

Über **§ 278 BGB** kann das Verschulden eines Erfüllungsgehilfen dem Sachverständigen zugerechnet werden. Ein Erfüllungsgehilfe ist eine Person, die nach den tatsächlichen Gegebenheiten des Falls mit dem Willen und Wissen des Schuldners bei der Erfüllung einer dieser obliegenden Verpflichtungen als seine Hilfsperson tätig wird.[930] Im Gegensatz zu einem Verrichtungsgehilfen i.S. d. § 831 BGB kommt es hierbei nicht auf die Bindung an Weisungen des Schuldners an.[931] Durch § 278 BGB soll gewährleistet werden, dass derjenige, der die Vorteile einer Arbeitsteilung in Anspruch nimmt auch die Nachteile trägt, insbesondere das Risiko, dass die handelnde Hilfskraft schuldhaft rechtlich geschützte Interessen des Auftraggebers verletzt.[932]

bb) Zwischenergebnis

Bei den vertraglichen Gewährleistungsansprüchen kommt dem Schadensersatzanspruch überragende Bedeutung zu. Allerdings kann zumeist nur der Vertrauensschaden nach § 251 BGB geltend gemacht werden.

VII. Die Befangenheit des Privatsachverständigen

Auch der Privatsachverständige kann gegen die Pflicht zur Unabhängigkeit verstoßen. Die Lösung dieses Problems ist ausschließlich im Vertragsrecht zu suchen. Dem Auftraggeber steht dann die Möglichkeit der **Kündigung** aus wichtigem Grund

---

929 Vgl. Ziff. 15.1 der RL zur MSVO des Zentralverbandes des Deutschen Handwerks; Dies ist nach ständiger Rechtsprechung bei den sog. Herausforderungsfällen, bei den sich der Verletzte herausgefordert fühlen durfte und eine nicht ungewöhnliche Reaktion auf diese darstellt. Die Handlung des Verletzten muss auf ihre Vernünftigkeit hin kontrolliert und das von dem Geschädigten eingegangene Risiko gegen die Dringlichkeit des Anlasses abgewogen werden, Vgl.: allgemein BGH Urteil v. 16.04.2002 – VI ZR 227/01; BGH Urteil v. 24.03.1964 – VI ZR 33/63; Medicus / Petersen BR Rdn 653

930 BGH Urteil v. 21.04.1954 – VI ZR 55/53; BGH Urteil v. 27.03.1968 – VIII ZR 10/66; BGH Urteil v. 08.02.1974 – V ZR 21/72; BGH Urteil v. 24.11.1995 – V ZR 40/94

931 BGH Urteil v. 23.09.2010 – III ZR 246/09

932 BGH Urteil v. 27.06.1985 – VII ZR 23/84

offen,[933] aber auch eines **Schadensersatzanspruches statt der Leistung** nach §§ 634 Nr. 3, 280 Abs. 1, 3, § 281 Abs. 1, 2 BGB, da ein Pflichtverstoß vorliegt.

VIII. Deliktische Haftung

Der Auftraggeber hat die Wahl, ob er vertragliche oder auch deliktische Anspruchsgrundlagen bemüht, um sich den eingetretenen Schaden ersetzen zu lassen.[934] Zwischen den beiden Systemen besteht eine Anspruchskonkurrenz. Ein Vorrang des § 839a BGB besteht bei Privatsachverständigen nicht[935], da der Anwendungsbereich nicht einmal eröffnet ist. Vielmehr stehen dem Auftraggeber die Anspruchsgrundlagen der §§ 823 ff. BGB zu.

1. § 823 Abs. 1 BGB und § 831 BGB

Auf die Ausführungen zur deliktischen Haftung des gerichtlichen Sachverständigen kann verwiesen werden.[936]

2. § 823 Abs. 2 BGB

a) Aussagedelikte

Daneben besteht die Möglichkeit der Geltendmachung des **§ 823 Abs. 2 BGB**. Hier können im Gegensatz zu § 823 Abs. 1 BGB auch Vermögensschäden ersetzt werden.[937] In Bezug auf § 823 Abs. 2 BGB kommt es auf die **schuldhafte Verletzung eines Schutzgesetzes im Sinne des § 2 EGBGB** an. Schutzgesetze sind Gesetze, die nicht ausschließlich den Interessen der Allgemeinheit, sondern auch dem Individualschutz dienen[938] und einen Gebots- und Verbotscharakter haben.[939] Dies können formelle Gesetze, Verordnungen als auch Satzungen sein.[940]

Aussagedelikte nach §§ 153, 154 und § 161 StGB stellen bspw. Schutzgesetze dar.[941] Die Delikte dienen einerseits der **Effektivität der Rechtspflege** und des Einzelnen vor Rechtsnachteilen. Es soll verhindert werden, dass der Staat durch

933 vgl.: Befangenheit des Schiedsgutachters: **I. II. 2. e.**

934 Palandt / *Sprau* BGB 75. Aufl. Einf. v. § 823 Rdn. 9, 10

935 *Zimmermann* DS 2008, 8

936 **E. V. 6. b. ee. bbb. und ccc.**

937 OLG Brandenburg Urteil v. 11.01.2000 – 11 U 137/99; *Jacobs* ZRP 2001, 489

938 Z.B.: BGH Urteil v. 21.10.1991 – II ZR 204/90; MüKo / *Wagner* BGB § 823 Rdn. 340; Palandt / *Sprau* BGB 75. Aufl. § 823 Rdn. 57

939 BGH Urteil v. 09.12.1964 – Ib ZR 181/62

940 BGH Urteil v. 09.12.1964 – Ib ZR 181/62; OLG Hamm Urteil v. 26.06.2001 – 27 U 6/01; MüKo / *Wagner* BGB § 823 Rdn. 322 ff.

941 BGH Urteil v. 28.10.1958 – VI ZR 209/57; OLG Celle Urteil v. 27.11.1991 – 2 U 24/91

falsche Aussagen eines Sachverständigen in die Irre geführt wird.[942] Anderseits wird das **Vertrauen des Einzelnen** in Aussagen geschützt.

Eine vorsätzlich falsche uneidliche Aussage oder der vorsätzliche Meineid stellt die Ausnahme dar. Der fahrlässigen falschen Aussage nach § 161 StGB, bei der der Sachverständige die Fehlerhaftigkeit seiner Aussage hätte erkennen können, kommt hingegen eine weitaus höhere Bedeutung zu. § 161 StGB, wie auch § 154 StGB verlangen einheitlich, dass der Sachverständige einen **Eid nach § 410 ZPO** leistet. Ob es zu einer Vereidigung des Sachverständigen kommt, liegt allein im Ermessen des Gerichts, sodass auch das **„ob" der Strafbarkeit bzw. des Schadensersatzes im Ermessen des Gerichts liegt**.[943] In der Regel bleibt der Privatsachverständige jedoch unvereidigt. Soll ein öffentlich bestellter Sachverständiger ausnahmsweise doch vereidigt werden, kann sich dieser auf den **Eid nach § 36 Abs. 1 GewO** vor der Bestellungskörperschaft **berufen**. Eines zusätzlichen Eides vor Gericht bedarf es nicht mehr.[944] Wenn der Sachverständige sein Gutachten bei Gericht einreicht, ohne das eine mündliche Erörterung gewünscht ist, ist der Anwendungsbereich der Aussagedelikte nicht eröffnet.[945]

b) Weitere Schutzgesetze

aa) § 263 StGB

Verstößt der Sachverständige durch **kollusives Zusammenwirken** mit dem Auftraggeber vorsätzlich gegen die Sachverständigenpflichten, um Letzterem ein unrichtig abgefasstes Gutachten für spätere Täuschungshandlungen zu erstatten, liegt eine Beihilfe zum Betrug gemäß §§ 263, 22 StGB vor.[946] § 263 StGB stellt ein Schutzgesetz dar, sodass eine Haftung nach § 823 Abs. 2 BGB droht.

bb) § 410 ZPO/Vorschriften der Sachverständigenordnungen/gerichtliche Verfahrensordnungen

§ 410 ZPO, der den Eid des Sachverständigen regelt, stellt kein Schutzgesetz dar. Dieser bestimmt allein Inhalt und Zeitpunkt des Eides und ist daher eine **verfahrensrechtliche Norm**.[947]

---

942 BGH Urteil v. 19.11.1964 – VII ZR 8/63; BGH Urteil v. 18.12.1973 – VI ZR 113/71; MüKo / Wagner BGB § 823 Rdn. 359

943 ähnlich: *Damm* JuS 1976, 359; *Schreiber* ZZP 1992, 129, 135

944 *Bleutge in* Landmann / Rohmer GewO, 70. Erg. Juni 2015, § 36 Rdn. 98

945 Im Ergebnis: OLG München Urteil v. 14.05.1968 – Ws 265/68; OLG Düsseldorf Urteil v. 06.08.1986 – 4 U 41/86; Harro JuS 1984, 161

946 BGH Urteil v. 18.04.1996 – 1 StR 14/96

947 BGH Urteil v. 19.11.1964 – VII ZR 8/63, BGH Urteil v. 18.12.1973 – VI ZR 113/71; OLG München Urteil v. 19.10.1973 – 8 U 4203/72; OLG Hamm Urteil v.13.04.1983 – 13 U 204/82; OLG Düsseldorf Urteil v. 06.08.1986 – 4 U 41/86; OLG Hamm Urteil

Auch die **Vorschriften der Sachverständigenordnungen**[948] und die **Bestimmungen der gerichtlichen Verfahrensordnungen** stellen keine Schutzgesetzte im Sinne des § 823 Abs. 2 BGB dar.[949] Sie bestimmen zwar Pflichten und Handlungsmaßstäbe, allerdings nicht zum Schutze von konkreten Personen, sondern vielmehr im Sinne einer Sicherung der ordnungsgemäßen Ausübung des Sachverständigenwesens.[950]

c) Zwischenergebnis

Dem Haftungstatbestand des § 823 Abs. 2 BGB kommt daher nicht nur im Zusammenhang mit Aussagedelikte eine geringe Bedeutung zu.

3. § 826 BGB

Neben § 823 Abs. 2 BGB muss der Sachverständige auch nach § 826 BGB für Vermögensschäden eintreten, da keine Rechtsgutsverletzung i.S. d. § 823 Abs. 1 BGB verlangt wird. Vielmehr muss der Sachverständige **vorsätzlich gegen die guten Sitten verstoßend einem anderen einen Schaden zufügen**.

a) Gegen die guten Sitten verstoßend

Ein Verstoß gegen die guten Sitten liegt vor, wenn der Sachverständige das Anstandsgefühl aller billig und gerecht Denkenden missachtet,[951] indem er eine **Falschbegutachtung** auf **gewissenslose** und **grob leichtfertigte Art**[952] herbeiführt.[953]

Gewissenlosigkeit verlangt, dass der Sachverständige das besondere Vertrauen, was ihm aufgrund seiner Sachkunde entgegengebracht wird im besonderen Maße

---

v. 20.09.1993 – 13 U 40/92; BGH Urteil v. 30.01.1968 – VI ZR 153/66; OLG Celle Urteil v. 27.11.1959 – 11 U 85/59; OLG Köln Urteil v. 16.03.1962 – 9 W 7/62

948 a.A. *Zimmermann* DS 2008, 8, 9

949 BGH Urteil v. 12.07.1966 – VI ZR 1/65; OLG München Urteil v. 23.02.1983 – 20 U 3018/82; OLG Hamm Urteil v. 13.041983 – 13 U 204/82; OLG Hamm Urteil v. 14.11.1985 17 U 90/85; OLG Oldenburg Urteil v. 10.07.1987 – 11 U 44/87

950 Vgl. allgemein zu Berufsrecht: *Honsell* JuS 1976, 621, 627; *Haller* Jura 1997, 234, 238

951 BGH Urteil v. 09.07.1953 – IV ZR 242/52; BGH Urteil v. 29.09.1977 – III ZR 164/75

952 OLG Hamm Urteil v. 13.04.1983 – 13 U 204/82; OLG Hamm Urteil v. 14.11.1985 – 17 U 90/85

953 BGH Urteil v. 09.07.1953 – IV ZR 242/52; BGH Urteil v. 13.07.1956 – VI ZR 132/55; BGH Urteil v. 18.06.1962 – VII ZR 237/60; BGH Urteil v. 28.06.1966 – VI ZR 287/64; BGH Urteil v. 12.07.1966 – VI ZR 1/65; BGH Urteil v. 02.11.1983 – IVa ZR 20/82; BGH Urteil v. 17.09.1985 – VI ZR 73/84; OLG Hamm, Urteil v. 13.04.1983 – 13 U 204/82; OLG Stuttgart Beschluss v. 06.10.1986 – 6 W 34/86; OLG Hamm Urteil v. 29.04.1986 – 9 U 290/85; OLG Köln Urteil v. 20.10.1987 – 15 U 55/87; *Müssing* NJW 1989, 1697, *Bleutge* in Landmann / Rohmer GewO 70. Erg. Juni 2015 § 36 Rdn. 31

enttäuscht[954] und dabei **grob leichtfertig** elementare Kenntnisse und Berufspflichten des Sachverständigenwesens missachtet[955].

Dies ist immer dann der Fall, wenn der Sachverständige **„Angaben ins Blaue"** ohne konkrete Anhaltspunkte macht, hierauf aber nicht hinweist.[956] Andere Beispielsfälle sind, wenn der Sachverständige die Erstattung des Gutachtens übernimmt, obwohl er weiß, dass er keine hinreichende Fachkenntnis hierfür hat, dies verschweigt und in Kauf nimmt, dass das Gutachten hierdurch falsch wird.[957] Oder er nimmt eine unvollständige Ermittlung der Befundtatsachen vor, da ihm entweder wissentlich entscheidende Unterlagen fehlen oder das Begutachtungsobjekt nur teilweise oder gar nicht besichtigt wurde. Im Gutachten wird dann der Anschein erweckt, dass eine umfassende Begutachtung vollzogen wurde.[958] Oder Angaben Dritter werden ungeprüft als Befundtatsachen übernommen, ohne zu wissen, ob die Angaben richtig sind, wodurch auch hier der Anschein erweckt wird, dass alle Befundtatsachen aus eigenen ordnungsgemäßen Begutachtungen stammen.[959] Diese Fälle haben **gemein**, dass der **Anschein der Ordnungsmäßigkeit vom Sachverständigen erweckt und hierdurch ein falsches Vertrauen begründet wird** und er gegenüber dem Auftraggeber eine **Rücksichtslosigkeit** angesichts der Bedeutung des Gutachtens und der Kompetenz des Sachverständigen erkennen lässt.

b) Vorsätzliches Handeln

Darüber hinaus muss der Sachverständige **vorsätzlich** handeln, wobei der Vorwurf des bedingten Vorsatzes genügt.[960] Der Sachverständige muss keine konkrete Kenntnis von der Sittenwidrigkeit haben. Es genügt, wenn er die Umstände kennt, aus denen sich die Sittenwidrigkeit ergibt. Liegt besonders leichtfertiges Verhalten vor, ist auf einen bedingten Vorsatz zu schließen.[961] Grob fahrlässiges Verhalten genügt jedoch nicht.[962]

---

954 BGH Urteil v. 12.07.1966 – VI ZR 1/65; *Honsell* JuS 1976, 621, 627

955 BGH Urteil v. 18.02.1986 – X ZR 95/85 (Tierarzt); *Honsell* JuS 1976, 621, 628

956 BGH Urteil v. 20.04.2004 – X ZR 250/02; LG Heilbronn Urteil v. 24.06.2005 – 1 O 92/05; *Bleutge in* Landmann / Rohmer GewO 70. Erg. Juni 2015 § 36 Rdn. 33

957 BGH Urteil v. 18.02.1986 – X ZR 95/85 (Tierarzt)

958 BGH Urteil v. 05.03.1975 – VIII ZR 230/73; BGH Urteil v. 19.03.1986 – IVa ZR 127/84; BGH Urteil v. 28.06.1966 – VI ZR 287/64

959 BGH Urteil v. 28.06.1966 – VI ZR 287/64; BGH Urteil v. 13.02.1992 – III ZR 28/90; OLG Köln Urteil v. 05.02.1993 – 19 U 104/92

960 BGH Urteil v. 14.06.2000 – VIII ZR 218/99

961 BGH Urteil v. 14.04.1986 – II ZR 132/85

962 BGH Urteil v. 06.06.1962 – V ZR 125/60; unklar bei BGH Urteil v. 24.09.1991 – VI ZR 293/90, sofern großer Schaden eingetreten ist und der Sachverständige besonders leichtfertig gehandelt hat

Der Sachverständige muss nicht das Ziel eines Schadenseintritts verfolgen.[963] Es genügt, dass er den Schadenseintritt billigend in Kauf nimmt,[964] sodass den Auftraggeber eine unwirtschaftliche Vermögensverfügung aufgrund des haltlosen Gutachtens trifft.

c) *Zwischenergebnis*

Auch wenn auf den ersten Blick der Eindruck entstehen kann, dass § 826 BGB aufgrund der strengen Voraussetzungen keine gesteigerte Bedeutung zukommt, täuscht dies. Der Anwendungsbereich ist immer dann eröffnet, wenn der Sachverständige wissentlich und willentlich Angaben macht, ohne eine hinreichende Gewissheit zu haben, dass diese richtig und vollständig sind und auf diesen Umstand nicht hinweist. Ob der Schadensersatzanspruch aber tatsächlich geltend gemacht werden kann, hängt maßgeblich von der Beweisbarkeit der Vorsätzlichkeit ab.

IX. Verjährung / Gewährleistungsfristen

1. Vertragliche Ansprüche

Die Gewährleistungsfrist ergibt sich für **vertragliche Ansprüche** einheitlich aus § 634a BGB. Die Verjährung **beginnt** gemäß § 634a Abs. 2 BGB mit der **Abnahme**, also der Erklärung, das Gutachten als wesentlich vertragsgemäß anzuerkennen, aber **alternativ** auch mit einer endgültigen Abnahmeverweigerung[965] oder wenn es zu einem Wandel in ein Abwicklungs- und Abrechnungsverhältnis kommt[966].

In der Regel wird sich die Verjährung nach **§ 634a Abs. 1 Nr. 3 BGB** (drei Jahre) bestimmen. § 634a Abs. 1 Nr. 2 BGB findet nur in Ausnahmefällen auf Gutachten Anwendung, wie bei Sanierungs-, Statik- und Grundungsgutachten, denn diese stellen Planungs- und Überwachungsleistungen an einem Bauwerk dar.[967]

Für den Rücktritt und die Minderung bestehen Sonderregelungen. Diese Gestaltungsrechte fallen unter § 634a Abs. 4 BGB, da nur Ansprüche verjähren können. Die Möglichkeit der Erklärung bzgl. Rücktritts und Minderung hängt mit der Verjährung des Nacherfüllungsanspruches zusammen. Der **Rücktritt** kann zwar noch nach Eintritt der Verjährung des Nacherfüllungsanspruches erklärt werden. Nach § 218 Abs. 2 BGB ist dieser aber unwirksam, wenn der Sachverständige die Einrede der Verjährung erhebt. Da der Werklohnanspruch aufgrund des unwirksamen Rücktritts weiterhin besteht, ist der Auftraggeber nunmehr nach § 634a Abs. 4 Satz 2 BGB

---

963 BGH Urteil v. 17.09.1985 – VI ZR 73/84 (allerdings kann er auch hier unbedingten Vorsatz haben)

964 BGH Urteil v. 17.09.1985 – VI ZR 73/84; BGH Urteil v. 28.06.1966 – VI ZR 287/64; BGH Urteil v. 20.04.2004 – X ZR 250/02

965 BGH Urteil v. 20.12.1973 VII ZR 153/71

966 BGH Urteil v. 24.02.2011 – VII ZR 61/10

967 BGH Urteil v. 03.12.1998 – VII ZR 109–97, zur alten Rechtslage, aber übertragbar

zur Zahlungsverweigerung berechtigt, soweit der Zahlungsanspruch durch den Rücktritt entfallen wäre. Eine bereits gezahlte Vergütung kann der Auftraggeber allerdings nicht zurückverlangen, §§ 218 Abs. 2, 214 BGB. Der Sachverständige kann aber nach § 634a Abs. 4 BGB selbst den Rücktritt erklären und sein Gutachten zurückverlangen, falls das Honorar noch nicht bezahlt wurde.

Ist der Rücktritt wirksam erklärt worden, unterliegen die hieraus entstehenden Rückabwicklungsansprüche der allgemeinen Verjährung nach §§ 195, 199 BGB.[968] Hinsichtlich der **Minderung** gelten nach § 634a Abs. 5 BGB die gleichen Grundsätze wie beim Rücktritt. Allerdings ist der Auftraggeber im Falle der Verjährung des Nacherfüllungsanspruches nur zum Einbehalt des zu mindernden Betrages berechtigt. Eines Rücktritts des Sachverständigen bedarf es daher nicht.

Unter Umständen kann sich die **Verjährung auf 30 Jahre verlängern**, wenn der Sachverständige Mängel seines Gutachtens **arglistig** verschweigt. Zusätzlich besteht die Möglichkeit der Verlängerung der Verjährung aufgrund eines **Organisationsverschuldens**. Denn hat der Sachverständige das Gutachten „arbeitsteilig", also unter zur Hilfenahme eines Subsachverständigen oder einer Hilfskraft erstattet, muss er diese so organisieren, dass Mängel nicht entstehen. Beruhen Mängel allerdings auf einer unzureichenden Organisation, gelten die gleichen Grundsätze wie bei der Arglisthaftung.[969] Da dem Auftraggeber jedoch die Darlegungs- und Beweislast für ein Organisationsverschulden zukommt, stellt diese Verlängerung der Verjährung die Ausnahme dar.

2. Deliktische Ansprüche

Bei **deliktischen Ansprüchen** gilt die **Regelverjährung** von drei Jahren, § 195 BGB. Die Verjährung beginnt mit dem Schluss des Jahres, in dem der Anspruch entstanden ist und der Anspruchsteller von den anspruchsbegründeten Umständen und der Person des Schädigers Kenntnis erlangt hat, § 199 Abs. 1 Nr. 1 BGB. Maximal gilt jedoch eine zehnjährige kenntnisunabhängige Verjährung ab dem Entstehen des Anspruches, § 199 Abs. 3 Nr. 1 BGB. Schadensersatzansprüche die auf einer Verletzung des Lebens, des Körpers, der Gesundheit oder der Freiheit beruhen (Rechtsgüter des § 823 Abs. 1 BGB), verjähren nach 30 Jahren, § 199 Abs. 2, Abs. 3 Nr. 2 BGB.

968 BGH Urteil v. 15.11.2006 – VIII ZR 3/06

969 KG Urteil v. 28.05.2009 – 27 U 27/08; OLG Düsseldorf Urteil v. 30.11.2004 – 23 U 73/04

H. Die Haftung des Sachverständigen nach der Amtshaftung

I. Einleitung

Die Haftung des Sachverständigen für verursachte Schäden im Amtsbereich bestimmt sich nach der Amtshaftung, wenn der Sachverständige hoheitliche Aufgaben wahrnimmt. Eine **hoheitliche Sachverständigentätigkeit** liegt nur dann vor, wenn der Sachverständige bei einer gesetzlich vorgeschriebenen Überprüfung eingesetzt wird, wie bspw. beim TÜV. Mangels eigener Anspruchsgrundlagen für die Haftung des bei „Behörden" angestellten Sachverständigen, bedarf es eines **Rückgriffs auf staatshaftungsrechtliche Regeln**, die sich nach **§ 839 Abs. 1 i.V. m. Art 34 GG** richten.[970] § Hierbei handelt es sich um eine **einheitliche Anspruchsgrundlage**.[971] 839 BGB gibt die Voraussetzungen vor (anspruchsbegründende Norm), während Art. 34 GG für eine Haftungsüberleitung auf die Anstellungskörperschaft sorgt (anspruchsverlagernde Norm). Durch das Zusammenspiel beider Normen wird eine Eigenhaftung des Sachverständigen für fehlerhafte Prüftätigkeiten vermieden, da es zu einer sog. **befreienden Schuldübernahme der Anstellungskörperschaft** kommt.[972] Diese kann jedoch im Falle eines vorsätzlichen bzw. grob fahrlässigen Verstoßes Rückgriff bei dem Sachverständigen nehmen, Art 34 Abs. 2 GG.[973] Die Anstellungskörperschaft ist die Behörde, die dem Amtsträger die hoheitlichen Aufgaben anvertraut hat (Anvertrauenstheorie)[974].

Die Amtshaftung ist allein auf eine Geldzahlung gerichtet, nie auf Naturalrestitution.[975]

970 Vgl. allgemein: *Schlick/Rinne* NVwZ 1997, 1065 ff.

971 Palandt/*Sprau* BGB 75. Aufl. § 839 Rdn. 1, 2

972 BGH Urteil v. 30.11.1967 – VII ZR 34/65; OLG Köln Urteil v. 16.12.1988 – 6 U 83/88; OLG Schleswig Urteil v. 04.01.1996 – 2 U 37/95; BGH Urteil v. 25.03.1993 – III ZR 34/92; OLG Hamm Urteil v. 17.10.2006 – 21 U 177/05; BGH Urteil v. 15.05.1997 – III ZR 204/96; OLG Köln Urteil v. 06.04.2000 – 7 U 195/99

973 BVerwG Urteil v. 26.08.2010 – 3 C 35/09; Palandt/*Sprau* BGB 75. Aufl. § 839 Rdn. 1, 88

974 BGH Urteil v. 02.11.2000 – III ZR 261/99; BGH Urteil v. 02.12.2004 – III ZR 358/03, teilweise auch Anstellungstheorie, die Behörde die den Sachverständigen angestellt hat; OLG Frankfurt a.M. Urteil v. 31.01.2003 – 2 U 35/02; LG Münster Urteil v. 07.03.2000 – 11 O 389/99

975 BGH Urteil v. 22.05.2003 – III ZR 32/02

II. Voraussetzungen der Staatshaftung nach § 839 Abs. 1 BGB i.V. m. Art. 34 GG

1. Abgrenzung zu anderen Haftungsnormen

Zunächst bedarf es einer **Abgrenzung zu § 839 BGB**. Dieser begründet eine eigenverantwortliche Haftung als Sondertatbestand des Deliktsrechts.[976] Hierbei handelt es sich um ein „lex specialis“[977] zu den übrigen deliktischen Anspruchsgrundlagen.[978] Wirkliche Abgrenzungsprobleme bestehen nicht, da der Sachverständige entweder im Rahmen des öffentlich-rechtlichen Wirkungskreises einer „Behörde“ oder im Auftrag eines Gerichts tätig wird.[979]

Daneben bedarf es einer **Abgrenzung zu den gewohnheitsrechtlich anerkannten oder richterrechtlich geschaffenen Entschädigungsansprüchen**, wie der Anspruch auf Gefährdungshaftung, der Anspruch aus aufopferungsgleichen bzw. aufopfernden Eingriffen[980], der Anspruch des enteignungsgleichen bzw. enteignenden Eingriffs[981] sowie schuldrechtähnliche Sonderansprüche.[982] Ohne ins Detail zu gehen, scheitern die aufopferungsgleichen Ansprüche zumeist an einem Sonderopfer. Enteignungsgleiche Ansprüche scheitern daran, dass der Sachverständige in der Regel nicht unmittelbar die Eigentumsrechte des Bürgers verletzt.

2. Beamter im staatshaftungsrechtlichen Sinne

Dem § 839 Abs. 1 i.V. m. Art 34 GG liegt nach allgemeiner Ansicht ein **funktioneller staatshaftungsrechtlicher Beamtenbegriff** zugrunde. Als Beamter wird derjenige angesehen, dem öffentlich-rechtliche Aufgaben anvertraut werden und diese wahrnimmt, so wie die Erstattung eines Gutachtens oder die Erbringung einer anderen Sachverständigenleistung in Ausübung eines öffentlichen Amtes.[983]

---

976 MüKo / *Papier* BGB § 839 Rdn. 1

977 *Blomeyer* ZRP 1974, 214; *Damm* JuS 1976, 359

978 BGH Urteil v. 06.03.2014 – III ZR 320/12; dogmatisch und auch systematisch wird § 839 BGB dem Deliktsrecht zugeteilt, allerdings finden §§ 827, 828, 830, 840, 842 bis 853 BGB keine Anwendung

979 BGH Urteil v. 20.05.2003 – VI ZR 312/02; BGH Urteil v. 01.02.2001 – III ZR 193/99; BGH Urteil v. 05.07.1990 – III ZR 190/88; BGH Urteil v. 04.04.1963 – III ZR 213/61; BGH Urteil v. 01.10.1962 – III ZR 115/61; OLG Oldenburg Urteil v. 01.03.1994 – 5 U 127/93

980 Rechtmäßige bzw. rechtswidrige Eingriffe in Rechtsgüter, Leben, Gesundheit und Freiheit

981 Rechtmäßige bzw. rechtswidrige Eingriffe in das Eigentum

982 Vgl. BGH Urteil v. 20.11.1980 – III ZR 122/79; OLG Saarbrücken Urteil v. 30.04.1993 – 4 U 19/92

983 BGH Urteil v. 16.03.2000 – III ZR 179/99; OLG Naumburg Urteil v. 21.06.2005 – 11 U 40/05

Dass der Sachverständige zumeist kein Beamter im statusrechtlichen Sinne ist,[984] ist daher nicht von Bedeutung.[985]

3. Handeln in Ausübung eines öffentlichen Amtes

Die schädigende Handlung des Sachverständigen darf **nicht nur bei Gelegenheit seiner Amtsausübung** erfolgen. Vielmehr muss zwischen seinem **Amt** und **der schädigenden Handlung** ein derart **enger äußerer und innerer Zusammenhang** bestehen, sodass eine hoheitliche Betätigung angenommen werden kann.[986] Dabei ist nicht auf die Person des Sachverständigen, sondern auf die Zielsetzung der ausgeübten Tätigkeit abzustellen.[987] Der gesamte Tätigkeitsbereich des Sachverständigen, der sich auf die Erfüllung einer bestimmten hoheitlichen Aufgabe bezieht, muss als Einheit bewertet werden und darf nicht in Einzelakte aufgespalten und einer gesonderten Beurteilung unterzogen werden.[988] Hierbei gilt die **Faustformel**, dass eine hoheitliche Sachverständigentätigkeit dann vorliegt, wenn der Sachverständige bei einer gesetzlich vorgeschriebenen staatlichen Überprüfung eingesetzt wird. Nur dann nimmt er hoheitliche Befugnisse wahr. Ähnlich sieht es aus, wenn er ganz oder teilweise mit Behördenaufgaben betraut wird,[989] so wie bspw. beim TÜV.

4. Verletzung einer drittbezogen Amtspflichtverletzung

a) Verletzung einer Amtspflicht

Als weitere Voraussetzung des Schadensersatzanspruches muss der Sachverständige eine Amtspflicht verletzen. Hierunter sind die **den Sachverständigen persönlich treffenden Verhaltenspflichten in Bezug auf seine Amtsführung** zu verstehen,[990] die Pflicht, wie Pflicht zur Einhaltung der Gesetze und sonstiger Rechtsvorschriften.[991] Daneben darf seine Amtsführung weder das Amt schädigen noch darf

---

984 BGH Urteil v. 20.05.2003 – VI ZR 312/02

985 In Art. 34 GG steht ausdrücklich „Jemand"

986 BGH Beschluss v. 01.08.2002 – III ZR 277/01; BGH Beschluss v. 25.11.1999 – III ZR 123/99

987 BGH Urteil v. 04.06.1992 – III ZR 93/91; BGH, Urteil v. 22.03.2001 – III ZR 394/99; BGH Urteil v. 14.05.2009 – III ZR 86/08; BGH Urteil v. 15.09.2011 – III ZR 240/10; BGH Urteil v. 04.06.1992 – III ZR 93/91; BGH Urteil v. 22.03.2001 – III ZR 394/99; BGH Urteil v. 15.09.2011 – III ZR 240/10; BGH Urteil v. 06.03.2014 – III ZR 320/12

988 BGH Beschluss v. 01.08.2002 – III ZR 277/01; BGH Urteil v. 09.01.2003 – III ZR 217/01; BGH Urteil v. 09.01.2003 – III ZR 217/01; BGH Urteil v. 16.09.2004 – III ZR 346/03

989 BGH Urteil v. 14.05.2009 – III ZR 86/08; BGH Urteil v. 15.09.2011 – III ZR 240/10; Palandt / Sprau BGB 75. Aufl. § 839 Rdn. 135

990 MüKo / *Papier* BGB § 839 Rdn. 149 m.w.N.

991 BGH Urteil v. 21.03.1963 – III ZR 193/61

er rechtswidrige Eingriffe in fremde Rechte vornehmen.[992] Die wesentliche Amtspflicht ist jedoch die **Pflicht zum rechtmäßigen Verwaltungshandeln**, welche aus Art. 20 Abs. 3 GG abgeleitet wird.[993] Um dieser Pflicht gerecht werden zu können, muss der Sachverständige das **Gutachten eigenverantwortlich, gewissenhaft und unparteiisch erstatten** und sich auch sonst **an die Regeln der Erstattung eines ordentlichen Gutachtens halten**.[994] Die Kardinalspflichten sind somit zu befolgen.

b) Drittbezogenheit der Amtspflicht

Die verletzte Amtspflicht muss drittbezogen sein, also **auch** dem Schutz der Interessen des Geschädigten dienen.[995] Der Geschädigte muss demnach zum Kreis der geschützten Personen gehören[996] und das konkrete Interesse des Geschädigten in den sachlichen Schutzbereich fallen. Es ist zu prüfen, ob das im Einzelfall berührte Interesse nach dem Zweck und der rechtlichen Bestimmung des Amtsgeschäfts geschützt werden soll.[997] Mit der Drittbezogenheit gehen jedoch kaum Probleme einher.

5. Kausaler Schaden

Der eingetretene **Schaden** muss **kausal zur Pflichtverletzung** des Sachverständigen sein. Es ist zu fragen, welchen Verlauf die „Dinge“ bei pflichtgemäßem Verhalten des Sachverständigen genommen hätten und wie sich die Vermögenslage des Geschädigten dann darstellen würde.[998] Die Amtspflichtverletzung darf nicht hinweggedacht werden können, ohne dass auch der Schaden entfällt (**hypothetische Kausalität**).

Sind dem Geschädigten neben den Nachteilen auch Vorteile entstanden, müssen diese im Rahmen einer wertenden Betrachtung ausgeglichen werden (Vorteilsausgleich).[999]

Der Staat haftet auch für Schäden, die durch eingeschaltete private Hilfspersonen entstanden sind, wenn deren Tätigkeit unmittelbar in den hoheitlichen Aufgabenbereich der Körperschaft fällt,[1000] bspw. hinzugezogene Subsachverständige oder Hilfskräfte, die dem Amtsträger helfen.

---

992 BGH Urteil v. 16.06.1977 – III ZR 179/75
993 BGH Urteil v. 28.11.2002 – III ZR 122/02
994 Im Ergebnis auch: BGH Urteil v. 06.03.2014 – III ZR 320/12
995 BGH Versäumnisurteil v. 15.10.2009 – III ZR 8/09
996 BGH Urteil v. 21.12.1989 – III ZR 49/88; LG Köln Urteil v. 29.01.2002 – 5 O 411/01
997 BGH Versäumnisurteil v. 22.01.2009 – III ZR 172/08
998 BGH Urteil v. 12.06.2008 – III ZR 38/07
999 OLG Jena Urteil v. 24.11.1998 – 3 U 294/98
1000 BGH Urteil v. 23.11.1995 – IX ZR 213/94 (Notarhaftung); BGH Urteil v. 06.071989 – III ZR 79/88; BGH Urteil v. 24.05.1973 – III ZR 178/70

6. Verschulden

Die Amtshaftung des Sachverständigen setzt weiterhin voraus, dass er seine **Amtspflicht schuldhaft i.S. d. § 276 BGB**, also zumindest fahrlässig **verletzt** hat. Hierbei kommt es auf einen **verobjektisierten Sorgfaltsmaßstab** eines pflichtgetreuen Durchschnittsbeamten an.[1001] Darüber hinaus findet eine **Entindividualisierung** statt, sodass der Geschädigte nicht die konkrete Person des Sachverständigen nennen muss, sondern es genügt, dass er darlegen kann, dass irgendjemand aus der Behörde sorgfaltswidrig gehandelt hat. Bei letzterem handelt es sich um eine Entlastung des Geschädigten.

7. Ausschlussgründe der Amtshaftung

a) Verweisungsprivileg

Nach § 839 Abs. 1 Satz 2 BGB kann der Amtsträger bei fahrlässigem Fehlverhalten nur dann in Anspruch genommen werden, wenn der Geschädigte nicht auf andere Weise Ersatz verlangen kann. Dieses Verweisungsprivileg ist nicht beschränkt auf Schadensersatzansprüche, denn auch Erfüllungsansprüche sind hiervon erfasst.[1002] Auf eine Verweisung kann sich der Amtsträger allerdings dann nicht berufen, wenn er vorsätzlich gegen die Pflicht zum rechtmäßigen Verwaltungshandeln verstoßen hat.[1003] Der Amtsträger ist nun nicht schutzbedürftig.

Zusätzlich bedarf es **Ausnahmen vom Verweisungsprivileg**, wenn der Schutz des § 839 Abs. 1 Satz 2 BGB nicht dem Amtsträger, sondern dem Staat als solchem zugutekommen würde. So besteht keine Verweisungsmöglichkeit, sofern auf Ansprüche gegen einen anderen Verwaltungsträger verwiesen wird, da es andernfalls zu einer „Hin und Her – Verweisung" kommen würde[1004] und der Staat überhaupt nicht für den Schaden eintreten müsste. Es muss daher eine durchsetzbare Ersatzmöglichkeit vorliegen.

b) Versäumung eines Rechtsmittels

§ 839 Abs. 3 BGB ist zu beachten, auf den auch der § 839a BGB verweist. Der hier zum Ausdruck gebrachte **Vorrang des Primärschutzes** dient dem Ziel der Korrektur einer fehlerhaften Entscheidung durch den Gebrauch von Rechtsmitteln,[1005] bevor sich die Entscheidung unwiderruflich „verfestigt", und nur noch ein

---

1001 BGH Urteil v. 18.11.2004 – III ZR 347/03; BGH Urteil v. 11.10.2001 – III ZR 63/00; BGH Urteil v. 23.03.2000 – III ZR 152/99; BGH Urteil v. 11.12.1997 – III ZR 52–97; OLG München Urteil v. 17.08.2006 – 1 U 2960/05; OLG Koblenz Urteil v. 17.07.2002 – 1 U 1588/01;

1002 BGH Urteil v. 25.02.1999 – IX ZR 240–98; BGH Urteil v. 15.05.1997 – III ZR 204/96

1003 BGH Urteil v. 10.06.1983 – V ZR 4/82

1004 BGH Urteil v. 14.11.2002 – III ZR 131/01

1005 MüKo / *Papier* BGB § 839 Rdn. 325 ff.

Schadensersatzanspruch gegen die öffentliche Hand geltend gemacht werden kann.[1006] Andernfalls kommt dem Geschädigten ein Mitverschulden an dem Schaden zu (Mitverschuldensprinzip).

Der Begriff des „Rechtsmittels" wird restriktiver ausgelegt, als bei § 839a BGB. Er umfasst neben den **Rechtsmitteln im engeren Sinne** (Berufung, Revision), lediglich **Rechtsbehelfe** (Beschwerde und andere formlose Rechtsbehelfe), **Klagen** bzw. **Widersprüche, Erinnerungen und Gegenvorstellungen**.[1007]

Des Weiteren muss die Versäumung der Einlegung des Rechtsmittels schuldhaft und kausal sein.[1008] Auf die entsprechenden Ausführungen zu § 839a BGB wird verwiesen.[1009]

c) Haftungsausschluss

Die Stellung des Sachverständigen als Amtsträger steht privatrechtlichen Haftungsbeschränkungen entgegen. Nimmt der Sachverständige eine Amtstätigkeit wahr, entsteht zwingend eine Amtspflicht und eine Amtshaftung, unabhängig davon, was der Sachverständige vereinbart.[1010] Somit ist auch die Amtshaftung der Privatautonomie völlig entzogen.

1006 BVerwG Urteil v. 03.12.1998 – 2 C 22–97

1007 BGH Urteil v. 12.12.2002 – III ZR 182/01; OLG München NVwZ-RR Beschluss v. 09.08.2004 – 1 U 3448/04

1008 Vgl.: § 839a BGB

1009 **E. IV. 2. g.**

1010 Schippel / Bracker / *Schramm* BNotO § 19 Rdn. 100 f. (Notarhaftung)

I. Schiedsgutachter im Baurecht

I. Einleitung

Neben dem Privatsachverständigen wird der „Schiedsgutachter" als weiterer prominenter Sachverständiger im Baurecht zur **außergerichtlichen Streitbeilegung** herangezogen.

Der Schiedsgutachter ist, wie übrigens auch das Schiedsgericht, ein Vertreter des **außergerichtlichen Schlichtungsverfahrens**. Mit der Einschaltung eines Schiedsgutachters verfolgen die Parteien das **Ziel** im Rahmen eines Schiedsgutachtens **einzelne Meinungsverschiedenheiten oder Unklarheiten tatsächlicher oder rechtlicher Art eines zugrundeliegenden Rechtsverhältnisses verbindlich zu klären**. Daneben soll ein meist **kosten- und zeitaufwändiger Gang** vor ordentliche Gerichte möglichst vermieden werden.

II. Die Abreden bei der Beauftragung eines Schiedsgutachters

1. Schiedsgutachtenabrede

a) Die Vereinbarung als solche – Inhalt der Abrede

Im Vorfeld der Beauftragung eines Schiedsgutachters treffen die Parteien eines Rechtsverhältnisses eine sog. **Schiedsgutachtenabrede**[1011]. Diese Abrede hat zum Inhalt, dass im Falle von bestimmten Zweifels- bzw. Streitfragen oder des Ausbleibens einer Einigung ein Dritter (Sachverständiger) die zu erbringenden konkreten Leistungspflichten einer Partei nach **§ 317 Abs. 1 BGB** verbindlich zu bestimmen hat.[1012] Die hierbei getroffenen tatsächlichen und rechtlichen Regelungen des Schiedsgutachters müssen aber über die Qualität der alleinigen Beweissicherung hinausgehen.[1013]

Die Schiedsgutachtenabrede kann entweder **vor Ausbruch einer Streitigkeit als separate Abrede oder** im Rahmen des zwischen den Parteien zugrundeliegenden materiell-rechtlichen Vertrags[1014] als eine von mehreren Klauseln als **sog. Schiedsgutachtenklausel** getroffen werden. Ebenso kann die Schiedsgutachtenabrede auch

1011 So auch OLG Zweibrücken Urteil v. 20.01.1971 – 2 U 75/70; auch Schiedsgutachtenvertrag oder Schiedsgutachterabrede genannt, zu der Terminologie näher: *Volmer* BB 1984, 1010, 1011

1012 Vgl.: BGH Urteil v. 03.11.1995 – V ZR 182/94

1013 Vgl.: Kniffka / *Koeble* Kompendium des Baurechts 4. Aufl. 2. Teil Rdn. 20

1014 Die Schiedsgutachtenklausel kann in jedem materiell-rechtlichen Vertrag getroffen werden, wie bspw. einem Werkvertrag

als Reaktion auf eine aufgekommene Streitigkeit oder im Falle eines anhängigen gerichtlichen Verfahrens, also nach Rechtshängigkeit, getroffen werden. Denn auch jetzt besteht noch die Möglichkeit der Verhinderung eines Rechtsstreites. Im Sinne der Privatautonomie können die Parteien sich auch von einer Schiedsgutachtenabrede **einvernehmlich lösen**.

Die Schiedsgutachtenabrede muss hinsichtlich **1.** der **beteiligten Parteien**, 2. der **zu klärenden tatsächlichen und rechtlichen Fragen** und **3.** der **Person des Sachverständigen** bzw. **4.** dessen **Auswahlverfahren hinreichend bestimmt** sein.[1015] Ist einer der oben aufgeführten vier Punkte nicht hinreichend bestimmt, so ist die **Abrede unwirksam**.

Ebenfalls empfiehlt es sich, im Sinne einer Rechtssicherheit, den **Prüfungsmaßstab des Schiedsgutachters** bereits bei der Abrede hinreichend zu klären,[1016] da dieser bei der Erstattung seines Gutachtens nahezu frei ist. Erschwerend ist, dass ab der Beauftragung des Schiedsgutachters den Parteien nicht einmal ein **Anspruch auf rechtliches Gehör** zukommt, sofern ein solches Recht vertraglich nicht vereinbart wurde.[1017] Denn die §§ 1025 ff. ZPO (Regelungen des Schiedsgerichts) sind in Bezug auf Schiedsgutachten weder direkt noch entsprechend anwendbar[1018], so auch nicht § 1042 ZPO (rechtliches Gehör im Schiedsverfahren). Daher sollte seine **Feststellungs- bzw. Beurteilungsmacht** beschränkt werden.[1019] Dies kann dadurch erfolgen, dass die Parteien im Rahmen der Beauftragung den Ermessensspielraum des Schiedsgutachters durch klare Kriterien begrenzen. Eine gängige Beschränkung ist, dass der Schiedsgutachtachter ausschließlich tatsächliche Feststellungen und keine rechtliche Bewertungen vornehmen soll.[1020]

Zuletzt sollte die Abrede einen **Hinweis auf §§ 317 ff. BGB** beinhalten.

b) Form der Abrede

Die Schiedsgutachtenabrede kann **formlos**[1021] und daher auch konkludent geschlossen werden, wobei sich eine schriftliche Abrede nicht nur zu Beweiszwecken anbietet.

Problematisch ist, ob eine **Schiedsgutachtenabrede** auch **in allgemeinen Geschäftsbedingungen (AGB)** getroffen werden kann. Zweifel sind diesbezüglich

---

1015 Kniffka / *Koeble* Kompendium des Baurechts 4. Aufl. 2. Teil Rdn. 22

1016 MüKo / *Gottwald* BGB 5. Aufl. § 317 Rdn. 2; BGH Versäumnisurteil v. 26.05.1999 – VIII ZR 102–98

1017 BGH Urteil v. 25.06.1952 – II ZR 104/51; *Kasolowsky / Schnabl* SchiedsVZ 2012, 84, 88

1018 RG Urteil v. 21.08.1936 – II 154/36; *Volmer* BB 1984, 1010; Palandt / *Grüneberg* BGB 75. Aufl. § 317 Rdn. 7

1019 Ein solches Gutachten heißt dann Tatsachengutachten

1020 OLG Düsseldorf Urteil v. 20.03.2009 – 23 U 82/08

1021 BGH Urteil v. 21.05.1975 – VIII ZR 161/73; Kniffka / *Koeble* Kompendium des Baurechts 4. Aufl. 2. Teil Rdn. 21

angezeigt, da durch die Verbindlichkeit des Votums des Sachverständigen nach §§ 317 ff. BGB in besonders drastischer Weise Einwendungen gegen deren Richtigkeit entfallen und die tatsächlichen und rechtlichen Feststellungen auch im Anschluss nicht mehr gerichtlich überprüft werden können. Daher gilt der **Grundsatz**, dass Schiedsgutachtenabreden, die in AGBs getroffen werden, **in der Regel unwirksam** sind, zumindest dann, wenn sie seitens eines gewerblichen Unternehmers an einen Verbraucher gestellt werden. Bringt jedoch ein Verbraucher eine Schiedsgutachtenabrede in den Vertrag ein, gilt das Vorstehende nicht.[1022] Der Verbraucher ist dann nicht mehr schutzbedürftig.

c) Auswahl des Schiedsgutachters

Das Auswahlverfahren, das in der Schiedsgutachtenabrede bestimmt werden soll,[1023] kann von den Parteien selbst entworfen oder von einer anerkannten Institution (bspw. Bestellungskörperschaften wie die IHK), welches bereits praxiserprobt ist, übernommen werden.[1024] Diese Verfahren sehen vor, dass die Parteien der Bestellungskörperschaft den zugrundeliegenden Sachverhalt kurz schildern, ladungsfähige Anschriften der Parteien und die unterschriebene Schiedsgutachtenabrede zur Verfügung stellen, in der das Auswahlverfahren unter Einbeziehung der Bestellungskörperschaft vertraglich vorgesehen ist. Danach ermittelt die Bestellungskörperschaft einen aus ihrer Sicht geeigneten Sachverständigen, schlägt diesen vor und räumt den Parteien in der Regel eine 14-Tages-Frist zur Stellungnahme bzw. zur Erhebung von Ablehnungsgründen gegen die Person des Sachverständigen ein.[1025] Einigen sich die Parteien auf den benannten Sachverständigen, wird dieser im Anschluss durch sie beauftragt, da den Bestellungskörperschaften hierfür gewöhnlich keine Vollmacht seitens der Parteien eingeräumt wird.[1026] Die Bestellungskörperschaft tritt somit tatsächlich nur als Vermittler auf, sodass die Vertragsverhältnisse, wie im Falle einer Auswahl des Schiedsgutachters, durch die Parteien zustande kommen.

Unabhängig davon, ob der Schiedsgutachter unmittelbar von einer Vertragspartei oder durch einen Dritten als Vermittler ausgesucht wird,[1027] bedarf es immer eines **Einvernehmens über die Person des Sachverständigen**. Solange keine Hinderungsgründe gegen die Person des Sachverständigen vorliegen, haben die Parteien einen **gegenseitigen einklagbaren Anspruch auf Zustimmung zur Bestellung des Ausgewählten**, ohne dass der einzelnen Partei ein allgemeines

---

1022 Kniffka / *Koeble* Kompendium des Baurechts 4. Aufl. 2. Teil Rdn. 24
1023 Vgl. bereits: Kniffka / *Koeble* Kompendium des Baurechts 4. Aufl. 2. Teil Rdn. 22
1024 So bspw. die DIS-Schiedsgutachtenordnung (Deutsche Institution für Schiedsgerichtsbarkeit)
1025 Vgl. hierzu IHK Karlsruhe Dokument- Nr. 98559
1026 *Volmer* BB 1984, 1010
1027 Vgl. u.a. MüKo / *Gottwald* BGB 5. Aufl. § 317 Rdn. 14

Recht zur Ablehnung zusteht.[1028] Etwas anderes gilt nur dann, wenn ein solches Recht vereinbart wurde.[1029]

2. Schiedsgutachtervertrag

Neben der Schiedsgutachtenabrede, die nur zwischen den Vertragsparteien getroffen wird, bedarf es zusätzlich eines sog. **Schiedsgutachtervertrages**, der zwischen den beiden Parteien der Schiedsgutachtenabrede und dem ausgewählten Sachverständigen geschlossen wird.

a) Der Vertragsschluss

Schiedsgutachtenabreden sehen zumeist vor, dass beide Parteien den Schiedsgutachtervertrag mit dem Sachverständigen abschließen sollen („dreiseitiger Vertrag"). Probleme treten dann auf, wenn eine Partei sich nicht mehr daran gebunden wissen will und den Schiedsgutachtervertrag nicht abschließt. Nach herrschender Ansicht kann jetzt die mitwirkungsbereite Partei den Vertrag mit dem Schiedsgutachter abschließen. Solange für den Schiedsgutachter offensichtlich ist, dass er für beide Parteien das Gutachten erstatten soll,[1030] wird die nicht unterzeichnende Partei nach den Grundsätzen des Vertrages mit Schutzwirkung zugunsten Dritter in den Vertrag einbezogen.[1031]

b) Vertragscharakter des Schiedsgutachtervertrages

Der Schiedsgutachtervertrag ist gewöhnlich als Geschäftsbesorgungs-Werkvertrag nach §§ 675, 631 BGB oder als „reiner" Werkvertrag nach § 631 BGB zu qualifizieren[1032], durch den der Sachverständige verpflichtet wird materiell-rechtliche (tatsächliche oder rechtliche) Feststellungen zu treffen.

Die Vergütung ist aufgrund des stets zugrundeliegenden Werkvertrages frei zu vereinbaren. Wurde keine Vereinbarung getroffen, ist § 632 Abs. 2 BGB einschlägig. Wie beim Privatsachverständigen ist nun eine übliche Vergütung geschuldet, die

---

1028 BGH Urteil v. 31.01.1957 – II ZR 216/55, da das Schiedsgutachten begrenzt nach § 319 BGB überprüfbar ist. Die Parteien seien durch die eigene Wahl des Sachverständigen und dieser Überprüfungsmöglichkeit eines staatlichen Gerichts hinreichend geschützt

1029 BGH Urteil v. 28.02.1972 – II ZR 151/69

1030 So bspw.: RG Urteil v. 18.06.1915 – VII 74/15

1031 BGH Urteil v. 17.01.2013 – III ZR 10/12

1032 Vgl.: BGH Urteil v. 11.10.2001 – VII ZR 475/00; Vereinzelt wird auch ein Geschäftsbesorgungsvertrag mit werkvertraglichen Charakter oder einen Vertrag sui generis angenommen: vgl.: BGH Urteil v. 05.12.1979 – VIII ZR 155/78; Palandt / *Sprau* BGB 75. Aufl. § 675 Rdn. 25; MüKo / *Gottwald* BGB 5. Aufl. § 317 Rdn. 50; PraxisHdb. Sachverständigenrecht / *Bock* § 26 Rdn. 20; der Streit hat aber auf die Haftung keinen Einfluss

der Schiedsgutachter selbst bestimmt.[1033] Da die Beauftragung des Schiedsgutachters im Rahmen eines Werkvertrages erfolgt, gelten die gleichen Grundsätze wie für Privatgutachter.[1034] Ebenso muss er bei der Erstattung seines Gutachtens die Kardinalspflichten eines Sachverständigen einhalten.

c) Rechte und Pflichten der Parteien gegenüber dem Schiedsgutachter

Im Schiedsgutachtervertrag werden neben der Beauftragung auch die **Rechte und Pflichten des Schiedsgutachters sowie die der Parteien ihm gegenüber geregelt.**[1035] Zwar kommen den Parteien bereits aus der Schiedsgutachtenabrede generelle Mitwirkungs- und Förderungspflichten zu, nach denen sie dem Sachverständigen nach Aufforderung die nötigen Informationen geben und Unterlagen zur Verfügung stellen müssen, um die Begutachtung zu ermöglichen.[1036] Da diese Pflichten aber aus der Schiedsgutachtenabrede stammen, kann der Sachverständige sich auf diese nicht berufen oder deren Einhaltung durchsetzen. Da der Schiedsgutachter aus der Nichtbefolgung der Mitwirkungs- und Förderungspflichten in der Regel keine Schlüsse ziehen darf,[1037] bedarf es der Regelung des Recht- und Pflichtenumfangs im Schiedsgutachtervertrag.

Auch wenn die Parteien die Einhaltung der Förderungs- und Mitwirkungspflichten vor ordentlichen Gerichten bzw. im Falle einer Schiedsgerichtsklausel vor einem Schiedsgericht durchsetzen können[1038], kann eine Regelung von Mitwirkungspflichten und –rechten nichts daran ändern, dass das **Schiedsgutachten kein Titel im Sinne der Zwangsvollstreckung darstellt**. Kommen die Partei bereits ihren Förderungs- und Mitwirkungspflichten im Rahmen der Gutachtenerstattung nicht nach, ist erst-recht davon auszugehen, dass sie dem abschließenden Votum des Sachverständigen nicht Folge leisten. Aufgrund der fehlenden Vollstreckbarkeit des Schiedsgutachtens, sollte nach dem Sinn der Fortführung des Verfahrens gefragt werden. Dies ist der Grund, warum durch eine fehlende Mitwirkung vereinzelt versucht wird, die Erstattung eines unerwünschten Schiedsgutachtens zu verhindern.

d) Aufgaben des Schiedsgutachters und Bindungswirkung des Schiedsgutachtens

aa) Aufgaben des Schiedsgutachters

Der Sachverständige hat in seinem Schiedsgutachten nach **§ 317 Abs. 1 BGB** als Dritter nach billigem Ermessen Leistungen zu bestimmen, die im Anschluss durch

1033 BGH Urteil v. 04.04.2006 – X ZR 80/05
1034 Vgl. Ziff. 15.5 der RL zur MSVO des Zentralverbandes des Deutschen Handwerks
1035 Vgl.: *Volmer* BB 1984, 1010
1036 Vgl.: *Volmer* BB 1984, 1010 m.w.N.
1037 Vgl.: *Wellmann* Der Sachverständige in der Praxis 4. Aufl. S. 97
1038 So auch *Volmer* BB 1984, 1010

die Parteien zu erbringen sind.[1039] Hierdurch sollen **konkrete Meinungsverschiedenheiten oder Unklarheiten tatsächlicher wie rechtlicher Art eines Rechtsverhältnisses, verbindlich geklärt werden**.

Der Hauptanwendungsfall des § 317 Abs. 1 BGB ist zwar die Preisbestimmung durch einen Dritten, er ist aber auch auf vorbezeichnete Unklarheiten bzw. Meinungsverschiedenheiten zwischen Parteien anwendbar, wie z.B. die Prüfung der Richtigkeit einer strittigen Abschlags- bzw. Schlussrechnung, der Feststellung von Mengen und Massen, die Feststellung des konkreten Bautenstandes in Folge einer Kündigung, die Kontrolle der Einhaltung von verbindlichen Zwischen- oder Fertigstellungsfristen und die Prüfung auf Mangelfreiheit der erbrachten Leistungen.[1040] Ein weiterer gängiger Anwendungsfall ist die Schadensfeststellung von Immobilien im Streitfall mit Versicherungen.[1041]

Sind bei Meinungsverschiedenheiten **Versicherungen beteiligt**, muss bereits beim Abschluss einer Schiedsgutachtenabrede (-klausel) mit besonderer Sorgfalt vorgegangen werden. Denn wird bspw. vereinbart, dass im Streitfall ein Schiedsgutachter verbindlich festlegen kann, welche Mängel vorliegen und welche Mängel auf Kosten des Auftragnehmers zu beseitigen sind, können hiermit erhebliche Mängelbeseitigungskosten entstehen, für die dann die Haftpflichtversicherung eintreten muss. Daher ist die Versicherung schon vor Abschluss der Schiedsgutachtenabrede (-klausel) um Zustimmung zu bitten. Dies ist auch deshalb angezeigt, da das Schiedsgutachten keine „richterliche Entscheidung" i.S. d. Ziff. 5.1 AHB darstellt und die Versicherung ohne Zustimmung nicht an das Schiedsgutachten gebunden wäre. Zusätzlich ist in den Versicherungsbedingungen zumeist geregelt, dass der Abschluss einer Schiedsgutachtenabrede ohne Zustimmung der Versicherung eine Obliegenheitsverletzung darstellt, die bis zum kompletten Verlust des Versicherungsschutzes führen kann.[1042]

Der Schiedsgutachter kann zur Klärung der Unstimmigkeiten **auch** eine abschließende **rechtliche Bewertung** vornehmen.[1043] Hierbei kann es sich bspw. um die rechtliche Auslegung eines vertraglichen Passus, um die Klärung eines Vertragsinhalts[1044] bzw. einer Vertragsleistung[1045] oder um die Beantwortung isolierter Rechtsfragen[1046] handeln. Die Tätigkeit des Schiedsgutachters umfasst dann

---

1039 Hierbei ist auch die Rede von einem Schiedsgutachtenvertrag im weiteren Sinne *Bulla* NJW 1978, 397

1040 Weitere Beispiele Kniffka / *Koeble* Kompendium des Baurechts 4. Aufl. 2. Teil Rdn. 16 ff.

1041 MüKo / *Gottwald* BGB 5. Aufl. § 317 Rdn. 28

1042 Vgl. zum Vorstehenden: Kniffka / *Koeble* Kompendium des Baurechts 4. Aufl. 2. Teil Rdn. 19; *Korte* SchiedsVZ 2004, 240

1043 BGH Urteil v. 21.05.1975 – VIII ZR 161/73

1044 RG Urteil v. 23.05.1919 – II 22/19

1045 RG Urteil v. 23.05.1919 – II 22/19

1046 Vgl. u.a.: BGH Urteil v. 17.05.1967 – VIII ZR 58/66; BGH Urteil v. 21.05.1975 – VIII ZR 161/73; Palandt / *Grüneberg* BGB 75. Aufl. § 317 Rdn. 6

neben der Ermittlung von Tatsachen auch deren rechtliche Einordnung.[1047] Werden rechtliche und tatsächliche Fragen miteinander verbunden, handelt es sich um ein **„kombiniertes Gutachten“**[1048], das aufbautechnisch zumeist aus zwei getrennten Teilen besteht.

bb) Bindungswirkung des Schiedsgutachtens für die Parteien

Dem Schiedsgutachten kommt sowohl **materiell als auch prozessual erhebliche Bindungswirkung** zu.

Für die **Parteien** beruht die Bindungswirkung maßgeblich auf der getroffenen Schiedsgutachtenabrede und auf §§ 317 ff. BGB. Die Parteien können die Bindungswirkung jedoch vertraglich beschränken, da §§ 317 ff. BGB disponibel sind.[1049]

In Bezug auf ein **Verfahren vor ordentlichen Gerichten** kommt einer privatrechtlichen Schiedsgutachtenabrede ebenfalls eine Bindungswirkung zu. Denn wenn eine Partei den Klageweg beschreiten will, muss sie im Vorfeld den Schiedsgutachter beauftragt haben. Andernfalls würde der Charakter des außergerichtlichen Schlichtungsverfahrens ins Leere laufen. Hält sich eine Partei hieran nicht, hat dies zwar nicht die Unzulässigkeit der Klage zu Folge. Jedoch darf das angerufene Gericht nach derzeit noch herrschender Meinung keinen Beweis über diejenigen Punkte erheben, über die der Schiedsgutachter Feststellungen treffen soll. Die gerichtliche Beweisaufnahme ist insoweit ausgeschlossen.[1050] Die Klage wird diesbezüglich als **„derzeit unbegründet“** abgewiesen, wenn das Schiedsgutachten nicht innerhalb einer gerichtlich gesetzten Frist rechtzeitig bei Gericht nachgereicht wird.[1051]

Hinsichtlich anderer Streitpunkte, die nicht Gegenstand des Schiedsgutachtens sind, können die Parteien „ganz normal“ prozessieren. Die Klageabweisung *„als derzeit unbegründet“* beruht darauf, dass einer jeden Schiedsgutachtenabrede zugleich auch eine stillschweigende Vereinbarung zugrunde liegt. Die Forderungen, über die der

---

1047 BGH Urteil v. 21.05.1975 – VIII ZR 161/73; vgl. auch: BGH Urteil v. 17.05.1967 – VIII ZR 58/66; BGH Urteil v. 18.02.1955 – V ZR 110/53

1048 Kniffka / *Koeble* Kompendium des Baurechts 4. Aufl. 2. Teil Rdn. 19, 44

1049 BGH Urteil v. 30.10.1970 – V ZR 4/68

1050 a.A.: Kniffka / *Koeble* Kompendium des Baurechts 4. Aufl. 2. Teil Rdn. 38: Hiernach soll das Gericht zwar Beweis erheben dürfen, soll aber bei der Auswahl des Sachverständigen an die Person des Sachverständigen gebunden sein. Diese Ansicht ist vorzugswürdig, da es einer Partei nicht mehr möglich ist, durch die Verhinderung der Erstattung des Gutachtens, das Beschreiten des Rechtsweges zu verhindern. Die vorherige außergerichtliche Tätigkeit vermag auch nicht den Anschein einer Befangenheit zu begründen, da beide Parteien gleichermaßen von der Vortätigkeit des Sachverständigen betroffen sind; OLG Brandenburg Urteil v. 05.02.2009 – 12 U 33/07; OLG Frankfurt Beschluss v. 02.07.2010 – 8 W 28/10; LG Mannheim Beschluss v. 24.07.2009 – 25 OH 1/09

1051 So bspw. BGH Urteil v. 31.01.1957 – II ZR 216/55; BGH Urteil v. 04.07.2013 – II ZR 52/12; *Volmer* BB 1984, 1010; OLG Zweibrücken Urteil v. 20.01.1971 – 2 U 75/70

Schiedsgutachter Feststellungen treffen soll, werden bis zur Erstattung des Gutachtens nicht fällig und sind weder gerichtlich noch außergerichtlich verhandelbar.[1052]

e) Einwände gegen den Schiedsgutachter bzw. das Schiedsgutachten

Folgende Einwände sind geeignet, die Bindungswirkung eines Schiedsgutachtens zu beenden:

aa) Einwand der Befangenheit

Ein Schiedsgutachter kann ebenfalls gegen seine Neutralitätspflicht verstoßen. Wann dies der Fall ist, bestimmt sich nach den gleichen Grundsätzen wie bei den „sonstigen“ Sachverständigen. Allerdings sind die §§ 42 ff. ZPO weder direkt noch analog anwendbar, da zu keiner Zeit ein gerichtliches Verfahren anhängig ist. Der Anwendungsbereich der ZPO ist nicht eröffnet.[1053] Vielmehr ist die Lösung in vertraglichen Regelungen zu suchen oder unter Zuhilfenahme des § 319 BGB.

Im Einzelnen:

Zunächst steht den Parteien die Möglichkeit offen, im Schiedsgutachtervertrag Regelungen aufzustellen, wie im Falle einer Befangenheit zu verfahren ist. So kann der Sachverständige bspw. entpflichtet werden und das bereits erstattete Gutachten gilt als nicht verwertbar. Das Recht zur Entpflichtung wegen Befangenheit sollte dabei jedoch beiden Parteien unabhängig voneinander eingeräumt werden, da die Befangenheit sich dadurch auszeichnet, dass eine Partei einseitig begünstigt wird.

Die Sekundär- und Kündigungsrechte der §§ 631 ff BGB geben ebenfalls die Möglichkeit einen befangenen Schiedsgutachter abzulehnen. So können die Parteien den Schiedsgutachtervertrag nach § 649 Satz 1 BGB bis zur Vollendung, also zur Erstattung des Gutachtens, kündigen. Allerdings ist zu berücksichtigen, dass die vereinbarte Vergütung unter Anrechnung der ersparten Aufwendungen (§ 649 Satz 2 BGB) zu zahlen ist.

Eine weitere effektive Möglichkeit zur Entpflichtung eines unerwünschten Schiedsgutachters ist die **Kündigung aus wichtigem Grund**, wie bspw. die Befangenheit[1054], mit der Folge, dass das Gutachten nicht weiter zu erstatten oder sofern nahezu vollständig vorhanden, nicht verwertbar ist[1055]. Die Möglichkeit der Kündigung ist jedoch dann ausgeschlossen, wenn das Gutachten in Gänze erstattet ist und sich erst jetzt die Befangenheit des Schiedsgutachters offenbart, da erbrachte Leistungen nicht kündbar sind. Allerdings sind die Parteien dem Gutachten auch jetzt nicht schutzlos ausgeliefert, denn die benachteiligte Partei kann in einem anschließenden

1052 Vgl. Kniffka / *Koeble* Kompendium des Baurechts 4. Aufl. 2. Teil Rdn. 38

1053 BGH Urteil v. 31.01.1957 – II ZR 216/55; OLG München Urteil v. 30.04.1976 – 1 W 1191/76; Palandt / *Grüneberg* BGB 75. Aufl. § 317 Rdn 7

1054 Kniffka / *Koeble* Kompendium des Baurechts 4. Aufl. 2. Teil Rdn. 31

1055 OLG Düsseldorf Urteil v. 28.04.1999 – 11 U 69/98

gerichtlichen Verfahren den Einwand der Befangenheit des Schiedsgutachters erheben, welcher der Verwertbarkeit des Gutachtens entgegensteht.[1056]

bb) Einwand der „groben Unbilligkeit" gemäß § 319 BGB

In einem Folgeprozess können die Parteien das Gutachten inhaltlich lediglich insoweit angreifen, dass es nach § 319 BGB „grob unbillig" ist. Allerdings kann selbst diese gerichtliche Überprüfungsbefugnis vertraglich abbedungen werden.[1057]

Eine **grobe Unbilligkeit** liegt vor, wenn der Schiedsgutachter von einem falschen Sachverhalt ausgeht und sein vertraglich eingeräumtes Ermessen oder seine Befugnisse bei seinen Feststellungen außer Acht gelassen hat (**objektive Gründe**).[1058] Verstöße gegen anerkannte fachwissenschaftliche Regeln[1059] können somit als grob unbillig gerügt werden, wenn diese sich einem Sachkundigen sofort aufdrängen.[1060] Fehler dieser Art liegen dann vor, falls seine Feststellungen fachlich schlechthin nicht vertretbar sind.[1061] So z.B. bei einer Begutachtung, bei der nicht vertretbare Methoden oder falsche Bewertungsmaßstäbe angewandt, wesentliche Bewertungsgesichtspunkte außer Acht gelassen und prüfbare Bemessungsmaßstäbe ignoriert werden.[1062] Folge ist, dass keine Bindungswirkung des Gutachtens eintritt. Bloße Zweifel an der Richtigkeit des Gutachtens oder kleinere Fehler des Schiedsgutachters haben die Parteien allerdings hinzunehmen.[1063] **„Offenbare Unrichtigkeit" kann so als Synonym für „grobe Unbilligkeit" verwendet werden.**[1064]

Eine **grobe Unbilligkeit** kann aber auch dann vorliegen, wenn **gegen die Kardinalspflichten verstoßen wird (subjektive Gründe)**. Denn dem Schiedsgutachter kommt aufgrund der begrenzten Möglichkeit Einwände gegen das Gutachten zu erheben ein Vertrauensvorschuss zu. Wird er diesem nicht gerecht, wird das Gutachten unverbindlich.[1065] So kann eine fehlende Unabhängigkeit und Unparteilichkeit auch im Rahmen des § 319 BGB gerügt werden, sofern vertraglich nichts

---

1056 Vgl. hierzu: Kniffka / *Koeble* Kompendium des Baurechts 4. Aufl. 2. Teil Rdn. 29

1057 *Volmer* BB 1984, 1010

1058 So z.B., wenn der Sachverständige ungefragt Rechtsfragen beantwortet, obwohl vertraglich dies ausgeschlossen wurde und somit seine Befugnis überschreitet, vgl.: OLG Düsseldorf Urteil v. 20.03.2009 – 23 U 82/08

1059 BGH NJW 1965, 1523; BGH NJW 1977, 801; OLG Schleswig NJW 1989, 175; *Bleutge* GewA 1978, 145; *Volmer* BB 1984, 1010

1060 BGH Urteil v. 03.11.1995 – V ZR 182/94; BGH Urteil v. 2001 – VIII ZR 235/00; OLG Düsseldorf Urteil v. 26.07.2000 – 22 U 4/00

1061 Vgl. Kniffka / *Koeble* Kompendium des Baurechts 4. Aufl. 2. Teil Rdn. 35

1062 *Volmer* BB 1984, 1010 m.w.N.

1063 Kniffka / *Koeble* Kompendium des Baurechts 4. Aufl. 2. Teil Rdn. 35

1064 Z.B.: BGH Urteil v. 02.02.1977 – VIII ZR 155/75, „...ein offenbar unrichtiges Gutachten muss deshalb zugleich als offenbar unbillig angesehen werden..."

1065 BGH Urteil v. 18.05.1983 – VIII ZR 83/82; OLG Düsseldorf Urteil v. 28.04.1999 – 11 U 69/98

anderes geregelt ist.[1066] Ebenso muss der Schiedsgutachter z.B. den Befundsachverhalt selbst ermitteln und seine Schlussfolgerungen, den Bewertungsmaßstab und die wesentlichen Bewertungsmerkmale nachprüfbar darlegen.[1067]

Einwände nach § 319 BGB gegen Ausführungen zu rechtlichen Fragen sind nur begrenzt möglich, da bei Rechtsfragen gewöhnlich mehrere Lösungen vertretbar sind. Mit der Folge, dass nur selten eine grobe Unrichtigkeit vorliegen dürfte.

cc) Rechtsgedanke des § 412 ZPO

Hinzu kommt, dass die Parteien auch vereinbaren können, dass jederzeit entsprechend dem Rechtsgedanken des § 412 ZPO ein neues Gutachten eingeholt werden kann[1068], sofern das erste Gutachten nicht den Anforderungen der Parteien entspricht.[1069]

dd) Fehlende Vollstreckbarkeit des Schiedsgutachtens

Eine wesentliche Schwachstelle des Schiedsgutachtens ist, wie bereits erwähnt, die fehlende Vollstreckbarkeit, da es lediglich eine vertragliche Vereinbarung zwischen den Parteien darstellt.[1070] Bei einem Nichtbefolgen muss die „obsiegende" Partei auf Erfüllung der „vertraglichen Vereinbarung" klagen. Dies kann im Rahmen eines Urkundenprozesses nach §§ 592ff. ZPO erfolgen.[1071] Wurde zwischen den Parteien neben der Schiedsgutachtenabrede zugleich auch eine Schiedsgerichtsabrede[1072] getroffen, muss die obsiegende Partei die Erfüllung der „vertraglichen Vereinbarung" vor dem Schiedsgericht betreiben.[1073]

Aufgrund dieses Defizits kommt der **Person des Schiedsgutachters** erneut eine besondere Bedeutung zu. Denn je höher seine Akzeptanz bei den Parteien ist, desto geringer wiegt der Einwand der fehlenden Vollstreckbarkeit. So werden auch hier erneut die Vorteile einer öffentlichen Bestellung des Sachverständigen als Qualifikationsmerkmal deutlich, da mit ihr eine gesteigerte Akzeptanz einhergeht. In der Praxis zeigt sich, dass die Parteien das Votum des Schiedsgutachters in der Regel akzeptieren, da sie ihn selbst ausgesucht und ernannt haben.[1074] Dem Schiedsgutachten kommt

---

1066 Staudinger / *Rieble* § 319 Rdn. 10, 12

1067 BGH Urteil v. 21.09.1983 – VIII ZR 233/82; BGH Urteil v. 26.02.1986 – IVa ZR 138/84; BGH Urteil v. 16.11.1987 – II ZR 111/87; KG Urteil v. 28.01.1985 – 8 U 1420/84

1068 Vgl. Kniffka / *Koeble* Kompendium des Baurechts 4. Aufl. 2. Teil Rdn. 43

1069 Vgl. OLG Celle Urteil v. 04.10.2012 – 13 U 234/11; hierzu Seibel IBR 2013, 388 (Urteilskommentierung)

1070 *Kasolowsky / Schnabl* SchiedsVZ 2012, 84, 87 m.w.N.

1071 Zöller / *Greger* ZPO 29. Aufl. § 592 Rdn. 15

1072 Unterschied siehe: **I. II. 4**

1073 *Kasolowsky / Schnabl* SchiedsVZ 2012, 84, 87

1074 *Stubbe* SchiedsVZ 2006, 150, 152, 154 (Fn. 27): nach statistischen Erhebungen kommen lediglich 2 von 12 Parteien dem Votum nicht nach

daher eine **faktische Bindungswirkung** zu.[1075] Auch deshalb sieht der bereits erwähnte **Entwurf der Bundesregierung vom 16.09.2015** für das gerichtliche Verfahren vor, die Parteien stärker bei der Auswahl des Sachverständigen einzubeziehen.

3. Haftung des Schiedsgutachters

Da der Schiedsgutachtervertrag einen **Werkvertrag** darstellt, folgt die Haftung des Schiedsgutachters den gleichen Grundsätzen wie die des Privatsachverständigen.[1076] Die Parteien können somit vertragliche Ansprüche als vertragliche Anspruchsinhaber oder als einbezogene Dritte nach den **Grundsätzen des Vertrages mit Schutzwirkung zugunsten Dritter** gegenüber dem Schiedsgutachter geltend machen.[1077]

Auf Sekundärebene haftet der Schiedsgutachter daher *grundsätzlich* nach **§§ 634 Nr. 4 i.V. m. §§ 280 ff. BGB** gegenüber den Parteien, wenn ihm zumindest eine fahrlässige Pflichtverletzung vorgeworfen werden kann. Allerdings soll der Schiedsgutachter nach der ständigen Rechtsprechung nur dann haften, wenn eine Pflichtverletzung dazu geführt hat, dass das Gutachten wegen „offenbarer Unrichtigkeiten" nicht verwertbar und daher zweck- und wertlos ist.[1078] Die fehlende Verwertbarkeit tritt danach im Falle einer eklatanten, also zumindest grobfahrlässigen Pflichtverletzung ein. Der Grund für diese **Haftungsprivilegierung des Schiedsgutachters** ist jedoch nicht einleuchtend.[1079] Denn sowohl den Parteien als auch dem Schiedsgutachter steht es frei, im Schiedsgutachten vertragliche Haftungsprivilegierungen zu vereinbaren, sodass kein Bedarf für eine fiktive Haftungsbegrenzung besteht. Der Schiedsgutachter ist nicht schutzbedürftig.

Daneben haftet der Schiedsgutachter auch deliktisch, wobei auch hier die Haftungsprivilegierung durchschlägt, da andernfalls deren Sinn und Zweck verfehlt wird.

4. Schiedsgutachtenabrede vs. Schiedsgerichtsabrede

a) Einleitung

Von der Schiedsgutachtenabrede ist die sog. **Schiedsgerichtsabrede**[1080] streng zu unterscheiden. Hierbei handelt es sich um eine ausdrückliche Vereinbarung zwischen zwei Parteien, dass die *endgültige und abschließende rechtliche*

1075 *Kasolowsky/Schnabl* SchiedsVZ 2012, 84, 87 (Fn. 19)

1076 Im Ergebnis so auch: *Bleutge in* Landmann / Rohmer GewO 70. Erg. Juni 2015 § 36 Rdn. 42; **vgl. oben G. VI.**

1077 BGH Urteil v. 17.01.2013 – III ZR 10/12; **vgl. oben G. V.**

1078 So z.B.: OLG Frankfurt Urteil v. 26.01.2006 – 26 U 24/05; OLG Schleswig Urteil v. 21.09.1988 – 4 U 141/87

1079 So auch Kniffka / *Koeble* Kompendium des Baurechts 4. Aufl. 2. Teil Rdn. 32

1080 Auch Schiedsvertrag genannt oder Schiedsgerichtklausel, wenn die Abrede in einem materiell-rechtlichen Vertrag als eine Klausel von mehreren getroffen wird, § 1029 Abs. 2 ZPO

Entscheidung[1081] über eine bürgerliche Rechtsstreitigkeit durch einen oder mehrere Schiedsrichter *anstelle* eines ordentlichen staatlichen Gerichts erfolgen soll, §§ 1025 ff. ZPO. Da aber auch technische Sachverständige neben Juristen als Schiedsrichter auftreten, werden nunmehr die **Schiedsgerichtsabrede** und die einhergehende Haftung näher beleuchtet.

b) Die Schiedsgerichtsabrede

Gegenstand der Schiedsgerichtsabrede kann jeder vermögens- und nichtvermögensrechtliche strittige Anspruch sein, § 1030 Abs. 1 ZPO.

aa) Form der Schiedsgerichtsabrede

Die Abrede hat nach §§ 1029 Abs. 2, 1031 Abs. 1 ZPO schriftlich oder durch Austausch von Schreiben zu erfolgen, die einen **Nachweis der Vereinbarung** sicherstellen. Sind Verbraucher i.S. d. § 13 BGB bei der Schiedsgerichtsabrede beteiligt, ist die Abrede zwingend unter Beachtung der Schriftform zu schließen, § 1031 Abs. 5 ZPO. In der Vertragsschrift dürfen dann neben der Schiedsgerichtsabrede keine weiteren Vereinbarungen getroffen werden, § 1031 Abs. 5 Satz 3 ZPO. Dies soll dem Verbraucherschutz dienen.

bb) Wirkung der Schiedsgerichtsabrede

Der Rechtsweg zu den ordentlichen Gerichten ist nach § 1032 ZPO ausgeschlossen, da jeder Partei eine **prozesshindernde Einrede** zusteht, die zur Unzulässigkeit einer erhobenen Klage führt.[1082]

1081 BGH Urteil v. 04.06.1981 – III ZR 4/80

1082 BGH Urteil v. 03.03.1982 – VIII ZR 10/81: Ausnahme Feststellungsklage; Noch umstritten ist, ob dies auch für das selbstständige Beweisverfahren gilt. Dies ist dem Umstand geschuldet, dass auch das selbstständige Beweisverfahren gerade einen Rechtsstreit verhindern will. Jedoch ist zu beachten, dass auch der Beginn eines Schiedsgerichtsverfahrens nach § 204 Abs. 1 Nr. 8 BGB einen Hemmungstatbestand darstellt. Eingeleitet wird das Verfahren durch die Aufforderung einer Partei das Verfahren zu Beginnen oder der Benennung eines Sachverständigen, vgl.: Kniffka / *Koeble* Kompendium des Baurechts 4. Aufl. 2. Teil Rdn. 41; in Bauträgerverträgen ist ein selbstständiges Beweisverfahren trotz einer Schiedsgerichtsabrede zulässig, OLG Köln Beschluss v. 24.04.2008 – 15 W 15/08; **Überwiegend wird jedoch vertreten**, dass der Antrag auf das selbstständige Beweisverfahren als unzulässig zurückzuweisen ist, da das Gutachten in einem möglichen Hauptprozess nicht verwertbar sei. Es sei denn, der Schiedssachverständige könne abgelehnt werden oder der Einwand nach § 319 BGB erhoben werden: OLG Bremen Beschluss v. 30.03.2009 – 1 W 10/09

cc) Abgrenzung zur Schiedsgutachtenabrede

Da sowohl ein Schiedsgutachter als auch ein Schiedsgericht rechtliche Fragen beantworten kann, ist eine **Abgrenzung der Schiedsgerichtsabrede von der Schiedsgutachtenabrede** von Nöten.

Hierfür bedarf es zunächst einer Auslegung der Abreden. Deren Wortlaut kommt dabei zwar ein gewichtiger Anhaltspunkt zu,[1083] erlaubt aber keine zwingenden Schlüsse.[1084] Denn es bedarf nicht einmal der ausdrücklichen Erwähnung der Begriffe „Schiedsgerichtsabrede“ oder „Schiedsgutachtenabrede“[1085]. Nach der Rechtsprechung und auch der sonst überwiegenden Auffassung orientiert sich die Abgrenzung maßgeblich daran, ob der Entscheidende nur einen Teil, also eine isolierte Frage des Streits verbindlich klären (**Schiedsgutachtenabrede**) oder ob der Streit vollständig mit all seinen Facetten endgültig und durchsetzbar, also urteilsgleich[1086] entschieden werden soll (**Schiedsgerichtsabrede**).[1087] Ohne dass aber eine Schiedsgerichtsabrede die Klärung einer isolierten rechtlichen oder tatsächlichen Frage im Wege eines Schiedsgutachtens zwingend ausschließt.[1088] Es muss zusätzlich ermittelt werden, ob der Weg zu den staatlichen Gerichten ausgeschlossen (**Schiedsgerichtsabrede**) oder ob das Gutachten im Anschluss auf eine „grobe Unbilligkeit“ gerichtlich überprüfbar sein soll (**Schiedsgutachtenabrede**).[1089]

Bei der Abgrenzung stellt sich daher folgende **entscheidende Frage**:

> Nicht vollstreckbare begrenzt überprüfbare Teilentscheidung (**Schiedsgutachtenabrede**) oder endgültige urteilsgleiche, gerichtausschließende nicht anfechtbare Gesamtentscheidung (**Schiedsgerichtsabrede**).

Im Zweifel ist von einer **Schiedsgutachtenabrede** auszugehen,[1090] da durch diese eine abschließende Entscheidung durch ein ordentliches Gericht nicht ausgeschlossen wird.

1083 Daher ist bei der Gestaltung der Abreden mit größter Sorgfalt auf den Ausdruck zu achten

1084 *Volmer* BB 1984, 1010, 1011

1085 Kniffka / *Koeble* Kompendium des Baurechts 4. Aufl. 2. Teil Rdn. 20

1086 *Volmer* BB 1984, 1010, 1011

1087 Vgl. hierzu: BGH Urteil v. 03.03.1982 – VIII ZR 10/81; BGH Urteil v. 21.05.1975 – VIII ZR 161/73; BGH Urteil v. 30.10.1970 – V ZR 4/68; OLG Celle Urteil v. 06.01.1966 – 7 89/64; BGH Urteil v. 21.01.1963 – VII ZR 162/61; *Kasolowsky / Schnabl* SchiedsVZ 2012, 84, 85, 86;

1088 *Kasolowsky / Schnabl* SchiedsVZ 2012, 84, 85, 86

1089 Vgl. OLG Brandenburg Urteil v. 28.11.2013 – 12 U 42/13

1090 BGH Urteil v. 04.06.1981 – III ZR 4/80; BGH Urteil v. 19.11.1964 – VII ZR 8/63; OLG München Beschluss v. 07.08.2006 – 34 SchH 9/05; MüKo / Wagner BGB § 839a Rdn. 10; RG Urteil v. 04.11.1910 – III 636/09

5. Verfahren vor dem Schiedsgericht

Die Besetzung und die Einberufung eines Schiedsgerichts erfolgt nach privatrechtlichen Regeln. Zwischen dem *Schiedsrichter* und den *Parteien* wird ein **Schiedsrichtervertrag** geschlossen. Dies ist ein **privatrechtlicher Vertrag sui generis**.[1091] Der Vertragsschluss folgt nach den Regeln der **§§ 145 ff. BGB**. Das **Angebot** liegt in der Regel in der *Ernennung* und die **Annahme** in der *Zusage des Schiedsrichters*.

Der weitere Verfahrensablauf ist unter den §§ 1042 ff. ZPO geregelt („institutionelles Schiedsgericht"), wobei die Parteien den konkreten Ablauf des Verfahrens auch selbst bestimmen oder auf eine praxiserprobte Verfahrensordnung einer unabhängigen Institution[1092] oder einer Bestellungskörperschaft zurückgreifen können („ad-hoc Schiedsgericht"). Das Schiedsgericht ist nach § 1034 Abs. 1 ZPO in der Regel mit drei Personen besetzt: einem Obmann und zwei Beisitzern (Dreiköpfiges Schiedsgericht). Daneben ist auch ein Einzelschiedsrichter (Schiedsobmann) möglich.

Das Verfahren beginnt gewöhnlich mit der Erhebung einer **Schiedsklage** (§ 1046 ZPO). Hierauf wird mit einer Schiedsklageerwiderung bzw. mit einer Schiedswiderklage reagiert. In der mündlichen Verhandlung (§ 1047 ZPO) gilt das **Prinzip des rechtlichen Gehörs** (§ 1042 ZPO). Eine Pflicht zur Anwesenheit besteht allerdings zu keiner Zeit.

Die mündliche Verhandlung endet mit einem **Schiedsspruch** (§ 1052 ZPO) oder einem Schiedsvergleich § 1053 ZPO, der jeweils vollstreckbar ist (§ 1055 ZPO), da er einem gerichtlichen Urteil oder Vergleich gleich gestellt ist.

a) Die Bestellung eines schiedsgerichtlichen Sachverständigen

Nach § 1049 Abs. 1 Satz 1 ZPO kann vom Schiedsgericht ein *schiedsgerichtlicher Sachverständiger* bestellt werden. Zwischen dem Schiedsgericht und dem Sachverständigen entsteht, anders als im ordentlichen Gerichtsverfahren, **kein öffentlich-rechtliches Sonderverhältnis eigener Art**. Teilweise wird hieraus geschlossen, dass dann in Folge der Bestellung eine vertragliche Beziehung bestehe,[1093] Die überwiegende Meinung tritt jedoch dem entgegen und hält eine **vertragliche Beziehung** in Form eines Werkvertrages **zwischen den Parteien und dem Sachverständigen** für gegeben.[1094] Mittels des Schiedsrichters als Stellvertreter der Parteien

1091 BGH Urteil v. 29.11.1952 – II ZR 23/52; RG Urteil v. 29.11.1904 – VII 192/04; RG Urteil v. 04.11.1910 – III 636/09

1092 Wie die Deutsche Institution für Schiedsgerichtsbarkeit e.V.

1093 MüKo / *Münch* ZPO § 1049 Rdn. 11

1094 So bspw.: Thomas / Putzo / *Reichold* § 1049 Rdn. 3; *Wagner* NJW 2002, 2049, 2063; Vgl. *Bleutge* in Landmann / Rohmer GewO 70. Erg. Juni 2015 § 36 Rdn. 41

wird ein **Angebot** mit der Bestellungsanfrage abgegeben.[1095] Die Vollmacht hierfür wird dem Schiedsrichter im Rahmen des Schiedsrichtervertrages erteilt.[1096]

Eine Pflicht des Sachverständigen zur Erstattung des Gutachtens entsprechend dem § 407 ZPO ist nicht vorgesehen.[1097] Der Sachverständige kann also frei entscheiden, ob er das Vertragsangebot der Parteien **annimmt**.[1098] Auch die *Vergütung* kann frei vereinbart und dabei etwaige einhergehende Haftungsrisiken entsprechend berücksichtigt werden.

Der Pflichtenumfang des schiedsgerichtlichen Sachverständigen unterscheidet sich nicht von den „übrigen" Sachverständigen. Denn auch hier soll ein verwertbares Gutachten erstattet werden.

b) Bestellung eines Parteisachverständigen im Schiedsgerichtsverfahren

Die Parteien können im Schiedsgerichtsverfahren auch einen **Parteisachverständigen** bestellen. Da dieser aber ausschließlich eine **beratende Funktion** einnimmt, ist von ihm generell keine Unabhängigkeit und Unparteilichkeit zu erwarten. Eine Ablehnung wegen Befangenheit ist daher von vornherein ausgeschlossen.[1099]

6. Haftung des Schiedsrichters

Der *Schiedsrichter* haftet für seinen Schiedsspruch bzw. Schiedsvergleich aus dem Schiedsrichtervertrag nach den §§ 280 ff. BGB,[1100] jedoch abgeschwächt durch die Haftungsregeln des staatlichen Richters nach § 839 Abs. 2 BGB.[1101] Denn die gesetzliche Haftungsprivilegierung (Spruchrichterprivileg) erlangt Geltung im Rahmen einer stillschweigenden Vereinbarung im Moment des Schlusses des Schiedsrichtervertrages.

7. Haftung des schiedsgerichtlichen Sachverständigen

Die **Haftung des schiedsgerichtlichen Sachverständigen** vollzog, wie die Haftung des gerichtlichen Sachverständigen, ebenfalls einen Wandel. Bis zum Entgegentreten des BVerfG gegen die Wiegand-Entscheidung sollte der Sachverständige eines

---

1095 Thomas / Putzo / *Reichold* ZPO § 1049 Rdn. 3; *Wagner* NJW 2002, 2049, 2063; Vgl. *Bleutge* in Landmann / Rohmer GewO 70. Erg. Juni 2015 § 36 Rdn. 41

1096 a.A.: Stein / Jonas / *Schlosser* § 1049 Rdn. 7: der Schiedsrichter hat hiernach nur Vollmacht, um einen Vertrag zwischen dem Sachverständigen und der Partei zu schließen, die den Sachverständigenbeweis fordert

1097 MüKo / *Münch* ZPO § 1049 Rdn. 11

1098 MüKo / *Münch* ZPO § 1049 Rdn. 11; *Wagner* NJW 2002, 2049, 2063; MüKo / *Wagner* BGB § 839a Rdn. 11

1099 Vgl.: Thomas / Putzo / *Reichold* ZPO § 1049 Rdn. 8

1100 Vgl.: Stein / Jonas / *Schlosser* vor § 1025 Rdn. 31

1101 RG Urteil v. 08.02.1907 – III 363/06; BGH Urteil v. 06.10.1954 – II ZR 149/53; PraxisHdb. Sachverständigenrecht / *Bock* § 27 Rdn. 19

schiedsgerichtlichen Verfahrens nach denselben Grundsätzen des gerichtlich bestellten Sachverständigen haften.[1102] Begründet wurde dies mit einer **stillschweigenden Parteivereinbarung**, nach der der schiedsgerichtliche Sachverständige nicht stärker als ein gerichtlicher Sachverständiger haften sollte. Nach der Grundsatzentscheidung des BVerfG muss diese Rechtsprechung jedoch als überholt angesehen werden, sodass der Sachverständige im schiedsgerichtlichen Verfahren zumindest für eine grob fahrlässige Fehlbegutachtung haften muss, da die Rechtsprechung stets von einem Gleichlauf des schiedsgerichtlichen Sachverständigen und des gerichtlichen Sachverständigen ausgegangen ist.[1103] Vereinzelt wird vertreten, dass dies durch einen **stillschweigend vertraglich vereinbarten Haftungsausschluss** auf grobe Fahrlässigkeit und Vorsatz gegenüber dem Sachverständigen im Schiedsgericht erreicht werden soll.[1104]

Die weitaus besseren Argumente sprechen jedoch für eine **unbegrenzte Fahrlässigkeitshaftung**.[1105] Denn eine gesetzliche Haftungsbeschränkung auf Vorsatz und grobe Fahrlässigkeit entsprechend des **§ 839a BGB** ist für den schiedsgerichtlichen Sachverständigen gesetzlich **nicht vorgesehen**.[1106] Eine **Analogie** des § 839a Abs. 3 BGB **kommt** mangels einer vergleichbaren Sachlage **nicht in Betracht**, da der Sachverständige von einer privaten Institution beauftragt wird. Auch fehlt es an einer planwidrigen Regelungslücke, denn der Gesetzgeber wollte nur den gerichtlichen Sachverständigen privilegieren. Des Weiteren kann der Sachverständige aufgrund des Werkvertrages ohne weiteres seine Haftung im Rahmen des Zulässigen vertraglich beschränken bzw. ausschließen und das Haftungsrisiko und die Haftpflichtversicherungsprämien bei der Vereinbarung der Vergütung berücksichtigen. Für die Annahme eines stillschweigenden Haftungsausschlusses besteht daher kein Bedarf. Daher überzeugt es auch nicht, dass beim Fehlen einer Vereinbarung eines Haftungsausschlusses, ein stillschweigender Haftungsausschluss für einfache Fahrlässigkeit anzunehmen sei.[1107] Selbst hier muss die Frage erlaubt sein, weshalb? Hat der Sachverständige keinen Haftungsausschluss vereinbart, obwohl er das hätte tun können, ist er nicht schutzbedürftig. Für eine gesetzliche oder stillschweigende Haftungsbeschränkung besteht kein Rechtsbedürfnis.

1102 Z.B.: BGH Urteil v. 19.11.1964 – VII ZR 8/63

1103 Vgl. PraxisHdb. Sachverständigenrecht / *Bock* § 27 Rdn. 19; MüKo / *Wagner* BGB § 839a Rdn. 10; *Bleutge* in Landmann / Rohmer GewO 70. Erg. Juni 2015 § 36 Rdn. 40, 41

1104 MüKo / Münch ZPO § 1049 Rdn. 15

1105 So auch *Wagner* NJW 2002, 2049, 2062, 2063 m.w.N.

1106 Kniffka / *Koeble* Kompendium des Baurechts 4. Aufl. 2. Teil Rdn. 32

1107 *Wagner* NJW 2002, 2049, 2062; *Schwab* DS 2006, 66

Das Vorstehende gilt allerdings **nicht** für den **Parteisachverständigen**.[1108] Dieser haftet aufgrund des Vertragsrechts ohnehin für jede fahrlässige Pflichtverletzung und den hierzu kausalen Vermögensschaden.[1109] Allerdings kann auch dieser seine Haftung vertraglich entsprechend einschränken.

1108 MüKo / *Wagner* BGB § 839a Rdn. 10
1109 MüKo / *Wagner* BGB § 839a Rdn. 10; *Wagner* ZEuP 2001, 441, 502 ff.

J. Rechtsnachfolge des Sachverständigen und die Folge auf seine Haftung

Mit der Frage der Haftung geht auch immer die Frage der Rechtsnachfolge einher. Bei der Rechtsnachfolge müssen stets zwei Voraussetzungen gegeben sein: *Erstens* muss ein Übergangstatbestand und *zweitens* eine übergangsfähige Position vorliegen.

Den **Übergangstatbestand** stellen gewöhnlich die §§ 1922, 1967 BGB dar, wonach mit dem Erbfall des Schuldners alle Vorteile aber auch Nachteile, insbesondere vertragliche und deliktische Ansprüche auf die Erben übergehen, allerdings nur **übergangsfähige Rechtspositionen**. Hiervon sind höchstpersönliche Rechte und Pflichten von vornherein nicht umfasst. Hierunter fallen Rechtsbeziehungen, die sich von der Person des Trägers nicht lösen lassen und sich in diesem persönlichen Bezug erschöpfen. Derartige, auf eine Person fixierte Rechtsverhältnisse kommen allerdings nur bei natürlichen Personen und nicht bei vertretbaren Handlungen vor.[1110] Während die *wesentlichen Teile* eines Gutachtens, dessen Erörterung und so die Nacherfüllung des Privatsachverständigen zwingend höchstpersönliche Pflichten darstellen, ist die Zahlung eines Schadensersatzes eine übergangsfähige Position. Hat der Sachverständige vor seinem Tod nicht alle höchstpersönlichen Pflichten erfüllt, ist das bis dahin erstattete (Teil-)Gutachten nur noch als Urkundsbeweis in das Verfahren einzubeziehen.[1111] Die bis dahin erwachsenen Vergütungsansprüche für die geleisteten Arbeiten des Sachverständigen gehen nach §§ 1922, 1967 BGB auf seine Erben über,[1112] ebenso aber auch Haftungsansprüche, die ausschließlich auf eine Geldzahlung gerichtet sind.

1110 BVerwG Urteil v. 16.03.2006 – 7 C 3/05; *Wittreck* Jura 2008, 534; *Palme* NVwZ 2006, 1130

1111 OLG Düsseldorf Beschluss v. 30.08.2001 – 10 W 88/01

1112 *Ulrich* DS 2007, 371Fn. 26

K. Haftungsbeschränkung bzw. -ausschluss

I. Privatsachverständiger

1. Einleitung

Der Privatsachverständige hat vertraglich wie deliktisch für Fehlbegutachtungen einzutreten. Beide **Haftungssysteme** stehen zueinander in einer **Anspruchskonkurrenz**,[1113] sodass jeder Anspruch nach seinen eigenen Voraussetzungen, seinem Inhalt und seiner Durchsetzung selbstständig zu beurteilen ist. Nur **ausnahmsweise** besteht eine **Wechselwirkung** zwischen diesen. So bspw. bei *gesetzlichen Haftungsprivilegierungen* wie die Haftungsmilderung auf grobe Fahrlässigkeit oder für die eigenübliche Sorgfalt nach §§ 521, 529 oder 690 BGB, die auf beide Systeme durchschlagen.[1114] Andernfalls würden die gesetzliche Haftungsprivilegierungen nicht greifen. *Vertraglich vereinbarte Haftungsbeschränkungen oder Haftungsausschlüsse* kommt eine solche durchschlagende Wirkung mangels ausdrücklicher gesetzlicher Regelung nicht ohne weiteres zu. Vielmehr bedarf es einer Auslegung der vertraglichen Vereinbarung, ob der Haftungsausschluss auch die Haftung aus §§ 823 ff. BGB erfassen soll.[1115] In der Regel ist jedoch von einer Wechselwirkung auszugehen, da man andernfalls dem Sinn und Zweck der vertraglichen Privilegierung nicht gerecht werden würde.[1116] **Vertragliche Haftungsausschlüsse schlagen somit auf deliktische Ansprüche durch.**[1117]

Vertragliche Haftungsprivilegierungen kann der Privatsachverständige durch eine **Individualvereinbarung** oder durch eine **Vertragsklausel** (AGB) erreichen. Vorteil hiervon ist, dass beide gemäß § 334 BGB analog (Rechtsgedanke) gegenüber einbezogenen Dritten Geltung erlangen,[1118] sofern § 334 BGB nicht ausdrücklich oder stillschweigend abbedungen ist.

Bei jedem vertraglichen Haftungsausschluss des Auftragnehmers muss geprüft werden, ob der Auftraggeber tatsächlich im Rahmen der rechtsgeschäftlichen Vereinbarung das Risiko einer Falschbegutachtung auf sich nehmen will.[1119] Denn dies ist die Folge einer Haftungsbeschränkung bzw. eines Ausschlusses des Auftragnehmers. Neben einer Individualvereinbarung und den Vertragsklauseln bestehen noch weitere, teilweise effektive Möglichkeiten der Haftungsbeschränkung, die ebenfalls im Folgenden dargestellt werden:

1113 Palandt / *Sprau* BGB 75. Aufl. Einf v § 823 Rdn. 9 f.
1114 LG Stuttgart Beschluss v. 28.11.2007 – 13 S 136/07
1115 BGH Urteil v. 24.11.1976 – VIII ZR 137/75
1116 Palandt / *Grüneberg* BGB 75. Aufl. § 276 Rdn. 36
1117 Palandt / *Grüneberg* BGB 75. Aufl. § 276 Rdn. 35
1118 Vgl. *Bleutge* in Landmann / Rohmer GewO 70. Erg. Juni 2015 § 36 Rdn. 39
1119 Vgl. hierzu: BGH Urteil v. 12.05.2005 – VII ZR 45/04

2. Haftungsbeschränkung durch Qualifikation des Vertrages

In der Vergangenheit wurde immer wieder versucht, die Haftung des Bausachverständigen dadurch zu begrenzen, indem **der rechtliche Charakter des zugrundeliegenden Sachverständigenvertrages** (künstlich) **geändert werden sollte**. Dies geschah besonders dann, wenn ein hohes Haftungsrisiko mit der Begutachtung einherging. So waren die Sachverständigen zu Beginn der neunziger Jahre bestrebt, die baubegleitende Qualitätskontrolle als Dienstvertrag zu qualifizieren. Zu dieser Zeit begannen die Sachverständigen sich um dieses Themenfeld zu bemühen und die ersten Haftungsfälle traten auf. Das Ziel dieser „Qualifikation" war, die Haftung nahezu komplett auszuschließen, was im Werkvertragsrecht so nicht möglich ist. Mit dem Urteil v. 11.10.2001 sprach der BGH jedoch auch der baubegleitenden Qualitätskontrolle einen werkvertraglichen Charakter zu, da der Sachverständige einen Erfolg schuldet.[1120] Der BGH bestätigte darüber hinaus, dass der Rechtscharakter eines Vertrages sich nicht nach dem Willen der Parteien bestimmen lässt. Vielmehr ist die rechtliche Qualifikation eines Vertrages allein nach objektiven Kriterien[1121] und im Einklang mit den anerkannten Auslegungsgrundsätzen der den Vertrag prägenden Leistungen[1122] sowie der Interessenlage der Parteien[1123] zu bestimmen. Somit wurde dieser Versuch der Haftungsbeschränkung zu Recht gestoppt.

3. Haftungsbeschränkung durch Individualabrede

a) Voraussetzungen einer Individualabrede

Auch wenn die Möglichkeit der Haftungsbeschränkung eine Ausgestaltung der Privatautonomie ist, kann von Gesetzes wegen die Haftung des Schuldners (Privatsachverständigen) durch eine Individualabrede nicht unbegrenzt beschränkt werden. Zwar genießt diese nach § 305b BGB Vorrang vor AGB. Dafür muss die Abrede aber gemäß **§ 305 Abs. 1 Satz 3 BGB** tatsächlich **individuell ausgehandelt** worden sein. Hieran setzt die Rechtsprechung hohe Voraussetzungen. Damit eine Individualvereinbarung vorliegt, muss der Privatsachverständige entweder den ganzen **Vertragsinhalt** oder zumindest Teile **verhandelt haben** und dem Vertragspartner dabei die **Möglichkeit zur Formulierung und Einflussnahme** auf den Inhalt der Vereinbarung **geben**.[1124] Zu Beweiszwecken sollten hierbei Zeugen hinzugezogen, die Vereinbarung handschriftlich fixiert und separat gegengezeichnet werden. Denn die Beweislast für das Vorliegen einer Individualabrede liegt in solchen Fällen beim Sachverständigen. Eine Bestätigungsklausel im Vertrag, dass die Abreden individuell ausgehandelt wurden hilft nicht, da diese nach § 309 Nr. 12 b BGB unwirksam ist.

1120 BGH Urteil v. 11.10.2001– VII ZR 475/00
1121 *Fischer* DS 2010, 49, 51
1122 BGH Urteil v. 10.06.1999 – VII ZR 215–98
1123 BGH Urteil v. 11.10.2001 – VII ZR 475/00; *Fischer* DS 2010, 49, 51
1124 *Volze* DS 2004, 48, 49

b) Möglichkeiten und Grenzen der Haftungsbeschränkung durch Individualabreden

Durch eine Individualabrede kann die Haftung für vorsätzliches Verhalten *im Voraus* nicht ausgeschlossen werden. Ein Ausschluss vor Eintritt des Schadensfalls ist nach **§ 276 Abs. 3 BGB** verboten.[1125] Wird eine Abrede trotzdem getroffen, ist diese aufgrund des Verstoßes gegen die gesetzliche Verbotsnorm § 134 BGB nichtig.[1126] Das gesetzliche Verbot steht jedoch nicht nur einer Haftungsbeschränkung dem Grunde, sondern auch der Höhe nach entgegen.[1127] Deshalb kann vor Schadenseintritt keine Vereinbarung getroffen werden, die für vorsätzliches Verhalten eine Haftung nur bis zu einer bestimmten Höhe vorsieht. Gleiches gilt für eine Verkürzung der Verjährung oder für eine Regelung des Beginns der Verjährung, die ebenfalls zu einer teilweisen Haftungsbeschränkung führt.[1128]

Im Vorfeld eines Schadenseintritts kann der Privatsachverständige seine Haftung lediglich für fahrlässiges bzw. grob fahrlässiges Verhalten ausschließen.

Bei der Vereinbarung von Haftungsausschlüssen und -beschränkungen hat der Privatsachverständige insgesamt Zurückhaltung zu üben. Nach **§ 14 Abs. 1 MSVO IHK** darf der öffentlich bestellte und vereidigte Sachverständige seine Haftung weder für Vorsatz noch für grobe Fahrlässigkeit ausschließen oder der Höhe nach beschränken. Die Sachverständigenordnungen gehen daher weiter als die Regelungen des BGB, da hiernach nur eine Haftung für einfache Fahrlässigkeit ausgeschlossen werden darf.[1129] Da die Sachverständigenordnungen grundsätzlich nur für öffentlich bestellte und vereidigte Sachverständige verbindlich sind,[1130] ziehen **Verstöße gegen § 14 Abs. 1 MSVO IHK** „lediglich" **Maßregelungen der Bestellungskörperschaften** nach sich. Da den Sachverständigenordnungen auch **keine privatrechtliche Geltung** zukommt, hat dies zur Folge, dass ein Haftungsausschluss, der gegen § 14 MSVO IHK verstößt, *zunächst* wirksam ist.[1131] Allerdings hilft die **mittelbare Bindungswirkung der Sachverständigenordnungen als allgemeiner Standard für die Vertragsgestaltung**, an denen sich Sachverständigenverträge messen lassen müssen, dieses unbefriedigende Ergebnis zu modifizieren. Abreden die gegen § 14 Abs. 1 MSVO IHK verstoßen sind daher nach § 138

1125 Vgl. *Bleutge* in Landmann / Rohmer GewO 67. Erg. August 2014 § 36 Rdn. 39
1126 *Zimmermann* DS 2007, 286, 292
1127 Palandt / *Grüneberg* BGB 75. Aufl. § 276 Rdn. 35
1128 Vgl. *Bleutge* in Landmann / Rohmer GewO 67. Erg. August 2014 § 36 Rdn. 39
1129 So auch: *Bleutge* in Landmann / Rohmer GewO 67. Erg. August 2014 § 36 Rdn. 39
1130 Vgl.: OVG Saarlouis Urteil v. 13.08.1981 – 1 R 107/80
1131 Vgl. *Bleutge* in Landmann / Rohmer GewO 70. Erg. Juni 2015 § 36 Rdn. 39; a.A.: *Zimmermann* DS 2007, 286, der in der Sachverständigenordnung ein verbindliches Berufsrecht sieht und ein Verbotsgesetz nach § 134 BGB, sodass ein Verstoß die Nichtigkeit der Haftungsbeschränkung nach sich zieht. Dies überzeugt nicht, da die Sachverständigenordnungen kein allgemein gültiges Berufsrecht darstellen.

BGB sittenwidrig.[1132] Andernfalls kann der Sachverständige nicht dafür einstehen, dass seine tatsächlichen Feststellungen vollständig, seine Bewertungen inhaltlich richtig und seine Schlussfolgerungen nachvollziehbar sind.[1133] Ein weitergehender Haftungsausschluss wäre hiermit nicht vereinbar.[1134]

Von besonderem Interesse ist allerdings, dass **§ 14 MSVO IHK** einen Haftungsausschluss bzw. -beschränkung für vorsätzliches Verhalten nicht nur im Vorfeld eines Schadenseintrittes verbietet. Daraus folgt, dass Privatsachverständige einen Haftungsausschluss für vorsätzliches Verhalten generell nicht vereinbaren dürfen. Die **Regelung ist strenger als die des BGB**. Denn nach dem BGB kann ein wirksamer Ausschluss für vorsätzliches Verhalten *nach* Schadenseintritt vereinbart werden, da der Geschädigte durch den bereits eingetretenen Schaden nicht mehr schutzbedürftig ist und aufgrund der spürbaren Betroffenheit entscheiden kann, ob er den Schädiger von einer Haftung freizeichnen will.

Da der Sachverständigenvertrag ein Werkvertrag darstellt, muss die Wirksamkeit der Beschränkung der vertraglichen Haftung durch eine Individualvereinbarung zusätzlich an **§ 639 BGB** gemessen werden. Hiernach kann der Privatsachverständige sich nicht auf einen vereinbarten Haftungsausschluss berufen, wenn im Vorfeld entweder zugrundeliegende Mängel arglistig verschwiegen oder eine Garantie für die Beschaffenheit des Werks übernommen wurde.

In dem Zusammenhang ist auch die folgende Beschränkung zu sehen: Wird die **Haftung ausgeschlossen**, zugleich aber eine **bestimmte Beschaffenheit** der Werkleistung (Gutachten) **vereinbart**, ist dieser Widerspruch folgendermaßen zu lösen. Der Haftungsausschluss gilt nicht für das Fehlen der vereinbarten Beschaffenheit, sondern nur für solche Mängel, die sich dadurch auszeichnen, dass die Werkleistung sich nicht für die vorausgesetzte bzw. gewöhnliche Verwendung eignet und keine Beschaffenheit aufweist, die bei Sachen der gleichen Art üblich und nach Art des Werkes erwartbar sind.[1135] Solchen Zusicherungen kommt gerade bei der Schadensersatzhaftung eine besondere Bedeutung zu. Denn mit einer Zusicherung einer Beschaffenheit geht immer ein verschärfter Verschuldensmaßstab nach § 276 BGB einher, sodass der Sachverständige garantieähnlich und verschuldensunabhängig für die zugesagte Beschaffenheit einstehen muss. Willigt ein öffentlich bestellter Sachverständiger der Erstattung eines Gutachtens ein, sichert er zugleich zu, dass sein Gutachten den Vorgaben der Bestellungskörperschaften entspricht, also den Vorgaben der Sachverständigenordnungen. Dem muss er nun auch gerecht werden.

1132 *Soergel* GuG 1992, 121; auch *Zimmermann* DS 2007, 286, 293

1133 Vgl. Ziff. 15.1 der RL zur MSVO des Zentralverbandes des Deutschen Handwerks

1134 Vgl. auch Ziff. 15.8 der RL zur MSVO des Zentralverbandes des Deutschen Handwerks

1135 BGH Teilversäumnis- und Schlussurteil v. 29.11.2006 – VIII ZR 92/06

Haftungsausschlüsse über die Grenzen der Sachverständigenordnung sind nicht nur nach § 138 BGB, sondern auch nach § 639 BGB unwirksam.[1136]

c) *Zusammenfassung*

Ein Privatsachverständiger kann seine Haftung durch Individualabrede lediglich für **einfaches fahrlässiges haftungsbegründetes Verhalten ausschließen.**[1137] Dies führt zu einer Gleichbehandlung mit dem gerichtlichen Sachverständigen.[1138] In der Praxis geht die Beschränkung der Haftung durch eine Individualvereinbarung jedoch mit erheblichen praktischen Problemen einher, da der Vertragspartner sich nur ungern auf einen solchen Haftungsausschluss einlässt. Der Privatsachverständige kann jedoch hierauf reagieren, indem er das Haftungsrisiko bei der Bemessung seiner Vergütung entsprechend berücksichtigt. Ein Vorteil für den Privatsachverständigen, da er nicht an das JVEG gebunden ist.

4. Haftungsbeschränkung durch AGB-Klauseln

a) *Einleitung*

Ein Haftungsausschluss bzw. -beschränkung kann auch durch AGB-Klauseln vereinbart werden. Die Zulässigkeit solcher Ausschlüsse richtet sich aber allein nach den strengen Regeln der **§§ 305 bis 310 BGB**, sodass zu Recht die verbreitete Meinung besteht, dass Haftungsbeschränkungen über AGB-Klauseln bei Werkverträgen kaum noch wirksam sind[1139]. Während Haftungsbeschränkungen durch Individualvereinbarungen zumeist mit praktischen Hindernissen einhergehen, stehen der Haftungsbeschränkung durch AGB-Klauseln somit rechtliche Probleme entgegen. Die praktische Bedeutung von Haftungsbeschränkungen durch AGB-Klauseln zeigt sich darin, dass bereits Musterverträge als AGB-Klauseln gelten[1140], die in der Regel Haftungsregelungen vorsehen.

1136 Bei einem Ausschluss durch AGBs muss die Wirksamkeit der Beschränkung der Gewährleistung den §§ 305 ff. BGB, § 242 BGB und § 640 Abs. 2 BGB gerecht werden, BGH Urteil v. 08.03.2007 – VII ZR 130/05

1137 So auch: OLG Celle Urteil v. 05.01.1995 – 22 U 196/93; *Kamphausen* IBR 1995, 167 (Urteilskommentierung); *Zimmermann* DS 2006, 304, 308, 309

1138 Vgl. Ziff. 15.7 der RL zur MSVO des Zentralverbandes des Deutschen Handwerks, *Zimmermann* DS 2006, 304, 308, 309

1139 *Volze* DS 2004, 48, 49; Vgl. *Bleutge* in Landmann / Rohmer GewO 67. Erg. § 36 Rdn. 39

1140 Vgl.: *Volze* DS 2004, 48, 49

b) Wirksamkeitsvoraussetzungen von Haftungsbeschränkungsklauseln

Grenzen einer Haftungsbeschränkung durch AGB-Klauseln ergeben sich zum Schutze des Auftraggebers aus den allgemeinen zivilrechtlichen Regeln der Inhaltskontrolle.

aa) Wirksame Einbeziehung von AGB-Klauseln

Eine Inhaltskontrolle setzt zunächst voraus, dass **AGB-Klauseln** vorliegen und diese **wirksam** in den Vertrag **einbezogen worden** sind. Dafür müssen die §§ 305 ff. BGB anwendbar sein, wobei der Ausschlusstatbestand in § 310 Abs. 4 BGB zu beachten ist.

Ob es sich bei der Haftungsbeschränkungs- bzw. Haftungsausschlussklausel um eine AGB-Klausel handelt, bestimmt sich nach dem BGB. Eine **Legaldefinition** ist in § 305 Abs. 1 Satz 1 BGB zu finden, wobei auch hier die Sonderregelung in § 310 Abs. 3 Nr. 1 und Nr. 2 BGB Beachtung finden muss. Danach muss eine AGB **vorformuliert**, also vor Vertragsschluss schriftlich in der Absicht entworfen worden sein, diese i**n mehreren**[1141] **künftigen Verträgen** zu verwenden. Eine „Vorformulierung" ist gegeben, wenn der Sachverständige die Klausel kurz vor dem Vertragsschluss handschriftlich in den Vertragstext eingefügt, aber ihren *Inhalt bereits vorher im Kopf zurecht gelegt* und der *Vertragspartner auf den Inhalt keinen Einfluss mehr hat.*[1142] Weiterhin muss die Klausel nach § 305 Abs. 2 BGB Bestandteil des Vertrages geworden sein, also wirksam **einbezogen** worden sein. Hierfür ist erforderlich, dass ein *Hinweis* auf die Klauseln und zugleich die *Möglichkeit der Kenntnisnahme* des Inhalts der Klauseln besteht.

Im Anschluss ist zu prüfen, ob die AGB-Klausel wirksam ist. Dies richtet sich nach den Maßgaben der §§ 309, 308, 307 BGB, wobei einerseits deren Reihenfolge zwingend einzuhalten ist und andererseits die Sonderregelungen des § 310 Abs. 1, 2, 3 BGB zu beachten sind. § 308 BGB ist in Bezug auf den Privatsachverständigen allerdings von geringer Bedeutung.

bb) Inhaltskontrolle

Im Rahmen der Inhaltskontrolle muss berücksichtigt werden, dass nach **§ 309 Nr. 7 lit. a) BGB** eine Haftung dem Grunde und der Höhe nach von eigenen vorsätzlichen und fahrlässigen *Verletzungen der Rechtsgüter Leben, Körper und Gesundheit*

1141 Es genügt die Absicht in mindestens drei Verträgen die Klausel zu verwenden, daher kann eine Klausel auch schon bei der ersten Verwendung eine AGB darstellen, BGH Urteil v. 27.09.2001 – VII ZR 388/00; Genauso genügt es, dass der Verwender eine Klausel nur einmal verwenden will, aber die Klausel von jemanden (Rechtsanwalt, Bestellungskörperschaft oder Formularbuch) mit der Absicht entworfen wurde, dass sie mehrmals verwendet werden soll, dann kommt es nicht mehr auf die Absicht des Sachverständigen an

1142 BGH Urteil v. 19.05.2005 – III ZR 437/04

zu keiner Zeit wirksam ausgeschlossen werden kann. In dem Zusammenhang ist auch der **§ 309 Nr. 7 lit. b) BGB** zu sehen. Hiernach ist eine Beschränkung (auch eine summenmäßige[1143]) der Haftung für *sonstige Schäden*, die auf einer *grob fahrlässigen Pflichtverletzung*[1144] oder auf einer *vorsätzlichen* oder *grob fahrlässigen Pflichtverletzung eines Erfüllungsgehilfen* beruhen, durch AGB-Klauseln nicht möglich. § 309 Nr. 7 BGB findet dabei auf alle Verträge, auch auf Werkverträge, und auf deliktische Ansprüche Anwendung.[1145] **Nach § 309 Nr. 7 lit. a), b) BGB ist daher in der Regel nur ein formularmäßiger Ausschluss der Haftung für leichte Fahrlässigkeit zulässig.**

Eine **Ausnahme** besteht dann, wenn **wesentliche Pflichten**, **die sich aus der Natur des Vertrages ergeben**, derart eingeschränkt werden, dass die **Erreichung des Vertragszweckes gefährdet wird.**[1146] Das in § 307 Abs. 2 Nr. 2 BGB enthaltene Verbot der Aushöhlung wesentlicher vertraglicher Rechte und Hauptleistungspflichten (Kardinalspflichten) soll dafür sorgen, dass dem Vertragspartner durch AGB-Klauseln nicht solche Rechtspositionen entzogen oder eingeschränkt werden, die ihm der Vertrag nach Inhalt und Zweck gerade schaffen will.[1147] Das Verwenden einer Klausel darf also nicht dazu führen, dass der Verwender, zumeist der Privatsachverständige, sich von Pflichten freizeichnet, deren Erfüllung die ordnungsgemäße Durchführung des Vertrages überhaupt erst ermöglicht, auf deren Erfüllung der Vertragspartner **vertraut** und auch **vertrauen durfte.**[1148] Aufgrund der geltenden Sachverständigenpflichten, insbesondere der Kardinalspflichten, und seiner besonderen Sachkenntnis, wird dem Sachverständigen ein Vertrauensvorschuss entgegengebracht, den er auch für sich in Anspruch nimmt. Somit ist eine bloße Haftungsbeschränkung in AGB von Sachverständigen auf grobe Fahrlässigkeit und Vorsatz unwirksam, wenn hiervon auch die Kardinalspflichten des Sachverständigen erfasst sind.[1149] Zulässig wäre eine Haftungsbeschränkung auf grobe Fahrlässigkeit und Vorsatz nur dann, wenn die Kardinalspflichten des Sachverständigenwesens von diesen ausdrücklich ausgenommen wären.[1150] **Für fahrlässige**

1143 BGH Urteil v. 14.07.1987 – X ZR 38/86

1144 Der Ausschluss der vorsätzlichen Haftung ist bereits nach § 276 Abs. 3 BGB unwirksam, so auch Palandt / Grüneberg BGB 75. Aufl. § 309 Rdn. 44, 45

1145 Palandt / Grüneberg BGB 75. Aufl. § 309 Rdn. 40; BGH, Urteil v. 12.03.1987 – VII ZR 37/86; BGH Urteil v. 15.02.1995 – VIII ZR 93/94

1146 Es genügt eine Gefährdung, eine Zweckvereitelung ist nicht erforderlich; Palandt / *Grüneberg* BGB 75. Aufl. § 307 Rdn. 36

1147 BGH Urteil v. 29.05.1968 – VIII ZR 77/66; BGH Urteil v. 12.10.1978 – VII ZR 220/77; BGH Urteil v. 25.06.1973 – II ZR 72/71; BGH Urteil v. 27.09.2000 – VIII ZR 155/99

1148 BGH Urteil v. 11.11.1992 – VIII ZR 238/91; BGH Urteil v. 19.01.1984 – VII ZR 220/82; BGH Urteil v. 20.12.1984 – VII ZR 340/83

1149 Vgl. *Bleutge* in Landmann / Rohmer GewO 70. Erg. Juni 2015 § 36 Rdn. 39; Für Schiedsgutachter: Kniffka / *Koeble* Kompendium des Baurechts 4. Aufl. 2. Teil Rdn. 32

1150 Vgl. *Bleutge* in Landmann / Rohmer GewO 67. Erg. August 2014 § 36 Rdn. 39

Pflichtverletzungen von Kardinalspflichten hat der Sachverständige dem Grunde nach einzustehen.

Von dem Vorstehenden ist wiederum die **summenmäßige Haftungsbegrenzung** für einfache Fahrlässigkeit zu unterscheiden. Eine solche Haftungsbegrenzung ist auch in Bezug auf Kardinalspflichten zulässig, sofern der V**erschuldensgrad der Fahrlässigkeit ausdrücklich genannt wird**[1151] und die **summenmäßige Begrenzung in einem angemessenen Verhältnis zum vertragstypischen Schadensrisiko steht**.[1152] Das ist unstrittig dann *nicht* der Fall, wenn sich die Haftungshöchstsumme maßgeblich an der vom Vertragspartner zu zahlenden Vergütung orientiert.[1153] Denn die Vergütung bemisst sich nur teilweise an dem einhergehenden Schadensrisiko, spiegelt dieses aber in keiner Weise wider. Vielmehr muss sich die Haftungshöchstsumme wertemäßig an dem im Moment des Vertragsschlusses **vorhersehbaren und vertragstypischen Schaden** orientieren.[1154] Hierbei sind der Umfang der Inanspruchnahme des Sachverständigen und der Wert der von ihm zu begutachteten Objekte zu berücksichtigen. Der so ermittelte **„Mindestwert"**, der nicht unterschritten werden darf,[1155] **muss geeignet sein, die vertragstypischen und vorhersehbaren Schäden abzudecken**.[1156] Grundsätzlich besteht keine Pflicht, die Haftungsbeschränkung durch die Angabe einer Höchstsumme näher darzustellen. Diese darf auch abstrakt formuliert werden, ohne dass die Klausel zweideutig oder unverständlich wird.[1157] Dies ist von Bedeutung, da nach § 307 Abs. 1 BGB eine Bestimmung in AGB-Klauseln auch dann unwirksam ist, wenn der Vertragspartner durch die Verwendung einer unklar oder missverständlich formulierten Klausel nach Treu und Glauben unangemessen benachteiligt wird.[1158] Allerdings kann ein Sachverständiger von dieser Möglichkeit keinen Gebrauch machen, da für ihn die **Bezifferung einer prognostizierten Haftungssumme** kein Problem sein dürfte, da er zu Beginn seiner Beauftragung stets das Haftungsrisiko zu bestimmen hat, um zu prüfen, ob eine ausreichende Haftpflichtversicherung besteht. Dies ist auch angezeigt, da der Auftraggeber zumeist keine hinreichende Sachkunde haben dürfte, um die Höhe des möglichen Schadens einschätzen zu können.[1159] Verschätzt sich der Privatsachverständige hier vorwerfbar, muss er die Differenz zwischen tatsächlichen Schaden und summenmäßiger Begrenzung selbst tragen. Das Vorstehende gilt selbst

---

1151 BGH Urteil v. 21.01.1999 – III ZR 289–97

1152 BGH Urteil v. 11.11.1992 – VIII ZR 238/91; BGH Urteil v. 27.09.2000 – VIII ZR 155/99

1153 BGH Urteil v. 12.05.1980 – VII ZR 166/79

1154 BGH Urteil v. 18.07.2012 – VIII ZR 337/11, auch dazu: die Begriffe vorhersehbar und vertragstypisch genügen dem Transparenzgebot des § 307 Abs. 1 Satz 2 BGB

1155 BGH Urteil v. 11.11.1992 – VIII ZR 238/91; BGH Urteil v. 27.09.2000 – VIII ZR 155/99

1156 So auch BGH Urteil v. 11.11.1992 – VIII ZR 238/91

1157 BGH Urteil v. 18.07.2012 – VIII ZR 337/11

1158 Vgl. *Bleutge* in Landmann / Rohmer GewO 67. Erg. August 2014 § 36 Rdn. 39

1159 BGH Urteil v. 14.11.2000 – X ZR 211/98 (anders, wenn nicht nur der Verwender Fachkenntnisse hat)

für einen unbeschränkten Ausschluss für einfache Fahrlässigkeit[1160] und auch dann, wenn der Vertragspartner ein Kaufmann ist[1161]. Denn auch ein Kaufmann ist in dieser Hinsicht schutzbedürftig. Der Gesetzgeber nimmt den Schutz der wesentlichen Vertragspflichten demnach ernst.

Neben den §§ 305 ff BGB gelten auch parallel die § 276 Abs. 3 BGB und § 14 MSVO IHK, die mit diesem Ergebnis im Einklang stehen.

cc) Rechtsfolge

Ist die Klausel unwirksam, ergibt sich aus **§ 306 Abs. 2 BGB** grundsätzlich die **Gesamtnichtigkeit der Haftungsklausel.**[1162] Nur wenn die Klausel in sich teilbar ist, erlangt der wirksame Teil der Klausel weiterhin Geltung. Bauen jedoch die Teile der Klausel aufeinander auf, führt dies zur kompletten Unwirksamkeit, da das **Verbot der geltungserhaltenden Reduktion** nach § 306 Abs. 1, 2 BGB besteht.[1163] Unwirksame Klauseln dürfen nicht so gekürzt oder ausgelegt werden, dass sie wieder wirksam sind.

dd) Zwischenergebnis

Sind die beiden vorgenannten Voraussetzungen (**Fahrlässigkeit** und **summenmäßige Begrenzung auf „vorhersehbare Schäden“** und **„vertragstypische Schäden“**) erfüllt, kann die Haftung sogar für Verletzungen wesentlicher Vertragspflichten (Kardinalspflichten) durch AGB beschränkt werden.[1164] Aufgrund der unbestimmten Rechtsbegriffe geht mit dieser Haftungsbeschränkung jedoch ein erhebliches **Auslegungsrisiko** einher. Allerdings läuft die summenmäßige Haftungsbeschränkung für fahrlässige Kardinalspflichtverletzungen beim Sachverständigen faktisch ins Leere. Ihm ist es sowohl zumutbar, den vorhersehbaren und vertragstypischen Schaden zu beziffern. Als auch gehen Fehleinschätzungen zu seinen Lasten. Da für Unvorhersehbares grundsätzlich keine Einstandspflicht besteht, existiert keine „Schnittstelle“, für die er **nicht** haften muss.

1160 BGH Urteil v. 19.01.1984 – VII ZR 220/82; BGH Urteil v. 26.11.1984 – VIII ZR 214/83; BGH Urteil v. 26.01.1993 – X ZR 90/91

1161 BGH Urteil v. 11.11.1992 – VIII ZR 238/91; BGH Urteil v. 19.01.1984 – VII ZR 220/82

1162 BGH Urteil v. 20.01.1983 – VII ZR 105/81; BGH Urteil v. 24.09.1985 – VI ZR 4/84

1163 Z.B.: BGH Urteil v. 14.11.2000 – X ZR 211/98; BGH Urteil v. 11.11.1992 – VIII ZR 238/91; BGH, Urteil v. 17.05.1982 – VII ZR 316/81; BGH Urteil v. 30.11.1993 – XI ZR 80/93; BGH Urteil v. 13.07.1994 – IV ZR 107/93; BGH Urteil v. 24.09.1985 – VI ZR 4/84; BGH Urteil v. 17.05.1991 – V ZR 140/90; BGH Urteil v. 19.11.2009 – III ZR 108/08

1164 BGH Urteil v. 18.07.2012 – VIII ZR 337/11; BGH Urteil v. 27.09.2000 – VIII ZR 155/99; BGH Urteil v. 25.02.1998 – VIII ZR 276/96

5. Haftungsbeschränkung durch „kleines Honorar" oder „Gutachten unter Standard"

Ein Privatsachverständiger kann, auch wenn dies immer wieder versucht wird, seine Haftung nicht durch die Vereinbarung eines **„kleinen Honorars"** beschränkt werden. Denn durch eine solche Honorarvereinbarung wird nicht zugleich der zu erbringende Leistungsumfang reduziert.[1165] Die Haftung bemisst sich allein danach, ob die im Vertrag übernommenen Pflichten erfüllt und der werkvertragliche Erfolg erreicht wurde. Eine Kürzung des Honorars hat hierauf keinen Einfluss.[1166]

Ähnlich sieht es mit einer Vereinbarung aus, nach der der Privatsachverständige lediglich ein **(Kurz)Gutachten „unter Standard"** zu erstatten hat. Auch ein solches muss in Gänze inhaltlich richtig sein und den Kardinalspflichten des Sachverständigenwesens gerecht werden. Er hat den Befundsachverhalt ordnungsgemäß zu ermitteln, also **unabhängig**, **weisungsfrei**, **persönlich**, **gewissenhaft** und **unparteiisch** und die darauf beruhenden Schlussfolgerungen nachvollziehbar und nachprüfbar zu begründen. Der werkvertragliche Erfolg (verwertbares Gutachten) ist unabhängig von vertraglichen Vereinbarungen geschuldet (funktionaler Mangelbegriff). Der Sachverständige hat die Entstehung eines mangelfreien, **funktionstauglichen Werks** zu gewährleisten, unabhängig etwaiger Vereinbarungen.[1167] Der Sorgfaltsmaßstab oder die Anforderungen an die fachlichen Eigenschaften eines Sachverständigen können auf diesem Weg ebenfalls nicht geschmälert werden.[1168]

Ein Gutachten „unter Standard" entspricht somit einem PKW, der als „Bastler-Pkw" verkauft wird, obwohl er noch eine Verkehrszulassung hat. Der Verkäufer muss ebenfalls für Mängel eintreten, auch wenn er seine Haftung ausgeschlossen hat und nur einen geringen Kaufpreis verlangt.[1169] Somit vermag auch dieser Versuch der Haftungsbeschränkung nicht zu überzeugen. Es ist das Risiko des Sachverständigen, wenn er sich auf eine solche scheinbar beschränkte Leistungspflicht einlässt.

6. Haftungsbeschränkungen durch Vorbehalte

a) Einleitung

In der Praxis wird immer wieder versucht, durch sog. **„Angstklauseln"**[1170] oder **„Hinweise"** eine Haftungsbeschränkung zu erreichen. Hierdurch soll erreicht werden,

1165 Im Ergebnis: *Volze* DS 2004, 48, 49

1166 Vgl.: OLG Oldenburg Urteil v. 20.02.2007 – 12 U 57/06

1167 BGH NZBau 2010, 558; BGH NJW 2008, 511;. BGH NJW-RR 1995, 472; BGH NJW-RR 1989, 849; BGH NJW-RR 1987, 336; BGH BauR 1985, 567; BGH NJW 1984, 2457; OLG Brandenburg NJW-RR 2013, 1289

1168 Vgl.: OLG Düsseldorf Urteil v. 23.01.2007 – I – 23 U 115/06

1169 z.B.: OLG Oldenburg Beschluss v. 22.09.2003 – 9 W 30/03

1170 Zum Begriff: OLG Stuttgart Urteil v. 21.08.1997 – 13 U 3/96; hierzu auch *Zimmermann* DS 2007, 286, 295

dass Teile der Sachverständigenleistung unter Einschränkungen bzw. Vorbehalte gestellt werden, um für diese keine Gewähr für die Richtigkeit übernehmen zu müssen. „Angstklauseln" wie „Hinweise" können sowohl in den Sachverständigenvertrag als auch direkt in das Gutachten aufgenommen werden. Zwischen den beiden Varianten bestehen jedoch erhebliche Unterschiede, die auf den ersten Blick nicht ohne weiteres erkennbar sind. **Die Haftung kann nur durch „Hinweise" wirksam beschränkt werden.**

Im Einzelnen:

b) „Angstklauseln" vs. „Hinweise"

Der Privatsachverständige hat die Befundtatsachen eigenverantwortlich und umfassend festzustellen[1171] und die alleinige *Verantwortung für die inhaltliche Richtigkeit des Gutachtens* zu übernehmen, um seinen vertraglichen Pflichten bzw. den Kardinalspflichten gerecht zu werden. Selbst ermittelte Befundtatsachen, nachprüfbare Informationen Dritter oder die selbst ausgewählten Methoden der Begutachtung kann er daher nicht **unter einen Vorbehalt der Richtigkeit stellen** („Angstklauseln"). Die Gewähr für die Richtigkeit muss er übernehmen und kann sich nicht hinter **„Angstklauseln"** verstecken. Insbesondere dann nicht, wenn er die **Möglichkeit der Überprüfung der Richtigkeit hat**. Andernfalls würde der Sachverständige kein allgemein gültiges individuelles Gutachten erstatten, sondern vielmehr nur eine vorläufige Einschätzung. Der werkvertragliche Erfolg wird dadurch nicht erreicht. „Angstklauseln" wirken daher wie eine einseitige Leistungsänderung des Auftragnehmers. Eine solche sieht das BGB aber nicht vor. Tritt der werkvertragliche Erfolg nicht ein, hat dies die Mangelhaftigkeit des Gutachtens zur Folge. Der Auftraggeber kann nunmehr ein Zurückbehaltungsrecht und die bereits dargestellten Gewährleistungsrechte des BGB, u.a. einen Schadensersatzanspruch geltend machen. „Angstklauseln" können demnach eine Haftung nicht verhindern, sie sind vielmehr der Grund hierfür.

Von den „Angstklauseln" sind **„Hinweise"** zu unterscheiden. Von solchen macht der Sachverständige Gebrauch, wenn er Informationen des Auftraggebers oder eines Dritten in seinen Befundsachverhalt aufnimmt, wobei er **mangels Überprüfungsmöglichkeit keine Gewähr für die Richtigkeit übernehmen kann**. Sei es, weil das eigentliche Begutachtungsobjekt unter- oder verloren gegangen ist, dem Sachverständigen kein Zutritt zum Begutachtungsobjekt gewährt oder die Besichtigung des zu begutachteten Objektes stark erschwert oder gar unmöglich gemacht wird[1172] und er somit keine eigenen Ermittlungen vornehmen kann, sondern sich vielmehr auf nicht nachprüfbare Informationen verlassen muss. Seine Ausführungen stehen dann unter dem **berechtigten Vorbehalt der inhaltlichen Richtigkeit der nicht nachprüfbaren übermittelten Informationen**. Der Sachverständige gibt allgemein

1171 So z.B.: BayObLG Urteil v. 15.01.1988 – 14 U 572/87
1172 BGH Urteil v. 10.11.1994 – III ZR 50/94

zu erkennen, dass er für die inhaltliche Richtigkeit dieser Angaben des Auftraggebers nicht eintreten kann[1173], selbst wenn er es wollte. Die **Abgrenzung zwischen „Angstklauseln" und „Hinweisen"** erfolgt demnach nach dem **Kriterium der Überprüfungsmöglichkeit** der unter Vorbehalt gestellten Ausführungen.

Eines „Hinweises" bedarf es auch dann, wenn andernfalls ein Anschein erweckt wird. So z.B., wenn der Sachverständige eine vertretbare Begutachtungsmethode wählt, die jedoch nicht der herrschenden Meinung entspricht und er darüber hinaus auch zu einem anderen Ergebnis als die herrschende Meinung gekommen ist. Er hat auf diesen Umstand hinzuweisen, da andernfalls der Anschein erweckt wird, dass es sich bei seinem Gutachten um ein unangreifbares Ergebnis handelt. Ebenso bedarf es eines Hinweises, wenn ein Meinungsstreit einer Beweisfrage zugrunde liegt, der noch nicht einheitlich geklärt ist.[1174]

„Hinweise"[1175] müssen darüber hinaus auch **deutlich und dringlich formuliert** sein, um hinreichend klar zu machen, welche einzelnen näher bezeichneten Punkte auf nicht überprüften Angaben beruhen, für die der Sachverständige keine Gewähr übernehmen kann[1176] oder bzgl. welcher Punkte noch wissenschaftliche Unklarheiten bestehen. Der Sachverständige muss bei der Formulierung der Hinweise dieselben Maßstäbe zugrunde legen, wie bei der Formulierung des ganzen Gutachtens. Sie müssen so klar formuliert sein, dass sowohl der Auftraggeber als auch ein einbezogener Dritter sofort erkennen kann, welche Fragen „unter Vorbehalt" beantwortet wurden und welcher Teil des Gutachtens als eine vorläufige gutachterliche Einschätzung bzw. Beurteilung anzusehen ist. Der Hinweis macht deutlich, dass das Gutachten nicht zur alleinigen Grundlage für weitere Entscheidungen gemacht werden kann.[1177] **Der Auftraggeber muss vor einer „unkritischen Verwendung des Gutachtens warnen"**.[1178]

Allgemeine Sachverständigen-Kardinalspflichten werden hierdurch nicht verletzt[1179], sondern vielmehr wird durch einen Hinweis verhindert, dass Erklärungen ins Blaue hinein abgegeben werden, für die der Sachverständige haftungsrechtlich

1173 Ebenfalls: BGH Urteil v. 10.11.1994 – III ZR 50/94

1174 BGH Urteil v. 02.11.1983 – IV a ZR 20/82; BGH Urteil v. 10.11.1994 – III ZR 50/94

1175 Hierunter fallen auch Hinweise, wenn erst im Moment der Erstattung des Gutachtens erkannt wird, dass für die Beantwortung eines Teils der gestellten Fragen die nötige Fachkunde fehlt. Wenn der Sachverständige angewiesen wird das restliche Gutachten trotzdem zu erstatten, ist bei den nicht beantworteten Fragen auf die fehlende Sachkunde hinzuweisen, denn durch die Anweisung kam es streng genommen zu einer (nachträglichen) Beschränkung der Leistungspflicht. Andernfalls würde er ein unvollständiges Gutachten erstatten

1176 Vgl.: BGH Urteil v. 10.11.1994 – III ZR 50/94; aber auch: BGH Urteil v. 02.11.1983 – IV a ZR 20/82; BGH Urteil v. 13.11.1997 – X ZR 144–94

1177 Im Ergebnis: OLG Stuttgart Urteil v. 21.08.1997 – 13 U 3/96; *Zimmermann* DS 2006, 304, 309

1178 *Zimmermann* DS 2007, 286, 295

1179 Vgl.: OLG Köln Urteil v. 05.02.1993 – 19 U 104/92

einstehen müsste. Eine Haftung scheidet nunmehr mangels Kausalität aus.[1180] Ohne einen Hinweis darf der Rechtsverkehr aber davon ausgehen, dass der Sachverständige die Gewähr für die Richtigkeit des Gutachtens vollständig übernimmt und haftungsrechtlich dafür einsteht. **Die Möglichkeit des „Hinweises" steht daher auch dem gerichtlichen Sachverständigen offen.**

c) Zwischenergebnis

Aufgrund des Vorstehenden muss die Abgrenzung immer zweigliedrig geprüft werden: ***Zunächst*** muss geschaut werden, ob der **Vorbehalt hinreichend deutlich und klar formuliert ist** und ***zweitens*** bedarf es einer Prüfung, ob der Sachverständige **keine Gewähr** für die Richtigkeit der Befundtatsachen **geben *konnte*** (Hinweis) **oder sich** lediglich seiner **Einstandspflicht** für die Richtigkeit des Gutachtens **entziehen *wollte*** (Angstklausel).

7. Haftungsbeschränkung durch „Zusätze"

Neben den „Angstklauseln" und „Hinweisen" sind immer wieder „Zusätze", zumeist am Ende eines Gutachtens zu finden. Zusätze wie: *„der Sachverständige übernimmt für das vorherige Gutachten keine Haftung"*, entfalten allerdings keine Rechtswirksamkeit.[1181] Denn hierbei handelt es sich um **nachträgliche Haftungsausschlüsse oder Haftungsbegrenzungen durch einseitige Erklärungen** am Ende eines Gutachtens sind unwirksam.[1182]

Gleiches gilt, wenn ein Haftungsausschluss dadurch erreicht werden soll, dass der Sachverständige den Zusatz unter sein Gutachten gibt: *„Ich habe nach bestem Wissen und Gewissen das Gutachten erstattet"*. Eine solche Formulierung kann nicht dahingehend ausgelegt werden, dass ihm etwaige Fehler mangels Wissen nicht vorgeworfen werden könnten und er somit aus der Haftung entlassen wird[1183]. **Nichtwissen schützt nicht vor einer Haftung**. Vielmehr muss der Sachverständige den Auftraggeber im Rahmen seiner vorvertraglichen Aufklärungspflicht aufklären, wenn ihm eine hinreichende Sachkunde für die Erstattung des Gutachtens fehlt. Kommt er dem nicht nach, droht bereits ein vorvertraglicher Schadensersatzanspruch. Mit einem solchen Zusatz geht für den Sachverständigen auch eine weitere Gefahr einher. Denn dieser Zusatz ähnelt dem Wortlaut nach dem Eid des § 410 Abs. 1 ZPO. Das könnte dazu führen, dass der Auftraggeber den Eindruck gewinnt,

---

1180 Nach *Zimmermann* DS 2007, 286, 295, 296 liegt in einer solchen Situation ein volles Mitverschulden des Verfügenden nach § 254 BGB vor, wenn er trotzdem das Gutachten als alleinige Entscheidungsgrundlage verwendet

1181 *Bleutge* in Landmann / Rohmer GewO 70. Erg. Juni 2015 § 36 Rdn. 34a

1182 Vgl. Ziff. 15.9 der RL zur MSVO des Zentralverbandes des Deutschen Handwerks; Bleutge Landmann / Rohmer GewO 70. Erg. Juni 2015 MSVO § 15.9

1183 *Bleutge* in Landmann / Rohmer GewO 70. Erg. Juni 2015 § 36 Rdn. 34a

dass der Sachverständige eine **gesteigerte Gewähr für die Richtigkeit des Gutachtens übernimmt**. Das eigentlich verfolgte Ziel wäre ins Gegenteil verkehrt.

8. Konkludenter Haftungsausschluss

a) Voraussetzung eines konkludenten Haftungsausschlusses

Weiterhin besteht die Möglichkeit eines **konkludenten wechselseitigen Haftungsausschlusses für fahrlässiges Fehlverhalten** im Wege einer **ergänzenden Vertragsauslegung** auf Grundlage des § 242 BGB. **Ein solcher setzt voraus, dass der Schädiger (Sachverständige), wäre die Haftungslage vorher zwischen den Vertragspartnern zur Sprache gekommen, einen Haftungsverzicht gefordert und sich der Geschädigte (Auftraggeber) dem ausdrücklichen Ansinnen einer solchen Abmachung billigerweise hätte nicht versagen können.**[1184] Hieran fehlt es in der Regel, wenn der Schädiger eine Haftpflichtversicherung vorweisen kann[1185] oder eine solche im Rechtsverkehr üblich ist. Denn eine konkludente Haftungsbeschränkung würde andernfalls ausschließlich der Haftpflichtversicherung und nicht dem Geschädigten zugutekommen, was nicht dem maßgeblichen Willen der Beteiligten entsprechen dürfte.[1186] Da im Wege der ergänzenden Vertragsauslegung nur der Vertragsinhalt, nicht hingegen der Vertragswille ergänzt werden darf,[1187] ist dann kein Raum für einen konkludenten Haftungsausschluss.

Aufgrund dessen ist die **Haftpflichtversicherungsmöglichkeit des Sachverständigen,** der zugleich Handwerker ist oder individuell handwerkliche Vorarbeiten unter den Versicherungsschutz einbezogen hat, zu betrachten:

b) Berufshaftpflichtversicherung des Sachverständigen

aa) Einleitung

Die mit der Sachverständigentätigkeit einhergehende Haftungsgefahr macht deutlich, welche Bedeutung einer angemessenen Berufshaftpflicht zukommt. Dies gilt insbesondere dann, wenn ein Sachverständiger einen Auftrag trotz unzureichender Kenntnisse wissentlich oder unwissentlich übernimmt, da hierdurch das Haftungsrisiko unweigerlich erhöht wird. Da Vermögensschäden die weitaus häufigsten

---

1184 BGH Urteil v. 10.02.2009 – VI ZR 28/08; BGH Urteil v. 14.02.1978 – VI ZR 216/76; BGH Urteil v. 14.11.1978 – VI ZR 178/77; BGH Urteil v. 18.12.1979 – VI ZR 52/78; BGH Urteil v. 14.11.2002 – III ZR 87/02

1185 BGH Urteil v. 10.02.2009 – VI ZR 28/08; BGH Urteil v. 18.12.1979 – VI ZR 52/78; BGH Urteil v. 13.07.1993 – VI ZR 278/92; BGH Urteil v. 14.11.2002 – III ZR 87/02

1186 BGH Urteil v. 13.07.1993 – VI ZR 278/92; BGH Urteil v. 22.04.1953 – II ZR 143/52; BGH Urteil v. 01.02.1984 – VIII ZR 54/83; BGH Urteil v. 31.01.1995 – XI ZR 56/94; BGH Urteil v. 20.07.2005 – VIII ZR 397/03

1187 BGH Urteil v. 22.04.1953 – II ZR 143/52

Schäden darstellen, muss der Sachverständige darauf achten, dass auch diese unter den Versicherungsschutz fallen.

Bei allem Streben nach einem angemessen Schutz darf nicht außer Acht gelassen werden, dass ein Versicherungsschutz weder dem Grunde noch der Höhe nach unbegrenzt ausgestaltet sein kann. Denn jeder Versicherungsvertrag sieht Ausschlüsse vor bzw. der Versicherungsschutz ist maßgeblich durch die individuell vereinbarte Versicherungssumme begrenzt, § 3 Ziff. 3 AHB Verm (spezielle Versicherungsbedingungen für Vermögensschäden). So stellen die Haftpflichtversicherungen den Schädiger nach § 3 Ziff. 3 AHB Verm. nur einmal pro Schadensfall von der Haftung frei, unabhängig davon, ob mehrere Personen entschädigungspflichtig sind (lit. a) oder mehrere Verstöße zu dem Schaden geführt haben (lit.b). Auch ist ein umfassender Versicherungsschutz mit sehr hohen Versicherungsprämien verbunden, sodass eine Beschränkung auch von Versicherungsnehmern angestrebt wird.

bb) Vertragsverhältnisse und Rechtsverhältnisse

Ein jeder Haftpflichtversicherungsschutz setzt einen **Versicherungsvertrag** zwischen dem **Versicherer** und dem **Versicherungsnehmer** (hier der Sachverständige) voraus. Dieses Rechtsverhältnis wird als *Deckungsverhältnis* bezeichnet. Zwischen dem Geschädigten und dem Versicherungsnehmer besteht hingegen das *Haftpflichtverhältnis.*

Diese beiden Rechtsverhältnisse weisen keine Bindungswirkung auf (Trennungsprinzip) und müssen daher streng voneinander geprüft werden.[1188] Ebenso ist die Frage der Haftung und die des Bestehens bzw. des Umfangs der Haftpflichtversicherung voneinander zu trennen (materielles Trennungsprinzip).[1189]

Eine Legaldefinition des Versicherungsvertrages existiert nicht. Nach der Rechtsprechung des BGH ist hierunter allerdings ein Vertragsverhältnis zu verstehen, bei dem sich jemand **verpflichtet**, sich als Versicherer gegen **Entgelt**, einem Versicherungsnehmer eine vermögenswerte Leistung für den Fall eines **ungewissen Ereignisses** zu überbringen, wenn das damit übernommene wirtschaftliche Risiko auf eine Mehrzahl von **gleicher Gefahr** bedrohter Personen verteilt wird und die Risikoübernahme eine dem Gesetz der großen Zahl beruhenden **Kalkulation** zugrunde liegt.[1190]

Auch wenn beim Deckungsverhältnis das Prinzip der Privatautonomie herrscht und die Berufshaftpflichtversicherung des Sachverständigen keine Pflichtversicherung im rechtlichen Sinne darstellt, sieht § 14 Abs. 2 MSVO IHK für den öffentlich bestellten Sachverständigen aufgrund der nicht zu unterschätzenden Haftungsgefahr eine „*Soll-Vorschrift*" vor, nach der eine Haftpflichtversicherung in **angemessener**

1188 Vgl.: BGH Urteil v. 08.12.2010 – IV ZR 211/07; BGH Urteil v. 17.02.2014 – IV ZR 90/13 (hier auch zu Ausnahmen von dem Grundsatz)

1189 *Harsdorf-Gebhardt* r+s 2012, 261, 262; das prozessuale Trennungsprinzip bezeichnet die Trennung zwischen dem Haftpflichtprozess und dem Deckungsprozess

1190 BGH Urteil v. 16.03.1988 – IVa ZR 247/84

Höhe abgeschlossen und während der Bestellung die Versicherung auch aufrecht erhalten werden soll. Hierdurch wird nicht nur die finanzielle Unabhängigkeit des Sachverständigen präventiv geschützt, sondern ein allgemein schützender Charakter der Sachverständigenordnungen und deren generelle Wirkung für das komplette Sachverständigenwesen deutlich. Die Rechtsprechung geht daher wie selbstverständlich davon aus, dass der Sachverständige immer in angemessener Höhe versichert ist.[1191]

Eine **angemessene Versicherungssumme** richtet sich dabei nach dem Umfang der Inanspruchnahme des Sachverständigen und dem durchschnittlichen Wert der von ihm begutachteten Objekte.[1192]

cc) Versicherungsschutz

aaa) Rechtsquellen

Bei der Prüfung des Versicherungsschutzes sind neben den Regelungen des **Versicherungsvertragsgesetzes** (VVG), insbesondere die **Allgemeinen Versicherungsbedingungen für die Haftpflichtversicherung** (AHB) zu berücksichtigen. Daneben liegen **spezielle Versicherungsbedingungen für Vermögensschäden** (AHBVerm) und **besondere Bedingungen zur Haftpflicht u.a. für Sachverständige** (BBR) als besondere Regelungsgrundlagen vor, die zu beachten sind.[1193] Bei letzteren handelt es sich um **Bedingungswerke**[1194], die den besonderen Bedürfnissen des Sachverständigen gerecht werden und die Grenzen des Versicherungsschutzes näher regeln. Somit wird bereits jetzt deutlich, dass die Frage des Versicherungsschutzes eine komplizierte ist.

bbb) Anspruchsgrundlage

Nach § 81 VVG wird grundsätzlich jeder fahrlässig begangene Verstoß des Sachverständigen vom Versicherungsschutz abgedeckt. Im Falle einer grob fahrlässigen Falschbegutachtung kann es zwar nach § 81 Abs. 2 VVG zu einer Kürzung der Versicherungssumme seitens des Versicherungsgebers kommen. Nach § 103 VVG kommt es jedoch bei Haftpflichtversicherungen wiederum zu einer Erweiterung des Versicherungsschutzes, sodass auch grob fahrlässig herbeigeführte Schadensfälle versichert sind. Vorsätzlich verursachte Schäden sind wiederum nie versichert. Gleiches regelt § 4 Ziff. 5 AHBVerm (wissentliche Pflichtverletzungen).

Im Falle eines Schadensfalles hat ein Versicherungsschutz zur Folge, dass der Versicherungsnehmer aufgrund des Haftpflichtversicherungsvertrages von seinen

---

1191 OLG Frankfurt Beschluss v. 26.02.1998 – 18 U 50/95

1192 Vgl. Ziff. 15.10 der RL zur MSVO des Zentralverbandes des Deutschen Handwerks; *Bleutge* in Landmann / Rohmer GewO 70. Erg. Juni 2015 MSVO § 15.10

1193 PraxisHdb. Sachverständigenrecht / *Littbarski* § 40 Rdn. 8

1194 Diese Regelungen müssen individuell vereinbart werden

Verbindlichkeiten gegenüber dem Geschädigten befreit wird, § 100 VVG.[1195] Der Versicherer kann die ihm auferlegte Freistellungspflicht auf unterschiedliche Weise erfüllen. Er kann den Anspruch des Dritten anerkennen und befriedigen oder abwehren und den Haftpflichtprozess für den Versicherungsnehmer führen.[1196] Ein Direktanspruch des Geschädigten gegen die Versicherung besteht in der Regel nicht.

ccc) Gegenstand der Haftpflichtversicherung

Was Gegenstand der Haftpflichtversicherung ist und wo sich die einzelnen Grenzen befinden, hängt vom Einzelfall ab, denn hierbei kommt der Tätigkeit des Sachverständigen eine besondere Bedeutung zu.

Der Gegenstand der Haftpflichtversicherung ist allgemein unter § 1 der AHB geregelt. Nach § 1 Ziff. 1 der AHB muss während des Versicherungsschutzes ein **Schadensereignis eintreten** (Versicherungsfall = Zeitpunkt in dem der Fehler gemacht wird / Verstoßprinzip)[1197], das einen **Personen- und Sachschaden** oder einen **daraus ergebenden Vermögensschaden** zur Folge hat und aufgrund gesetzlicher Haftpflichtbestimmungen privatrechtlichen Inhalts von einem Dritten **Schadensersatz** gefordert wird. **Kurzum:** Ein Versicherungsschutz besteht dann, wenn ein Dritter während der Laufzeit des Versicherungsvertrages einen Schaden erleidet und den Versicherungsnehmer auf Schadensersatz ersucht.

(a) Echte und unechte Vermögensschäden

Vermögensschäden werden somit grundsätzlich unter den Versicherungsschutz aufgenommen. Dies ist auch sachgerecht, da diese die Regel darstellen. Allerdings sind nicht alle Vermögensschäden umfasst, sondern nur **unechte Vermögensschäden**. Nach den im Haftpflichtversicherungsrecht geltenden Grundsätzen werden hierunter die als Folge von Personen- und Sachschäden entstanden Vermögensschäden (**Vermögensfolgeschäden**) verstanden, während echte Vermögensschäden solche Schäden sind, die weder Personen- noch Sachschäden darstellen. Letztere fallen nicht unter den Versicherungsschutz. Daher gilt folgendes: Erbringt der Sachverständige eine fehlerhafte handwerkliche Bauteilöffnung, die nunmehr nicht mehr vollständig verschlossen werden kann, handelt es sich um einen unechten Vermögensschaden, der aus einem Sachschaden am Bauvorhaben resultiert. Ein Versicherungsschutz ist gegeben.

1195 PraxisHdb. Sachverständigenrecht / *Littbarski* § 40 Rdn. 14

1196 Vertiefend: *Harsdorf-Gebhardt* r+s 2012, 261, 267, 268

1197 Bei Betriebshaftpflichtversicherungen gilt hingegen das **Schadensereignisprinzip**: Schadensfall = Zeitpunkt in dem der Schaden eintritt. Aufgrund dessen besteht bei Berufshaftpflichtversicherungen auch das Spätschadensrisiko, da der Schaden erst später entstehen kann.

(b) Schadensersatzansprüche privatrechtlichen Inhalts

Weiterhin wird aus § 1 Ziff. 1 AHB deutlich, dass Gegenstand der Haftpflichtversicherung nur **Schadensersatzansprüche privatrechtlichen Inhalts** sein können. Hierunter fallen Schadensersatzansprüche aus Nebenpflichtverletzungen und deliktischer Art nach §§ 823 ff. BGB. Ebenfalls solche aus culpa in contrahendo (c.i.c.), sofern die Haftung allein wegen der schuldhaften Verletzung von Schutzpflichten bei Vertragsschluss entstanden ist.

§ 1 Ziff. 2 (1) und (2) AHB[1198] stellen folgerichtig klar, dass **vertragliche Erfüllungsansprüche** (Erfüllungsinteresse) nicht unter den Deckungsbereich der Haftpflichtversicherung fallen. Denn das Bewirken einer vertraglich versprochenen Leistung stellt offensichtlich keinen Schaden dar, da der Schuldner gerade eine Gegenleistung für die Erfüllung erhält. **Somit fallen Schadensersatzansprüche, die auf die Erfüllung des Primäranspruchs zielen oder Ersatzleistungen, die an die Stelle der Erfüllungsleistung treten, nicht unter den Versicherungsschutz**. Gleiches gilt auch für Sekundäransprüche wie den Rücktritt und die Minderung. Denn sowohl bei einem Rückgewährschuldverhältnis als auch bei einer „Reduzierung" der Gegenleistung liegt kein Schadensersatzanspruch vor.[1199] **Hiervon sind jedoch werkvertragliche Schadensersatzansprüche abzugrenzen, mit denen Folgeschäden geltend gemacht werden, die *eng* mit dem Werkmangel zusammenhängen.**[1200] Nach versicherungsrechtlichen Gesichtspunkten soll der Versicherungsnehmer gegen naheliegende Folgeschäden eines Werkmangels geschützt sein. So z.B., wenn eine Bauteilöffnung zu tief ausgeführt wird und dadurch eine Leitung beschädigt wird. Andernfalls wäre der Versicherungsschutz zwecklos. Mit dem Erfüllungsinteresse haben diese Folgeschäden nichts zu tun.

(c) Bearbeitungs- / Tätigkeitsklausel

Erschwerend kommt aber hinzu, dass nach der **Bearbeitungs- / Tätigkeitsklausel der Ziff. 7.7 Abs. 1 AHB** kein Versicherungsschutz vorliegt, wenn Schäden an fremden Sachen und Vermögensfolgeschäden entstehen. Daher fallen unter die Berufshaftpflichtversicherung nicht solche Schäden, die durch eine **betriebliche bzw. berufliche Tätigkeit** (Bearbeitung, Reparatur, ...) **des Versicherungsnehmers an dem Bearbeitungsobjekt entstanden sind**. Bei **unbeweglichen Sachen** (wie Immobilien) gilt dieser Ausschluss nur insoweit, wenn die bearbeiteten Sachen oder Teile **unmittelbar von der Tätigkeit betroffen sind.**[1201] Hierfür muss *objektiv* eine nahe räumliche, also körperliche Beziehung der durchgeführten gewerblichen Tätigkeit zu der beschädigten Sache (Auftragsgegenstand) bestehen und *subjektiv*

1198 Vgl. hier insbesondere: § 4 Ziff. 13 AHBVerm, unter § 4 werden auch weitere Ausschlüsse geführt, § 3 und 5 sieht weitere zeitliche Ausschlussgründe vor – Beginn und Ende des Versicherungsschutzes und rechtzeitige Versicherungsfallanzeige

1199 PraxisHdb. Sachverständigenrecht / *Littbarski* § 40 Rdn. 27

1200 Erstmals: BGH Urteil v. 13.05.1981 – IVa ZR 96/80

1201 Hierzu: BGH Urteil v. 03.05.2000 – IV ZR 172/99

bewusste und gewollte Einwirkung auf die Sache stattgefunden haben.[1202] Wobei für die Frage, auf welche Sachen die Einwirkung des Unternehmers abzielte, die Verkehrsanschauung maßgeblich ist.[1203] Sachen die nur in den Wirkungsbereich einer gewerblichen Tätigkeit und deren Gefahren ausgesetzt sind, werden dem **Tätigkeitsobjekt** nur dann **gleich gestellt**, wenn die Einwirkung durch die Tätigkeit ***zwangsläufig*** ist.[1204]

(d) Welche Bedeutung hat dies für eine Bauteilöffnung?

Werden bei einer Bauteilöffnung Schäden verursacht, die von der Einwilligung des Verfügungsberechtigten nicht mehr gedeckt sind, wie bspw. Beschädigungen von Leitungen, handelt es sich um keinen Erfüllungsschaden, sondern um einen **Begleitschaden *anlässlich der Erfüllung* des werkvertraglichen Auftrages** (Bauteilöffnung). Die Tätigkeitsklausel ist nicht einschlägig, da die Leitungen nicht **unmittelbar** Gegenstand der gewerblichen Tätigkeit waren.[1205] Auch sind sie nicht zwangsläufig von einer Bauteilöffnung betroffen. Deshalb greift weder die Tätigkeitsklausel noch kommt es zu einer Gleichsetzung. Es handelt sich vielmehr um einen Folgeschaden der lediglich *eng* mit dem Werkmangel zusammenhängt.[1206] Ein Schadensersatzanspruch privatrechtlicher Art kann geltend gemacht werden. Ein Versicherungsschutz besteht, wenn handwerkliche Tätigkeiten mit in den Versicherungsschutz aufgenommen sind.[1207] Bei Sachverständigen, die zugleich ein Handwerk ausüben, ist dies der Fall.

dd) Zwischenergebnis

Da ein Versicherungsschutz, wie gesehen, die Regel darstellen soll und nahezu alle Schadensrisiken, abgesehen vom Erfüllungsinteresse, zumindest durch einen individuellen Versicherungsschutz abgedeckt sind, ist **kein Raum für einen konkludenten Haftungsausschluss**.

9. Haftungsbeschränkungen durch Gründung einer GmbH

Eine weitere Möglichkeit der Haftungsbeschränkung ist das Gründen einer Gesellschaft mit beschränkter Haftung (GmbH). Dies gilt nicht nur für Sachverständige. Treten Privatsachverständige jedoch in Form einer GmbH am Markt auf, kommt der Sachverständigenvertrag nur zwischen dem Auftraggeber und der GmbH

1202 BGH Urteil v. 05.06.1961 – II ZR 42/59; *Harsdorf-Gebhardt* r+s 2012, 261, 264
1203 BGH Urteil v. 07.12.1959 – II ZR 166/58
1204 Vgl.: OLG Frankfurt Urteil v. 11.01.2006 – 7 U 169,04; von Rintelen, IBR 2007, 104 (Urteilskommentierung)
1205 OLG Celle Urteil v. 21.01.1963 – 1 U 172/62
1206 Erstmals: BGH Urteil v. 13.05.1981 – IVa ZR 96/80
1207 Vgl.: OLG Frankfurt Urteil v. 11.01.2006 – 7 U 169,04; von Rintelen, IBR 2007, 104 (Urteilskommentierung)

zustande.[1208] Die GmbH ist nach §§ 11 Abs. 1, 13 Abs. 1 GmbHG als juristische Person rechtsfähig. Die Folge ist, dass der Auftraggeber seine Ansprüche auch nur gegen die GmbH geltend machen kann. Das Verschulden des handelnden Sachverständigen wird der GmbH nach § 31 BGB zugerechnet, sofern er ein *Organ* der GmbH ist. Davon ist in der Regel auszugehen, denn der Organbegriff ist sehr weit zu fassen. Es wird lediglich verlangt, dass ein *„wichtiger Aufgabenbereich auf den Funktionsträger übertragen wird"*[1209]. Das ist bei der Erbringung einer Sachverständigenleistung für eine Sachverständigen-GmbH problemlos der Fall.

Wenn Sachverständigenleistungen im Namen einer Sachverständigen-GmbH erbracht werden, muss darauf geachtet werden, dass die **Haftpflichtversicherung angemessen hoch** ist. Dies ist der Fall, wenn die Höchsthaftungsgrenze der GmbH deutlich über der angemessenen Haftungshöchstgrenze des einzelnen Sachverständigen des Zusammenschlusses liegt.[1210] Dies gilt selbst dann, wenn der Sachverständige in Form einer Ein-Personen-GmbH nach § 5a GmbHG seine Sachverständigentätigkeiten ausübt. Auch in diesem Fall kommt der GmbH eine entsprechende Versicherungspflicht zu.[1211]

Überdies ist zu beachten, dass dem Sachverständigen, der als Geschäftsführer oder als einfacher Gesellschafter hinter der juristischen Person steht, auch hier eine Durchgriffshaftung drohen kann. Dies ist gegeben, wenn ein Sachverständiger einer GmbH **in besonderem Maße persönliches Vertrauen in Anspruch nimmt**, indem er bspw. mit seiner persönlichen öffentlichen Bestellung wirbt oder wenn er ein unmittelbar eigenes wirtschaftliches Interesse verfolgt.[1212]

Die Sachverständigen-GmbH haftet zwar nur mit ihrem eigenen Vermögen, aber aufgrund des Versicherungsschutzes und dem Umstand, dass die GmbH in den Vordergrund zu stellen ist, gehen mit dieser Variante der Haftungsbeschränkung auch erhebliche Nachteile einher. Insbesondere ist zu beachten, dass die **GmbH** Sachverständigentätigkeit **nur im außergerichtlichen Bereich** erbringen darf, da der **gerichtliche Sachverständige von Gesetzes wegen immer eine natürliche Person sein muss, § 410 ZPO**.

10. Mitverschulden nach § 254 BGB als Haftungsbeschränkung

Jede vertragliche und deliktische Haftung steht immer unter dem **Vorbehalt der teilweisen Schadenskürzung in Folge eines Mitverschuldens** des Auftraggebers (Geschädigten). Auch wenn § 254 BGB eine Vorschrift des Schadensrechts ist, ist ihr Rechtsgedanke über den Grundsatz von Treu und Glauben (§ 242 BGB) auf

1208 OLG Köln Urteil v. 21.06.2002 – 19 U 166/01

1209 Palandt / *Ellenberger* BGB 75. Aufl. § 31 Rdn. 8

1210 Vgl. Ziff. 21.2.2 der RL zur MSVO des Zentralverbandes des Deutschen Handwerks

1211 Vgl. Ziff. 21.2.1 der RL zur MSVO des Zentralverbandes des Deutschen Handwerks

1212 So das OLG Nürnberg Beschluss v. 21.01.2008 – 6 U 2208/07 (Anwalts-GmbH)

alle Mängelrechte anwendbar.[1213] Ein Mitverschulden liegt dann vor, wenn die Sorgfalt außer Acht gelassen wird, die jedem ordentlichen und verständigen Menschen obliegt, um sich vor einem vorhersehbaren Schaden dem Grunde nach (Abs. 1) bzw. der Höhe nach (Abs. 2) zu schützen.[1214] **Ein Mitverschulden des Geschädigten nach § 254 BGB kann somit eine Haftungsbeschränkung nach sich ziehen.**[1215]

Allerdings kann dem Auftraggeber gegenüber einem Sachverständigen nicht ohne weiteres ein Mitverschulden vorgeworfen werden. Denn bspw. im Falle der Begutachtung von Mängeln gilt: Hätte der Auftraggeber bei der Anwendung der ihm obliegenden Sorgfalt die Mängel an Gewerken auch ohne einen Sachverständigen erkennen oder Folgeschäden abwenden können[1216], kann selbst dann ein Mitverschulden hieraus nicht begründet werden.[1217] **Jeder Auftraggeber darf auf die besondere Sachkunde des Sachverständigen vertrauen, ohne dass hieraus Nachteile erwachsen.**

Dies gilt nur dann nicht, wenn der Auftraggeber *wissentlich* gegen eine Pflicht oder eine Obliegenheit gegenüber dem Sachverständigen verstoßen hat[1218] und das Gutachten dadurch inhaltlich falsch bzw. unvollständig wird, aber es trotzdem verwendet wird. In einem solchen Fall kann es zu einer Kürzung des Schadensersatzanspruchs nach § 254 BGB oder zum völligen Ausschluss kommen.[1219] So auch in den beiden folgenden Fällen: Hält der Auftraggeber dem Sachverständigen bewusst Informationen vor und veranlasst somit die Erstattung eines objektiv falschen Gutachtens zumindest mit oder hätte der Auftraggeber einen Schaden verhindern oder mindern können, da ihm ein Rücktrittsrecht zustand, von dem er ohne ersichtlichen Grund keinen Gebrauch machte,[1220] kommt dem Auftraggeber ein Mitverschulden zu. Dies wiederum gilt dann nicht, wenn der Sachverständige die Unrichtigkeit bzw. Unvollständigkeit der Unterlagen aufgrund seiner besonderen Sachkunde hätte erkennen können. Nun bedarf es einer Abwägung der jeweiligen Verschuldensvorwürfe.[1221]

Widerruft der Sachverständige die **inhaltliche Richtigkeit seines Gutachtens**, bevor der Auftraggeber im Vertrauen auf Richtigkeit eine Entscheidung

---

1213 Vgl.: BGH Urteil v. 04.03.1971 – VII ZR 204/69; BGH Urteil v. 22.03.1984 – VII ZR 50/82

1214 BGH Urteil v. 29.01.1969 – I ZR 18/6

1215 Im Ergebnis: BGH Urteil v. 04.03.1971 – VII ZR 204/69; BGH Urteil v. 22.03.1984 – VII ZR 50/82

1216 BGH Urteil v. 02.11.1983 – IV a ZR 20/82; BGH Urteil v. 10.11.1994 – III ZR 50/94

1217 Vgl. bspw. BGH Urteil v. 12.03.1986 – IVa ZR 183/84; BGH Urteil v. 19.12.1991 – IX ZR 41/91; BGH Urteil v. 24.06.1993 – IX ZR 216/92; *Zimmermann* DS 2007, 286, 296: begrenzt die eingeschränkte Anwendung des § 254 BGB nur auf „Beratungen" des Sachverständigen

1218 Allgemein: BGH Urteil v. 27.11.2008 – VII 206/06

1219 So z.B. bei BGH Urteil v. 14.11.2000 – X ZR 203/98

1220 BGH Urteil v. 14.11.2000 – X ZR 203/98

1221 OLG Brandenburg Urteil v. 20.03.2003 – 12 U 14/02 (Architektenverschulden)

getroffen hat, kann der Sachverständige auch durch einen solchen Widerruf seine Haftung beschränken oder ausschließen. Denn wenn der Auftraggeber das Gutachten trotz des Widerrufs zur Entscheidungsgrundlage macht und hierdurch einen Schaden erleidet, haftet der Sachverständige aufgrund des Mitverschuldens des Auftraggebers nicht.[1222] Er muss aber dafür sorgen, dass das Gutachten an ihn zurückgegeben wird, da andernfalls eine Rechtsscheinhaftung entstehen kann. Dies ist vergleichbar mit der Situation, dass jemand eine Vollmachtsurkunde erhalten hat und die Vollmacht widerrufen wurde. Hier bedarf es auch einer Rücknahme der Urkunde, da andernfalls eine Vollmacht kraft Rechtsschein entstehen kann.

Daneben muss sich ein Geschädigter auch ein **Mitverschulden eines** von ihm **eingesetzten Erfüllungsgehilfen über §§ 254 Abs. 2 Satz 2, 278 BGB** zu seinen Lasten zurechnen lassen. Entscheidend ist jedoch, dass der Dritte Vertragspflichten bzw. die Obliegenheiten des Geschädigten gegenüber dem Sachverständigen ungenügend erfüllt. Andernfalls wird ein Mitverschulden des Erfüllungsgehilfen *nicht* zugerechnet. Ein Mitverschulden eines weiteren Sachverständigen kann dem Auftraggeber nie zugerechnet werden[1223], da der Auftraggeber einen Sachverständigen zu keiner Zeit überwachen muss.

11. Haftungsbeschränkung bei drittgerichteten Gutachten

Bei drittgerichteten Gutachten bedarf es in der Regel einer Haftungsbeschränkung, denn der Sachverständige haftet nicht nur gegenüber seinem eigentlichen Auftraggeber für die gewissenhafte Erbringung seiner Sachverständigenleistung, sondern auch gegenüber Dritten. Letztere müssen aber vorhersehbar und erkennbar in Kontakt zu dem Gutachten kommen und im Vertrauen auf die Richtigkeit des Gutachtens Entscheidungen treffen.

a) Schriftform und hinreichend klare Bestimmung des Vertragsinhalts

Im Sinne einer Haftungsbeschränkung bedarf es zunächst einer genauen *Bestimmung des Vertragsgegenstandes* und der vertraglichen Pflichten.[1224] Diese sind schriftlich zu fixieren, um am Ende gegenüber Dritten für das Fehlen von Leistungen, die vertraglich nie geschuldet waren, nicht haften zu müssen.

b) Beschränkung der Verkehrsfähigkeit

Der Sachverständige kann darüber hinaus auch die Verkehrsfähigkeit des Gutachtens durch eine **Individualvereinbarung** oder durch eine **AGB-Klausel** ausschließen. Dies geht selbst dann, wenn die Haftung *gegenüber nicht namentlich im Vertrag genannter Dritter* ausgeschlossen werden soll. Denn es unterliegt der

1222 KG Urteil v. 13.03.1995 – 16 U 5945–93
1223 OLG Karlsruhe Urteil v. 19.10.2004 – 17 U 107/04 (Werkunternehmer)
1224 so auch *Zimmermann* DS 2007, 286, 289

Vertragsfreiheit und der freien Disposition der vertragschließenden Parteien, ob und welche *Dritte* in den Schutzbereich des von ihnen geschlossenen Vertrages einbezogen werden. Anderseits besteht auch keine gesetzliche Pflicht Dritte in den Schutzbereich eines Vertrages aufzunehmen. Wurde die AGB-Klausel wirksam in den Vertrag einbezogen, ergeben sich keine AGB-rechtliche Bedenken. Es wird nur der Personenkreis begrenzt, dem gegenüber das Gutachten gelten und gegenüber dem gehaftet werden soll.[1225] Eine solche Haftungsbegrenzung ist rechtlich völlig unbedenklich.[1226] Allerdings muss der Sachverständige auf eine solche Beschränkung auch im Gutachten hinweisen.

Der Privatsachverständige ist allerdings darauf angewiesen, dass der Auftraggeber einer solchen Beschränkung zustimmt. Kommt es dazu nicht, weil der Auftraggeber auf einer unbegrenzten Verkehrsfähigkeit des Gutachtens besteht, hat der Sachverständige die Möglichkeit, das Honorar dem erhöhten Haftungsrisiko anzupassen.

c) Rechtsgedanken des § 334 BGB

Daneben ist auch immer an den **Rechtsgedanken des § 334 BGB** zu denken, der auf Verträge mit Schutzwirkung zugunsten Dritter Anwendung findet.[1227] Hiernach kann der Sachverständige dem einbezogenen Dritten dieselben Einwendungen entgegenhalten, wie seinem eigentlichen Vertragspartner. Gerade gesetzliche und vertragliche Haftungsbeschränkungen wirken so auch zu Lasten des Dritten, sofern sie wirksam sind.[1228] Auch ein Mitverschulden des Auftraggebers muss ein Dritter, der in den Schutzbereich einbezogen worden ist, gegen sich gelten lassen.[1229] Dies trifft auch umgekehrt zu. Denn ist der einbezogene Dritte gegenüber einer Partei aus dem Rechtsverhältnis schadensersatzpflichtig, erlangt der zwischen den Parteien vereinbarte Haftungsausschluss ebenfalls Geltung.[1230]

Das Vorstehende gilt jedoch dann nicht, wenn der Rechtsgedanke des § 334 BGB stillschweigend abbedungen worden ist, was bei Sachverständigenverträgen die Regel darstellt. Denn nach ständiger Rechtsprechung gilt dies selbst im Falle einer ausdrücklich anderslautenden Vertragsklausel.[1231]

Der Sachverständige ist durch die Abbedingung allerdings keinem unzumutbaren Haftungsrisiko ausgesetzt, da er sein Gutachten ohnehin entsprechend der

---

1225 OLG Hamm Urteil v. 29.05.2013 – 12 178/12

1226 OLG Hamm Urteil v. 29.05.2013 – 12 178/12

1227 Palandt / *Grüneberg* BGB 75. Aufl. § 328 Rdn. 20

1228 BGH Urteil v. 15.06.1971 – VI ZR 262/69; OLG Oldenburg Urteil v. 09.09.1997 – 9 U 36–97; OLG Köln Urteil v. 04.06.1986 – 13 U 270/85; Palandt / *Grüneberg* BGB 75. Aufl. § 328 Rdn. 20

1229 BGH Urteil v. 10.11.1994 – III ZR 50/94; BGH Urteil v. 13.02.1975 – VI ZR 92/73

1230 Palandt / *Grüneberg* BGB 75. Aufl. § 328 Rdn. 20

1231 BGH Urteil v. 28.02.1977 – II ZR 52/75; a.A.: *Bleutge* in Landmann / Rohmer GewO 70. Erg. Juni 2015, § 36 Rdn. 39

Kardinalspflichten erstatten muss und sich dabei nicht von äußeren Umständen leiten lassen darf. So ist es auch angezeigt, dass der Sachverständige gegenüber einem einbezogenen Dritten voll haften muss. Dem Auftraggeber stehen im Gegenzug dann keine Ansprüche zu, wenn dieser den Sachverständigen arglistig getäuscht und er so ein inhaltlich falsches Gutachten mit zu verantworten hat.

12. Zwischenergebnis

Der **Privatsachverständige** kann seine Haftung nur für fahrlässiges schadenbegründetes Verhalten beschränken.

Durch AGB kann der Sachverständige seine Haftung für **fahrlässiges Fehlverhalten** beschränken. Sollen Kardinalspflichten unter die Haftungsbeschränkung gefasst werden, kann muss die Haftungsklausel zusätzlich **der Höhe nach auf „vorhersehbare Schäden"** und **„vertragstypische Schäden"** beschränkt werden. Da für Unvorhersehbares grundsätzlich keine Einstandspflicht besteht, der Sachverständige die vorhersehbaren und vertragstypischen Schäden beziffern kann und Fehleinschätzungen zu seinen Lasten gehen, existiert im Ergebnis keine Schnittstelle, für die er **nicht** haften muss. Die Haftungsbeschränkung für Kardinalspflichtverletzungen durch AGB läuft daher ins Leere.

Der Privatsachverständige kann daneben durch **Hinweise** im Gutachten die Haftung effektiv beschränken. Ebenso stellt ein **schriftlicher Vertragsschluss**, der den Umfang der zu erbringenden Pflichten darlegt, eine der einfachsten, aber effektivsten Haftungsbeschränkungen dar.

Bei Haftungsbeschränkungen gegenüber Dritten kann der Privatsachverständige die Verkehrsfähigkeit und auch den Personenkreis einschränken und so seine Haftung effektiv reduzieren. Ist das Gutachten verkehrsfähig, ist **§ 334 BGB** in der Regel stillschweigend abbedungen. D.h., der Sachverständige kann dem Dritten keine „vertraglichen" Einwendungen entgegen halten.

II. Gerichtlicher Sachverständiger

Bei gerichtlichen Sachverständigen stellt sich die Frage, ob diese, ähnlich wie Privatsachverständige, Haftungsbeschränkungen bzw. -ausschlüsse mit den Parteien vereinbaren können, sofern es um die Haftung nach § 823 Abs. 1 BGB geht.

Dieses Themenfeld ist bis dato von der Rechtsprechung wie in der Literatur kaum bis gar nicht behandelt worden. So wird vereinzelt lapidar vorgeschlagen, dass die Parteien sich mit der Beschränkung der Haftung des Sachverständigen entsprechend § 839a BGB einverstanden erklären sollen[1232] und dass die Parteien mit dem Sachverständigen die Haftung allgemein beschränken könnten.[1233] Wie

---

1232 *Liebheit* BauR 2008, 1510, 1514, um Haftung des gerichtlichen Sachverständigen zu beschränken. Wie und mit welchen Grenzen dies erfolgen soll, wird nicht gesagt.

1233 *Praun* BauR 2013, 1938, 1945

und unter welchen Grenzen dies möglich sein soll, wird allerdings nicht thematisiert. Die Frage der Zulässigkeit des Haftungsausschlusses eines gerichtlichen Sachverständigen ist aber von praktischer Bedeutung. Manche Sachverständige verlangen vor ihrer gerichtlichen Begutachtung (Bauteilöffnung), dass die Parteien einen Schriftsatz mit der Überschrift *„Unterzeichnung des Haftungsausschlusses"* mit nachfolgender Haftungsbeschränkung unterschreiben, wobei die Unterschrift seitens des Sachverständigen zur faktischen Bedingung dafür gemacht wird, dass es überhaupt zu einem Ortstermin und zu einer Bauteilöffnung kommt:

> *„Eine Haftung des Sachverständigen für die durch die auszuführenden Arbeiten entstehenden Schäden wird, soweit gesetzlich zulässig, ausgeschlossen. Soweit sich der Sachverständige eines Drittunternehmers bedient und gegen diesen vertragliche Schadensersatzansprüche bestehen, tritt der Sachverständige diese an den Geschädigten ab."*
>
> *LG Köln – 7 OH 2/13(nicht veröffentlicht)*

Nachdem das Landgericht Köln im vorliegenden Fall die Zweifel der Parteien an der Zulässigkeit des Haftungsausschlusses zur Kenntnis nahm, löste die beweisbelastete Partei das Problem pragmatisch, indem sie den Haftungsausschluss unterschrieb, damit das selbstständige Beweisverfahren fortgesetzt werden konnte. Aus mehreren Gründen war die Unterzeichnung des Haftungsausschlusses jedoch nicht angebracht. Denn Haftungsbeschränkungen können nur vertraglich vereinbart werden[1234], es sei denn sie sind bereits von Gesetzes wegen vorgesehen. Beide Anwendungsfälle sind nicht eröffnet.

Im Einzelnen:

1. Keine vertragliche Haftungsbeschränkung

Die Haftung nach § 823 Abs. 1 BGB kann durch eine vertragliche Vereinbarung mit dem Eigentümer beschränkt oder ausgeschlossen werden.[1235] Lediglich die Haftung nach § 839a BGB kann seitens des gerichtlichen Sachverständigen nicht ausgeschlossen werden,[1236] unabhängig davon, ob eine vertragliche Haftungsbeschränkung hätte vereinbart werden können. Hier kann, wie bei §§ 823 ff. BGB, lediglich die Unrichtigkeit eines Gutachtens durch einen „Hinweis" verhindert (vgl. **K. I. 6**) oder die Haftung durch ein Mitverschulden eines Dritten reduziert werden (vgl. **K. I. 10**).

Bei der Beantwortung der Frage der Zulässigkeit einer vertraglichen Haftungsbeschränkung ist zunächst nochmals in Erinnerung zu rufen, dass zwischen dem Sachverständigen und den Parteien eines ordentlichen Rechtsstreits **keine vertragliche Beziehung** besteht. Der Bestellung des gerichtlichen Sachverständigen liegt ausschließlich eine **öffentlich-rechtliche Rechtbeziehung eigener Art**

1234 Vgl. *Bleutge* in Landmann / Rohmer GewO 70. Erg. Juni 2015 § 36 Rdn. 39
1235 Palandt / *Sprau* BGB 75. Aufl. Einf v § 823 Rdn. 20, 21
1236 *Bleutge* in Landmann / Rohmer GewO 70. Erg. Juni 2015 MSVO § 15.2

zugrunde.[1237] Die inhaltliche Ausgestaltung dieser Rechtsbeziehung richtet sich ausschließlich nach dem jeweiligen Verfahrensrecht[1238] und den allgemeinen Sachverständigenrechten und -pflichten, sodass sich die zu beachteten Pflichten und Rechte des gerichtlichen Sachverständigen allein aus dem Zivilprozessrecht ergeben und nicht individuell vereinbart werden können. So ist der gerichtliche Sachverständige bspw. der gesetzlichen Pflicht nach § 407 ZPO zur Gutachtenerstattung ausgesetzt, ohne dass ihm ein allgemeines Ablehnungsrecht des Auftrages zukommt. Die Berechtigung zum Abschluss eines Haftungsausschlusses sieht die ZPO allerdings nicht vor. Auch die Vergütung des Sachverständigen folgt nach § 413 ZPO zwingend den Vorgaben des JVEG. Eine Modifikation dieser ist nur unter Berücksichtigung der strengen Voraussetzungen des § 13 JVEG möglich. D.h. Dispositionsmöglichkeiten bestehen nur dann, wenn sie von Gesetzes wegen eingeräumt werden. Das geht soweit, dass die Sachverständigen eine Vergütung nicht vereinbaren können, obwohl das JVEG auf das übernommene Haftungsrisiko im Einzelfall keine Rücksicht nimmt.[1239]

Kurzum: Die Bestellung des gerichtlichen Sachverständigen ist der Privatautonomie gänzlich entzogen, da keine vertragliche Beziehung besteht. Die Pflichten, Rechte und die Vergütung sind vorgegeben und können vertraglich nicht modifiziert werden.[1240] Die Möglichkeit eines Haftungsausschlusses oder einer -beschränkung ist nicht vorgesehen.[1241] Die Durchführung seiner öffentlich-rechtlichen Aufgaben wird nur in strengen Ausnahmefällen zur Disposition gestellt. Andernfalls könnte er auch im Verhältnis zu den Parteien die Bedingungen seiner Tätigkeit selbst bestimmen.

Da die Tätigkeit des gerichtlichen Sachverständigen der Privatautonomie entzogen ist, wurde u.a. auch der **§ 839a BGB** eingeführt. Dieser stellt eine Regelung dar, die dem hypothetischen Vertragsinhalt und der Haftungslage entsprechen soll, wie Parteien eines Gutachtenauftrages es gewöhnlich aushandeln würden.[1242] Hierbei wird deutlich, dass eine vertragliche Haftungsbeschränkung per se ausgeschlossen ist, sonst hätte der Gesetzgeber die Haftungsprivilegierung nicht schaffen müssen.

Daneben wäre eine Befugnis des gerichtlichen Sachverständigen zur vertraglichen Haftungsbeschränkung auch rechtlich bedenklich. Das obige Beispiel zeigt, dass der Sachverständige in der Lage wäre, die Durchführung des Ortstermins an die Unterzeichnung des Haftungsausschlusses zu knüpfen, obwohl er zu diesem Zeitpunkt zweifelsohne nach § 407 ZPO zur Durchführung des Ortstermins verpflichtet ist. Würde ein Privatsachverständiger die Unterzeichnung eines unerwünschten Haftungsausschlusses verlangen, hätte dies zur Folge, dass der Auftraggeber einen

1237 Vgl. oben G. II. 1 und 2.

1238 *Henkel* BauR 2003, 1650, 1654

1239 Im Ergebnis: MüKo / *Wagner* BGB § 839a Rdn. 4

1240 MüKo / *Wagner* BGB § 839a Rdn. 4

1241 *Bleutge* in Landmann / Rohmer GewO 70. Erg. Juni 2015 § 36 Rdn. 34a

1242 Gründe für § 839a BGB: MüKo / *Wagner* BGB § 839a Rdn. 4; *Wagner / Thole* FPR 2003, 521

anderen Sachverständigen beauftragen würde. Dies ist im gerichtlichen Verfahren nicht möglich. Verlangt der gerichtliche Sachverständige dennoch einen vertraglichen Haftungsausschluss, müssen die Gerichte konsequent einschreiten. Letzteres ist aber leider die Ausnahme.

2. Keine gesetzliche Haftungsprivilegierung gemäß § 839a BGB analog

Eine **gesetzliche Haftungsprivilegierung** steht dem gerichtlichen Sachverständigen ebenfalls nicht zu. Insbesondere findet die gesetzliche Haftungsprivilegierung der §§ 839a, 839 Abs. 2 BGB auf §§ 823 ff. BGB keine entsprechende Anwendung. Bei § 839a BGB handelt es sich um eine **Sondernorm**, die bewusst nur auf Schäden, als Folge eines falschen Gutachtens für eine gerichtliche Entscheidung Anwendung findet.[1243] Es fehlt bereits an einer planwidrigen Regelungslücke. Hinzu kommt, dass das Haftungsprivileg des § 839 Abs. 2 BGB in Bezug auf den gerichtlichen Sachverständigen keinen allgemein gültigen Grundsatz darstellt. Denn selbst vier von acht Richtern des BVerfG äußerten bei der Grundsatzentscheidung in Folge der Wiegand Entscheidung des BGH erhebliche Zweifel an der Rechtmäßigkeit der nun gesetzlichen Haftungsprivilegierung in § 839a BGB. Dem gerichtlichen Sachverständigen kommt somit außerhalb des Anwendungsbereichs des § 839a BGB keine gesetzliche Haftungsprivilegierung zu.

Ob das Ergebnis, dass der gerichtliche Sachverständige seine Haftung vertraglich nicht beschränken und auch seine Vergütung dem Haftungsrisiko nicht anpassen darf, fair ist, kann bezweifelt werden. Allerdings dürfen gesetzliche Unzulänglichkeiten nicht dazu führen, dass sich Sachverständige neben das Gesetz stellen. Die Rechtssicherheit wäre in hohem Maße gefährdet.

3. Haftungsbeschränkung durch vorheriges Gutachten

Vereinzelt wird vertreten,[1244] dass der gerichtliche Bausachverständige im Vorfeld von Substanzeingriffen ein Gutachten über die Erforderlichkeit und Risiken des Eingriffes erstatten soll. Durch eine anschließende Verfügung des Gerichts käme es dann zu einer Beschränkung der Haftung, da der Anwendungsbereich des § 839a BGB eröffnet sei und der Sachverständige nur noch für grobe Fahrlässigkeit und Vorsatz hafte.

Dem steht der Sinn und Zweck des § 839a BGB entgegen. Der Anwendungsbereich des § 839a BGB würde auf unmittelbare Begleitschäden ausgedehnt werden. Dies widerspricht jedoch dem Ausnahmecharakter des § 839a BGB. Es verwundert auch, dass das alleinige Lesen des Gutachtens durch einen Richter, zumeist ein

1243 Im Ergebnis auch: *Hopt* JZ 1974, 551, 552; *Damm* JuS 1976, 359 f.
1244 *Liebheit* BauR 2008, 1510, 1514

technischer Laie, dazu führen soll, dass der Experte nur noch beschränkt haftet. Es liegt eine ähnliche Situation vor, als wenn ein Handwerker seinem Auftraggeber seine Ausführungsplanung zur Freigabe vorlegt. Mangels technischer Kenntnisse kommt der Freigabe ebenfalls nicht der Charakter einer Haftungsbeschränkung zu. Der Anwendungsbereich des § 839a BGB kann nicht zu seinen Gunsten erweitert werden.

4. Haftungsprivilegierung durch Regressbehinderung

Selbst für den Fall, dass man dem gerichtlichen Sachverständigen das Recht des Abschlusses der vertraglichen Haftungsprivilegierung zusprechen würde, hätte dies nicht zur Folge, dass er haftungsrechtlich besser gestellt wäre. Denn eine vertragliche Haftungsprivilegierung hätte nur auf das Verhältnis zwischen dem Sachverständigen und den Parteien Auswirkungen. In Bezug auf die Bauteilöffnung gilt allerdings folgendes:

Haben Hilfskräfte des Sachverständigen oder die beweisbelastete Partei an der Bauteilöffnung und dem Schadenseintritt mitgewirkt, kann der Geschädigte (Eigentümer, Partei oder Dritter) gegenüber dem privilegierten (Sachverständigen) und nicht privilegierten Schädiger (Hilfskraft bzw. beweisbelastete Partei) im Rahmen einer Gesamtschuld Schadensersatzansprüche geltend machen. Beide Gesamtschuldner haften dem Geschädigten im Außenverhältnis dann für den vollen Schadensumfang. Dem Geschädigten steht ein **Wahlrecht** zu, welchen der beiden Schädiger er in Anspruch nimmt, §§ 421, 422 BGB (**Paschastellung des Gläubigers**). Der Ausgleich zwischen den beiden Schädigern im Innenverhältnis richtet sich wiederum nach § 426 Abs. 1 Satz 1 BGB.

Nun besteht aber das Problem, dass der privilegierte Sachverständige aufgrund der vertraglichen Haftungsprivilegierung nur begrenzt gegenüber dem Geschädigten haftet. Hat der nicht-privilegierte Schädiger den Schaden komplett ersetzt, kann dieser den Sachverständigen hinsichtlich dessen Mitwirkungsbeitrages grundsätzlich nicht in Regress nehmen. Denn es liegt ein Fall der **Regressbehinderung durch Haftungsprivilegierung** vor. Da diese jedoch aufgrund einer vertraglichen Haftungsprivilegierung zustande kommt, wird einheitlich folgende Lösung vertreten: Hat der nicht privilegierte Schädiger den vollen Ersatz geleistet, kann er im Wege einer ***fingierten Gesamtschuld*** Regress gegenüber dem privilegierten Schädiger nehmen[1245], auch wenn der privilegierte Schädiger hierdurch schlechter gestellt wird, als wenn er den Schaden allein verursacht hätte. Es kommt so zu einem ***Regresskreisel***. Der gerichtliche Sachverständige muss daher auch im Falle eines vertraglichen Haftungsausschlusses voll für seine Fehler einstehen, spätestens im Rahmen des gesamtschuldnerischen Haftungsausgleichs.

1245 BGH Urteil v. 03.02.1954 – VI ZR 153/52; BGH Urteil v. 09.03.1972 – VII ZR 178/70

5. Zwischenergebnis

Der gerichtliche Sachverständige kann seine Haftung vertraglich nicht beschränken, da seine **Tätigkeit in Gänze der Privatautonomie entzogen** ist. Selbst wenn er vertragliche Haftungsbeschränkungen abschließen könnte, wäre er nicht vor einem Regress im Rahmen des gesamtschuldnerischen Haftungsausgleichs bewahrt.

Die deliktische Haftung des gerichtlichen Sachverständigen kann jedoch maßgeblich durch **Hinweise im Gutachten** (bei § 839a BGB) und durch ein **Mitverschulden Dritter** beschränkt werden (bei §§ 823 ff. BGB).

L. Zusammenfassung

Der Sachverständige, ein Experte auf seinem Sachgebiet, der Dritten eine **unabhängige**, **unparteiische**, **persönliche**, **weisungsfreie** und **gewissenhafte** Leistung zur Verfügung stellt, nimmt sowohl als **Gerichtssachverständiger** als auch als **Privatsachverständiger** eine wesentliche Rolle gegenüber seinem Auftraggeber ein. Hierbei handelt es sich um **Oberbegriffe,** die allein nur kenntlich machen, ob der Sachverständige gerichtlich oder von einem sonstigen Dritten beauftragt wurde. Über die Qualifikation sagen die Oberbegriffe nichts aus, da alle Typen des Sachverständigenwesens, also selbsternannte oder freie Sachverständige, anerkannte Sachverständige, Angehörige des Öffentlichen Dienstes bzw. Beamte, öffentlich und bestellte und vereidigte Sachverständige bzw. allgemein vereidigte und zertifizierte Sachverständige gleichermaßen unter sie gefasst werden können. Auch wenn grundsätzlich alle Sachverständige gleichrangig neben einander stehen, kommt dem **öffentlich bestellten und vereidigten Sachverständigen** im Rahmen der gerichtlichen Beauftragung eine prozessuale **fakultative Privilegierung** zu, was seiner staatlich überprüften Sachkunde geschuldet ist.

Daneben können alle Sachverständige im schiedsgerichtlichen Verfahren auch als **Schiedsrichter**, **Schiedsgutachter**, als **schiedsgerichtlicher Sachverständiger** oder als **Parteisachverständiger** beauftragt werden.

Bei der Pflicht zur Erbringung einer **unabhängigen**, **unparteiischen**, **persönlichen**, **weisungsfreien** und **gewissenhaften Leistung** handelt es sich um die **Kardinalspflichten des Sachverständigenwesens**, die bei jedem Auftrag zwingend einzuhalten sind. Diese fünf Pflichten ergeben sich sowohl aus der ZPO als auch aus den **Sachverständigenordnungen** der Bestellungskörperschaften der öffentlich-bestellten Sachverständigen, die **als allgemein anerkannter Standard des gesamten Sachverständigenwesens gelten und eindeutig formulierte, verbindliche Verhaltensregeln für alle Sachverständigen aufstellen**. Aus ihnen ergibt sich im Detail, wie der Sachverständige sich zu verhalten und seine Sachverständigenleistungen zu erbringen hat.

Verstößt der **gerichtliche Sachverständige** gegen seine Kardinalspflichten oder gegen andere prozessuale (Hinweis)-Pflichten, wird dies geahndet. Er kann sowohl entpflichtet werden als auch sein **Vergütungsanspruch nach § 8a Abs. 3, 4, 5 JVEG kann gekürzt werden oder nach § 8a Abs. 1 und 2 ganz entfallen**. Da zwischen dem Sachverständigen und den Parteien **keine vertragliche Beziehung besteht**, können daneben **ausschließlich deliktische Ansprüche** geltend gemacht werden, insbesondere § 839a BGB (Urteilsschaden) und § 823 Abs. 1 und Abs. 2 BGB (unmittelbare Begleitschäden). Letztere treten z.B. im Rahmen einer **Bauteilöffnung** ein.

Mit der **Bauteilöffnung** geht ein prominenter Streit einher. Es geht um die Frage, wer die handwerklichen Vorarbeiten (Vorbereitungshandlungen) für die eigentliche Begutachtung zu erbringen hat und ob eine Verpflichtung zur Vornahme besteht und dem Gericht eine Weisungsbefugnis zusteht, wenn der Sachverständige die Bauteilöffnung nicht durchführt. Das Ergebnis lässt wie folgt zusammenfassen: Ein **richtig ausgewählter Sachverständiger** ist in der Lage eine Bauteilöffnung durchzuführen oder zumindest zu überwachen. Sie ist Teil seines Tätigkeitsfeldes. Kommt er dem nicht nach, steht dem Gericht eine **Weisungsbefugnis** zu. Hierbei handelt es sich um eine **Ermessensentscheidung**, die nicht anfechtbar ist, sondern nur auf Ermessensfehler hin überprüfbar ist.

Gegenüber dem **Privatsachverständigen**, der in der Regel über einen **Werkvertrag** mit dem Auftraggeber verbunden ist, können sowohl die werkvertraglichen P**rimär- und Sekundärrechte** als auch **deliktische Ansprüche** geltend gemacht werden. Gleiches gilt für **Ansprüche gegen das Schiedsgericht**, den **Schiedsgutachter** oder den **schiedsgerichtlichen Sachverständigen**. Denn sowohl gegenüber dem Schiedsrichter (Vertrag sui generis), dem Schiedsgutachter (Werkvertrag) und dem schiedsgerichtlichen Sachverständigen besteht eine **vertragliche Beziehung**, sodass vertragliche (und deliktischen) Ansprüche geltend gemacht werden können.

Mit der Frage der Haftung geht auch die der **Haftungsbeschränkung** bzw. des **Haftungsausschlusses** einher. Die **fehlende vertragliche Beziehung** zwischen **gerichtlichem Sachverständigen** und den Parteien und der Umstand, dass die **Pflichten und die Vergütung des Sachverständigen ausschließlich nach der ZPO und nach dem JVEG geregelt** werden machen deutlich, dass **das Prinzip der Privatautonomie nicht gilt**. Dies hat zur Folge, dass keine (vertragliche) Haftungsbeschränkung vereinbart werden können. Gesetzliche Haftungsbeschränkungen sind ebenfalls nicht vorgesehen. Selbst wenn er berechtigt wäre vertragliche Haftungsbeschränkungen abzuschließen, wäre er vor einem **Regress im Rahmen des gesamtschuldnerischen Haftungsausgleichs** nicht bewahrt. Durch den „Regresskreisel" müsste er gegenüber einem nichtpriviligierten Gesamtschuldner haften.

Der **Privatsachverständige** hingegen kann in Grenzen seine Haftung beschränken, allerdings nur für **fahrlässiges Fehlverhalten**. Sind **Kardinalspflichten** betroffen, kann durch **AGB** nur eine **summenmäßige Haftungsbegrenzung** auf **„vorhersehbare und vertragstypische Schäden"** eines **fahrlässigen Fehlverhaltens** vereinbart werden. Da der Sachverständige jedoch fachlich in der Lage ist, die Höhe der **„vorhersehbaren und vertragstypischen Schäden"** im Voraus zu **beziffern** und diese „Mindesthaftungssumme" in seine Klausel aufzunehmen, kann die **Haftung für Kardinalspflichtverletzungen durch AGB faktisch nicht beschränkt werden:** Für **Unvorhersehbares besteht keine Einstandspflicht**. Verschätzt er sich bei der Bezifferung der Schadenshöhe, geht dies zu seinen Lasten. Eine Schnittstelle, für die er nicht haften muss, besteht nicht.

Der Privatsachverständige kann daneben durch **„Hinweise"** die Haftung beschränken. Ebenso stellt ein **schriftlicher Vertragsschluss**, der den Umfang der zu erbringenden Pflichten darlegt, eine der einfachsten, aber effektivsten Haftungsbeschränkungen dar.

Literaturverzeichnis

Backherms, Johannes: Zur Einführung – Recht und Technik, (*Bearbeiter* JuS 1980, 9)

Bamberger Heinz, Georg / Roth Herbert: Kommentar zum BGB, 3. Aufl., 2011, Band 2; (*Bearbeiter* / Bamberger / Roth, §, Rdn.)

Voit

Basler, Christoph Meßerschmidt, Klaus: Zumutbarkeit von Beweiserhebungen und Wohnungsbetroffenheit im Zivilprozess (*Bearbeiter* NJW 2014, 3329)

Bayer, Walter: Die dogmatischen Strukturen des vertraglichen Drittschutzes (*Bearbeiter* JuS 1996, 473)

Bayerlein, Walter / Roeßner, Wolfgang / Bleutge, Katharina: Praxishandbuch des Sachverständigenrechts, 5. Auflage 2015 (PraxisHdb. 5. Aufl. Sachverständigenrecht / *Bearbeiter*)

–: Praxishandbuch des Sachverständigenrechts, 3. Auflage 2002 (PraxisHdb. Sachverständigenrecht / *Bearbeiter*)

Heck

Bock

Bayerlein

Franzki

Wessel

Littbarski

Beck Online Kommentar: Gewerbeordnung 31. Auflage 15.07.2015 (BeckOK / *Bearbeiter* GewO § Rdn.)

Rickert

–: Strafprozessordnung 22. Auflage, 22.09.2015, (BeckOK / *Bearbeiter* StPO § Rdn.)

Ritzert

Berger, Christian: Beweisführung mit elektronischen Dokumenten (*Bearbeiter* NJW 2005, 1016)

Bleutge, Katharina: Die Vergütung von Sachverständigen in Europa: Ein Einblick in die Honorarpraxis im gerichtlichen Bereich (*Bearbeiter* DS 2013, 222)

Bleutge, Peter: Die Pflicht zur persönlichen Gutachtenerstattung Industrie und Handelskammern lockern strenge Vorgaben (*Bearbeiter* DS 2008, 127)

–: Die Hilfskräfte des Sachverständigen – Mitarbeiter ohne Verantwortung? (*Bearbeiter* NJW 1985, 1185)

–: Die neuere Rechtsprechung zu § 36 GewO (*Bearbeiter* GewA 1986, 145)

–: Die neuere Rechtsprechung zu § 36 GewO (*Bearbeiter* GewA 1980, 313)
–: Kürzung der Vergütung bei Überschreitung des Vorschusses (*Bearbeiter* DS 2007, 59)
–: Zur Zuständigkeit einer Industrie- und Handelskammer zur Bestellung von Sachverständigen für die Abstammungsbegutachtung und DNA-Profilerstellung (*Bearbeiter* GewA 2008, 401)
–: Der nachträgliche Verlust und die Kürzung des Vergütungsanspruches nach dem JVEG, Tickende Zeitbomben bei der Abrechnung des vom Gericht beauftragten Sachverständigen, (*Bearbeiter* DS 2010, 92)
–: Öffentliche Bestellung von Sachverständigen – Neuere Gesetzgebung und Rechtsprechung (*Bearbeiter* GewA 2011, 287)
–: JVEG soll novelliert werden Bundesjustizministerium legt Referentenentwurf vor (*Bearbeiter* GewA 2012, 294)
–: Die Novelle zum JVEG Änderungen, Verbesserungen, Mängel, Praxistipps, (*Bearbeiter* DS 2013, 256–264)
–: Neuer § 36a GewO geplant, Bundesregierung legt Gesetzentwurf vor (*Bearbeiter* GewA 2009, 275)
–: Die öffentliche Bestellung in der Rechtsprechung – Eine Übersicht der letzten 17 Jahre – (*Bearbeiter* GewA 2008, 12)
–: Die Novellierung des § 36 GewO (*Bearbeiter* GewA 1994, 447)
–: Der Sachverständige als Schiedsgutachter (*Bearbeiter* GewA 1978, 145)
Blomeyer, Jürgen: Zur zivilrechtlichen Haftung des gerichtlichen Sachverständigen (*Bearbeiter* ZRP 1974, 214)
Bruns, Stefan: Pflicht des Sachverständigen, (auch) Bauteilöffnungen vorzunehmen? – Eine überzeugende Begründung ist nicht in Sicht (*Bearbeiter* BauR 2015, 183)
Brücker Sascha / Neumann Lorenz: Die Haftung nach neuem Delikts- und Werkvertragsrecht (*Bearbeiter* MDR 2003, 906)
Bulla, Werner: Gerichtliche Nachprüfbarkeit von Schiedsgutachten (*Bearbeiter* NJW 1978, 397)
Canaris, Claus-Wilhelm: Die Haftung des Sachverständigen zwischen Schutzwirkungen für Dritte und Dritthaftung aus culpa in contrahendo, (*Bearbeiter* JZ 1998, 603)
–: Schutzwirkungen zugunsten Dritter bei „Gegenläufigkeit“ der Interessen, (Bearbeiter JZ 1995, 441)
Dageförde, Angela / Fastabend, Michael / Kinderreit, Eduard: Sachverständige und Eingriffe in die Bausubstanz, (*Bearbeiter* BauR 2006, 1202)
Dahmen, Carolin: Zum merkantilen Minderwert bei Gebäuden, (*Bearbeiter* BauR 2012, 24)

Damm, Reinhard: Die zivilrechtliche Haftung des gerichtlichen Sachverständigen, (*Bearbeiter* JuS 1976, 359)

Däubler, Wolfgang: Die Reform des Schadensersatzrechts, (*Bearbeiter* JuS 2002, 625)

Deutsch, Erwin: Zivilrechtliche Verantwortlichkeit psychiatrischer Sachverständiger (*Bearbeiter* VersR 1987, 113)

Dötsch, Wolfgang: Bauteilöffnungen durch gerichtliche Sachverständige, (*Bearbeiter* NZBau 2008, 217)

–: Richterliche Weisungen an Sachverständige zur Vornahme von Bauteilöffnungen?, (B*earbeiter* DS 2008, 20)

Eckebrecht, Marc: Vertrag mit Schutzwirkung für Dritte – Die Auswirkungen der Schuldrechtsreform, (*Bearbeiter* MDR 2002, 425)

Ecken, Irmgard: Der Kraftfahrzeugsachverständige als Gutachter, (*Bearbeiter* GewA 1985, 187)

Eisele, Jörg: Mehr Sicherheit für Häuslebauer?, (*Bearbeiter* ZIS 2011, 354)

Erdlenbruch, Kurt: Wie kann die Zusammenarbeit zwischen Gericht und Sachverständigen verbessert werden?, (*Bearbeiter* DRiZ 1973, 77)

Fischer, Thomas: StGB mit Nebengesetzen, 63. Auflage 2016 (Fischer StGB §, Rdn.)

Fischer, Peter: Wo endet die Sachverständigendienstleistung? – Wo beginnt der Werkvertrag? (*Bearbeiter* DS 2010, 49)

Fischer, Roland / Lorenz Hans-Jürgen / Biederbeck Mathias: Die Erstellung von Gutachten bei Zwangsversteigerungen, (*Bearbeiter* RPfleger 2002, 337)

Franzki, Harald: Der Sachverständige – Diener oder Herr des Richters?, (*Bearbeiter* DRiZ 1991, 314)

Gerber, Wolfgang: Die Haftung des Kfz-Sachverständigen im Spiegel der Rechtsprechung, *(Bearbeiter* NZV 1991, 295)

Grossam, Wolfgang: Aktuelle Fallstricke für gerichtliche Sachverständige beim Ortstermin, (*Bearbeiter* DS 2013, 214)

Grunewald, Barbara: Die Haftung des Abschlußprüfers gegenüber Dritten, (*Bearbeiter* ZGR 1999, 583)

Halfmeier, Claus: Grundstrukturen des bauvertraglichen Schadensersatzes, (*Bearbeiter* BauR 2013, 320)

Haller, Robert: Haftung für Rat und Auskunft, (*Bearbeiter* Jura 1997, 234)

Harro, Otto: Die Aussagedelikte, §§ 153–163 StGB, (*Bearbeiter* JuS 1984, 161)

Harsdorf-Gebhardt, Marion: Die Rechtsprechung des Bundesgerichtshofes zur Haftpflichtversicherung, (*Bearbeiter* r+s 2012, 261)

Hartmann, Peter: Kostengesetz, 43. Aufl. 2013, JVEG (Bearbeiter, KostG Aufl., JVEG, § Rdn.)

Heghmanns, Michael / Niehaus Holger: Outsourcing im Versicherungswesen und der Gehilfenbegriff des § 203 III 2 StGB, (*Bearbeiter* NStZ 2008, 57)

Henkel, Andreas: Die Öffnung und Schließung von Bauteilen im Rahmen der Begutachtung durch den gerichtlichen Sachverständigen im Zivilprozess (*Bearbeiter* BauR 2003, 1650)

Heumann, Friedrich-Wilhelm: Die Haftung des gerichtlich bestellten Sachverständigen in Familiensachen für fehlerhafte Begutachtungen unter Berücksichtigung des neuen § 839a BGB, (*Bearbeiter* FuR 2002, 483)

Honsell, Heinrich: Probleme der Haftung für Auskunft und Gutachten (*Bearbeiter* JuS 1976, 621)

Hopt, Klaus: Schadensersatz bei unrichtiger Gutachtenerstattung, (*Bearbeiter* JZ 1974, 551)

Jacobs, Wolfgang: Die Haftung des gerichtlichen Sachverständigen, (*Bearbeiter* ZRP 2001, 489)

–: Bundestag und Bundesrat befassen sich mit § 36 GewO – Die Umsetzung der EU-Dienstleistungsrichtlinie erfordert Änderungen (*Bearbeiter* DS 2009, 163)

–: Öffentlicher Bestellung droht Entwertung durch EU-Richtlinien (*Bearbeiter* DS 2009, 3)

Jagenburg Inge / Baldringer Sebastian: Haftungsprobleme und Haftungsausschluss bei der Bauteilöffnung durch Sachverständige, (*Bearbeiter* ZfBR 2009, 413)

Jankowski, Klaus: Das Rechtsverhältnis zwischen den Prozessbeteiligten, dem Gericht und dem gerichtlich bestellten Sachverständigen, (*Bearbeiter* NZBau 2006, 96)

Kaiser, Jan: Das Ende der Streitverkündung gegenüber dem gerichtlichen Sachverständigen, (*Bearbeiter* NJW 2007, 123–125)

Kamphausen, Peter-Andreas: Anmerkung zur Entscheidung des OLG Jena vom 18.10.2006 – 7 W 302/06, (*Bearbeiter* IBR 2007, 159)

–: Keine Weisungsbefugnis des Gerichts gegenüber dem Bausachverständigen zur Vornahme von Öffnungs- und Freilegungsarbeiten, (*Bearbeiter* BauR 2003, 757)

–: Expertenhaftung für mangelhafte Energieausweise nach der neuen EnEV 2006, (Bearbeiter, BauR 2006, 1208)

–: Prozeßrechtliche Praxisprobleme bei der Untersuchung von Bau- und Wohnungsmängeln durch gerichtliche Sachverständige (*Bearbeiter* BauR 1998, 500)

Kannowski, Bernd / Zumbansen, Peer: Gemeinwohl und Privatinteresse – Expertenhaftung am Scheideweg?, (*Bearbeiter* NJW 2001, 3102)

Karczewski, Christoph: Der Referentenentwurf eines Zweiten Gesetzes zur Änderung schadensersatzrechtlicher Vorschriften, (*Bearbeiter* VersR 2001, 1070)

Kasolowsky, Boris / Schnabl, Daniel: Schiedsgutachten als Alternative zu Schiedsverfahren bei Streit über Rechtsfragen, (*Bearbeiter* SchiedsVZ 2012, 84)

Keders, Johannes / Walter, Frank: Langdauernde Zivilverfahren – Ursachen überlanger Verfahrensdauern und Abhilfemöglichkeiten, (*Bearbeiter* NJW 2013, 1697)

Kern, Bernd-Rüdiger: Der postmortale Geheimnisschutz, (*Bearbeiter* MedR 2006, 205)

Kern, Georg: Vorbereitende Bauteilöffnung: Das Gericht darf den Sachverständigen nach § 404a Abs. 1 ZPO anweisen, (*Bearbeiter* BauR 2014, 603)

Kilian, Matthias: Die Haftung des gerichtlichen Sachverständigen nach § 839a BGB (*Bearbeiter* VersR 2003, 683)

–: Zweifelsfragen der deliktsrechtlichen Sachverständigenhaftung nach § 839a BGB, (*Bearbeiter* ZGS 2004, 220)

–: Der Begutachtungsvertrag nach der Schuldrechtsreform, (*Bearbeiter* NZV 2004, 489)

Kleine-Möller, Nils / Merl, Heinrich / Glöckner, Jochen: Handbuch des privaten Baurechts, 5. Aufl., 2014 (Kleine-Möller / Merl / Glöckner /Hdb. des privaten BauR § Rdn.)

Klocke, Wilhelm: Erstattung von Gutachten, (*Bearbeiter* BauR 1986, 294)

Kniffka, Rolf: Die Bedeutung des Sachverständigen im Zivilgerichtsverfahren mit besonderem Bezug zum Bauprozess, (*Bearbeiter* DS 2007, 125)

Kniffka, Rolf / Koeble, Wolfgang: Kompendium des Baurechts, Privates Baurecht und Bauprozess, 3. Aufl. 2008, (Kniffka / Koeble 3. Aufl. Teil Rdn.)

–: Kompendium des Baurechts, Privates Baurecht und Bauprozess, 4. Aufl. 2014, (Kniffka / Koeble Teil Rdn.)

Knütel, Christian: Wider die Ersatzfähigkeit fiktiver Mängelbeseitigungskosten, (*Bearbeiter* BauR 2004, 591)

Korte, Mike Oliver: Die Hamburger freundschaftliche Arbitrage – ein Überblick anlässlich des 100-jährigen Jubiläums des § 20 Platzusancen für den hamburgischen Warenhandel, (Bearbeiter SchiedsVZ 2004, 240)

Kramarz, Hubertus: Der gerichtliche Sachverständige: Gehilfe oder Berater? Wie eng sollte sich der Sachverständige an Weisungen halten? (*Bearbeiter* DS 2014, 170)

Krauß, Diether: Zur Haftung des psychiatrischen Sachverständigen im Strafprozess, (*Bearbeiter* StV 1985, 512)

Kühnl, Markus: Anmerkungen zu LG München II, Beschluss vom 02.05.2012 – 5 O 5855/11, (*Bearbeiter* IBR 2013, 1039)

Lamprecht, Rolf: Außerrechtliche Einflüsse auf die richterliche Entscheidungsfindung, (*Bearbeiter* DRiZ 1989, 4)

Landmann, Robeit von / Rohmer, Gustav: Gewerbeordnung 70. Ergänzungslieferung Juni 2015, (*Bearbeiter* in L / R GewO 70. Erg. Juni 2015)

Bleutge

Lehmann, Felix: Anmerkung zur Entscheidung des LG Kiel Urteil vom 30.01.2009 – 9 OH 2009, 358, (*Bearbeiter* IBR 2009, 358)

Leitner, Werner: Zur Mängelerkennung in familienpsychologischen Gutachten, (*Bearbeiter* FUR 2000, 57)

Lesting, Wolfgang: Die Neuregelung der zivilrechtlichen Haftung des gerichtlichen Sachverständigen für ein unrichtiges Gutachten, (*Bearbeiter* R&P 2002, 224)

Liebheit, Uwe: Qualitäten am Bau: Vertragsauslegung durch den Richter – Beratung des Gerichts bei der Vertragsauslegung durch den Sachverständigen, (*Bearbeiter* IBR 2014, 1251)

–: Teil 1: Die Haftung des gerichtlichen Sachverständigen, (Bearbeiter BauR 2008, 1510)

–: Teil 2: Befugnis des Gerichts zur Anweisung des Sachverständigen gemäß § 404 a ZPO eine Bauteilöffnung zu veranlassen?, (Bearbeiter BauR 2008, 1790)

Marburger, Peter: Die haftungs- und versicherungsrechtliche Bedeutung technischer Regeln (*Bearbeiter* VersR 1983, 597)

Medicus, Dieter: Haftung eines vom Verkäufer beauftragten Gutachters für unzutreffende Angaben im Gutachten gegenüber dem Käufer, (*Bearbeiter* JZ 1995, 308)

Medicus, Dieter / Petersen, Jens: Bürgerliches Recht Eine nach Anspruchsgrundlagen geordnete Darstellung zur Examensvorbereitung, 25. Aufl., 2015, (Medicus / Petersen BR Rdn.)

Meyer-Goßner, Lutz / Schmitt Bertram: Strafprozessordnung, 56. Aufl. 2013

(M-G StPO, 56. Aufl. § Rdn.)

–: Strafprozesordung, 58. Aufl. 2015

(M-G StPO § Rdn.)

Motzke, Gerd: Sachverständigenbeweis: Bauteilöffnung – Befugnis des Sachverständigen und anschließende Rechtsprobleme, (*Bearbeiter* BauR 2013, 304)

Müller, Klaus: Die Pflichten des öffentlich bestellten und vereidigten Sachverständigen (*Bearbeiter* DB 1972, 1809)

Münchner Kommentar

BGB
Band 2 (5. Aufl. 2010) (MüKo / *Bearbeiter* BGB § Rdn.)
Gottwald
Band 2 (7. Aufl. 2016) (MüKo / *Bearbeiter* BGB § Rdn.)
Bydinski
Gottwald
Grundmann
Band 4 (6. Aufl. 2012) (MüKo / *Bearbeiter* BGB § Rdn.)
Busche
Müller-Glöge
Band 5 (6. Aufl. 2013) (MüKo / *Bearbeiter* BGB § Rdn.)
Papier
Wagner

ZPO

Band 1 (4. Aufl. 2013) (MüKo / Bearbeiter ZPO)

Rauscher

Prütting

Band 2 (4. Aufl. 2012) (MüKo / Bearbeiter ZPO)

Zimmermann

Band 3 (4. Aufl. 2013) (MüKo / Bearbeiter ZPO)

Münch

Müssig, Peter Falsche Auskunftserteilung und Haftung, (*Bearbeiter* NJW 1989, 1697)

Nicklass, Ron: Funktion und Bedeutung technischer Standards in der Rechtsordnung, (*Bearbeiter* BB 1983, 261)

Nicklisch, Fritz: Technische Überwachungsorganisationen und öffentlich bestellte Sachverständige, (*Bearbeiter* DB 1982, 2277)

–: Sachkunde, Neutralität und Unabhängigkeit technischer Sachverständiger und Sachverständigenorganisationen – am Beispiel des Kraftfahrzeugwesens – (*Bearbeiter* BB 1981, 1653)

Nittner, Gunthart: Weisung an Sachverständigen zur Vornahme von Bauteilöffnungen (*Bearbeiter* BauR 1998, 1052)

Palandt: Bürgerliches Gesetzbuch 75. Aufl., 2016; (Palandt / *Bearbeiter* BGB § Rdn.)

Grüneberg

Sprau

Ellenberg

Palme, Christoph: Das Urteil des BVerwG zur bodenschutzrechtlichen Haftung des Gesamtrechtsnachfolgers, (*Bearbeiter* NVwZ 2006, 1130)

Praun, Karl: Bauteilöffnung durch gerichtlichen Sachverständigen: Befugnis, Anweisung und Haftung, (*Bearbeiter* BauR 2013, 1938)

Quack, Friedrich: Zur Problematik der stillschweigenden Rechtsanwendung durch Sachverständige, (*Bearbeiter* BauR 1993, 161)

Rickert, Axel: Ausschluss des gerichtlichen Sachverständigen mittels Streitverkündung (*Bearbeiter* DS 2005, 214)

Saar, Stefan Christoph: Grenzen des „vertraglichen Drittschutzes" – BGH, NJW 1996, 2927, (Bearbeiter JuS 2000, 220)

Schenkel, Harald: Keine berufsbezogene Schweigepflicht hauptamtlicher Bewährungshelfer nach § 203 I Nr 5 StGB, (*Bearbeiter* NStZ 1995, 67)

Schlick Wolfgang, Rinne Eberhard: Die Rechtsprechung des BGH zum Staatshaftungsrecht (Teil 1), (*Bearbeiter* NVwZ 1997, 1065)

Schreiber, Klaus: Die zivilrechtliche Haftung von Prozeßbeteiligten, (*Bearbeiter* ZZP 1992, 129)

Schulz, Günther: Ablehnung eines Sachverständigen (*Bearbeiter* MDR 1985, 854)

Schulze-Werner, Martin: Zur Prüfung des Bedarfs an Sachverständigenleistungen im Rahmen des § 36 Abs. 1 GewO, (*Bearbeiter* GewA 2005, 181)

Schwab, Martin: Grundfälle zur culpa in contrahendo, Sachwalterhaftung und Vertrag mit Schutzwirkung für Dritte nach dem neuen Schuldrecht, (*Bearbeiter* JuS 2002, 872)

Schwab, Rouven: Streitverkündung gegenüber dem gerichtlichen Sachverständigen (*Bearbeiter* DS 2006, 20)

–: Zur Haftung des vom Schiedsgericht hinzugezogenen Sachverständigen (*Bearbeiter* DS 2006, 66)

–: Das unrichtige Gutachten des gerichtlichen Sachverständigen (*Bearbeiter* DS 2005, 132)

Wandt, Manfred: Gesetzliche Schuldverhältnisse, Deliktsrecht, Schadensrecht, Bereicherungsrecht, GoA, 7. Aufl. 2015, (*Wandt* GSV § Rdn.)

Seibel, Mark: „Stand der Technik", „allgemein anerkannte Regeln der Technik" und „Stand von Wissenschaft und Technik" (*Bearbeiter* BauR 204, 266)

–: Wann muss das Gericht ein neues Gutachten nach § 412 Abs. 1 ZPO einholen? (*Bearbeiter* IBR 2013, 388)

Sendler, Horst: Richter und Sachverständige, (*Bearbeiter* NJW 1986, 2907)

Siegburg, Peter: Anerkannte Regeln der Technik – DIN-Normen, (*Bearbeiter* BauR 1985, 367)

Speckmann, Werner: Haftungsfreiheit für gerichtliche Sachverständige auf Kosten des Geschädigten? (Bearbeiter MDR 1975, 461)

Staudinger: Kommentar zum Bürgerlichen Gesetzbuch mit Einführungsgesetzen und Nebengesetzen; (Staudinger / *Bearbeiter* BGB § Rdn.)

Buch 2, Recht der Schuldverhältnisse, Leistungsstörungsrecht 1, 2014

Caspers

Buch 2, Recht der Schuldverhältnisse, Leistungsstörungsrecht 2, 2015

Rieble

Buch 2, Recht der Schuldverhältnisse, Unerlaubte Handlungen 2, Produkthaftung, 2014

Oechsler

Stein / Jonas: Kommentar zur Zivilprozessordung

Band 1, 23. Aufl.

Brehm

Band 5, 23. Aufl.

Berger

Band 10, 23. Aufl.

Schlosser

Stober, Rolf: Die Entwicklung des Gewerberechts in den Jahren 1986/87 (*Bearbeiter* NJW 1989, 562)

Strauch Hans-Joachim: Rechtsgrundlagen der Haftung für Rat, Auskunft und Gutachten, (*Bearbeiter* JuS 1992, 897)

Stubbe Christian: Schiedsgutachten als modernes ADR-Instrument, (*Bearbeiter* SchiedsVZ 2006, 150)

Tettinger, Peter J./Pielow, Christian: Die aktuelle Rechtsentwicklung bei der öffentlichen Bestellung und Vereidigung von Sachverständigen, (*Bearbeiter* GewA 1992, 1)

Thode, Reinhold / Wirth, Axel / Kuffer, Johann: Praxishandbuch Architektenrecht, 2. Aufl. 2015, (Thode / Wirth / Kuffer / *Bearbeiter* § Rdn.)

Vorwerk

Thomas / Putzo: ZPO – Zivilprozessordnung, 35. Aufl. 2015; (Thomas / Putzo / *Bearbeiter* ZPO § Rdn.)

Reichold

Hüßtege

Tödtmann, Ulrich / Schwab, Rouven: 10 Jahre Sachverständigenhaftung Ein Überblick über die Rechtsprechung zu § 839a BGB, (*Bearbeiter* DS 2012, 302)

Tröndle, Herbert: Der Sachverständigenbeweis (*Bearbeiter* JZ 1969, 374)

Ulrich, Jürgen: Befangenheit des gerichtlichen Sachverständigen (*Bearbeiter* IBR 2011, 1291)

–: Hilfskraft des Sachverständigen – Untersachverständiger – Gemeinschaftsgutachten: Wie weit ist die Arbeit des Sachverständigen vertretbar?, (*Bearbeiter* DS 2007, 371)

–: Ab wann hat der gerichtliche Sachverständige das als „Vergütung" an ihn geflossene Geld eigentlich sicher? (*Bearbeiter* DS 2011, 15)

–: Kommentierung LG Halle Beschluss v. 04.05.2014 – 4 T 26/14 (*Bearbeiter* IBR 2014, 1260)

–: selbstständiges Beweisverfahren mit Sachverständigen 2. Aufl. IBR Reihe (*Bearbeiter* selbst BV mit SV)

Anmerkungen zu OLG Frankfurt, Beschluss vom 17.02.2003 – 2 W 49/02 (*Bearbeiter* IBR 2003, 585)

Anmerkungen zu BGH, Beschluss vom 28.07.2006 – III ZB 14/06 (*Bearbeiter* IBR 2006, 654)

–: Anmerkungen zu OLG Bamberg, Beschluss vom 28.12.2005 – 8 W 37/05 (*Bearbeiter* IBR 2006, 120)

–: Anmerkungen zu OLG Hamm, Beschluss vom 18.10.2005 – 26 U 16/04 (*Bearbeiter* IBR 2007, 160)

–: Anmerkungen zu BGH, Beschluss vom 12.01.2011 – IV ZR 190/08 (*Bearbeiter* IBR 2011, 248)

–: Anmerkungen zu BGH, Beschluss vom 18.05.2009 – IV ZR 57/08 (*Bearbeiter* IBR 2009, 489)

–: Anwaltsstrategien im selbständigen Beweisverfahren (*Bearbeiter* BauR 2007, 1634)

Ulrich, Jürgen / Zielbauer, Jochen: Tatsachenfeststellung durch den gerichtlichen Sachverständigen – Ortstermin des Sachverständigen – Substanzeingriffe, (*Bearbeiter* DS 2008, 12)

Volmer, Dirk: Das Schiedsgutachtenrecht – Bestandsaufnahme und Fragen der Praxis (*Bearbeiter* BB 1984, 1010)

Volze, Harald: Der fehlende Versicherungsschutz bei Bauteilöffnungen (*Bearbeiter* DS 2008, 24)

–: Die Grundlagen der Haftung des Sachverständigen (*Bearbeiter* DS 2004, 48)

–: Neues aus der Sachverständigen Rechtsprechung (*Bearbeiter* DS 2014, 83)

–: Einige Hinweise zum Versicherungsschutz des Bausachverständigen (*Bearbeiter* DS 2009, 26)

Von Rintelen: Anmerkungen zu OLG Frankfurt, Urteil vom 11.01.2006 – 7 U 169/04, (*Bearbeiter* IBR 2007, 104)

Vogel, Olrik: OLG Frankfurt, Beschluss vom 13.11.2003 – 15 W 87/03 (*Bearbeiter* IBR 2004, 442)

Vuia, Mijai: Die Rolle des Sachverständigen bei der Ermittlung des merkantilen Minderwerts, (*Bearbeiter* DS 2014, 25)

Wagenführ, Wilfried: Bauteilöffnungen durch den Sachverständigen (*Bearbeiter* BrBp 2005, 406)

Wagner, Gerhard: Das Zweite Schadensersatzrechtsänderungsgesetz, (*Bearbeiter* NJW 2002, 2049)

–: Europäisches Beweisrecht – Prozeßrechtsharmonisierung durch Schiedsgerichte-, (*Bearbeiter* ZEuP 2001, 441)

Wagner, Gerhard / Thole, Christoph: Die zivilrechtliche Haftung des gerichtlichen Sachverständigen, (*Bearbeiter* FPR 2003, 521)

Wasner, Gert: Die Haftung des gerichtlichen Sachverständigen, (*Bearbeiter* NJW 1986, 119)

Weichert, Thilo: Datenschutzstrafrecht – ein zahnloser Tiger?, (*Bearbeiter* NStZ 1999, 490)

Werner, Ulrich / Pastor, Walter: Der Bauprozess, 15. Aufl., 2015; (*Bearbeiter* / Werner / Pastor Rdn.)

Wittreck, Fabian: Altlasten-Rechtsprechung oder Rechtsprechungs-Altlasten?, (*Bearbeiter* Jura 2008, 534)

Zekoll, Bolt: Die Pflicht zur Vorlage von Urkunden im Zivilprozess – Amerikanische Verhältnisse in Deutschland?, (*Bearbeiter* NJW 2002, 3129)

Zenner, Andreas: Der Vertrag mit Schutzwirkung zu Gunsten Dritter – Ein Institut im Lichte seiner Rechtsgrundlage (*Bearbeiter* NJW 2009, 1030)

Zimmermann Peter: Sachverständigenhaftung für Mangelfolgeschäden einer falsch durchgeführten Begutachtung – Teil I: Vertragliche Haftung gegenüber dem Auftraggeber, (*Bearbeiter* DS 2007, 286)

–: Sachverständigenhaftung für Mangelfolgeschäden einer falsch durchgeführten Begutachtung Teil II: Vertragliche Schadensersatzhaftung des Sachverständigen für Mangelfolgeschäden gegenüber Dritten, (*Bearbeiter* DS 2007, 328)

–: Sachverständigenhaftung für Mangelfolgeschäden einer falsch durchgeführten Begutachtung – Teil III:

–: Sachverständigenhaftung für Mangelfolgeschäden einer falsch durchgeführten Begutachtung Teil IV. Allgemeine Deliktshaftung, (*Bearbeiter* DS 2008, 8)

–: Die Schadensersatzhaftung des gerichtlich ernannten Sachverständigen nach § 839a BGB (*Bearbeiter* DS 2007, 367)

–: Sachverständigenpflichten (*Bearbeiter* DS 2006, 304)

Zöller: Zivilprozessordnung

–: ZPO 29. Aufl. 2012 (Zöller / Bearbeiter ZPO Aufl. § Rdn.)

–: ZPO 30. Aufl. 2014 (Zöller / Bearbeiter ZPO Aufl. § Rdn.)

Greger

Heßler

Zugehör, Horst: Berufliche „Dritthaftung" – insbesondere der Rechtsanwälte, Steuerberater, Wirtschaftsprüfer und Notare – in der deutschen Rechtsprechung (*Bearbeiter* NJW 2000, 1601)

Schriften zum Deutschen und Internationalen Bau-, Umwelt- und Energierecht

Herausgegeben von Axel Wirth

Band 1 Sebastian Ulbrich: Leistungsbestimmungsrechte in einem künftigen deutschen Bauvertragsrecht vor dem Hintergrund, der Funktion und der Grenzen von §§ 1 Nr. 3 und Nr. 4 VOB / B. 2007.

Band 2 Alice Müller: Nachhaltigkeit im öffentlichen Baurecht unter besonderer Berücksichtigung energieeffizienten Bauens und des Einsatzes erneuerbarer Energien. 2008.

Band 3 Petra Christiansen-Geiss: Voraussetzungen und Folgen des Koppelungsverbotes Art. 10 § 3 MRVG. 2009.

Band 4 Johannes Kuffer: Heilung unwirksamer Bauvertragsklauseln. 2009.

Band 5 Stefan Schifferdecker: Bindungswirkung städtebaulicher Wettbewerbe. Rechtliche und soziale Bindungen im Abwägungsprozess. 2009.

Band 6 Christian Felix Fischer: Die zweifelhafte Abnahmefiktion des § 640 Abs. 1 S. 3 BGB. Eine Untersuchung der Voraussetzungen und Rechtsfolgen, ihres Sinn und Zwecks sowie der Folgen für die Praxis. 2010.

Band 7 Jan-Bertram A. Hillig: Die Mängelhaftung des Bauunternehmers im deutschen und englischen Recht. 2010.

Band 8 Hajo Willner: Zahlungsansprüche von Bauunternehmern bei Störungen des Bauablaufs. Eine Untersuchung in Bezug auf VOB / B-Verträge. 2010.

Band 9 Kathrin Susanne Jansen: Die Mangelrechte des Bestellers im BGB-Werkvertrag vor Abnahme. 2010.

Band 10 Franz Weinberger: *Alliancing Contracts* im deutschen Rechtssystem. 2010.

Band 11 Mathias Schäfer: Leistungspakete im Eigenheimbau. Ein Rechtsvergleich USA – Deutschland. 2011.

Band 12 Andreas Schmidt: Abschlagszahlungen nach gesetzlichem Werkvertragsrecht. Analyse und Reformvorschlag unter besonderer Berücksichtigung des Bauvertrags. 2011.

Band 13 Robert Bach: Die Abwägung gemäß § 1 Abs. 7 BauGB nach Erlass des EAG Bau. 2012.

Band 14 Axel Wirth (Hrsg.): Fragen zum Öffentlichen und Privaten Baurecht im Internationalen Ländervergleich. Seminar zum Internationalen Baurecht. 2013.

Band 15 Stephanie Englert-Dougherty: Baulärm und Sozialadäquanz. 2016.

Band 16 Julian Linz: Die Haftung des Bausachverständigen – Tätigkeitsfeld und Haftungsausschluss. 2017.

www.peterlang.de

www.ingramcontent.com/pod-product-compliance
Ingram Content Group UK Ltd.
Pitfield, Milton Keynes, MK11 3LW, UK
UKHW021844290926
8980IPUK00005B/646

9 783631 714539